# La Persona de Dios y el Plan Eterno

*Historias Bíblicas para Creyentes que Viven en una Cultura de Incredulidad*

ISBN: Paperback        978-1-970309-05-8
ISBN: Digital        978-1-970309-04-1



Quinta Edición con Traducción al Español



Book Domain LLC.
3543 E Louise Dr .
Phoenix, Az 8505
www.bookdomainllc.com

# La Persona de Dios y el Plan Eterno

*Historias Bíblicas para Creyentes que Viven en una Cultura de Incredulidad*

## FRED BECK

# CONTENIDO

# PREFACIO
# ¿POR QUÉ ESTE LIBRO?

Es casi imposible armar un rompecabezas de mil piezas sin la imagen de la caja que muestra cómo se supone que debe lucir. Cuando se trata de entender la Biblia, utilizamos muchos métodos de estudio muy buenos: expositivo, temático y de descubrimiento, solo por nombrar algunos. Esos otros tipos son útiles y productivos al estudiar la Palabra de Dios. Sin embargo, cada método muestra parte del rompecabezas, pero rara vez la imagen completa.

*Este libro utiliza una forma rara de estudiar la Biblia. Se llama narración cronológica de historias bíblicas y nos permite ver y experimentar el cuadro completo, no solo las muchas partes.*

Las historias bíblicas a menudo se utilizan para enseñar a los niños sobre Dios y sobre el carácter piadoso. También utilizamos una o más historias bíblicas como estudios independientes. Esos son buenos usos de las historias bíblicas, pero no el método utilizado en este libro. El autor no es el originador del método, sino uno de muchos que lo utilizan. Esto implica contar, leer, escuchar o estudiar historias bíblicas de manera cronológica. Ese es el *método que Dios utilizó para darnos la Biblia.*

¿Te has preguntado por qué el Antiguo Testamento es tan largo y el Nuevo Testamento tan corto? ¿También has notado cuánto tiempo le toma a un equipo de construcción de caminos preparar la base de una nueva autopista antes de comenzar a verter concreto o colocar asfalto? Después de que la fundación o la base están preparadas, la pavimentación va bastante rápido. *No hay atajos para una buena autopista duradera; lo mismo es cierto para sentar una base sólida para entender la Biblia en su conjunto.*

Hoy en día, tendemos a querer atajos para casi todo: comidas rápidas, papas instantáneas, gratificación instantánea, etc. Sin embargo, lo 'instantáneo' a menudo crea problemas de salud, problemas financieros e incluso problemas de relación.

En innumerables condados, incluyendo los EE. UU., a menudo se describe al cristianismo como "una milla de ancho pero solo una pulgada de profundidad". Una posible razón para tal crítica podría ser el deseo de alcanzar metas más fácil y rápidamente al tomar atajos: omitiendo la preevangelización, utilizando un discipulado deficiente, etc., sin considerar las consecuencias a largo plazo.

Abordar las historias bíblicas de manera cronológica puede ayudar a evitar algunos de esos dilemas. No hay atajos para una vida o iglesia piadosa, guiada por el Espíritu y que honre a Cristo. *La narración cronológica le da a Dios un foro regular para revelarse a sí mismo y su plan eterno a personas como tú y yo.*

A medida que comenzamos a ver a Dios como realmente es, también comenzamos a vernos a nosotros mismos como realmente somos. Esto podría llevar meses o más, pero es Dios, no nosotros, quien establece el ritmo. Nuestra tendencia a tomar el control y establecer el ritmo de la revelación tiende a producir un creyente que permanece para siempre como un infante en su fe, o peor aún, produce un "creyente" de imitación de solo nombre.

La fe bíblica no se basa en el conocimiento, ni siquiera en la doctrina correcta. El verdadero conocimiento es un ingrediente importante, pero la fe bíblica se fundamenta en una relación personal con y obediencia al verdadero y vivo Dios. *Sin una relación personal y obediente con Dios, el cristianismo es solo otra "religión de hacer el bien" vacía (religión basada en obras).*

Jesús dijo: *"Nadie puede venir a Mí a menos que el Padre, que Me envió, lo atraiga; y yo lo resucitaré en el último día.»* Si creemos en el Dios vivo, nuestra fe se origina por la iniciativa de Dios, no por nuestra propia iniciativa o voluntad. Isaías escribió,

> Todos tus hijos serán enseñados por el Señor; Y el bienestar de tus hijos será grande
>
> (Isaías 54:13 NASB)

> Jesús dijo: "Nadie puede venir a Mí a menos que el Padre que Me envió lo atraiga; y yo lo resucitaré en el último día."
>
> (Juan 6:44 NASB)

"Cronológico" significa que comenzamos desde el principio y estudiamos las historias en el orden en que se presentan, tal como Dios las dio. Eso significa que puede tardar muchas semanas o meses antes de que escuchamos o leemos el nombre de *Jesús.* Sin embargo, escucharemos o leeremos declaraciones y alusiones a un Mesías/ Salvador/Siervo Sufriente/Hijo del Hombre. Etc., en las historias del Antiguo Testamento.

Leer, escuchar o estudiar historias bíblicas cronológicamente, como un todo colectivo, permite que Dios revele Su persona, carácter, atributos y gloria de manera lenta y acumulativa. Dios nos atrae hacia Él a medida que descubrimos Su carácter y propósito consistentes. Experimentamos muchas "mini-revelaciones" a medida que Dios interactúa con diferentes personas, diferentes situaciones y diferentes culturas a lo largo del Antiguo Testamento.

Esas mini-revelaciones nos preparan para la "plena revelación de Dios en Cristo." Estamos asombrados ante Dios mientras lo vemos mejorar situaciones buenas y transformar situaciones difíciles de la vida en avenidas de misericordia y gracia. Necesitamos ver y comprender el panorama completo de lo que Dios está haciendo por la eternidad. También queremos ver y entender los detalles de lo que Dios hace en la vida diaria de un creyente para prepararlo/a para la eternidad.

*Después de relacionarnos con el cuadro bíblico completo de Dios y Sus planes para la humanidad, otros métodos de estudio bíblico se vuelven más efectivos que antes.* Eso es cierto porque entonces vemos su importancia en relación con el todo.

No estudiaremos todas las historias de la Biblia en este libro. Cubriremos algunas historias esenciales, así como algunas historias de apoyo necesarias. A lo largo del camino, descubrimos cómo Dios trabaja amorosa y pacientemente en, con y a través de Su pueblo. Dios no solo trabaja en aquellos que creen, también trabaja para atraer a los incrédulos hacia Él. Lo hace sin violar su libre albedrío personal.

También descubrimos que Dios es capaz de usar la tragedia, el mal de otros, tiempos difíciles, una vida dura y la disciplina para cumplir Su plan en y a través de la humanidad, pero la elección es nuestra. *Para cuando lleguemos a las historias de Jesús en los evangelios, Dios nos habrá preparado para reconocer a Jesús* como el Prometido Ungido/el Mesías/Salvador/Siervo Sufriente de Dios. También finalmente reconocemos a Jesús como nada menos que

Yahvé del Antiguo Testamento que ha venido en carne, como hombre también, para salvarnos.

Le vemos como Señor, como "Jehová-Jireh" (Dios mismo es nuestra provisión para cada necesidad). Nos sentimos abrumados por el amor y la apreciación que sentimos por Él, el Cordero Prometido de Dios que quita nuestro pecado y nos da vida eterna con Él.

Sin embargo, tras la muerte, resurrección y ascensión corporal de Jesús al cielo, nosotros, al igual que los apóstoles, luchamos y preguntamos: "¿Qué ahora?" A medida que continuamos estudiando sobre Pentecostés y las historias del crecimiento de la iglesia primitiva, nosotros, al igual que los primeros creyentes, nos llenamos de alegría. *Reconocemos que Dios todavía trabaja activamente a través del prometido Espíritu Santo para cumplir Su plan eterno.* Esa comprensión nos lleva a profundizar más en la Biblia como un todo.

El autor se esfuerza por contar las historias de maneras que sean fieles a las Escrituras. También se esfuerza por capturar cosas escritas entre las líneas: cosas como la cultura, los contextos históricos, los sistemas de creencias, las emociones, etc. esas adiciones ayudan a anclar las historias en la vida real y nos permiten relacionar la verdad de Dios con nuestra propia vida.

Durante años, el autor contó historias bíblicas cronológicas en Indonesia, India y países circundantes. Las historias orales se cuentan con menos detalle y permiten a los oyentes volver a contar las historias a su familia y amigos con facilidad. Volver a contar historias de persona a persona difunde el evangelio rápidamente a medida que más y más personas comienzan a contar las historias.

Este es el primer esfuerzo del autor por presentar historias bíblicas en formato escrito. Poner las historias en papel nos permite hacer las historias primarias más largas, con mucho más detalle que un formato oral. Un formato escrito también puede servir como una referencia para mantener la narración oral fiel a las Escrituras. Si bien las historias orales son muy útiles para la evangelización y el inicio del discipulado, las historias escritas son muy útiles para un discipulado más profundo. Las historias escritas proporcionan verdades más profundas que las historias orales y se convierten en un trampolín para llevar a los creyentes a leer la Biblia regularmente, memorizar partes de ella y apreciar la Biblia en su totalidad. *Este libro busca introducir la Biblia como verdad, pero este libro no puede reemplazar a la Biblia.*

*Al escribir estas historias, el autor utiliza una fuente diferente (es decir, cursiva) al agregar cultura, emociones, etc., a la historia. Así, mientras esas adiciones se convierten en parte de la historia, la cursiva permite a los lectores reconocer que algo ha sido añadido al original. Por lo tanto, la cursiva alertan al lector para que tenga cuidado, ya que ese contenido incluido no es Escritura literal, así que ore para determinar si es verdad o no.*

Después de la mayoría de las historias, se insertan varias preguntas en un esfuerzo por ayudar al lector a descubrir, digerir y aplicar lo que Dios está revelando en esa historia. Las preguntas no están destinadas a ser una prueba para el lector. En cierto sentido, son una prueba de la narrativa del autor. El lector debería poder responder la mayoría de esas preguntas, aunque algunas pueden requerir oración e investigación. *Por lo tanto, el autor no proporciona respuestas a sus preguntas.*

Para agregar información o transmitir verdades que no encajan perfectamente en un contexto narrativo, se añade un inusual mini epílogo después de algunas historias (es decir, un cuadro de las tres esposas y los ocho hijos de Abraham o una explicación de las dos genealogías de Jesús en Mateo y Lucas, etc.). También busca evitar que el lector salte a conclusiones a partir de historias que no hemos cubierto.

Este libro de historias está escrito para *(pero no limitado a)* adultos creyentes en congregaciones americanas. Con suerte, ayudará a eliminar la confusión y las dudas de muchos creyentes. La confusión y la duda se deben al crecimiento de enseñanzas falsas y opiniones anti-Dios (especialmente en algunas escuelas y muchas universidades) dentro de nuestra cultura cambiante hoy en día.

Gracias por tomarte el tiempo para leer el libro. *Que nuestro Señor nos bendiga al acercarnos cada vez más a Él mientras nos revela más de Sí mismo y de Su plan eterno.* Más allá de eso, oramos para que Dios nos dé una *creciente confianza en Su Palabra escrita.* Solo entonces compartiremos valientemente la historia de salvación de Dios y Su plan eterno con nuestra familia, amigos y otros a quienes Dios coloque en nuestro camino.

El autor creció con la versión Reina-Valera de la Biblia. A la edad de treinta y cinco años, cambió a la Nueva Versión Americana (NASB), bajo el copyright de la Fundación Lockman. El cambio se debió a que la NASB incluye muchos rollos antiguos de las Escrituras que no habían sido descubiertos cuando se escribió la RVR. Más antiguo significa más cercano a las copias originales de las Escrituras. En segundo lugar, nuestro idioma inglés americano ha cambiado desde la RVR. La NASB utiliza un inglés más actualizado, pero aún suena similar a la RVR para el autor. Este libro contiene muchas citas directas de las Biblias NASB y RVR.

Ahora pasemos al libro en sí.

# AGRADECIMIENTOS

*La Persona y el Plan Eterno de Dios: Historias Bíblicas para Creyentes que Viven en una Cultura de Incredulidad* se basa en treinta y dos historias bíblicas seleccionadas y está dedicada a todos los seguidores de Jesús, pero especialmente a Linda Rountree Beck, mi fiel y amoroso compañera de más de sesenta y cuatro años.

Cada creyente merece experimentar a nuestro Creador diariamente, crecer en la fe y participar con alegría en Su plan para nosotros. Mis agradecimientos a innumerables creyentes en Indonesia, India y más allá, incluidos los aprendices de idiomas inmigrantes en los EE. UU., quienes me permitieron practicar contándoles breves historias bíblicas orales en orden cronológico.

Las historias orales tienen varias ventajas: son más cortas, más fáciles de entender, recordar, contar y con las que identificarse porque se activan más sentidos tanto en la narración como en la escucha de una historia. Es como la diferencia entre ver la película y leer el libro.

Las historias escritas también utilizan los sentidos de los lectores para ayudar a que la historia cobre vida. Las historias escritas compensan agregando información, así como más lectores. Una por una, cada historia se convierte en una pieza de un rompecabezas que revela la persona de Dios y lo que Él es en nuestro mundo y más allá. A través de Sus historias, el Maestro Artista Eterno pinta Su plan en el lienzo de nuestra mente y corazón. Oro para que Él use mis esfuerzos para bendecirte.

Un agradecimiento especial a Barbara Carlson, Carolyn Miller, Gay Mills y Ann Roubion por su aliento y ayuda.

Declaración de Fundación: Antiguo Testamento
*En el principio Dios creó el cielo y la tierra.*

—Génesis 1:1 NASB

Dios *(Elohím):* una palabra hebrea en plural para "Dios", el único verdadero Dios vivo, que significa el Poderoso, el Omnipotente, el Soberano. Nota: *elohim* sin mayúscula E se utiliza para dioses falsos e ídolos.

*Preguntas*

1. ¿Qué te dice esta declaración fundacional?
2. ¿Qué te dice sobre Dios?
3. ¿Qué dice sobre los cielos y la tierra?
4. ¿Te dice algo más? Si es así, ¿qué te dice?

*Mini-epílogo*

La declaración fundamental, "En el principio creó Dios los cielos y la tierra" (Génesis 1:1) no está destinada a ser una declaración de fe. Está destinada a ser la declaración de hecho de Dios (verdad absoluta). Muchas personas rechazan la misma idea de "verdad absoluta". Creen que "toda verdad es relativa".

Una persona puede creer razonablemente en la existencia de Dios e incluso afirmar una relación vital con Dios. Sin embargo, nadie puede probar o refutar la existencia de Dios ante otro. Dios se revela a Sí mismo.

La elección de las historias bíblicas incluidas en este escrito no es un intento de probar la existencia de Dios. Dios es lo suficientemente grande como para cuidar de Sí mismo. El autor espera que Dios se revele a cada lector sincero. Estas son las historias de Dios sobre Sí mismo.

# HISTORIA 1

## CREACIÓN

## (GÉNESIS 1:1-23)

El autor reescribe Génesis 1:1-23 en un formato inspirado pero diferente de la Biblia Viviente, Tyndale House Publishers, 1988.

1-2. Al principio de los tiempos, cuando el Dios eterno ("Elohim") creó el cosmos, la tierra era desordenada y desolada. Todo estaba cubierto por el océano y en total oscuridad. El Espíritu de Dios se movía activamente por toda Su creación.

3-5. Dios enciende la luz simplemente diciendo: "¡Luz, existe!" y la luz apareció. Dios estaba complacido con la luz; luego dividió la luz y la oscuridad. Él llama a la luz "Día" y a la oscuridad "noche". Eso terminó el *primer día.*

6-8. Dios habló de nuevo: "Que haya una expansión en medio de las aguas." Dios hizo la expansión y la llamó "cielo". Así terminó el *día dos.*

9-13. Dios habló de nuevo: "Que la tierra firme surja y divida el océano", y eso fue lo que sucedió. Dios llamó a la "tierra" y al océano "mar". Eso agradó a Dios, y habló de nuevo: "Que la tierra produzca vegetación y árboles que den fruto, cada uno con semilla para reproducirse." Así, la tierra produjo rápidamente todo tipo de vegetación, y a Dios le agradó. Eso terminó el *día tres*.

14-19. Dios habló de nuevo: "Haya luces en los cielos, para separar el día de la noche, para ser señales para las estaciones, los días y los años, y para dar luz en la tierra." Y fue como Dios dijo. Dios hizo dos grandes luces. La luz mayor para gobernar el día fue llamada sol, y la luz menor para gobernar la noche fue llamada luna. Dios creó las estrellas y los planetas, colocándolos en la expansión de los cielos para dar luz en la tierra, para gobernar el día y la noche, y para separar la luz de la oscuridad. Dios vio que era bueno. Así terminó el *día cuatro*.

20-23. Dios habló de nuevo: "Que las aguas se llenen de hordas de criaturas vivas y que las aves vuelen en el cielo sobre la tierra." Dios creó grandes monstruos marinos y toda criatura viviente del mar que se reproducía en el agua, y toda ave alada según su especie, todas creadas por Dios de la nada. Dios vio que era bueno. Dios los creó a todos con semillas o huevos para la reproducción. Los bendijo, diciendo: "Sed fructíferos, multiplicaos según vuestra especie y llenad los mares. Que las aves se multipliquen según su especie *(así, la gallina vino antes que el huevo)*." Eso terminó el *día cinco*.

24-31. Dios habló de nuevo y muchos seres vivos (nephesh) vinieron a la existencia de la nada por el mandamiento de Dios: ganado, reptiles, bestias de la tierra y toda clase de fauna, todas con semillas o huevos para reproducirse según su especie. Dios vio que eran buenos y estuvo complacido con todo lo que había hecho.

Dios habló de nuevo: "Hagamos a la humanidad, un ser vivo único y especial a nuestra propia imagen espiritual, según nuestra semejanza espiritual; y que ellos gobiernen sobre toda la vida en la tierra, en el cielo y en el mar." Así, Dios creó a la humanidad, hombre y mujer. Los creó a su propia imagen espiritual (Porque Dios es Espíritu).

Dios creó a los humanos con semillas y óvulos para reproducirse. Dios los bendijo y dijo: "Tengan hijos, llenen la tierra de personas y *sométanla*. Ustedes son dueños de todos los peces, aves y animales que creé. Les he dado todas las plantas que dan semillas y todos los árboles frutales para su alimento. También he dado la hierba y las plantas a los animales y aves para su alimento." *Dios miró todo lo que había hecho y era excelente en todos los sentidos.* Así terminó el *día seis*.

2:1-3 Finalmente, el cosmos, incluida la tierra, fue completado con todo lo que contenía. Así que, en el séptimo día, habiendo terminado Su obra de creación, Dios descansó de Su trabajo. Declaró que el séptimo día era santo (santificado), apartado para Él.

*Revisa la historia de la creación y esfuérzate por descubrir lo que se dice y lo que no se dice.* Es posible que desees volver a leer este pasaje de tu propia traducción de la Biblia y comparar las dos. Luego, responde las siguientes preguntas:

1.  ¿Qué aprendemos sobre Dios, Su Persona y Su carácter en el relato bíblico de la creación?

2.  ¿Aprendiste algo nuevo sobre la creación y lo que significa esta historia? Describe para ti cualquier nueva

comprensión que ahora tengas sobre la creación de la tierra y la humanidad.

3. ¿Agrega el sustantivo hebreo para Dios (Elohim) algo a tu comprensión? Refiérete de nuevo a la Declaración Fundamental.

4. ¿Es la verdad universal, absoluta e inmutable, o es la verdad relativa? ¿Quién tiene la autoridad para decidir qué es la verdad?

5. ¿Cuáles son las principales verdades en la historia de la creación?

6. ¿Respondió la historia a alguna pregunta sobre Dios o la creación?

7. ¿Planteó la historia nuevas preguntas sobre Dios o la creación?

8. ¿Fueron los seis días de creación seis días de veinticuatro horas, o eran esos días realmente largos períodos de tiempo como algunos dicen? ¿En qué basas tu respuesta?

*Mini-epílogo*

Nuestro estudio cronológico de las historias de la Biblia busca darle a Dios otra oportunidad para revelarse a Sí mismo, Su persona, Su carácter y Su propósito eterno para nosotros y para toda la humanidad.

Dado que Dios es eterno, sin principio ni fin, *Él está fuera del tiempo y del espacio.* El tiempo y el espacio fueron creados por Dios, quien siempre fue, siempre es y siempre será. Las principales formas en que Dios se revela son Su carácter eterno, persona y plan en la Biblia, y más claramente en y a través de la persona de Jesús. *La autorrevelación de Dios* también se manifiesta a través de Sus relaciones, nombres y Su trato con personas reales en situaciones de la vida real.

La creación de los animales y los humanos tiene lugar en el primer capítulo del Génesis, pero esperaremos hasta la historia 2 para tratar los detalles de la creación de la humanidad por parte de Dios. Los primeros once capítulos del Génesis forman una introducción al Antiguo Testamento (Escrituras) y a la Biblia en su conjunto. Las historias en los primeros once capítulos del Génesis revelan verdades esenciales e historia esencial escritas de manera objetiva. Dios no dio a conocer Su plan eterno de inmediato. Elegió revelarlo en una serie de contextos históricos a lo largo de varios miles de años.

El autor divide la creación (Génesis 1:1-2:25) en dos partes y luego adjunta 'la caída del hombre' (Génesis 3:1-24) al final de la historia de la creación. Su intención es recordarnos que la creación y la historia humana están conectadas desde el principio. La Biblia trata con la verdad, no con mitos.

Originalmente, la Biblia no estaba dividida en capítulos y versículos. La adición de capítulos y versículos nos ayuda a encontrar fácilmente personas bíblicas específicas, enseñanzas, eventos bíblicos, etc. Génesis 1:26-29 ofrece una dimensión general de la creación de la humanidad, hombre y mujer. Dios bendijo a la humanidad (a las personas) con la fecundidad para multiplicarse y llenar la tierra. Dios también le dio a la humanidad autoridad sobre todas las demás criaturas en la tierra. "Autoridad sobre" incluye la protección general del medio ambiente sin tratar de jugar a ser Dios. La

Historia 2 dará una dimensión más detallada de la creación de la humanidad. La afirmación de la cultura actual sobre múltiples géneros, no solo dos, contradice la verdad de Dios y la realidad científica. Eso hace que comprender ambas dimensiones (visión general y dimensión detallada) del relato bíblico de la creación de la humanidad sea aún más apropiado. Nada sorprende a Dios.

# HISTORIA 2

## LAS PRIMERAS PERSONAS
## (GÉNESIS 1:26-3:24)

Dios es una persona todopoderosa. Él no es humano ni simplemente una fuerza. Dios es Espíritu. La persona de Dios no implica que Dios esté a la semejanza de los humanos. Es al revés.

Después de crear el universo y poner la vida vegetal y animal en la tierra, Dios (Elohim) dijo: "Hagamos al hombre (Adán) a nuestra imagen, conforme a nuestra semejanza/ similitud". Entendemos que el hombre fue creado por Dios, a la imagen de Dios. Sin embargo, *Dios no está a la semejanza de la humanidad.*

*Ser creado a imagen de Dios incluye algunas características de Dios: los humanos son personas como Dios, los humanos son seres racionales como Dios, los humanos son seres de libre albedrío como Dios, los humanos fueron creados como seres responsables como Dios, y los humanos fueron creados para las relaciones— relaciones con Dios y entre sí—como Dios.*

Dios creó a la humanidad a su imagen (semejanza). Creó a la humanidad en dos géneros naturales: masculino y femenino. Masculino y femenino es la traducción al inglés de las dos palabras hebreas para los dos géneros naturales de los humanos. La palabra hebrea bíblica para masculino es "Zakhar", una parte del cuerpo masculino, y la palabra hebrea bíblica para femenino es "ngebah", una parte del cuerpo femenino. Por lo tanto, Dios creó los dos géneros similares pero diferentes (Génesis 1:27). Cada uno de los dos géneros naturales (masculino y femenino) fue diseñado por Dios con cuerpos, emociones, gustos, disgustos, roles y prioridades algo diferentes. *Los aspectos diferentes de los dos géneros naturales no están destinados a separarlos, ni a crear competencia entre ellos, sino, más bien, a hacer que cada uno dependa mutuamente del otro para cumplir el plan eterno de Dios. Esas diferencias incluyen la reproducción, pero son mucho más que la reproducción. Cada género natural (masculino y femenino) completa al otro.*

Los humanos fueron creados con un cuerpo físico de carne y hueso *como los animales, pero los humanos no son animales.* Los humanos también fueron creados como seres espirituales con un espíritu, *como Dios es Espíritu, pero los humanos no son dioses.* La humanidad ni siquiera tiene una chispa de la divinidad de Dios.

*La humanidad fue creada como una criatura terrenal única, no celestial. La humanidad está sujeta a Dios, sin embargo, la humanidad (hombre y mujer) es capaz de conocer, amar, adorar, tener comunión y una relación personal con Dios (Elohim). Así, la humanidad (hombre y mujer) son* seres especiales.

Entonces, el Señor Dios (Yahweh Elohim o Jehová Elohim [Génesis 2:7]) formó *[moldeó]* a un hombre [Adán] del polvo/*tierra* del suelo y sopló en sus fosas nasales el aliento de vida. Así, el hombre [Adán] se convirtió en un ser viviente/alma, *la parte no corporal, espiritual de la humanidad.*

Dios (Elohim) hizo a la humanidad (hombre y mujer) para que tuviera dominio (gobierno) sobre los peces del mar, las aves del cielo, el ganado y todo lo que se mueve sobre la tierra.

El Señor Dios (Yahweh-Elohim) plantó un jardín especial para la humanidad. El jardín se llamaba Edén (placer) y estaba ubicado en algún lugar entre los ríos Tigris y *Éufrates* (actual Irak). Dios también hizo que crecieran en el jardín todo tipo de *árboles* que son agradables a la vista y buenos para comer. El árbol de la vida y el árbol del conocimiento del bien y del mal fueron colocados en el medio del jardín.

El Señor Dios colocó al hombre en el jardín para vivir. El jardín tenía todo lo necesario para la vida de la humanidad. El jardín también servía como un tabernáculo, un lugar donde la humanidad podía disfrutar de la presencia y la comunión de Dios diariamente. Dios le dijo al hombre (Adán): *"Puedes comer libremente de todos los* árboles *del jardín; así, Dios le dio al hombre un trabajo placentero y satisfactorio."*

Dios le dijo al hombre (Adán): "Puedes comer libremente de todos los *árboles* del jardín excepto uno. No debes comer del árbol del conocimiento del bien y del mal; si comes de *él,* morirás." *Así, Dios implicó que un día el hombre rebeldemente haría lo prohibido.* Dios también advirtió sobre la certeza del juicio (muerte) que seguiría al pecado de la humanidad (Génesis 2:7-17).

Además del trabajo del hombre como cuidador del jardín, Dios añadió una nueva tarea, aunque temporal. *Dios tiene muchas razones para decirnos qué hacer. Dios le dijo al hombre que nombrara todas las especies de animales, lo que refuerza la verdad de que la humanidad es el ser creado superior en la tierra.* Adán obedeció a Dios y nombró a los animales.

*A medida que Adán obedecía a Dios, aprendió una verdad importante.* Todos los animales fueron creados con compañeros adecuados, pero no había ningún compañero adecuado para *él.* *Dios le dijo* a Adán: "Un *ayudante adecuado para ti es parte de mi plan, porque 'no es bueno que el hombre esté solo.' Ahora que has llegado a apreciar el valor de un compañero adecuado y ahora entiendes que necesitas y deseas uno, crearé a ese ayudante adecuado, un compañero de vida para ti."* Dios hizo que Adán cayera en un profundo sueño. Mientras dormía, Dios tomó una de las costillas de Adán (un sustantivo femenino), restauró la carne (como nueva) donde se había quitado la costilla, y formó (moldeó) la costilla de Adán en mujer *(ishshah).* Dios llevó a la mujer *a Adán y lo* despertó de su profundo sueño.

Cuando Adán vio a la mujer, exclamó: *"Esta es hueso de mis huesos y carne de mi carne"* (Génesis 2:23 RV). *Esa declaración puede no sonar muy romántica, pero recuerda el contexto.* Adán había nombrado a todos los animales y se dio cuenta de que cada animal tenía una pareja correspondiente, pero no había pareja, no había compañero de vida para él.

*Así que cuando Adán vio a la mujer, se sintió abrumado de alegría. Fue amor a primera vista.* "*¡Wow!*" exclamó Adán. "Esta es como yo; ella es la compañera perfecta/compañera de vida para mí." Adán la llamó mujer (ishshah) porque fue tomada del hombre (ish). *La mujer, al igual que el hombre, es una parte igual e intrínseca de la humanidad.* Fue nombrada "Eva" (Chavvah, dadora de vida), y ella se convertiría en la madre de todas las demás personas.

*Dios realizó la primera boda* y Adán y Eva se convirtieron en esposo (ish) y esposa (ishshah). El esposo y la esposa debían unirse o permanecer juntos *(dabaq). Dios tenía la intención de que el matrimonio durara toda la vida y que involucrara a un hombre y una mujer. Así, en la cultura estadounidense actual,* un esposo y una esposa dejarán a sus padres y se unirán como una sola carne (unidos, una unión, compañeros iguales pero diferentes entre sí). *Cada uno es lo que el otro necesita.*

*Sin embargo, en muchas culturas hoy en día, los recién casados a menudo viven con los padres del esposo o con los padres de la esposa debido a la situación económica. En tiempos pasados, en América también era común de esa manera. En los primeros años de la vida del autor, sus padres vivieron un par de años con los padres de su madre y luego un par de años con los padres de su padre.*

*Hay dos razones básicas por las que Dios planeó que los recién casados dejaran la casa de sus padres después del matrimonio. Primero, si se quedan con los padres, los recién casados están en la casa de un padre y deben seguir los deseos de ese padre y a menudo son mandados por sus padres. En segundo lugar,* el matrimonio es para personas maduras: personas que son responsables ante Dios por sí mismas. *Si un esposo y una esposa viven con sus padres, estos padres siguen siendo las personas responsables, y eso tiende a no ser bueno para ninguna de las parejas: ni para los recién casados ni para los padres.*

Dios ordenó a Adán y Eva que "fueran fructíferos y se multiplicaran teniendo hijos, llenaran la tierra y dominaran sobre la tierra y todo lo que hay en ella." *Por supuesto, "dominar sobre" implica responsabilidad de cuidar.*

*Después de su luna de miel, Adán puso a Eva al tanto de todo lo que había acontecido y todo lo que Dios había dicho antes de su llegada.* No tenían ropa, sin embargo, ninguno estaba avergonzado ni tenía vergüenza en presencia del otro, tampoco estaban avergonzados en la presencia de Dios. Disfrutaban de la compañía del otro y de las visitas diarias de Dios. *No se sabe cuánto tiempo vivieron Adán y Eva en el jardín, tal vez años, pero quizás solo meses, ya que no tenían concepción.* Dios no nos cuenta todo. En aquellos días, no había enemistad entre humanos y animales. Los humanos eran vegetarianos (Génesis 1:29), por lo tanto, no eran una amenaza para los animales. Los animales también eran vegetarianos (Génesis 1:30) y no eran una amenaza para los humanos ni para otros animales.

*La tentación y caída de la humanidad (Génesis 3:1-24)*

La serpiente se decía que era más astuta (sutil, engañosa) que cualquier otra bestia que Dios creó.

*Un día, la serpiente jugó con la mente de Eva, diciendo: "Dios no es bueno.* Te puso en este hermoso jardín pero te niega toda esta buena comida."

*"¡No! Eso no es cierto," respondió rápidamente en defensa de Dios.* "Podemos comer de todo en el jardín excepto el fruto del árbol del conocimiento del bien y del mal. Ese es el único fruto prohibido. Si comemos *o incluso tocamos* el fruto de ese árbol, moriremos.

*Dios no dijo: "ni siquiera toques"; Eva añadió esas palabras o quizás Adán se las dijo. La serpiente sorprendió a la mujer (ishshah) al decir: "Dios no te está diciendo la verdad.* No morirás si comes de ese fruto. En lugar de morir, se te abrirán los ojos y serás como Dios (Elohim), y entonces conocerás el bien y el mal" (Génesis 3:5).

*La serpiente parecía implicar que con tal conocimiento, ella y Adán ya no necesitarían a Dios. Aparentemente, serían capaces de determinar por sí mismos qué es bueno y qué es malo.* Incluso hoy en día, la humanidad busca la capacidad de determinar lo que es bueno o malo. Eso siguió siendo una piedra de tropiezo para la humanidad; *esto es especialmente cierto cuando nuestra definición de bien o mal contradice la de Dios.*

Hasta entonces, Adán y Eva habían sido felices con su relación con Dios y su confianza en Él. *Ahora cuestionaban la bondad y veracidad de Dios. Los pensamientos de independencia de Dios se volvieron tentadores. El hombre y la mujer nunca habían mirado de cerca el fruto prohibido; ¿por qué molestarse?* Ahora la mujer lo examinó, y parecía y olía delicioso. Era atractivo a sus ojos, y según la serpiente, era "deseable para hacer sabio a uno."

*Ella pareció olvidar que solo hay un Dios (Elohim) y ningún dios. También olvidó que fue creada a "la imagen de Dios" pero no era Dios, ni podría ella (o Adán) convertirse en Dios o siquiera en un dios. Eva permitió que la tentación la abrumara.* Codició esa "sabiduría", por lo tanto, ella (ishshah) desafió a Dios y comió del fruto prohibido. También le dio a su esposo (ish), *quien estaba allí a su lado.* Adán tomó la misma decisión mortal y también comió voluntariamente.

Eva había estado bajo ataque de un enemigo. Adán estaba allí con ella, pero no ofreció apoyo. *Permitió que un enemigo de Dios atacara a su esposa mientras él permanecía en silencio. No fue un ejemplo de un buen compañero.* Adán permitió que ella fuera derrotada y luego se unió a la desobediencia él mismo. *Era como si Adán escupiera en la cara de Dios.*

Los ojos de su entendimiento fueron inmediatamente *parcialmente* abiertos. Se dieron cuenta de que estaban desnudos y *se sintieron avergonzados y decidieron que podían manejar la situación cosiendo hojas de higuera, haciendo una cubierta temporal para su desnudez.*

De repente, oyeron el sonido de Dios en el jardín. Él había venido para su comunión diaria con ellos; pero en lugar de ser fuertes y como Dios, como habían esperado, el hombre y la mujer ahora tenían miedo de Dios. En lugar de buscar el rostro de Dios, intentaron esconderse de Él. *Se habían alienado de Dios sin haber ganado la igualdad anhelada con Dios.*

El Señor Dios (Yahweh Elohim), *como un padre jugando al escondite con su pequeño hijo, llamó: "¡Adán, dónde estás?"*

"Te oí entrar en el jardín," dijo Adán humildemente. "Tuve miedo porque estaba desnudo, así que me escondí."

*"¿Qué ha cambiado?"* preguntó Dios. *"Siempre has estado desnudo, ¿quién te dio la idea de que no deberías estar desnudo?* ¿Qué ha cambiado que ahora, por primera vez, Me temes? *¿Me has desafiado y comido del árbol prohibido?" Las preguntas de Dios indicaban que sabía todo lo que había sucedido.*

"Sí, comí el fruto prohibido, pero *no fue mi culpa. De alguna manera, fue tu culpa. Dios,"* dijo Adán. "La mujer que me diste lo puso en mi mano, y lo comí."

*¡Qué pobre excusa! El hombre creado a la imagen de Dios se había convertido en un ratón asustado. Quería escapar de su responsabilidad y salvar su propia piel escondiéndose detrás de su esposa. Eva también alegó inocencia. "¡No me eches esto a mí! La serpiente me engañó. Estaba indefensa y mi marido no hizo nada para defenderme, así que comí."*

*El pecado no es un asunto insignificante. No es un error honesto ni una leve desviación de la voluntad de Dios.* La gravedad del pecado es tal que busca hacer que una persona intente deshacerse de Dios. *El pecado de Adán y Eva destruyó su relación con Dios, causó la corrupción de su propio carácter, provocó su primera discusión y, eventualmente, su propia muerte física.*

El Señor Dios sabía todo y habló a la serpiente (nachash) que había creado. *"El pecado tiene consecuencias." El desafío de la serpiente a Dios no involucró comer un fruto prohibido. Reveló su propia rebelión contra Dios al engañar a Adán y Eva. Ese engaño condujo al pecado y la caída de la humanidad.*

*Porque has hecho esto,* serás castigado. Tú solo de todos los animales debes llevar esta maldición. De ahora en adelante, perderás tu libertad y deberás arrastrarte sobre tu vientre en el polvo. Pondré enemistad entre tú y la mujer [Eva]; su simiente [su descendencia, es decir, singular] y tu simiente siempre serán enemigos. La simiente [singular] de la mujer aplastará tu cabeza, mientras que tú solo le harás daño en su talón.

(Génesis 3:13-15 NASB)

*Este dicho parece indicar que la serpiente atacará a la descendencia de la mujer mientras que la descendencia de la mujer aplastará la cabeza de la serpiente, derrotando así a la serpiente.*

*El significado de lo que Dios dijo a la serpiente es difícil de entender con la información limitada que se nos proporciona aquí. Sin embargo, parece ser la introducción de una trama importante en la Biblia. Por ahora, nos quedamos con dos preguntas aún sin respuesta: "¿Quién es esta descendencia de la mujer?" y "¿Quién es esta serpiente que engañó a Adán y Eva?» Una trama generalmente toma tiempo en desarrollarse antes de ser completamente entendida. Asumiremos que las respuestas a esas preguntas se revelarán en historias posteriores.*

*A Eva,* el Señor Dios le dijo: "*El pecado tiene consecuencias. Te dije que los hijos son una bendición;* sin embargo, debido a tu corazón rebelde, aumentaré tu angustia durante el embarazo y tu dolor al dar a luz. Sin embargo, a pesar de ese dolor, todavía tendrás deseo por tu esposo y por más hijos. Tú, *aunque igual,* te someterás al liderazgo de tu esposo." *Eso no significa que el esposo sea el jefe; no es jefe, sino líder en su lugar* (Génesis 3:16 NASB).

*A Adán,* el Señor Dios le dijo: "*El pecado tiene consecuencias.* Debido a que te rebelaste y desafiaste Mi autoridad, toda la humanidad (hombre y mujer), la tierra y toda la naturaleza se verán afectadas por tu pecado. *Así, no solo la humanidad, sino la tierra y toda la naturaleza estarán bajo una maldición a causa de tu pecado."*

Cada uno de nosotros, desde Adán y Eva, nace en pecado (una naturaleza caída).

> Cultivar alimentos en el jardín había sido fácil para ti, Adán, pero a partir de ahora, trabajarás duro para producir suficiente alimento para tu familia. La tierra producirá malas hierbas y espinas sin esfuerzo. Fuiste creado del polvo; cuando mueras físicamente, tu cuerpo regresará al polvo.
>
> (Génesis 3:17-20 NASB)

Entonces el Señor Dios mató a un animal inocente y usó su piel para hacer vestiduras duraderas que cubrieran la desnudez de Adán y Eva. La muerte sangrienta del animal fue la primera muerte de cualquier criatura viviente desde la creación de la vida. Luego, el Señor Dios tomó medidas para evitar que la humanidad comiera del árbol de la vida y, así, viviera para siempre en su pecado. *Después del pecado de la humanidad, el no permitirles comer del árbol de la vida fue la misericordia de Dios, no su castigo.* "Así, el Señor Dios expulsó a Adán y Eva del jardín para siempre, y puso un ángel para guardar el jardín."

*Preguntas*

La historia se cuenta de manera simple, pero los temas son muy complejos. Esfuérzate por descubrir lo que se dice o se describe en la historia y lo que significa. *Estas preguntas no son una prueba, y el autor no proporciona una lista de respuestas. Su deseo es que* examines las Escrituras y dependas del Espíritu Santo para que te ayude a descubrir la verdad de Dios. Usa esta historia y tu Biblia.

1. ¿Qué aprendiste sobre el carácter de Dios en esta historia?

2. ¿Notaste un nuevo nombre para Dios? ¿Cuál es ese nombre? Más adelante aprenderemos más sobre el significado de ese nuevo nombre.

3. ¿Cuáles consideras que son las principales verdades o enseñanzas de la historia?

4. Nombra algunas similitudes y diferencias entre el hombre y el animal.

5. ¿Qué tres promesas hizo la serpiente a Adán y Eva si comían el fruto prohibido? ¿Cómo resultaron esas promesas después de que desobedecieron a Dios?

6. ¿Cuál fue el resultado de su pecado incluso antes de que Dios interviniera?

7. ¿Murieron Adán y Eva inmediatamente después de desobedecer a Dios? Si no, ¿por qué no? Si sí, ¿cómo? ¿Por qué lo dices?

8. ¿Cómo y por qué castigó Dios a Adán? ¿A Eva? ¿A la serpiente?

9. ¿Por qué crees que Dios mató a un animal para cubrir su desnudez?

10. ¿Aprendiste alguna respuesta nueva a tus preguntas sobre esta historia?

11. ¿Cómo se compara la descripción bíblica de la creación de la humanidad (hombre y mujer) con la guerra cultural actual sobre los géneros?

*Si tienes preguntas serias sin respuesta sobre esta historia,* pide a Dios que te ayude. Él puede responder directamente de las

Escrituras. Puede guiarte a hablar con un pastor o con algún otro creyente maduro que camine diariamente con Dios.

## *Mini-epílogo*

Estas notas no están destinadas a ser incluidas en la historia. Contamos las historias utilizando solo material o inferencias en la historia bíblica. Después de algunas historias, se incluirá un mini-epílogo. Eso es inusual, pero permite al autor compartir algunos pensamientos fuera de la historia. Los creyentes son conscientes de toda la Biblia. Sin embargo, leer cronológicamente significa que leemos cada nueva historia como si no supiéramos nada de Dios y Su plan más allá de las historias en cuestión.

¿Notaste la frase que se repite a menudo *"según su especie"* (Génesis 1:12,21 y 24)? ¿Enseñan esos versículos que Dios creó vegetación, criaturas del mar, aves, bestias, ganado y reptiles en la tierra, o enseñan la evolución de lo simple a lo complejo a lo largo de millones de años como lo enseña la ciencia secular?

¿Notaste que Dios usó un pronombre plural refiriéndose a Sí mismo, diciendo "Hagamos al hombre a *nuestra* imagen, conforme a *nuestra* semejanza" (Génesis 1:26)? Muchos dicen que estos plurales son "plurales de majestad", es decir, como un rey a menudo se refiere a Sí mismo en plural como Nosotros, *Nuestro y Nos*. Esa es una posibilidad, *al menos por ahora.*

También nota que la palabra para Dios, Elohim, *es un sustantivo plural.* Por otro lado, el nombre de Dios, Yahveh (Señor), es un sustantivo *propio singular.* Algunos dicen que la historia de la creación en Génesis 1-2 es una mezcla de tres o más fuentes diferentes. Mezcladas o no mezcladas, fue el Espíritu de Dios quien inspiró a los escritores de las Escrituras; por lo tanto, es la Palabra de Dios (ver 2 Pedro 1:20-21).

*Muchas personas consideran que Génesis 1:26 es la primera mención de la Trinidad,* pero esa enseñanza solo puede ser argumentada mucho más tarde, tras la iluminación del Nuevo Testamento. En nuestro estudio de hoy, aún no hemos llegado al Nuevo Testamento. Al relatar la Biblia de manera cronológica, enseñar cosas que aún no se han encontrado (cosas en historias futuras ahora) puede confundir a los nuevos creyentes y darles la idea de que solo los maestros profesionales de la Biblia pueden entenderla. *La Palabra de Dios fue dada a toda la humanidad, no a un selecto grupo.*

Vemos a Dios (Elohim) en el capítulo 1 y al Señor (Yahweh) en el capítulo 2. También vemos el Espíritu de Dios (1:2) y Dios creó los cielos y la tierra simplemente hablando (la misma Palabra de Dios que mucho más tarde se hace carne, también en el nacimiento de Jesús), pero no tenemos fundamentos para enseñar la Trinidad o la Encarnación en este punto de la revelación de Dios mismo.

*Aunque la palabra Trinidad es una buena palabra, no aparece en la Biblia.* Es una palabra que usamos para tratar de explicar a Dios. Seamos pacientes y permitamos que Dios se revele a Sí mismo y a Su propósito para nosotros cronológicamente a través de estas historias, como lo hizo originariamente.

También nota que en esta historia, no se ha utilizado el nombre *Satanás.* Solo vemos la palabra *serpiente* como el tentador. Historias posteriores nos permitirán entender muchas más cosas sobre ese tentador. El pecado de Adán y Eva no solo fracasó en permitirles convertirse en "dioses"; su nueva sabiduría era limitada. Los planes y mandamientos de Dios son siempre mejores que nuestros planes. La desobediencia en sí misma crea consecuencias no deseadas.

El Señor Dios (Yahweh Elohim) muestra su amor y preocupación por la humanidad a pesar de que la humanidad lo había rechazado. Dios mató a un animal y cubrió la desnudez de

Adán y Eva con la piel del animal. Muchos ven la acción de Dios como el ejemplo del tipo de sacrificio de sangre que mucho más tarde Dios requirió para los judíos para el perdón de los pecados. Más adelante aprenderemos que el sacrificio de animales se basaba en la fe en que Dios proveería un Salvador. En realidad, el único sacrificio de sangre que realmente expía el pecado no es hecho por el hombre sino por Dios mismo. No nos adelantemos a la paciente revelación de Dios de sí mismo a nosotros. *La verdad apilada sobre la verdad conduce a la "verdad absoluta".*

Todos tendemos a tener algunas suposiciones falsas y, a veces, mezclamos nuestra propia cultura y suposiciones con la fe bíblica. Muchos creyentes y congregaciones estadounidenses no parecen reconocer la diferencia entre la "cultura estadounidense" y la "fe bíblica".

Las historias de la Biblia revelan que la "cultura" a menudo trabaja en contra de Dios. Al leer estas historias, pidamos a Dios por iluminación.

# HISTORIA 3

## Como Son Los Padres, Así Son Los Hijos (Génesis 4:1-5:32)

Después de que Dios expulsó a Adán y Eva del jardín del Edén para siempre, hicieron sacrificios a Dios. También comenzaron a tener hijos como Dios había ordenado. Solo tres de los muchos hijos de Adán y Eva son nombrados en la Biblia (Caín, Abel y Set). No se registran las hijas de Adán y Eva ni a sus otros hijos.

*No sabemos cuántos hijos tuvieron. Sabemos que tuvieron muchos más hijos e hijas (Génesis 5:4). Fueron el comienzo de nuestra raza humana. Para multiplicarse rápidamente, los hermanos necesitarían casarse con las hermanas, los primos necesitarían casarse con los primos, y quizás algunos tíos se casaran con sobrinas. La raza humana era joven y fuerte. Lo que hoy llamamos incesto no resultaría en el problema de mutaciones genéticas en esa etapa temprana de la raza. (Ver Mini-epílogo al final de esta historia.)*

El pecado tiene tanto consecuencias inmediatas como a largo plazo. Antes del pecado, Adán y Eva disfrutaban de las visitas de Dios con ellos. Tenían razones para estar asombrados de Dios, pero no tenían razones para temerle. Sin embargo, cuando pecaron (desobedecieron/rebelaron) contra Dios, murieron espiritualmente, tal como Dios había prometido. Adán y Eva se alejaron de Dios y ya no tenían la cercanía que antes tenían con Él. Ahora tenían miedo de Dios. Sin embargo, Dios aún amaba a Adán y Eva y buscaba su bienestar. En la historia de hoy, descubrimos que el pecado de Adán y Eva tuvo consecuencias para sus hijos.

Caín (posesión) fue su primogénito, un hijo. Eva reconoció a Dios (Yahweh/Jehová) como el responsable de su hijo varón. *Quizás pensó que él sería la semilla prometida que aplastaría la cabeza de la serpiente.* Eva dio a luz a un segundo hijo y lo nombró Abel (aliento).

Cuando los niños crecieron, Caín siguió a su padre y se convirtió en agricultor, mientras que Abel se convirtió en pastor y cuidaba un rebaño de ovejas y cabras. La gente y los animales eran todos vegetarianos; por lo tanto, la gente no comía sus ovejas y cabras. *Sus ovejas proporcionaban lana para ropa y mantas. Sus cabras proporcionaban alimento para la familia en forma de leche y queso.*

Abel amaba a Dios y hizo una ofrenda (sacrificio) a Dios de su rebaño. Caín tenía un corazón malvado; *solo pretendía amar a Dios.* Caín también hizo una ofrenda a Dios de su cosecha de verduras y granos. *Dios se agradó de Abel porque su corazón era correcto.* ("Por la fe Abel ofreció a Dios un sacrificio mejor que Caín, por lo cual obtuvo testimonio de que era justo. Sin embargo, *Dios conocía el corazón malvado de Caín, por lo que Dios no se agradó de la ofrenda de Caín.*")

Caín se enojó mucho con Dios. También se puso muy celoso de Abel porque Dios aceptó la ofrenda de Abel pero rechazó la suya. Dios (Yahvé) habló cariñosamente a Caín: "Caín, ¿por qué estás enojado y malhumorado? *Si tu corazón hubiera estado bien, habría aceptado tu ofrenda así como acepté la de tu hermano.* Debes tener cuidado. El pecado está esperando en la puerta de tu corazón. *El pecado quiere controlarte y destruirte. Debes rechazarlo."*

*Caín no se arrepintió, así que su corazón malvado continuó dominándolo.*

Un día, le dijo a Abel: "Vamos a nuestros campos juntos."

Abel fue con Caín, pero mientras estaban allí, *Caín atacó a su hermano y lo mató.* Dios lo sabe todo. *Así como Él conocía el pecado de Adán y Eva, Dios conocía el pecado de sus hijos.* Ciertamente sabía del horrendo pecado de Caín al matar a su hermano.

El Señor preguntó: "Caín, ¿sabes dónde está Abel?" *Él estaba ofreciendo una oportunidad para que Caín se arrepintiera y experimentara la gracia de Dios, pero la rebeldía de Caín hacia Dios lo esclavizó. Así, Caín rechazó la misericordia y recibió juicio en su lugar.* Aún estaba enojado con Dios.

*Mintió al Señor diciendo: "¡No sé dónde está mi hermano! No es mi responsabilidad." Caín se negó a confesar su pecado.*

El Señor preguntó: "¿Por qué has hecho esta cosa tan terrible? Oigo la sangre de tu hermano clamando a mí desde la tierra. *El pecado siempre tiene consecuencias, Caín.* Eres maldito desde la tierra. Por lo tanto, la tierra ya no producirá cosechas para ti. Te convertirás en un vagabundo sin hogar sobre la tierra."

"¡Esa pena es demasiado pesada para mí!" exclamó Caín. "Me estás expulsando de mis campos y de Tu presencia. Como un vagabundo sin hogar en la tierra, quienquiera que me encuentre me matará"

(Génesis 4:14).

*"La venganza me pertenece solo a mí"*, dijo el Señor. "Tú te has alejado de mí, *pero yo no me he alejado de ti.* Pondré una marca reconocible sobre ti—una marca que advierte que cualquiera que mate a Caín deberá responder ante mí. Mi venganza sobre ellos será siete veces mayor que mi venganza sobre ti."

Caín y su esposa partieron de su tierra y de la presencia del Señor (pero el Señor no dejó a Caín). Se establecieron en la tierra de Nod (vagando), al este de Edén. Su esposa dio a luz a un hijo, cuyo nombre era Enoc (dedicado). Más tarde, Caín construyó una ciudad y le puso el nombre de Enoc. La población de esa área comenzó a crecer. Con el paso del tiempo, el bisnieto de Caín, Lamec *(poderoso)*, tuvo dos esposas; así, *la poligamia fue introducida en la sociedad.*

*Mientras tanto, Adán y Eva tuvieron otro hijo y le pusieron el nombre de Set* (sustituto, compensación). Eva dijo: "Dios me ha dado otro hijo (simiente) para reemplazar a Abel porque Caín lo mató". *La primera madre todavía está buscando a su descendiente (simiente) que aplastaría la cabeza de la serpiente. Abel está muerto y Caín ha sido desterrado. ¿Será Set quien aplaste la cabeza de la serpiente?*

Seth tuvo un hijo llamado Enosh (hombre). Con Enosh y sus descendientes, la humanidad comenzó a invocar el nombre del Señor (Yahveh, el único Dios verdadero) o comenzó a ser llamada "el pueblo de Dios." *De cualquier manera, esta fue la primera evidencia bíblica de un verdadero crecimiento espiritual desde la muerte de Abel.*

*Génesis nos informa sobre los descendientes de Adán desde Seth hasta Noé.* También se nos informa que Adán tenía 130 años cuando nació Seth. Después del nacimiento de Seth, Adán vivió otros ochocientos años y tuvo muchos otros hijos e hijas (Génesis 5:4). Ninguno de sus nombres fue registrado en la Biblia. Dios solo dice lo que necesitamos saber. *Dios parece querer que sigamos una cierta línea de los descendientes de Adán.*

*Adán* se convirtió en padre de Seth, *Seth* fue padre de Enosh, *Enosh* fue padre de Kenan, *Kenan* fue padre de Mahalalel, *Mahalalel* fue padre de Jared, *Jared* fue padre de Enoc, *Enoc* fue padre de Matusalén, *Matusalén* fue padre de Lamec, *Lamec* fue padre de Noé, *Noé fue el padre de Sem, Cam y Jafet (Génesis 4:25-5:32).*

Todos los descendientes nombrados de Adán y Eva vivieron más de ochocientos años con una multitud de hijos a lo largo de sus vidas. La única excepción fue Enoc, padre de Matusalén. Enoc (dedicado) caminó con Dios en una relación cercana. Solo había vivido en la tierra 365 años cuando Dios lo llevó vivo. *La población se multiplicó rápidamente durante ese período de aproximadamente 1,036 años, desde Adán hasta Noé.* Dios eligió a Set y sus descendientes por sus propias razones.

*Preguntas*

1. ¿Cuáles son algunas cosas que esta historia nos enseña sobre el pecado?
2. ¿Cuántos hijos e hijas tuvo Adán y Eva? (Ver Génesis 5:3-5).
3. ¿Por qué crees que el capítulo 5 de Génesis registró una lista genealógica (de Adán a Noé)?

*Mini-epílogo*

La población creció rápidamente. La humanidad era joven y fuerte, y las mutaciones que ocurrían en relaciones que llamamos incesto no sucedían. Sin embargo, a medida que la humanidad se reproducía a lo largo de muchos siglos, el incesto se convertiría en un problema. Entonces Dios prohibió el incesto (Levítico 18, leyes de relaciones inmorales).

# HISTORIA 4

## Inundación Global Y Nuevos Comienzos (Génesis 6-10)

Con Enoc, hubo un renacimiento del verdadero culto al único Dios verdadero (Génesis 4:26). Sin embargo, con el paso de los siglos, la mayoría de las personas ignoró a Dios (como nosotros hoy); la sociedad se volvió cada vez más impía y malvada. El Señor (Yahvé) vio que la maldad de la humanidad era grande y la intención de su corazón era maligna. Dios amaba Su creación, y le entristecía que la humanidad estuviera tan dominada por el pecado *aunque sabía que sucedería*. Dios dijo que no continuaría extendiendo la vida de la humanidad, sino que comenzaría a reducir la longevidad de una vida normal a un máximo de 120 años (Génesis 6:3).

*Aparte de la longevidad de la vida, hoy es similar a los días de Noé. Muchos incrédulos parecen estar llenos de orgullo en cuanto a la educación moderna, la cultura, la riqueza, etc. La humanidad niega cada vez más la existencia de Dios, el Creador, Sustentador y Salvador. Según muchos, el pecado es inconsecuente y no necesitamos un Salvador.*

*Noé era un hombre justo que caminaba con Dios, pero, por supuesto, no era sin pecado.* Cuando tenía quinientos años, Noé se convirtió en padre de tres hijos *(trillizos)* llamados Sem (nombre), Cam (caliente) y Jafé (abierto). Solo Noé y su familia eran personas arrepentidas; por lo tanto, encontraron favor (gracia) en los ojos de Dios.

El mundo y la humanidad se habían ido al traste, y Dios amenazó con destruir a la humanidad y la tierra tal como Noé la conocía. *"Después,* Dios volvería a empezar, comenzando con Noé y su familia. Así que a Noé y sus tres hijos se les dijo que construyeran un arca (barco) de madera de gopher. El arca debe ser muy fuerte e impermeable por dentro y por fuera. Se deben construir habitaciones en cada uno de los tres niveles y un techo ventilado sobre todo ello. Ese barco sería enorme, 450 pies de largo, setenta y cinco pies de ancho y cuarenta y cinco pies de alto." *Ese es el tamaño de una y media canchas de fútbol.*

Dios dijo: "Traeré un poderoso diluvio sobre la tierra, uno que destruirá toda carne (hombre y animal). Todo lo que tenga aliento de vida perecerá. Sin embargo, tú y tu familia entraréis en el arca y no moriréis."

*Los ojos de Noé se agrandaron y susurró: "Ese es un barco muy grande para solo ocho pasajeros."*

*Dios sonrió y respondió: "También habrá representantes de todos los animales: oso, gato salvaje, gallina, serpiente, dinosaurio, criaturas que reptan, aves, etc.,* en el arca contigo, así que debes llevar comida y agua para esos animales también."

*Se especula que después del diluvio, cada género de animales que Dios salvó del diluvio se reproduciría en muchas especies animales como lo hacía antes del diluvio* (Génesis 6:19-20). Cuando llegó el diluvio, solo aquellas personas y animales dentro del arca sobrevivirían; todos los demás perecerían. Así que Dios estableció

Su pacto con Noé. *La promesa de Dios a Noé conduciría a Su plan eterno para la humanidad.*

Noé y sus hijos obedecieron a Dios y comenzaron a construir el arca de acuerdo a las instrucciones de Dios. Usaron herramientas simples hechas por el hombre para talar árboles y los cortaron en tablones para construir el enorme arca. *Noé respondió a las preguntas de las personas sobre por qué estaban construyendo ese enorme barco, etc. Sin embargo, nadie se volvió a Dios para obedecerlo. En lugar de arrepentirse,* la gente se reía de Noé por creer en Dios y por construir ese enorme barco *en tierra seca.* Hasta ese momento, *nunca había llovido en la tierra, mucho menos habido un diluvio* (Génesis 2:5). Al principio, Dios hizo que se levantara una neblina del agua subterránea para humedecer la tierra (Génesis 2:6).

*Las personas parecían ver a Noé y su proyecto como entretenimiento.* Se burlaban de él, *y de vez en cuando, alguien gritaba: "Noé, estás loco. No tenemos nada de qué preocuparnos. Nunca ha habido un diluvio." Entonces, los espectadores reían a carcajadas.*

*No sabemos cuánto tiempo tomó la construcción del arca, pero llevaría décadas a cuatro hombres construir ese enorme arca utilizando herramientas simples.* Sabemos que Noé tenía quinientos años cuando nacieron sus tres hijos (gemelos) (Génesis 5:32). Cuando comenzó el trabajo en el arca, los tres hijos ya estaban casados, *pero hasta donde sabemos, aún no habían formado una familia.* También sabemos que Noé tenía seiscientos años cuando llegó el diluvio sobre la tierra (Génesis 7:6). *La construcción del arca pudo haber tomado entre cincuenta y ochenta años.*

El arca fue finalmente completada, y Noé y su familia comenzaron a cargarla con comida, agua *y suficientes otros suministros para ellos y los animales durante un tiempo prolongado.* Cuando todo estuvo listo, *Dios hizo que un número selecto de animales fuera al lugar donde estaba el arca.* Ellos llegaron en los grupos que Dios había previsto. *Dios es capaz de controlar a los animales para Su propósito.* El plan de Dios garantizaría que la descendencia humana y animal sobreviviera en la Tierra después del diluvio, según el plan eterno de Dios.

*Los espectadores estaban tanto asombrados como desconcertados ante el espectáculo que presenciaron. Aún se estaban burlando cuando Noé y su familia se unieron a los animales dentro del arca. Solo había una puerta para entrar y salir del arca.* Dios cerró esa enorme puerta y los encerró a todos dentro del arca, dejando a todos los demás afuera. *Con eso, Dios juzgó al mundo. Todos los que creyeron en Dios y le obedecieron fueron salvos por Su gracia. Todos los demás se negaron a creer en Dios, condenándose así a sí mismos.*

*Los espectadores afuera del arca miraban hacia un cielo que comenzaba a nublarse. Se miraron unos a otros con sarcasmo escrito en sus rostros. Se encogieron de hombros y preguntaron: "¿Y ahora qué?"*

*No tendrían que esperar mucho.* Las aguas del diluvio comenzaron a venir sobre la tierra. De repente, torrentes de lluvia caían del cielo, y agua de profundidades subterráneas brotaba hacia la superficie. Esa aterradora lluvia de juicio de Dios sobre el pecado continuó sin cesar durante cuarenta días y cuarenta noches.

*Esa no era una imagen de palabras de agua que sube lentamente, sino de una marea furiosa iniciando una destrucción masiva desde abajo, así como de las nubes arriba. También existía la probabilidad de erupciones volcánicas bajo el océano y olas violentas cruzando como tsunamis bajo la superficie.* Las mismas aguas que destruyeron cada ser viviente fuera del arca levantaron el arca en la superficie del diluvio, salvando las vidas de Noé, su familia y todas las criaturas dentro del arca, como Dios había prometido. El diluvio continuó aumentando hasta que cubrió toda la tierra, hasta veinte pies por encima de la montaña más alta. *Las montañas probablemente no eran tan altas al principio, pero las montañas más jóvenes hoy continúan creciendo a medida que las placas continentales se deslizan una debajo de la otra, levantando montañas mucho más altas.* Después de cuarenta días y noches, Dios cerró las compuertas del diluvio en el cielo y las fuentes subterráneas.

Las lluvias cesaron, sin embargo, las aguas de inundación desbordadas continuaron predominando como una fuerza destructiva en la tierra durante otros 110 días. Antes de la inundación, la tierra había sido una única masa de tierra seca rodeada por el océano. Durante la inundación, *enormes fuerzas de destrucción rompieron la única masa de tierra seca en muchas masas de tierra más pequeñas.* Hoy en día, llamamos a esas masas de tierra islas y continentes.

Solo entonces las aguas de la inundación comenzaron a retroceder lentamente durante otros 220 días. *Sedimentos de minerales, plantas, tierra, cuerpos de humanos, animales, etc., que una vez giraban en las aguas, comenzaron a asentarse. Los sedimentos más pesados se asentaron primero, seguidos por sedimentos orgánicos más ligeros, etc. Los sedimentos se asentaron capa por capa. Cada capa se formó relativamente rápido, creando estratos relativamente planos apilados unos sobre otros. Encapsulados en las diversas capas había animales grandes y pequeños, incluidos dinosaurios, insectos, vegetación, árboles, cuerpos humanos, etc., mucho de lo cual ahora se conoce como fósiles. Todo ese material pasó por un proceso de cementación que produjo roca sedimentaria sólida (arenisca, caliza, pizarra, caliches, pedernal, lutita, mineral de hierro, carbón, etc., etc.).*

*La vegetación encapsulada se convirtió en carbón, petróleo, gases, etc. En algunos lugares, grandes cantidades de agua de escorrentía superficial de altitudes más altas fueron comprimidas a través de áreas estrechas. A medida que esa agua adquirió velocidad y una fuerza impresionante, excavó asombrosas cantidades de tierra y roca, formando así vastos cañones y gargantas (es decir, el Gran Cañón en Arizona, el Cañón Palo Duro cerca de Amarillo, Texas, y muchos otros cañones y gargantas en los Estados Unidos y en todo el mundo). Las paredes de esos cañones y gargantas exponen las capas de roca sedimentaria depositadas por la fuerza de las aguas de inundación que disminuyen alrededor de la Tierra.*

*Cada estrato de roca sedimentaria tiende a ser plano, sin señales de erosión, excepto en las paredes de los cañones y gargantas. Hay evidencia sólida de que los estratos de roca sedimentaria se formaron rápidamente y no se depositaron a lo largo de millones de años como muchos dicen. El diluvio durante la época de Noé es la respuesta más científica y lógica a lo anterior.*

*Dios no eligió incluir la Edad de Hielo en la Biblia. Él se ocupa de asuntos que necesitamos saber. El juicio del mundo por el diluvio es un conocimiento esencial; la Edad de Hielo no lo es. Sin embargo, las circunstancias climáticas creadas por el diluvio mundial y la erupción de volcanes submarinos son la mejor explicación de lo que causó la Edad de Hielo.*

Las aguas de la inundación finalmente se disiparon, y la superficie de la tierra comenzó a secarse. Dios abrió la puerta para que Noé, su familia y los animales pudieran salir del arca. *La salvación de Dios para Noé no solo salvó su vida de la destrucción (la consecuencia del pecado); Noé fue salvado para el plan más grande de Dios para la humanidad. Sin embargo, no tenemos evidencia de que el plan más grande de Dios para la humanidad fuera revelado a Noé.*

La inundación comenzó en el decimoséptimo día del segundo mes del año seiscientos de la vida de Noé (Génesis 7:11). Noé salió del arca el vigésimo séptimo día del segundo mes del año 601 de Noé (Génesis 8:13-14). Por lo tanto, la duración total de la inundación mundial fue de un año y diez días (desde la tierra seca hasta la inundación y de vuelta a la tierra seca).

Noé construyó un altar y sacrificó algunos de los animales y aves limpios para adorar a Dios y agradecerle por Su misericordia. Dios dio una promesa incondicional de nunca volver a destruir los *ciclos de la vida en la tierra (estaciones, siembra, cosecha, etc.) mediante un diluvio mundial. Dios dio el arcoíris como signo de Su promesa. Dado que la lluvia durante el diluvio fue la primera lluvia en la tierra, cuando Dios dio el arcoíris como promesa, posiblemente fue el primer arcoíris de todos.*

Dios bendijo a Noé y a sus tres hijos y repitió el mandamiento que le había dado a Adán: "Sed fructíferos, multiplicaos y llenad la tierra." Dios también prometió: "Estoy estableciendo un pacto (promesa) contigo y con tus descendientes." *Fue un nuevo comienzo para la humanidad, no una nueva humanidad. También fue un nuevo comienzo para la tierra, no una nueva tierra. Sin embargo, el catastrófico diluvio alteró enormemente la tierra, que ahora es muy diferente de la tierra que conocía Noé antes del juicio de Dios sobre la humanidad a través del diluvio global.*

En ese momento, Dios puso el temor de los humanos en todas las bestias, aves, reptiles que se arrastran por el suelo y todos los peces del mar. Dios le dijo a Noé: "Te estoy dando todo ser vivo que se mueve para que sea tu alimento (Génesis 9:3). Te doy todo así como le di las plantas verdes a Adán en el principio." Así que la humanidad y muchos animales y criaturas que se arrastran se convirtieron en carnívoros.

*Preguntas*

1.  ¿Crees que el diluvio fue mundial o solo un diluvio localizado? ¿Por qué Dios envió el diluvio sobre la tierra?

2.  ¿El diluvio refuerza la idea de que el pecado tiene consecuencias?

3.  Dado que Noé y su familia fueron salvados del diluvio, ¿significa eso que no tenían pecado? Si tenían pecado, ¿por qué no murieron con todos los demás pecadores?

4.  ¿De qué maneras ofreció Dios a todas las personas la oportunidad de arrepentirse y escapar del diluvio?

5.  ¿Cuántas vías proporcionó Dios para escapar del diluvio?

6.  ¿Existen similitudes entre la cultura popular de los días de Noé y la cultura popular de hoy? Explica tu respuesta a ti mismo.

7.  ¿Hay verdades para nosotros en esta historia? Si es así, nombra algunas de ellas.

8.  ¿Qué aprendemos sobre Dios de esta historia verdadera? ¿Qué aprendemos sobre la humanidad de esta historia verdadera?

*Mini-epílogo*

Hay dos creencias básicas respecto al diluvio en el tiempo de Noé: (1) Hubo un diluvio global catastrófico como se registra en la Biblia. (2) La ciencia secular dice: "No hubo diluvio, pero si hubo un diluvio, fue localizado y no catastrófico."

*Muchos dicen: "La Biblia habla sobre el amor, y Dios es amor. Pero en el Antiguo Testamento, Dios parece tan enojado y cruel. Con el diluvio, destruyó a todas esas personas y animales. ¿Dónde está el amor, la misericordia y el perdón?"*

Sí, Dios es amor; también es santo y justo. *Un Dios santo y justo no puede ignorar el pecado, pero un Dios santo y justo, que también es amor, hace un camino para la misericordia y el perdón.* La humanidad responde o rechaza el camino de Dios.

Noé y su familia se arrepintieron y obedecieron a Dios. Dios los redimió. El resto de la gente se negó a arrepentirse y a obedecer, por lo que se condenaron a sí mismos. Más adelante profundizaremos mucho más sobre el amor de Dios y Su justicia, así como sobre cómo Él hace un camino para la salvación de la humanidad.

*La ciencia trata tanto con cosas que se pueden observar de primera mano como con aquellas que no.* Las cosas que se pueden observar de primera mano son la base de la "ciencia pura". Cuando la ciencia se ocupa de asuntos que no se pueden observar de primera mano (es decir, la teoría del Big Bang, la evolución, la creación o el diluvio), ya no es "ciencia pura". Cuando la ciencia no puede observar algo de primera mano, hace *suposiciones* que pueden o no ser correctas. *La Biblia da testimonio fiel.* Se podría decir más, pero este no es un lugar para el debate. Sin embargo, puede convertirse en una oportunidad para abrirnos a que Dios se revele a través de las Escrituras. Dios también deja claro Su juicio sobre el pecado a lo largo de las Escrituras. Tanto los evolucionistas como los creacionistas utilizan fósiles enterrados en rocas sedimentarias así como la estratificación en líneas rectas en las rocas sedimentarias como evidencia principal de la verdad de sus suposiciones contradictorias. La creación tiene buenas pruebas y se añadió más recientemente con la rápida recuperación biológica después de la erupción de 1980 del monte Saint Helens, etc.

# HISTORIA 5

## Idioma Perdido, La Humanidad Dispersa (Génesis 10:1-11:32)

Noé vivió 349 años adicionales después del diluvio y tenía 950 años cuando murió. Después del diluvio global, el mundo fue repoblado a partir de los tres hijos de Noé (Sem, Cam y Jafet) y sus esposas no nombradas. En los trescientos años después del diluvio, *la población se multiplicó hacia los números anteriores al diluvio. Al principio, había un hombre y una mujer (Adán y Eva) para multiplicarse; después del diluvio, había tres hombres y tres mujeres* para multiplicarse. El pecado y la maldad de la humanidad también se multiplicaron y se acercaron al nivel anterior al diluvio. Esa es una evidencia más de que el pecado se había vuelto parte de la naturaleza caída de la humanidad. Nuestra naturaleza caída tiene una inclinación hacia el pecado, no hacia la justicia.

La humanidad se volvió muy orgullosa. En su mayoría, se negaron a obedecer a Dios. Su orgullo les llevó a suponer que no había Dios, o si Dios existía, ya no lo necesitaban *(similar a nuestra cultura hoy)*. La gente decidió: "Construyamos una ciudad con una torre que alcance el cielo en caso de que haya otra inundación. Haremos un nombre para nosotros mismos y nos haremos grandes como Dios. No necesitamos Su ayuda. No nos esparciremos por la tierra como Dios mandó" *(primer prototipo documentado de un gobierno que patrocina la filosofía atea del humanismo). Por lo tanto, Dios volvió a tomar el control.* Hasta ese momento, todos hablaban un mismo idioma sin dialectos diferentes. Dios tomó espontáneamente el lenguaje universal, como si borrara algo de una computadora, y dio a la humanidad lenguas nuevas y diferentes al mismo tiempo. Esas nuevas lenguas fueron creadas instantáneamente por Dios, como lo había hecho con Adán y Eva al principio. *Las personas existentes no tuvieron que aprender su nuevo idioma nativo. Dios es todopoderoso; crear nuevos idiomas y repartirlos le fue fácil. Él dio diferentes idiomas a diferentes grupos de personas, quizás por clanes. Sin embargo, los clanes también podrían haberse dividido por el tumulto de idiomas.* La confusión de idiomas resultó en una *enorme falla de comunicación instantánea entre la gente.* Los trabajadores que construían la Torre de Babel ya no podían trabajar juntos porque ya no podían comunicarse entre sí. *Ese problema también interrumpió la comunicación en general, ya sea comercio, educación, gobierno, etc.*

*La gran división de las lenguas y la dispersión inicial de las personas alrededor de la tierra posiblemente ocurrieron durante la vida de Heber o de sus hijos, Peleg y Joktan.* La lengua hebrea comenzó con Heber. Él era un descendiente del hijo de Noé, Sem. *La pérdida de un idioma común resultó en el inicio de diferentes naciones y lenguas en la tierra. Por supuesto, los idiomas tienden a sufrir cambios con el tiempo, con nuevas palabras, coloquialismos, cambios en la cultura, etc.*

Después de la destrucción y muerte causadas por el diluvio global, todos son descendientes de uno de los tres hijos de Noé: Jafet, Sem o Cam. *Una comprensión sencilla de lo que sucedió después del intercambio de lenguas: los descendientes de Jafet migraron a través de la vasta área que hoy llamamos Europa. Eso no significa que todos los descendientes de Jafet hablasen el mismo nuevo idioma ni fueran a la misma área en Europa. Probablemente hablaban lenguas diferentes y se fueron a lugares distintos en esa gran área. Quizás la mayoría de los lectores de este libro sean descendientes de Jafet, ya que la mayoría de los primeros estadounidenses provenían de Europa. Sin embargo, eso está cambiando rápidamente hoy en día.*

Los descendientes de Sem, a través del hijo de Héber, Peleg, *se dispersaron en el área que ahora llamamos Medio Oriente (judíos, árabes, etc.). El otro hijo de Héber, Joktan, emigró a través del área que hoy llamamos Asia Oriental y Sudeste (China, etc.). Cada uno de esos grupos cubrió una vasta área y tenían muchos idiomas nuevos diferentes.*
*Los descendientes de Cam emigraron al sur a parte de la actual Asia y al continente africano, grupos diferentes con idiomas diversos. Explicaciones detalladas de esas migraciones se encuentran en*

*Génesis 10:1-11:32.*

Hay muchas historias de creación y del diluvio que difieren y son conflictivas entre diferentes pueblos antiguos (Mesopotamia, India, China, etc.) en la tierra. *El autor asume que esto es el resultado de la pérdida de un idioma común y de la impiedad de la mayoría de las poblaciones dispersas. La verdadera historia temprana de la tierra y la humanidad fue transformada en mitos por pueblos impíos e idólatras, que se dispersaron por la tierra,* pero Dios mantuvo la verdadera historia tanto de la tierra como de la humanidad, e inspiró a Moisés, mucho más tarde, a escribirla.

*Preguntas*

1.  ¿Por qué hemos estado estudiando los árboles genealógicos en estas historias iniciales de la Biblia?
2.  ¿Cuál de los tres hijos de Noé (Jafé, Sem y Cam) fue elegido por Dios para Su especial plan eterno?
3.  ¿Por qué Dios mezcló los idiomas?
4.  ¿La pecaminosidad del hombre sorprendió a Dios?
5.  ¿Por qué decimos: "Estas primeras cinco historias de la Biblia son fundamentales para nuestra comprensión de la Biblia en su conjunto?"

*Mini-epílogo*

*Dios eligió a Sem, el hijo de Noé, y los siguientes descendientes de Sem para Su plan eterno:*

El hijo de Sem fue Arfaxad (Sem tuvo otros hijos).

El hijo de *Arfaxad* fue Selaj. El hijo de *Selaj* fue Heber (de quien vino el idioma hebreo). *Heber* tuvo dos hijos, Peleg y Joctan (posible época de la Torre de Babel). El hijo de *Peleg* fue Reu. El hijo de *Reu* fue Serug. El hijo de *Serug* fue Nakor. El hijo de Nakor fue Taré—y el hijo de *Taré fue Abram* (Abraham).

# HISTORIA 6

## Elegidos Para Bendecir A Toda La Humanidad (Génesis 12-22)

Abram nació en Ur de los caldeos (Irak moderno, a unas 150 millas al noroeste del Golfo Pérsico y a menos de 100 millas de donde se unen los ríos Tigris y Éufrates). Abram se casó con Sarai, su media hermana, con el mismo padre pero diferente madre (Génesis 20:12).

El padre de Abram, Taré, era el bisnieto de Peleg. Taré servía a dioses falsos (Josué 24:20) y era el padre de Abram, Nahor y Harán. Harán se casó y tuvo un hijo, Lot.

Más tarde, Harán murió y Abram adoptó a Lot. Después de la muerte de su hijo Harán, Taré trasladó a su familia de Ur de los caldeos a la tierra que llamó Harán, *ubicada cerca de la actual frontera entre Irak y Turquía.* Taré murió en Harán.

Abram tenía setenta y cinco años (Sarai tenía sesenta y cinco y no tenía hijos) cuando Dios (Yahveh) le habló. "Deja la casa de tu padre, tus parientes y tu país. Ve a una tierra que te mostraré y que daré a tus descendientes. Haré de ti una gran nación y te bendeciré y haré grande tu nombre. En ti serán benditas todas las familias de la tierra." Abram se preparó para mudarse de Harán.

(Génesis 12:1-3, reescritura del autor)

*La familia extensa de Abram le preguntó: "¿A dónde te mudas?"*

Abram. No sé.

La familia. ¿Cómo sabrás cuando llegues allí?

Abram. El Señor Dios me guiará y me dirá cuando lleguemos.

Abram y Sarai partieron hacia una nueva tierra. *Sus tiendas, alfombras, ropa, utensilios de cocina, etc., estaban empacados y cargados en camellos para un largo y caluroso viaje:* una travesía de más de cuatrocientos millas *sin un solo McDonald's en el camino.* Su sobrino, Lot, y su joven familia fueron con ellos. Abram y sus siervos masculinos caminaron con los rebaños y el ganado.

Durante su viaje, Abram seguía pensando que *Dios prometió hacer de él una gran nación, bendecirlo y hacer que su nombre fuera grande. Mi nombre, Abram, significa 'padre exaltado', sin embargo, tengo setenta y cinco años y todavía no tengo hijos porque Sarai es estéril. Además, ella tiene sesenta y cinco años. ¿Cómo puedo llegar a ser padre de una gran nación? Aun con esas preguntas, Abram creyó en Dios y actuó con fe en lugar de dejarse llevar por sus dudas.*

*Abraham parecía centrarse en la promesa de Dios de convertirlo en una gran nación,* por lo que debía tener hijos. *Parecía olvidar que* Dios también había prometido bendecir a todas las familias de la tierra a través de él. *Ciertamente, entendemos el deseo de Abraham de tener hijos; sin embargo, en este momento, nosotros, al igual que Abraham, podríamos haber pasado por alto la promesa más importante de bendecir a cada familia en la tierra. Esa promesa podría haberle parecido demasiado grande a Abraham para asimilarla. Quizás las promesas y los planes eternos de Dios también nos parezcan demasiado grandes para que los asimilemos. Nosotros, como Abraham, debemos caminar por fe, no por vista.*

Al entrar en la tierra de Canaán, el Señor (Yahveh) se apareció a Abram nuevamente y prometió darle esa *tierra a él y a sus descendientes (Génesis 13:15).* Abram construyó un altar y adoró al Señor, luego continuó hacia un área entre Betel y Ai, donde construyó otro altar y adoró al Señor. Se quedaron algún tiempo en cada parada mientras migraban lentamente hacia el sur (el Negev).

*Abram y Sarai van a Egipto (Génesis 12:10-20)*

Mientras estaban en el Negev, una severa hambruna cayó sobre la tierra. Abram escuchó que Egipto no estaba afectado por la hambruna. *Aparentemente, sin orar para comprender la voluntad de Dios, Abram decidió que debían ir a Egipto.* En ese momento, Egipto era la nación más poderosa de la tierra. *Abram planeaba quedarse allí hasta que la hambruna en Canaán terminara.*

A medida que se acercaban a la frontera de Egipto, Abram anticipó un posible problema. Le dijo a Sarai: "Eres una mujer muy hermosa *(ella solo tenía sesenta y cinco años).* Les diré a los egipcios que eres mi hermana. De lo contrario, cuando vean tu belleza, me matarán y te llevarán como esposa." *¿Pensaba Abram, como nosotros, que existía algo llamado una mentira piadosa? Sarai nació como la media hermana menor de Abram. Sin embargo, su matrimonio cambió todo. Se convirtieron en marido y mujer, lo cual superaba su relación anterior y hacía que el plan de Abram fuera una mentira de engaño.*

Como Abram predijo, la belleza de Sarai fue notada de inmediato, y funcionarios reales la llevaron ante el Faraón (el rey). El Faraón, cautivado por su belleza, le dio a Abram *(su supuesto hermano)* un gran dote y llevó a Sarai a su casa. *Tenía la intención de hacerla una de sus muchas esposas. Entonces, Dios volvió a tomar control. Dios intervino para salvar su matrimonio. Tanto Abram como Sarai y su matrimonio eran importantes para Dios y Su plan eterno.* Dios trajo problemas sobre el Faraón y golpeó su hogar con plagas por causa de Sarai, la esposa de Abram. *El Faraón probablemente habría matado a Abram, pero por miedo al poderoso Dios de Abram;* por lo tanto, el Faraón hizo que Abram y Sarai fueran escoltados fuera de Egipto.

*Cuestionamos cómo un marido creyente podría poner en peligro intencionadamente a su esposa para salvar su propia vida. Las culturas en las sociedades antiguas veían a los hombres como superiores y más importantes que las mujeres. Algunos hoy dicen que nada ha cambiado. Esto varía de cultura a cultura y de persona a persona.* Génesis nos enseña que tanto hombres como mujeres son igualmente importantes, aunque tienen roles diferentes dentro del matrimonio y dentro del plan eterno de Dios. *Esta historia revela que la sumisión a un llamado de Dios no garantiza decisiones sabias o una vida sin pecado por parte del llamado. Depender de uno mismo en lugar de Dios es una trampa perpetua para muchos de nosotros.*

*División aceptable entre Abram y Lot (Génesis 13:1-13)*

Abram y Sarai regresaron al Neguev, y Abram *renovó su compromiso con Dios.* Con el paso del tiempo, estalló una disputa entre los pastores de los rebaños de Abram y los pastores de los rebaños de Lot. No había suficiente pasto para alimentar sus rebaños combinados, así como los rebaños de los cananeos y pereceos nativos.

Abram fue muy amable con su sobrino. "Lot, somos familia. Debemos resolver este problema sin ninguna disputa entre nosotros o nuestros pastores. Necesitamos separarnos para tener suficiente pasto para nuestros rebaños. Te daré la primera opción. Si eliges la tierra de la izquierda, entonces yo iré a la derecha. Si eliges ir a la derecha, entonces yo iré a la tierra de la izquierda."

Mientras Lot observaba la tierra, vio que el valle del río Jordán estaba bien regado y era el más fértil. También estaba cerca de las ciudades de Sodoma y Gomorra. Lot era un poco codicioso y eligió la mejor tierra para sí mismo. También eligió vivir en Sodoma, lo que lo llevó a problemas. Abram aceptó con gracia la tierra menos fértil para sí mismo. El Señor (Yahveh) le dijo a Abram que mirara en todas direcciones desde donde estaba acampado. *Dios prometió darle toda esa tierra a Abram y a sus descendientes para siempre.* Dios también prometió multiplicar los descendientes de Abram hasta que sean demasiado numerosos para contar. *La promesa de Dios a Abram fue una promesa incondicional. Por lo tanto, la promesa de Dios a Abram sobre esa tierra sigue vigente hoy.*

Dios también le dijo a Abram que caminara y explorara toda la tierra que Él le había dado. Abram obedeció a Dios y finalmente se estableció para habitar en los bosques de Hebrón. Construyó otro altar de adoración al Señor. Génesis registra varios eventos no incluidos aquí: el enfrentamiento de Abram con algunos reyes tribales (Génesis 14:1-14), su encuentro con Melquisedec, rey de Salem (paz) y sacerdote del Dios (El) Altísimo (Génesis 14:17-34), Abram envió a Agar e Ismael lejos (Génesis 21:9-21), y la traición de Abram con Abimelec (Génesis 20:1-18 y Génesis 21:22-34).

Cuando Abram tenía unos ochenta años, la palabra del Señor (Yahveh) vino a él en una visión, diciendo: "No temas, Abram. Te protegeré, y tu heredad será grande" (Génesis 15:1). Sin embargo, Abram confrontó a Dios sobre un asunto que llevaba mucho tiempo en mente. "Señor Dios" (Adonai Yahweh, Dios que es mi Señor / Dueño), *No me has dado lo que realmente quiero.* Soy viejo y todavía no tengo hijos. Por lo tanto, si muriera hoy, mi siervo Eliezer de Damasco se convertiría en mi heredero porque nació en mi casa (tienda), pero ni siquiera es un pariente".

(Génesis 15:2-3, reescritura del autor)

El Señor corrigió a Abram. "Eliezer no será tu heredero. Te prometí darte un heredero. Tu heredero será uno que será de tu propio cuerpo. Sal de tu tienda conmigo. Mira hacia arriba y cuenta las estrellas si puedes. No puedes contar todas las estrellas, ni a tus descendientes." (Génesis 15:4-5, reescritura del autor)

*Abram creyó en el Señor, y Dios le contó la fe de Abram como justicia* (Génesis 15:6, reescritura del autor). Así, la fe de Abram en Dios significó que tanto creyó como obedeció (actuó según lo que Dios dijo). *Por eso la fe de Abram, no sus buenas obras, le otorgó una posición correcta ante los ojos de Dios. Eso es lo que realmente cuenta. Más adelante aprenderemos que la fe resulta en buenas obras, no al revés.*

Dios le dijo a Abram que lo sacó de Ur de los caldeos para darle esa tierra. Luego, Abram confrontó a Dios una vez más con una segunda pregunta y una fe tambaleante: "Señor Dios (Adonai Yahweh), ¿cómo puedo saber que esta tierra será mía?"

*La seguridad de Dios sobre la tierra (Génesis 15:7–21)*

Abram fue instruido para preparar un contrato al estilo antiguo entre dos personas. Debía proporcionar una novilla de tres años (una vaca joven que aún no ha tenido un ternero), una cabra hembra de tres años, un carnero de tres años, una tórtola y una paloma joven. Después de llevar esos animales a Dios, Abram cortó la novilla, la cabra y el carnero por la mitad a lo largo, de cabeza a cola. Luego colocó cada mitad de la novilla en el suelo, de extremo a extremo, opuesta a la otra mitad, con espacio para un camino entre ellas. Hizo lo mismo con la cabra y el carnero. No cortó las dos aves, sino que colocó cada una en el suelo entera, dispuestas como los animales, una ave a cada lado del camino.

Tales contratos normalmente serían sellados por las dos partes contratantes caminando juntas por el camino entre los animales sacrificados. Eso sellaría el contrato con un acuerdo implícito: "Si no cumplo con este contrato, que me suceda a mí lo que les sucedió a esos animales."

Con carne fresca en el suelo, aves de presa descendieron sobre las carcasas. Abram tuvo que proteger la carne cruda ahuyentando a las aves hasta el atardecer. Entonces Abram cayó en un profundo sueño. Una gran oscuridad se apoderó de él y se sintió aterrorizado. Dios le reveló que los descendientes de Abram serían extranjeros en una nación donde se convertirían en esclavos oprimidos durante cuatrocientos años. Solo entonces serían liberados y entrarían en la tierra que Dios prometió.

Abram mismo sería un extraño en esa tierra y viviría mucho tiempo y moriría en paz. Dios reveló que tardaría mucho tiempo antes de dar la tierra a los descendientes de Abram. Los habitantes actuales de la tierra se habían hecho enemigos. *Dios ama a todas las personas y quiere que todas las personas tengan la oportunidad de arrepentirse, creer y obedecerle para que puedan ser salvas.*

Mientras Abram aún dormía, vio una visión de un horno humeante y una antorcha llameante (una manifestación de Dios) moviéndose entre los animales sacrificados en el suelo. Así, Dios estaba haciendo un pacto con Abram, prometiendo dar a sus descendientes toda la tierra entre el límite del río Egipto y el río Éufrates. Como aprendimos anteriormente, *el pacto de Dios con Abram y sus descendientes (los hebreos) fue incondicional y es válido para siempre* (reescritura del autor).

*Hagar se convierte en una esposa secundaria (Génesis 16:1-16)*

Después de que Abram y Sarai habían estado en Canaán durante diez años, él tenía ochenta y cinco años y ella setenta y cinco. Sarai recordó a su esposo que *Dios prometió hacerlo padre de una gran nación. Sarai pensaba que Dios no podría permitirle dar a luz a un hijo. Sarai también pensaba erróneamente que la promesa de Dios era solo para su esposo y no para ella también. Así, ella sugirió tontamente que necesitaban ayudar a Dios* y le recordó a Abram las costumbres de la gente local. Ella podía darle a su sirvienta Hagar para que se convirtiera en la concubina de Abram (esposa secundaria). Así, cualquier hijo que su sirvienta diera a luz sería considerado hijo de Sarai.

Abram escuchó a su esposa y, de manera *imprudente*, estuvo de acuerdo con su plan. Así, Abram llegó a la misma conclusión errónea que Sarai. Entonces Sarai tomó a su criada egipcia, Hagar, y se la dio a Abram como concubina. Después de que Hagar concibió, despreció a Sarai. Qué golpe para Sarai. *Quizás Sarai aún la trataba como a una sirvienta en lugar de como a la esposa secundaria de su marido. Quizás Hagar sentía que la estaban usando sin ser respetada. De cualquier manera,* Sarai comprendió que cometió un gran error y lamentó su decisión de darle a Hagar a su marido.

Ahora, problemas afligían al hogar. *Hoy en día, muchos dirían que Abram obtuvo lo que merecía. Es fácil juzgar a Abram mientras que muchos de nosotros hoy también dudamos de la capacidad de Dios para satisfacer nuestras necesidades. Así, al igual que Sarai y Abram, tomamos malas decisiones, y esas complican nuestras vidas.* Abram tenía ochenta y seis años cuando Hagar dio a luz a un hijo. Abram lo llamó Ismael (Dios escuchará*). La competencia entre Sarai y Hagar encendió una situación que llamamos "familia disfuncional". Ambas damas estaban sufriendo, y una noche,* Hagar, embarazada, huyó de su situación.

*El Ángel del Señor* se le apareció a Hagar en el desierto y *le dijo que moriría en el desierto.* Le dijo que regresara a casa y se sometiera a Sarai, quien también estaba sufriendo. Además, el ángel de Dios le dijo a Hagar que Dios hará de su hijo, Ismael, una gran nación. Hagar entonces le dio al Señor el nombre de "Dios Que Ve y Entiende" (Génesis 16:6-13, reescritura del autor). Más adelante aprenderemos quién es el ángel del Señor.

*Anuncio asombroso de Dios (Génesis 17:1-27)*

Trece años más pasaron; Abram tenía entonces noventa y nueve años. El Señor (Yahvé) se le apareció de nuevo y proclamó: "Yo soy El Shaddai (Dios Todopoderoso). Camina conmigo en integridad, y estableceré el pacto que prometí antes de que dejaras la casa de tu padre para seguirme hace veinticuatro años. Te multiplicaré más allá de la imaginación. Serás padre de muchas naciones." Un emocionado Abram se postró ante Dios en adoración.

Dios dijo: "Abram (padre exaltado), cambio tu nombre a *Abraham* (padre de una multitud). Haré naciones de ti, y muchos reyes surgirán de ti. Mi pacto contigo será una promesa eterna y se extenderá a tus descendientes a lo largo de sus generaciones. Te daré la tierra de Canaán (Palestina). Daré esta tierra de Canaán a ti y a tus descendientes para siempre."

(Génesis 17:1-7, reescritura del autor)

Dios le dijo a Abraham que *la circuncisión sería la señal de su pacto juntos.* "Todo varón en tu familia y hogar que tenga ocho días de nacido será circuncidado." Abraham, Ismael y los varones de su hogar ya eran mayores de ocho días y debían ser circuncidados de inmediato.

*Entonces Dios lanzó su bomba.*

En cuanto a tu esposa, Sarai (princesa), también estoy cambiando su nombre. Ella se convertirá en Sarah (mujer noble). *La bendeciré, y a través de Sarah, te daré el "hijo de la promesa".* Bendeciré a Sarah. Ella se convertirá en madre de naciones y reyes.

(Génesis 17:15-16, reescritura del autor)

Abraham no podía creer lo que oía. En su mente, se preguntaba cómo un esposo de cien años y su esposa de noventa podrían tener un hijo juntos. ¿Dónde estaba la fe de Abraham ahora? Se prosternó nuevamente ante Dios (una postura de adoración), *pero no estaba adorando. En lugar de adorar, se rió, burlándose de Dios en voz baja por esa idea imposible.* Abraham suplicó a Dios: "Solo acepta a Ismael, eso será suficiente para mí." Dios respondió: *"¡No! Eso no sería suficiente para Mí. Eso cambiaría mi plan eterno, donde Sara es la madre de tu 'hijo de la promesa."*

"Lo llamarás Isaac (risas). Isaac es el hijo que te prometí, no Ismael. *¿Por qué piensas que acabo de presentarme, Yahvé (Señor), a ti como El-Shaddai (Dios Todopoderoso)? Es porque nada es imposible para Mí." Quedó claro que la promesa de Dios a Abraham también era la promesa de Dios a Sara.* Ella necesitaba aceptar esa verdad y colocar su fe personal en Dios, confiando y obedeciéndole.

Dios continuó: "Amaré a Ismael y lo bendeciré. Él será el padre de doce príncipes. Haré de él una gran nación. *Sin embargo, Mi pacto será establecido con Isaac, a quien Sara dará a luz según la promesa que hice mucho antes de que Ismael fuera concebido. ¿Recuerdas cuando tú y Sara intentaron ayudarme al casarte con Hagar para tener un hijo? Ahora aprenderás que no necesito tu ayuda. Sin embargo, requiero tu fe y obediencia."*

Cuando Dios terminó de hablar con Abraham, se fue. Entonces Abraham tomó a Ismael, de trece años, junto con todos sus siervos varones, y los circuncidó. Abraham también fue circuncidado.

*Dios le dice a Sara que tendrá un hijo (Génesis 18:1-15)*

Unas semanas más tarde, Abraham estaba sentado a la sombra afuera de su tienda. De repente, el Señor (Yahvé) se le apareció como un hombre (una teofanía; *ver mini-epílogo historia 6)* junto a dos ángeles, quienes también aparecieron como hombres. Los tres hombres no estaban lejos de la tienda de Abraham.

Abraham los reconoció *(los había conocido antes; ver Génesis 17)* y corrió a su encuentro. Se inclinó hasta el suelo, diciendo: "Señor mío (adonai/mi maestro), por favor, no pases de largo por la humilde morada de tu siervo. Por favor, quédate un rato y permíteme traer agua para lavar tus pies," dijo mientras guiaba a sus huéspedes a descansar a la sombra de un árbol. "Por favor, honramos al aceptar que preparemos comida para ustedes, luego podrán continuar su viaje."

Cuando sus invitados se sentaron en una alfombra en el suelo, Abraham se apresuró dentro de la tienda. Le pidió a Sara que cocinará un poco de pan plano para los visitantes, luego salió rápidamente a su rebaño para elegir un ternero de calidad y se lo dio a un sirviente para que lo sacrificara y lo cocinara. Cuando todo estuvo preparado, Abraham llevó cuajada (yogur) y leche junto con el ternero cocido y el pan plano a sus invitados. *Trajo agua y la vertió lentamente mientras los hombres se inclinaban para lavarse las manos antes de comer. Abraham hizo señas a sus invitados para que comieran, pero no comió con ellos. La cultura lo tenía de pie cerca, listo para servir a sus invitados.*

Después de comer, los hombres preguntaron: "¿Dónde está tu esposa, Sara?"

"Ella está allí en la tienda," dijo Abraham.

The men understood that custom forbade a married woman to appear to male guests who are not family (*that is still the case in some cultures*).

Then the Lord (Yahweh) said, "I will return next year, and Sarah will have a son."

Sarah was listening from inside the tent. Upon hearing she would give birth to a son, she whispered a mocking laugh to herself. At the same time, she thought, *As an old lady, shall I have pleasure with my husband, being that he is ten years my senior?*

Los hombres entendieron que la costumbre prohibía a una mujer casada aparecer ante huéspedes masculinos que no son familiares *(eso sigue siendo el caso en algunas culturas).*

Entonces el Señor (Yahvé) dijo: "Regresaré el próximo año, y Sara tendrá un hijo."

Sara estaba escuchando desde dentro de la tienda. Al oír que daría a luz a un hijo, se susurró una risa burlona. Al mismo tiempo, pensó: 'Como anciana, ¿tendré placer con mi esposo, siendo que él es diez años mayor que yo?'

> El Señor preguntó: "¿Por qué se rió Sara, diciendo: '¿De verdad tendré un hijo cuando soy anciana?" El Señor agregó: "¿Hay algo demasiado difícil para Dios Todopoderoso? Volveré el próximo año después de que nazca tu hijo." Sara fue asaltada por el miedo y *susurró*: "No me reí." El Señor respondió: "Pero sí te reíste."
>
> (Génesis 18:9-15, reescritura del autor)

## Sodoma y Gomorra (Génesis 18:16-19:38)

Los tres huéspedes se levantaron para continuar su viaje. Abraham caminó una corta distancia con ellos para despedirlos cortésmente. El Señor (Yahvé) dijo dentro de sí mismo: "¿Debería decirle a Abraham que estoy a punto de destruir Sodoma y Gomorra? Después de todo, él se convertirá en una gran y poderosa nación, y a través de él bendeciré a todas las naciones de la tierra. Lo he elegido para que guíe a su hogar para seguirme y vivir rectamente y defender la justicia para todos."

Entonces el Señor le dijo a Abraham que iba a castigar a Sodoma y Gomorra por su malvada pecaminosidad. Los dos hombres (ángeles) se dieron la vuelta y empezaron a caminar hacia Sodoma, mientras el Señor continuaba hablando con Abraham. Abraham se acercó y, con amabilidad, intercedió por Sodoma.

"¿Realmente destruirás al justo con el malo si hay cincuenta justos en la ciudad?"

El Señor respondió: "Si encuentro cincuenta justos en la ciudad, perdonaré la ciudad por su causa."

Abraham sabía sobre Sodoma y Gomorra; su sobrino Lot vivía allí. Sabía que ambas ciudades eran muy malvadas. *Pensó que tal vez no habría cincuenta justos allí.* Así que comenzó a negociar con Dios.

"¿Y si hay cuarenta y cinco, solo cinco menos?" El número sugerido de los justos descendió, descendió, hasta que solo fueron "diez justos".

Dios respondió: "Si hay diez justos, no destruiré Sodoma por ellos." Eso puso fin a su conversación. El Señor (Yahveh) partió hacia Sodoma, y Abraham regresó a su tienda.

Los dos ángeles, que parecían hombres, llegaron a Sodoma al principio de la noche. Lot, el sobrino de Abraham, estaba sentado en la puerta de la ciudad. Él, al igual que su tío, les ofreció hospitalidad en su casa, pero los dos hombres dijeron: "No, gracias. Planeamos pasar la noche en la plaza de la ciudad."

Lot, con una expresión preocupada en su rostro, les instó fuertemente a quedarse en su casa en lugar de en la plaza de la ciudad. Finalmente accedieron y fueron a casa de Lot, donde se bañaron y comieron una buena comida.

Antes de que los dos hombres se fueran a la cama, un gran grupo de hombres de toda la ciudad rodeó la casa de Lot. Llamaron a Lot, "¿Dónde están los hombres que vinieron a casa contigo esta noche? Sácalos para que podamos tener relaciones sexuales con ellos."

Lot salió y suplicó que "no actúen malvadamente y sodomicen a mis visitantes."

*Entonces él nos dijo algo inimaginable:* "Tengo dos hijas vírgenes. Las sacaré para ustedes, pero no hagan nada a mis invitados. Han venido bajo el abrigo de mi techo." *Ese es un ejemplo nauseabundo de cuán morbidamente puede volverse una cultura cuando se niega a Dios en lugar de honrarlo.* La multitud se volvió contra Lot, quien todavía era considerado un recién llegado, y le dijeron que lo castigarán más tarde, pero por ahora, querían a los hombres. Ellos empujaron contra Lot e intentaron derribar la puerta, pero en un instante, como superhéroes, los dos hombres (ángeles) extendieron la mano desde la puerta, arrastraron a Lot dentro de su casa con ellos, golpearon a los que intentaban entrar con ceguera y cerraron la puerta. Después de que las cosas se calmaron, los dos hombres (ángeles) preguntaron: "¿Tienes otros familiares en la ciudad? Tú y tu familia deben irse inmediatamente, porque el Señor nos envió a destruir completamente la ciudad."

Lot salió rápidamente para decirles a dos futuros yernos lo que iba a suceder, pero se rieron, pensando que estaba bromeando, y se negaron a irse con Lot. Al regresar a casa, Lot dudó, así que los hombres (ángeles) tomaron su mano y las manos de su esposa y de sus dos hijas y los sacaron afuera.

Uno de los hombres dijo: "Huyan por sus vidas. No se queden en el valle, acercándose a Sodoma, o serán destruidos junto con la ciudad. Apresúrense a la montaña y no miren hacia atrás en la ciudad." Entonces el Señor hizo llover fuego y azufre ardiente sobre Sodoma y Gomorra.

Todos y todo en las dos ciudades fueron destruidos por el juicio de Dios, un poco como el diluvio en los días de Noé. Mientras la familia de Lot huía hacia la montaña, *su esposa desobedeció a los ángeles y miró anhelosamente hacia atrás a su ciudad. Inmediatamente murió y se convirtió en una columna de sal.* Con corazones rotos, Lot y sus hijas continuaron su carrera montaña arriba.

A primera hora de la mañana siguiente, Abraham caminó hacia el lugar donde había estado con el Señor. Miró hacia Sodoma y Gomorra, y grandes nubes de humo aún ascendían por el área de abajo. Así ocurrió que, cuando Dios destruyó las ciudades malvadas del valle, Dios recordó a Abraham y envió a Lot lejos del peligro. Lot y sus hijas se refugiaron en una cueva en la montaña.

Después de algunos días, su primogénita susurró a su hermana menor: "Nuestras prometidas y todos los que conocemos están muertos. Nunca podremos tener maridos. Nuestro padre es viejo, y nuestra línea familiar está condenada a extinguirse cuando él muera, a menos que hagamos algo. Hagamos que nuestro padre se emborracho con vino. Cuando no sepa lo que está haciendo, cada una de nosotras se acostará con él por separado. *Preservaremos nuestra familia a través de nuestro padre.*" Ambas hijas (sin nombre) tuvieron hijos de su padre. La primogénita de Lot llamó a su hijo Moab (del padre de la madre). Él se convirtió en el patriarca de los moabitas. El hijo de la hija menor de Lot se llamó Ben-Ammi (hijo de mi pueblo). Él se convirtió en el patriarca de los amonitas (Génesis 19:1-38, reescritura del autor).

*El nacimiento de Isaac (Génesis 21:1-8)*

El Señor (Yahvé) hizo por Sara como prometió. *A pesar de su avanzada edad de ochenta y nueve años, Sara concibió y dio a luz un hijo a Abraham.* Llamaron a su hijo Isaac (risas) como Dios prometió. Él nombró al hijo de Sara Isaac (risas). Cuando Isaac tuvo ocho días, fue circuncidado como Dios mandó. Abraham tenía cien años cuando nació su hijo Isaac. Sara se alegró por el nacimiento de su hijo. Nadie pensó que ella pudiera tener un hijo, sin embargo, dio a luz un hijo para Abraham como Dios prometió. Cuando Isaac fue destetado, Abraham organizó una gran barbacoa para celebrar el evento. Cada vez que alguno de ellos llamaba a Isaac, Abraham y Sara recordaban la alegría que les trajo. Isaac también era un recordatorio de que cada uno de ellos se había reído en la cara de Dios.

*Isaac sacrificó (Génesis 22:1-19)*

*Pasaron los años. Isaac probablemente tenía unos doce años cuando Dios puso a prueba a Abraham. De una forma u otra, Dios prueba a todos los que lo siguen. Nos prueba para validarnos ante nosotros mismos. Dios nunca nos tienta a pecar ni a hacernos fracasar. Abraham* había experimentado un historial de fe intermitente en su caminar con Dios, como muchos de nosotros hoy en día. A veces dependía totalmente de Dios. En otras ocasiones, Abraham dependía de su propia capacidad y deseos. *Cuando las cosas se ponen difíciles, ¿dónde tomaría Abraham su posición?*

*Dios ya conocía el corazón de Abraham. Esta prueba de Dios revelaría el verdadero carácter de Abraham ante sí mismo.* Una noche, Dios habló con Abraham de nuevo.

*"Abraham, esperabas tener hijos cuando te casaste con Sara, pero Sara no pudo tener hijos. Estuviste sin hijos durante muchos años, pero acogiste a niños huérfanos como Lot después de que tu hermano murió y como Eliezer de Damasco también.*

*Te llamé a dejar tu hogar y la familia de tu padre y a confiar en Mí. Prometí hacer de ti una gran nación. Me seguiste durante veinticinco años antes de que te diera a Isaac, ahora el hijo prometido, Isaac tiene doce años.* Toma a ese hijo a quien amas. Llévalo a la tierra de Moriah y sacrifícamelo."

Abraham no pudo dormir la mayor parte de esa noche. *Se volvió y se revolvió mientras recordaba lo que Dios había dicho. Cuestionó su propia audición y también cuestionó a Dios. "Seguramente Dios no me dijo que sacrificara a Isaac." Sin embargo, había oído y comprendido lo que Dios le dijo que hiciera, pero Abraham se dijo a sí mismo: "Dios siempre ha estado en contra del sacrificio humano. Es irracional que Dios ahora quiera eso. Tengo 112 años. Isaac es mi última oportunidad de recibir la promesa de*

*Dios. Él prometió hacer de mí una gran nación y bendecir a todos los pueblos a través de mí. ¿Por qué Dios me quitaría el apoyo ahora?"* Finalmente, Abraham se convenció: *"Dios me dijo que sacrificara a mi Isaac en Moriah."*

*Abraham finalmente tomó su decisión,* "Cualesquiera que sean las consecuencias, debo obedecer. ¡No! Elijo obedecer a Dios sin importar qué. *Sin embargo, no puedo decirle a Sara lo que estoy a punto de hacer. Solo le diré que vamos a Moriah para hacer un sacrificio al Señor."* Luego Abraham cayó en un sueño profundo.

*Asombrosamente, Abraham se levantó temprano a la mañana siguiente completamente descansado.* Cortó leña para un fuego para la ofrenda quemada. Enganchó un burro no para montar, sino para llevar la leña para el fuego y comida para el viaje de ida y vuelta. Era un viaje de tres días a Moriah y otros tres días para el viaje de regreso. *Abraham preparó brasas al rojo vivo en una olla de barro y ató largas tiras de cuero para transportar el recipiente caliente. Empacó suficiente carbón hecho en casa para mantener las brasas encendidas durante el viaje de tres días. Las cosas no eran tan fáciles en aquellos días sin líquido para encendedores y cerillas.*

Sara cocinó abundante pan plano (algo similar a las tortillas) que se conserva bien durante varios días. También agregó mucha carne seca y fruta deshidratada para el viaje. Abraham le dijo a dos de sus jóvenes trabajadores que se prepararan para acompañarlos. Cuando todo estuvo listo, desayunaron juntos, y los cuatro partieron.

En el tercer día, Abraham vio el Monte Moriah a lo lejos. Les dijo a los jóvenes: *"Quédense aquí con el animal. El muchacho y yo iremos allí"*, señalando la gran colina. "Adoraremos al Señor y luego regresaremos a ustedes." Abraham tomó la leña para la ofrenda quemada y la colocó en la espalda de su hijo. Puso su cuchillo en la cintura y recogió la *olla de barro que contenía* las brasas calientes mimadas. Los dos se pusieron en camino juntos. Después de alejarse lo suficiente de los jóvenes, Isaac interrogó a su padre:

Isaac. Papá, ¿no hemos olvidado algo?

Abraham. ¿A qué te refieres, hijo mío?

Isaac. Bueno, tú tienes el fuego, yo tengo la leña, pero *¿dónde está el cordero para el sacrificio?*

*La pregunta de Isaac fue como un puñal en el corazón de su padre. Abraham quedó momentáneamente sin palabras y rápidamente apartó su rostro para ocultar sus lágrimas.* Luego, ignorando la verdad de sus intenciones, profundizó en el lecho de su alma y respondió con fe: *"Hijo mío, Dios mismo proveerá el cordero para el sacrificio."*

Los dos continuaron ascendiendo la colina en silencio hasta que llegaron al lugar que Dios había determinado. Recogieron grandes piedras planas, construyeron un altar y acomodaron la leña sobre el altar. Cuando todo estuvo listo, Abraham sacó una cuerda y la extendió hacia Isaac. *La mirada en los ojos de su padre le dijo a Isaac: "Tú, hijo mío, eres el sacrificio que Dios ha provisto." Isaac era joven y fuerte; podría haber huido de su anciano padre. Sin embargo, así como su padre había aprendido a confiar en el Padre celestial, Isaac había aprendido a confiar en su padre.* Isaac extendió sus manos para permitir que su padre las atara y luego para atar sus pies y ponerlo sobre el altar. *Qué retratos de fe, tanto del padre como del hijo.*

El momento inevitable estaba a la mano. Abraham sacó el dagger de su cinturón y lo levantó en alto, listo para clavarlo en el corazón de su hijo antes de encender el fuego. En ese momento crítico, el Ángel del Señor habló: *"¡Abraham! ¿Qué estás haciendo?"*

Abraham *jadeó, "Señor, estoy haciendo lo que me has mandado."*

El Ángel del Señor habló suavemente, "No lastimes a Isaac. Tu corazón y tus acciones demuestran que ya has hecho todo lo que te pedí. *Ahora sabes lo que yo ya sabía. Ahora sabes que soy más importante para ti que cualquier cosa o persona, incluso tu único hijo de la promesa. Ahora eres el modelo de fe para todas las generaciones. Por eso elegí bendecir a todas las naciones a través de ti.*"

*Mientras Abraham dejaba escapar lentamente su aliento,* hubo un susurro en los arbustos. Miró hacia atrás y vio una cabra montés macho atrapada por sus cuernos en un arbusto cercano. Abraham rápidamente liberó a Isaac, y juntos atraparon al carnero y lo sacrificaron. Dios de hecho había proveído un sacrificio en lugar de Isaac.

El Ángel del Señor habló de nuevo: "Te bendeciré tal como lo prometí. *A través de tu simiente (descendientes—plural, Génesis 22:17),* sus enemigos en Canaán serán *conquistados. A través de tu simiente (descendiente—singular, Génesis 22:18),* todas las naciones de la tierra serán *bendecidas a través de Él, quien es el Mesías—todo porque obedeciste a Mi voz.*" Nota: "El Ángel del Señor" que habló a Abraham no era un ángel regular (siervo celestial de Dios). *El Ángel del Señor es la Palabra preencarnada de Dios.*

Abraham llamó a ese lugar *"Yahweh-Jireh"* (El Señor proveerá), o como prefiere el autor, el Señor mismo es nuestra provisión. *Yahweh-Jireh es otro nombre compuesto de Dios enseñado en esta historia. Ese nombre revela el carácter de amor, fidelidad y provisión de Dios para todos los que lo aman. Sin embargo, el amor y la provisión de Dios no se limitan solo a aquellos que lo aman.*

Después del sacrificio, padre e hijo descendieron la colina con los brazos envueltos el uno en el otro. Alabaron a Dios por Su gracia mientras reían felizmente. *Abraham dijo: "Hijo, debemos darnos prisa en regresar a casa y contarle todo a tu mamá para que pueda regocijarse con nosotros.*"

Descendientes de Abraham a través de sus tres esposas

<u>A través de Sarah</u>     <u>A través de Hagar</u>     <u>A través de Ketura</u>

Isaac
Jacob y Esaú     Ismael (tuvo doce hijos) árabes     Midianites
Jesús, c. 4 a.C.        Mahoma, AD600

Abraham murió a la edad de 175 años y fue sepultado
junto a Sara, por sus hijos Isaac e Ismael

(Génesis 25:7-10)

# HISTORIA 7

## EL ADVERSARIO ESPIRITUAL
## (JOB 1:1-42:17)

*Introducción*

Job fue posiblemente un contemporáneo de Abraham, aunque algunos dicen que era un sabio árabe, unos trescientos años después de Abraham. Una versión abreviada de la historia de Job se inserta antes de continuar con las historias de los descendientes de Abraham. Historia 7EL ADVERSARIO ESPIRITUAL (JOB 1:1-42:17)

*Historia*

Había un hombre llamado Job (odiado o perseguido). Vivía en la tierra de Uz, posiblemente al este de Palestina, en una parte de la Arabia moderna. Dios (Elohim) describió a Job como un hombre de excelente carácter. Era intachable, recto, temeroso de Dios y evitaba el mal. Job era un hombre de integridad.

Job y su esposa tuvieron diez hijos: siete varones y tres mujeres. Era muy rico. Tenía muchos sirvientes y poseía una gran cantidad de diferentes tipos de ganado. Era el hombre más prestigioso de su área.

Satanás era un ángel caído y se convirtió en un adversario de Dios, de la humanidad y de todo lo bueno. Un día, Satanás se acercó al Señor (Yahweh), y el Señor le preguntó a Satanás dónde había estado y qué estaba haciendo.

Satan respondió: "He estado vagando por la tierra."
El Señor preguntó: "¿Qué sabes de mi siervo Job? ¿Dónde encontrarías a otro como él? Es un hombre íntegro que evita el mal y me adora."

(Job 1:7-8, reescritura del autor)

Satan se burló del Señor (Yahveh) y respondió,

Claro, lo sé, pero la obediencia de Job hacia Ti no es en vano. Él sabe de qué lado está el pan. Has construido una pared de seguridad alrededor de él y de todo lo que posee. Lo has bendecido con el "Toque de Midas", proporcionándole una gran riqueza. Si quieres conocer el verdadero carácter de Job, quítale su riqueza, y te maldecirá.

(Job 1:9-11, reescritura del autor)

"Está bien," dijo el Señor, "te permitiré tentar a Job a través de sus posesiones. Haz lo que quieras, excepto quitarle la vida." Dios limitó a Satanás, pero le dio *mucha libertad.*

Al oír eso, Satanás salió de la presencia de Dios *con una sonrisa malvada en su rostro siniestro. No perdió tiempo.* Ese mismo día, un mensajero llegó corriendo a Job, diciendo: "Los sabeos (tribu antigua del sur de Arabia) robaron todos tus bueyes y burros y mataron a tus pastores con espadas. Yo solo he escapado."

Mientras aún hablaba, otro llegó y dijo: "Fuego cayó del cielo y mató a todas tus ovejas y pastores. Yo solo he escapado."

Otro sirviente corrió hacia Job y le informó: "Los caldeos (de la baja Mesopotamia, limítrofe con el Golfo Pérsico) asaltaron y robaron todos tus camellos y mataron a tu pastor con espadas. Yo solo he escapado."

Job estaba mareado con tan malas noticias cuando un mensajero final apareció con la desgarradora noticia de que todos los hijos de Job estaban comiendo y bebiendo en la casa de su hermano mayor cuando un enorme tornado azotó, destruyendo la casa y matando a todos sus hijos.

Job rasgó su manto, se afeitó la cabeza y se postró ante Dios. Adoró, diciendo: "Señor, nací desnudo del vientre de mi madre, y desnudo volveré al polvo. El Señor me dio, y el Señor me lo ha quitado. Bendito sea el Señor." Job soportó toda esa tragedia sin pecar al culpar a Dios (Elohim) o maldecirlo.

En otro día, Satanás se presentó de nuevo ante el Señor. Dios le preguntó de nuevo: ¿Dónde has estado y qué andas haciendo?"

Satanás respondió: "Solo paseando por la tierra."

Como antes, Dios dijo: "¿Qué sabes de mi siervo Job? No hay ninguno como él. Aunque tú me incitaste contra él sin causa, todavía no hay nadie como él."

Con una sonrisa de satisfacción en su rostro, Satanás respondió: "Un hombre daría cualquier cosa para salvar su propia vida. Ataca la salud de Job, *y gritará como un cerdo atrapado y te maldecirá en tu propia cara.*"

*"Lo verás", dijo Dios. "Te permitiré tentar a Job de nuevo. Ve, dale tu mejor golpe, pero no puedes quitarle la vida."*

Satan dejó la presencia del Señor (Yahvé) y de inmediato golpeó a Job con llagas (infecciones en la sangre). Todo su cuerpo estaba cubierto de desagradables llagas llenas de pus. Mientras estaba sentado en cenizas, Job tomó un fragmento de una olla de barro rota y se rasguñó para dejar que el pus fluyera de sus heridas.

La esposa de Job se burló de su esposo, "¿Aún confías en Dios? Deberías maldecirlo y morir."

*Job le respondió con una voz amable, "Querida, solo las mujeres necias hablan así, y tú no eres una de ellas. ¿Disfrutaremos* de las cosas buenas de Dios pero no aceptaremos la adversidad?" Job aún mantenía su integridad.

*Cuando tres amigos de Job, Elifaz, Bildad y Sofar, oyeron de su adversidad,* viajaron para ver y consolar a Job. Cuando lo vieron, se quedaron sorprendidos. No lo reconocían porque llagas cubrían completamente su cuerpo. Los amigos de Job lloraron por él y rasgaron sus túnicas. Echaron polvo al aire, dejando que se asentara sobre ellos, y luego se sentaron en silencio en las cenizas con Job. Cada uno reconoció que Job estaba sufriendo un dolor casi insoportable.

Después de una semana de silencio, Job maldijo el día de su nacimiento. "¿Por qué no morí el día en que nací?" Entonces sus amigos hablaron uno a la vez. Cada vez que hablaban, se volvían más vindicativos hacia Job y cada vez más justos hacia sí mismos. Comenzaron a calcular: "Si Job está sufriendo todas estas cosas terribles, debe ser porque él ha hecho algo terrible, por lo tanto, solo está sufriendo la retribución por sus propios pecados."

Job presentó una refutación después de que cada amigo hablara. En el lenguaje actual, se podría decir: "Con amigos como esos, ¿quién necesita enemigos?" Sin embargo, Job se exageró al afirmar su propia integridad y rectitud en un intento de defender su inocencia. Job había estallado de orgullo en lugar de permitir que Dios revelara su inocencia.

*Eliú entra en la escena*

En los capítulos 32-37 de Job, llegó un amigo más joven de Job. Su nombre era Eliú (Él es mi Dios). También era más joven que los otros amigos de Job. Debido a la cultura, Eliú no habló hasta que los hombres mayores terminaron de hablar con Job. Un joven Eliú era en realidad más sabio que Job y sus tres amigos mayores. Eliú habló contra Job también, pero por una razón diferente. *Acusó duramente a Job de "justificarse ante Dios" (Job 32:2). Job había afirmado: "Soy recto, pero es como si Dios me hubiera acusado erróneamente de maldad y luego me hubiera castigado"* (Job 34:5).

Ahora comenzamos a entender que Job, el hombre piadoso, tenía la misma mala teología que sus amigos Elifaz, Bildad y Sofar.

*La creencia errónea común era sobre la retribución. La mayoría de las personas pensaban erróneamente que Dios siempre recompensa a los justos con cosas buenas (salud, riqueza, etc.) y siempre castiga a los pecadores (con enfermedad, pobreza, etc.).*

*Job sufrió mucho; cuando sus amigos asumieron que debía ser un terrible pecador, Job sufrió aún más.* Pensaron que Dios le había quitado a Job sus riquezas y salud debido a sus pecados secretos.

*Debido a que Job se veía a sí mismo como un hombre justo, suponía que Dios le debía salud y riquezas en lugar de sufrimiento y pobreza. Al justificarse, Job culpó a Dios por haberle quitado sus riquezas y salud.*

Por otro lado, *"Elihu le dijo a Job que hablaba sin conocimiento"* (Job 34:35) y continúa preguntando: "¿Crees que eres más justo que Dios?" (Job 35:1-2). *Elihu aconsejó a Job que se apartara de su orgullo y se convirtiera en un seguidor humilde de Dios incluso sin bendiciones especiales. Muchos hoy en día también luchan con preguntas sobre por qué un buen Dios permite el mal y el sufrimiento.*

Finalmente, el *Señor (Yahvé) entró en la conversación.* Habló primero a Job. "¿Quién es este que oscurece el consejo con palabras sin conocimiento? *Ajusta tu cinturón como un hombre.* ¿Dónde estabas tú cuando yo fundé la tierra? Dime, si tienes conocimiento." Luego el Señor le preguntó a Job: "¿Contenderá el que hace reproches con el Todopoderoso?"

(Job 40:1 NASB).

Entonces, con humildad, Job respondió al Señor: "Soy insignificante. ¿Qué puedo decir para responderte?" Job confesó al Señor: "Sé que puedes hacer todas las cosas. Tu propósito no puede ser frustrado. ¿Quién es este que oculta consejo sin conocimiento? Por lo tanto, *he declarado cosas demasiado maravillosas para mí, que no entendía. Me retracto y me arrepiento en ceniza y polvo"*

*(Job 42:1-6 NASB).*

Job, como Abraham (historia 6), descubrió que Dios es todopoderoso y tiene el mejor interés de la humanidad en mente. Dios usó los planes malvados de Satanás para llevar a cabo *Sus propios planes buenos para Job.* La fe de Job y su relación con Dios se hicieron más fuertes. La historia de Job tiene algunas similitudes con la historia de José (historia 10, que aún está por llegar).

*Dios estaba descontento con los amigos de Job.* Después de hablar con Job, el Señor habló a Elifaz, Bildad, y Sofar, *"Mi ira se ha encendido contra ustedes porque no han hablado la verdad sobre Mí como lo hizo mi siervo Job.* Por lo tanto, preparen siete toros y siete carneros, y vayan a mi siervo Job y ofrezcan un sacrificio quemado por ustedes mismos. Mi siervo Job orará por ustedes, y yo no los castigaré de acuerdo a su necedad por no hablar la verdad sobre Mí." Los hombres hicieron como el Señor les instruyó

(Job 42:7-9 NASB).

*Después de que Job perdonó y oró por sus amigos, el Señor restauró su fortuna. El Señor duplicó todo lo que Job había tenido anteriormente. Job se convirtió en un hombre aún más piadoso.* Todos los hermanos y hermanas de Job vinieron y comieron con él. Lo consolaron y le dieron ánimo por todas las adversidades que el Señor le permitió sufrir. Cada uno le dio dinero y un anillo de oro.

El Señor bendijo a Job más de lo que lo había hecho en los primeros días de su vida. Job y su esposa tuvieron siete hijos más y tres hijas más. Job fue en contra de la cultura en el asunto de las herencias. Otros no daban a las hijas una herencia porque las hijas se casarían y serían mantenidas por sus esposos. Sin embargo, Job dio a sus hijas la misma herencia que dio a sus hijos. Después de esto, Job vivió 140 años y vio a sus hijos y a sus nietos, cuatro generaciones.

*Preguntas*

1.  Esta historia menciona a Satanás por primera vez. ¿Satanás fue el adversario de quién? ¿A quién más intenta derrotar Satanás?
2.  Dios le dio a Satanás permiso y un amplio margen para afligir a Job, pero limitó el poder de Satanás sobre Job. ¿Cuál fue esa limitación?
3.  ¿Cuáles son algunas de las cosas que aprendemos sobre Dios en esta historia?
4.  ¿Por qué crees que Dios permitió que Satanás afligiera y tentara a Job?

*Mini-epílogo*

Mini-epílogoLa historia 7 nos presentó a un personaje prominente en ambos Testamentos, el Antiguo y el Nuevo. Ese personaje es Satanás, el adversario, pero se revela muy poco sobre Satanás en esta historia. *En realidad, conocimos a Satanás en la historia 2;* él era el poder tentador en la serpiente.

*¿Quién es Satanás? ¿De dónde vino?* La respuesta proviene de los profetas Isaías y Ezequiel, ambos profetizaron varios cientos de años después de esta historia. Menciono esto solo en este epílogo. En el capítulo 14 de Isaías, *el profeta dio una profecía con un doble sentido:* Primero, como un desafío contra el Rey de Babilonia (Isaías 14:4-23). *En segundo lugar, como una explicación de uno llamado Lucifer, Satanás, el diablo, el adversario, etc.* (Isaías 14:12-15 NASB). "¿Cómo has caído del cielo, oh estrella de la mañana, hijo de la aurora?" (Hebreo: *Helel,* es decir, "el que brilla"/Lucifer).

Satanás, has sido derribado a la tierra. ¡Tú que has debilitado a las naciones! Dijiste en tu corazón: "Ascenderé al cielo; elevaré mi trono sobre las estrellas de Dios [El]. Me sentaré en el monte de la asamblea, en los rincones del norte [oscuridad]. Ascenderé sobre las alturas de las nubes; me haré como el Altísimo." Pero en cambio, serás derribado al Seol [Hades/inferno], a los rincones del abismo. (Isaías 14:13-15)

*También ver Ezequiel 28:1-19.*

# HISTORIA 8

## Una Novia Para Isaac

## (Génesis 24:1-67)

Poco después de la muerte de Sara, a la edad de 127 años, Abraham vio la necesidad de conseguir una esposa para Isaac, su hijo de 40 años que estaba de luto. Abraham llamó a su siervo más confiable, aquel que tenía a su cargo *(mawshal)* todo lo que poseía. Abraham encargó a su siervo que regresara a la tierra natal de Abraham en Mesopotamia (la actual Irak y las áreas fronterizas de Irán y Turquía) *para encontrar una esposa piadosa para Isaac.*

El siervo de Abraham no tiene nombre, pero los siervos a menudo eran llamados por el trabajo que realizaban. Dado que este siervo era mayordomo de todo lo que Abraham poseía, estaba en una posición de autoridad; estaba a cargo *(mawshal)*. Por lo tanto, en esta breve historia, llamémoslo "Mawshal".

Abraham prometió a Mawshal que el Señor (Yahvé) enviaría a Su ángel para asegurar un viaje seguro y exitoso. Abraham fue muy intenso, pidiéndole a Mawshal que prometiera que no traería simplemente cualquier novia, sino una novia de la familia de Abraham, una que Dios eligiera. Mawshal aceptó y partió con diez camellos cargados de suministros para el viaje de ida y vuelta y una variedad de regalos y otros bienes como dote, así como regalos para una futura novia.

Al llegar a la ciudad de Nahor, a unas cuatrocientas millas de distancia, Mawshal hizo que los camellos se arrodillaran cerca del pozo de agua en el borde de la ciudad. Había aprendido que ese pozo era donde las mujeres y las jóvenes venían a sacar agua para la noche.

"Oh Señor (Yahveh)," oró. "Por favor, concédeme éxito hoy y muestra bondad a mi maestro Abraham. Mientras espero aquí, pediré a las jóvenes que me den agua para beber. Que sea que la joven, a quien tú has elegido para el maestro Isaac, venga a mí y me responda diciendo: 'Aquí tienes una bebida, Señor. También sacaré agua para tus camellos. Así sabré que me has dirigido amorosamente hacia tu elección de esposa para el maestro Isaac.'"

(Génesis 24:12-14 NASB)

Su oración apenas había salido de sus labios cuando una joven vino a darle un vaso de agua y luego regó a sus camellos. Mawshal observó en silencio a la chica mientras cumplía todas las peticiones que le había hecho a Dios. Cuando terminó, sacó un elaborado anillo de nariz de oro y dos pulseras de oro de la bolsa que llevaba alrededor de la cintura y se las dio a la joven, preguntándole: "¿Quién es tu padre?"

Mawshal estaba encantado y apenas podía contener su alegría al enterarse de que esta bellísima virgen, Rebeca, era la hija de Betuel, quien era hijo de Milca, la esposa de Nahor, que era el propio hermano de Abraham. Mawshal preguntó rápidamente a Rebeca: "¿Tiene tu padre un lugar para un huésped que pase la noche?"

"Sí, tenemos una habitación para huéspedes. También tenemos un lugar y suficiente forraje y paja para tus camellos."

Rebekah rápidamente rellenó su jarra de agua de barro y luego se apresuró a alertar a su familia que un invitado especial estaba llegando. Su hermano, Laban, fue enviado de regreso al pozo para encontrar a Mawshal y guiarlo hasta su casa.

Mientras tanto, Mawshal oró,

Bendito sea el Señor (Yahveh), el Dios (Elohim)
de mi maestro Abraham, que no ha abandonado
Su bondad y Su verdad hacia mi maestro. Señor
(Yahveh), me has guiado a la casa del hermano de mi
maestro. Gracias, Señor.

(Génesis 24:26-27 NASB)

Después de que sus camellos fueron llevados a los establos, le mostraron a Mawshal su habitación, y él se bañó. Cuando le sirvieron una comida, rápidamente dijo: "No puedo sentarme a comer hasta que les cuente por qué he venido. Soy el sirviente de su hermano Abraham. Fui enviado aquí para encontrar una novia para el hijo de mi amo, Isaac." Los ojos de Mawshal brillaron y su voz tembló de emoción mientras contaba cómo Dios lo había guiado directamente a su hija. Después de escuchar su increíble relato sobre su viaje y cómo conoció a Rebeca, la familia decidió que este era el plan de Dios.

Mawshal se inclinó ante el Señor, luego les dio regalos de su maestro: artículos de plata y oro, así como vestidos para Rebekah. También le dio objetos preciosos a su madre y a su hermano. *Luego él y los hombres comieron y celebraron juntos, intercambiando historias familiares hasta bien entrada la noche.*

A la mañana siguiente, Mawshal les pidió que por favor lo enviaran de regreso a su maestro. Intentaron convencerlo de quedarse diez días más, pero él dijo que debía apresurarse a volver a casa. Los padres de Rebekah esperaban que ella pudiera convencerlo de quedarse más tiempo, *pero Rebekah les dijo amablemente a sus padres que estaba lista para irse con Mawshal a su nueva vida y hogar en Canaán.*

*Sabiendo que podrían nunca volver a ver a su hija, la familia de Rebeca, con gran dificultad,* aceptó la decisión de Rebeca y le dio su bendición. Después de que Rebeca y sus doncellas se apresuraron a recoger sus pertenencias, abrazó a su familia y se despidió. Las jóvenes montaron los camellos, saludaron y se marcharon rápidamente con el sirviente de Abraham. *Los sentimientos de Rebeca se evidenciaron por las lágrimas en sus ojos y una hermosa sonrisa en su rostro.*

*Semanas después, cuando el final de su viaje estaba a la vista, Isaac vio sus camellos acercándose desde el norte. Su corazón dio un vuelco mientras se preguntaba, ¿Había tenido éxito Mawshal? ¿Estaba regresando con una esposa para mí? Si es así, ¿cómo será ella?*

Aproximadamente al mismo tiempo, Rebeca vio a un hombre solitario en un campo. Se preguntó, *¿Es ese mi futuro esposo? ¿Estaba él, como yo, esperando con ansias mi llegada?* Detuvo su camello y le hizo señas para que se arrodillara en el suelo. Rápidamente desmontó y le preguntó a Mawshal, '¿Quién es el hombre que se nos acerca?'

"Ese es mi maestro Isaac, tu futuro esposo," respondió él con un brillo en sus ojos. Rebeca rápidamente tomó su velo y cubrió su cabeza, rostro y hombros.

*Después de que a las damas se les mostraron sus cuartos y se bañaron, compartieron una comida especial.* Después de la comida, Mawshal contó toda la historia de cómo Dios lo guió hacia Rebeca y su familia hospitalaria. *En cuanto a Isaac, fue amor a primera vista por Rebeca,* al igual que Rebeca, quien se había comprometido a amar y casarse con Isaac después de escuchar la descripción de él por parte de Mawshal.

Finalmente, sin ceremonia pero con la bendición de su padre, Isaac, de cuarenta años, llevó a Rebeca a lo que antes había sido la hermosa tienda de su madre. Isaac y Rebeca, por elección y liderazgo de Dios, se convirtieron en marido (ish) y mujer (ishshah).

*Preguntas*

1. ¿Te das cuenta que a través de la mayor parte de la historia, los padres elegían al cónyuge de sus hijos? Eso sigue siendo cierto hoy en gran parte del mundo. ¿Conoces a alguien cuyo cónyuge fue elegido por sus padres? Si no, trata de hacerte amigo de algunas parejas de India, el Medio Oriente, África o Asia.

2. En esta historia, ¿quién mostró su fe en que Dios guiaría el camino hacia la esposa que Dios había elegido para Isaac? Nombra a la persona o personas que tenían esa fe.

3. ¿Qué papel jugó la oración en esta historia? ¿Cuántas oraciones puedes contar? ¿Crees que hubo muchas otras oraciones no mencionadas? ¿Por qué piensas eso? ¿Indica esto que la oración debería tener un papel prominente en nuestras vidas diarias?

4. ¿Cómo jugó un papel la gratitud en la historia? ¿Debería dar gracias tener un papel prominente en nuestra vida diaria? ¿Por qué?

5. ¿Qué le dio a los padres de Rebekah la fuerza para permitir que su hija se fuera tan lejos, sin esperanza de volver a verla? Si no recuerdas, regresa a la conversación del siervo con la familia de Rebekah para encontrar la razón.

6. Intenta contar cuántas veces los asuntos culturales jugaron un papel importante en esta historia. La cultura puede ser pro-Dios, neutral o anti-Dios. ¿Qué papel jugó la cultura en esta historia?

# HISTORIA 9

## Aprendiendo A Confiar En Dios
## (Génesis 25:19-36:43)

Isaac y Rebeca se amaban, y su matrimonio alegre era como un cuento de hadas. Reconocieron el papel de Dios en reunirlos. Su amor por Dios y su confianza en Él crecieron.

Después de veinte años de matrimonio, Rebeca aún no podía tener hijos. *Isaac oró al Señor (Yahvé) en nombre de su esposa,* y el Señor le permitió concebir. Sin embargo, parecía haber una lucha en su vientre. *Así que Rebeca oró y le preguntó al Señor: "¿Qué está ocurriendo?"*

El Señor reveló que estaba esperando gemelos; dos hijos que representaban a dos naciones estaban en su vientre. *El conflicto ya había comenzado.* "El mayor será más fuerte. Sin embargo, servirá al menor."

Cuando llegó el momento de su parto, la lucha continuó. Ella dio a luz a gemelos. El primero salió con piel roja y un cuerpo muy peludo. Lo llamaron Esaú (peludo). Su hermano pequeño lo siguió de inmediato; de hecho, nació agarrado del talón de Esaú. Lo llamaron Jacob (suplantador/maquinador).

Cuando los chicos crecieron, Esaú se convirtió en un hombre de campo robusto y un cazador hábil sin grandes ambiciones. Jacob, por el contrario, era un tipo de piel clara que se quedaba en casa y usaba su ingenio para trampear y conseguir lo que quería. *Ninguno de los dos hijos parecía particularmente religioso. Sus padres cometieron dos grandes errores: Primero, permitieron que sus hijos se interpusieran entre ellos y, segundo, cada uno eligió favoritos. Esaú era el favorito de Isaac, mientras que Rebeca prefería a Jacob. Para cuando los chicos se convirtieron en jóvenes, el matrimonio de cuento de hadas de Isaac y Rebeca se había marchitado en una familia disfuncional.*

Una vez, después de que Jacob cocinó un guiso, su hermano Esaú llegó a casa, hambriento de un viaje de caza.

"Hermano menor," dijo. "Tengo mucha hambre. Por favor, dame un poco de tu guiso de lentejas."

"Está bien," dijo Jacob. "Pero primero debes venderme tu derecho de nacimiento como el hijo primogénito."

Esaú aceptó, despreciando así su derecho de nacimiento y lo vendió por un plato de guiso.

A medida que Isaac envejecía, su vista se volvió muy mala. Isaac le pidió a Esaú que fuera a cazar y preparara su guiso favorito de carne salvaje. "Después de comer," dijo, "te daré mi bendición."

Rebeca escuchó lo que su esposo dijo, así que después de que Esaú se fue a cazar, ella y Jacob tramaron contra Isaac y Esaú.

*¿Había decidido Rebeca, como Sarai, ayudar a Dios a cumplir su promesa para Jacob? ¿O simplemente estaba mostrando su favoritismo como de costumbre?* De cualquier manera, rápidamente preparó un guiso y también ayudó a Jacob a disfrazarse. Cubrió sus brazos suaves con las pieles de una cabra joven para engañar a su

esposo casi ciego haciéndole creer que Jacob era Esaú. También le dio a Jacob algunas de las ropas sin lavar de Esaú para que oliera como él. Eso permitió que un Jacob engañoso robara el derecho de nacimiento (la bendición de su padre) a su hermano mayor. Esas tácticas funcionaron.

Poco después, Esaú regresó a casa de la caza, preparó el guiso de vida silvestre favorito de su padre y se lo llevó. Esaú esperaba recibir la bendición prometida de su padre. Era su derecho de nacimiento como el hijo mayor. Sin embargo, su padre se alarmó y preguntó: "¿Quién eres?"

"Papá, soy yo, Esaú, tu hijo primogénito. Fui de caza y he preparado tu guiso de vida silvestre favorito tal como pediste."

"¡Oh no! ¿Qué he hecho?" gemía Isaac. "Ya he dado tu derecho de nacimiento a Jacob. Yo estaba sospechoso, pero él me convenció de que era tú, y le di tu bendición."

Esaú tembló y gritó: "Bendíceme también, Padre"; pero Isaac dijo: "No puedo hacer nada. Jacob vino engañosamente y ha tomado tu bendición, le he hecho tu maestro."

Esaú les dijo a sus padres: "Has nombrado bien a Jacob (maquiavélico). Primero me engañó para robarme mi herencia. Ahora también me ha engañado para quitarme mi bendición." Esaú se volvió amargo y albergó rencor contra su hermano. Estaba tan enojado que comenzó a plansear matar a su hermano.

Después de enterarse del nefasto plan de Esaú, Isaac pidió a Dios que bendijera a Jacob. Aconsejó a su hijo que huyera a la casa del padre de su madre en Harán, Paddan-Aram (actual Irak noroccidental). Debería *tomar una esposa de las hijas de Labán,* el hermano de su madre. *El conocimiento de esas hijas nos dice que hubo cierta comunicación entre Rebeca y su familia.*

Isaac y Rebeca no querían que Jacob tomara una esposa incrédula como lo había hecho Esaú. Así, Jacob obedeció a sus padres y dejó su hogar para escapar de la ira de su hermano. Jacob nunca volvería a ver a su madre. Esaú se dio cuenta de que su matrimonio con las hijas de Canaán traía desagrado a sus padres. En un intento por recuperar su buena voluntad, fue a ver al tío Ismael, el hijo de Abraham, y se casó con la hija de Ismael, Mahalath, como su tercera esposa.

*El sueño de Jacob (Génesis 28:12-22 NASB)*

Mientras tanto, Jacob estaba en su camino a Harán, un viaje de más de cuatrocientos millas. Cerca de la ciudad de Luz, Jacob tuvo un sueño. Vio una escalera que estaba en la tierra con su parte superior reaching hasta el cielo. Ángeles de Dios estaban subiendo y bajando por la escalera. Sobre la escalera, el Señor (Yahvé) estaba de pie y habló a Jacob: "*Yo soy el Señor (Yahvé), el Dios (Elohim) de Isaac y Abraham.*"

*Dios hizo una promesa incondicional a Jacob. "Un día, te daré esta tierra,* donde has estado durmiendo, a ti y a tus descendientes. Le prometí a tu abuelo Abraham que le daría esta tierra a sus descendientes. Ahora extiendo esa promesa a ti y a tus descendientes. También prometo estar contigo. Te proveeré y te protegeré dondequiera que vayas. Un día te traeré de regreso a esta tierra de la que ahora huyes por tu vida."

Jacob despertó de su sueño y dijo: "El Señor (Yahweh) está aquí, y ni siquiera lo sabía." Jacob fue golpeado por el miedo y dijo: "Este es un lugar impresionante. Debe ser la casa de Dios, la misma puerta del cielo." Renombró el lugar como "Betel" (casa de Dios).

Entonces Jacob hizo un *voto condicional, diciendo: "Si Dios (Elohim) está conmigo, si* Él me provee y me protege en este viaje, si me mantiene con comida y ropa y me regresa sano y salvo a la casa de mi padre, entonces aceptaré al Señor (Yahweh) como mi Dios (Elohim)." *Jacob, como muchos hoy, no conocía a la persona de*

*Dios ni Su eterno y confiable carácter. Es obvio que Jacob no sabía con quién estaba hablando.*

> Jacob encontró una gran piedra medio enterrada en la tierra y la erigió donde había dormido y dijo: "He puesto esta piedra como un marcador y un testigo de que de todo lo que Dios (Elohim) me da, le daré un diezmo de mi dinero a Dios"
>
> (Génesis 28:27).

Jacob continuó su viaje y finalmente llegó a las cercanías de su destino. Descubrió un pozo con tres manadas de ovejas esperando su turno para ser alimentadas. Les preguntó a los pastores: "¿De dónde son ustedes?"

Respondieron: "Somos de aquí mismo, en Haram."

Jacob sonrió y preguntó: "¿Conoces a Labán, el hijo de Nahor?"

"Sí, lo conocemos", dijo uno de ellos.

"Bueno, hoy debe ser tu día de suerte", dijo otro. "Aquí viene Raquel (oveja), la hija de Labán, ayudando a pastorear sus ovejas."

*Jacob se compromete a casarse con Raquel (Génesis 29:8-20)*

Cuando las ovejas de Raquel se acomodaron, Jacob ayudó a darles agua. Luego se presentó a ella y le besó las mejillas. Así que ella corrió a casa para contarle a su padre que el hijo de su hermana había llegado al pueblo. Cuando Labán escuchó la noticia, salió rápidamente a encontrarse con Jacob. Lo abrazó, le dio un beso en cada mejilla y lo llevó dentro de su casa. Jacob relató noticias sobre su familia en Canaán sin revelar que escapaba de su hermano Esaú. Labán estaba feliz de tener al hijo de Rebeca allí.

Después de un mes, Labán le ofreció un trabajo a su sobrino y le preguntó cuánto debía pagarle. Jacob se había enamorado de Raquel, la hija menor de Labán, y rápidamente dijo: "Te serviré durante siete años por la mano de Raquel en matrimonio."

El padre de Raquel sabía que ella también se había enamorado de Jacob. "De acuerdo," dijo. "Es mejor que un miembro de la familia se case con ella que un extraño."

Labán también pensó que esos siete años de servidumbre de Jacob serían sin duda un dote rentable, incluso si le costaría siete años de alojamiento y comida para Jacob.

Siete años parecieron pasar rápidamente porque amaba mucho a Raquel y también podía verla a diario. Finalmente, Jacob le dijo a Labán: "He terminado mi servidumbre. Ahora es el momento de que me des a Raquel como esposa." Labán estuvo de acuerdo y organizó una fiesta de bodas.

## *Labán defraudó a su sobrino (Génesis 29:21-25)*

La noche en que los invitados a la boda se reunieron, Labán hizo vestir a Lea (cansada), la hermana mayor de Raquel, con ropa de boda y velos y la llevó ante Jacob. Labán también le dio a su sierva Zilpa a su hija como criada. Durante la boda, Lea no habló ni hizo ningún ruido. Jacob asumió que Raquel era la mujer debajo de esos velos. Así, la llevó a casa y en la oscuridad de su habitación se unió a ella.

Cuando llegó la mañana, Jacob se sorprendió al descubrir que había sido engañado al casarse con la hermana equivocada. Jacob, el engañador, había sido engañado, superado por su astuto tío, ahora suegro.

"¿Qué me has hecho?" se quejó Jacob. "Te he servido siete años para poder casarme con Raquel, ¡no con Lea! ¿Por qué me has engañado?"

"No te enojes", respondió Labán. "¡Es nuestra cultura! No damos a la hija menor en matrimonio antes de que su hermana mayor esté casada. La próxima semana, puedes casarte con mi hija menor, Raquel, pero después de la boda, deberás servirme otros siete años por ella."

*Rachel becomes his second wife (Genesis 29:28-30:24)*

Raquel se convierte en su segunda esposa (Génesis 29:28-30:24) La semana siguiente, antes de la boda de Raquel con Jacob, Labán le dio a su sierva, Bilha, como su criada. Así que Jacob también se casó con Raquel. Amaba a Raquel más que a Lea. Jacob sirvió a Labán otros siete años por Raquel. El Señor vio que Lea no era amada, así que hizo posible que ella tuviera hijos. Sin embargo, Raquel seguía siendo estéril.

Lea concibió y tuvo un hijo al que llamó Rubén (aquí está un hijo). Ella exclamó: "El Señor ha visto mi aflicción. Seguramente mi esposo me amará ahora que le he dado un hijo." Lea dio a luz a cuatro hijos sucesivos: Rubén, Simeón (escuchado), Leví (unido) y Judá (alabado).

Rachel no pudo concebir, sin embargo, su hermana mayor aún se sentía no amada y estaba muy celosa de su hermana menor, a quien amaban mucho pero que no tenía hijos. *No podemos imaginar una situación así, sin embargo, muchos de nosotros estamos familiarizados con los celos, la rivalidad, la insuficiencia, la traición, los complots, etc., que nos llevan a nosotros o a otros por caminos retorcidos, resultando en vidas vacías o arruinadas.*

La saga entre las hermanas se intensifica. Después de que Judá nació de Lea, ella ya no pudo concebir. A pesar de que Raquel era la esposa amada, tenía celos de su hermana mayor. Lea había dado a Jacob cuatro hijos, pero ella misma seguía sin tener hijos. Una Raquel enojada se volvió hacia su esposo y dijo: "¿Por qué no me has dado hijos como a mi hermana? Dame hijos, o moriré."

Ante ese desprecio, Jacob estalló de ira con su amada esposa. "No me culpes. Es Dios (Elohim) quien ha cerrado tu vientre y te ha negado hijos."

Entonces Rachel ideó un desesperado y mal aconsejado plan nacido de los celos y la ira. "Está bien entonces," dijo Rachel. "Te daré a mi criada Bilhah (perturbada) como esposa sustituta en mi nombre. Ella puede darte un hijo por mí, como Sarai le dio a su sierva a Abram (Génesis 16)." Jacob apaciguó a su amada esposa y tomó a su criada como esposa sustituta.

Bilhah concibió un hijo, y Rachel sintió que Dios la había vindicado. Rachel nombró al hijo de Bilhah Dan (un juez), *reclamándolo así como su propio hijo. En términos modernos, algunos podrían llamar a Bilhah una madre subrogada.* Luego, Bilhah concibió un segundo hijo, y Rachel lo llamó Naftalí (lucha) porque Rachel sentía que estaba luchando con su hermana por el corazón de su esposo.

Las hermanas celosas no se detuvieron allí. Ahora era el turno de Leah nuevamente. Dado que ya no podía concebir hijos, le dio a su sirvienta, Zilpa (una que fluye), a Jacob como esposa sustituta en su nombre. Zilpa le dio a Jacob dos hijos, Gad (tropa) y Aser (feliz). Luego, Leah pudo concebir nuevamente y dio a luz dos hijos más, Isacar (hay recompensa) y Zabulón (exaltado) y una hija, Dina (juicio).

*Solo entonces Dios bendijo a Raquel, la esposa favorita de Jacob pero sin hijos.* Raquel finalmente pudo concebir y le dio a Jacob un hijo, José (el Señor ha añadido). Varios años después, nacería un segundo hijo, Benjamín (hijo de la mano derecha).

*Jacob finally prospers (Genesis 30:25)*

After Rachel gave birth to Joseph, Jacob asked Laban, his father-in-law, to send him away (release him to return to his own country). Laban bartered with Jacob, "Please stay! God has richly blessed me since you came into the family, so just name your price. What do I need to give you to stay?"

Many years earlier, Jacob had asked Laban for permission to marry Rachel, Laban's youngest daughter. Without knowing it, Jacob's request set him up for deception by Laban. Laban's deception provided a husband for both of his daughters, gave him many grandchildren, and had enriched him, at Jacob's expense.

*Jacob finalmente prospera (Génesis 30:25)*

Después de que Raquel dio a luz a José, Jacob le pidió a Labán, su suegro, que lo dejara ir (liberarlo para regresar a su país). Labán negoció con Jacob: "¡Por favor, quédate! Dios me ha bendecido ricamente desde que llegaste a la familia, así que solo nombra tu precio. ¿Qué necesito darte para que te quedes?"

Muchos años antes, Jacob había pedido a Labán permiso para casarse con Raquel, la hija menor de Labán. Sin saberlo, la solicitud de Jacob lo puso en una posición de ser engañado por Labán. El engaño de Labán proporcionó un esposo para ambas de sus hijas, le dio muchos nietos y lo enriqueció, a expensas de Jacob.

Ahora fue Labán quien vino a Jacob con el *sombrero en la mano*. La petición de Labán le dio a Jacob la oportunidad de obtener la ventaja sobre su suegro. Jacob tenía un plan engañoso que lo enriquecería a expensas de Labán.

Jacob se burló un poco de Labán. "¿Recuerdas cuán pequeños eran tus rebaños antes de que yo llegara? Con mi llegada, Dios te bendijo muchas veces. Todo lo que hice por ti aumentó tu riqueza. Te he servido bien, pero ahora tengo una gran familia, y es hora de que provea para mi propio hogar."

"Lo sé, hijo mío," dijo Labán. "Entonces, ¿qué debo darte para que continúes conmigo?"

"En realidad, no necesitas pagarme nada," dijo Jacob. "Sin embargo, hay algo que puedes hacer por mí. Recuerda, trabajé catorce años sin paga para poder casarme con tus hijas. Tengo otra propuesta para ti."

"Como sabes, la mayoría de tus ovejas y cabras son blancas. *Vigilaré tu gran rebaño durante otros seis años sin paga si me* permites pasar por tus rebaños y quitar cada oveja moteada y manchada y cada cordero negro para proporcionarme un pequeño rebaño inicial de ovejas, así como con las cabras. Si esto es aceptable, de ahora en adelante, cualquier oveja o cabra blanca entre mi rebaño es tuya. Cualquier oveja manchada o moteada y corderos negros y cabras entre tu rebaño son míos."

*"Me parece bien," dijo Labán. "Llamémoslo un trato."*

Así, los rebaños fueron separados de acuerdo al acuerdo. El rebaño de Jacob fue trasladado a tres millas de los rebaños de Labán. Los hijos de Jacob serían responsables de sus ovejas y cabras manchadas y moteadas. Jacob continuó cuidando los rebaños de Labán sin paga.

La decepción de Jacob consistió en colocar a sus propios carneros moteados y manchados cerca de las mejores ovejas blancas de Labán para que se aparearan, lo que resultó en corderos y cabritos manchados o moteados. Sin embargo, Jacob mantuvo a sus propias ovejas lejos de los carneros de Labán. Así, el rebaño de Jacob creció rápidamente. Se volvió próspero y pudo comprar muchos camellos y burros y contratar sirvientes.

Así, un Jacob engañoso pareció invertir los papeles con su engañoso suegro. La actitud de Labán cambió al ver que el rebaño de Jacob crecía más rápidamente que el suyo. Sabía que había sido engañado y ya no era amigable con Jacob.

*Jacob se marcha secretamente hacia Canaán (Génesis 1:1-21)*

Entonces el Señor (Yahvé) le habló a Jacob: "*Crees que has engañado a tu suegro,* quien se ha aprovechado de ti desde el principio. Desde tu nacimiento, has vivido en autoilusiones. Ahora vives en la ilusión de que tus planes engañosos te han hecho increíblemente rico. *La verdad es que yo soy responsable de que te hayas vuelto próspero, no tú mismo.*"

El Señor continuó: "*Estoy cansado de tus travesuras.* ¿Has olvidado cómo me revelé a ti en un sueño durante tu viaje a Harán? En ese sueño, viste a Mis ángeles subiendo y bajando por una escalera que llegaba de la tierra al cielo. Yo estaba en la cima de la escalera y *te hice una promesa incondicional.* Prometí que mi presencia estaría contigo, y que te cuidaría dondequiera que fueras. También te prometí que te llevaría de regreso a salvo a la tierra de tu nacimiento. Te revelé que *eres una parte importante de mi plan eterno para bendecir a todas las familias de la tierra.*"

En conclusión, el Señor reprendió a Jacob, "¿No recuerdas cómo respondiste a Mi promesa? *Me ofreciste una promesa muy condicional.* Dijiste que si Yo (Dios) estuviera contigo durante tu viaje, siempre proporcionándote comida y ropa y también te llevara de regreso a la casa de tu padre, entonces Yo (el Señor) sería tu Dios. He mantenido Mi promesa contigo así como tus condiciones para

Mí. *Ahora es el momento de que tú cumplas tu promesa. Estoy llamando tu carta—o actúa o cállate.* Prepárate. Te voy a devolver sano y salvo a tu tierra natal."

Jacob no regresó a su casa, sino que envió un mensajero a sus esposas, diciendo: "Salgan a mí entre nuestros rebaños, y traigan a nuestros hijos con ustedes. Nos iremos de prisa."

Cuando sus esposas se reunieron, Jacob les contó todo lo que el ángel (mensajero) de Dios (Elohim) le había dicho. Dios los protegerá de Labán, pero necesitaban irse a Canaán de inmediato.

Raquel y Lea estuvieron de acuerdo de inmediato, diciendo: "Ya no tenemos ninguna parte de la riqueza de nuestro padre. Nos hemos convertido en extranjeras para él. Te vendió a ti, y consumió nuestro dinero. Seguramente toda la riqueza que Dios ha quitado a nuestro padre nos pertenece a nosotras y a nuestros hijos. Así que, esposo, haz lo que Dios te dijo que hicieras." *Las esposas de Jacob estaban listas para seguir a su esposo dondequiera que él las llevara.*

Inmediatamente subió a sus esposas e hijos a camellos sin decirle nada a Labán. Jacob, sus hijos mayores y los sirvientes caminaron con el ganado. Cruzaron el río Éufrates y se dirigieron hacia la zona montañosa de Galaad, al este del río Jordán.

Pasaron tres días antes de que Labán supiera que Jacob había huido con su familia y ganados. Al descubrirlo, se enojó, reunió apresuradamente a sus parientes y salió en una persecución intensa. Finalmente alcanzó a Jacob siete días después. Jacob, su familia y sus rebaños estaban acampados en la región montañosa de Galaad.

Ambas partes habían viajado lo más rápido que pudieron. Como Labán no estaba cargado, pudo recorrer en siete días lo que le tomó diez días al séquito de Jacob. Labán levantó su tienda a cierta distancia y esperó hasta la mañana para confrontar a Jacob.

Laban estaba lleno de acusaciones cuando se enfrentó a Jacob al amanecer. "Me engañaste. Llevaste a mis hijas como cautivas. Ni siquiera me permitiste despedirme de mis nietos. Puedo entender que quieras ver a tu propio padre, pero ¿por qué robaste mis dioses familiares? Como sabes, tengo el poder de hacerte daño, pero anoche, el Dios de tu padre me advirtió en un sueño que me alejara y no te hiciera daño."

Laban registró la tienda de Jacob, luego la de Lea, y luego la de las dos criadas (las dos esposas sustitutas de Jacob, Zilpah y Bilhah). Finalmente, Laban entró en la tienda de Raquel. Ella había escondido los ídolos en la silla del camello. Engañó a su padre sentándose en la silla mientras él registraba su tienda. Le suplicó el perdón a su padre porque no pudo levantarse para honrarlo.

"No te enojes," dijo. "Estoy con mi período y no puedo levantarme." Así, Laban no encontró sus ídolos en la tienda de Raquel tampoco.

Entonces Jacob aprovechó la oportunidad para expresar su ira hacia Labán. "Has registrado nuestras pertenencias y no has encontrado nada que te pertenezca. ¿Qué crimen? ¿Qué pecado? ¿Qué cometí para que me persiguieras como a un criminal y me hicieras todas esas acusaciones? Ahora es mi turno de enojarme. He estado contigo durante veinte años. He cuidado de tus ovejas y cabras. Si hubo pérdidas, yo las asumí. No he comido de tus rebaños. Trabajé en días calurosos y noches frías para ti. A menudo pasé noches sin dormir para beneficiarte a ti, no a mí. Trabajé catorce años para casarme con tus dos hijas y seis años más para ganar mi rebaño inicial de ti. ¡*Bajaste* mi salario diez veces—*diez veces*—para beneficiarte a ti a mi costa!"

Con una falsa indignación justa, Jacob continuó: "He comenzado a entender que *fue Dios quien me vigió y me capacitó durante los últimos veinte años.* Antes, pensaba que eran mis propios planes y astucia lo que me hacía exitoso. Si el Dios (Elohim) de mi padre no me hubiera protegido, me habrías enviado de regreso con las manos vacías. Agradezco a Dios que me hizo próspero. Dios vio mis dificultades y el trabajo de mis manos por tu causa. Por eso Dios (Elohim) te reprendió anoche. Puede que no tengas miedo de mí, pero estás aterrorizado de mi Dios."

*Un Laban que hablaba de manera más suave cambió la conversación.* "Suficiente sobre rebaños, hijas y nietos. Ven, hagamos un pacto entre nosotros. Podemos erigir un montón de piedras como testigo de nuestro acuerdo. Las piedras nos recordarán nuestra promesa mutua. No pasaré estas piedras para hacerte daño, y tú no pasarás estas piedras para mi daño."

Ambos dieron su juramento. Jacob hizo un sacrificio allí e invitó a sus parientes (Laban y los que estaban con él que los habían perseguido) a una comida. A la mañana siguiente, Laban besó a sus nietos y a sus hijas y los bendijo antes de regresar a casa en paz. Jacob, por su parte, continuó su viaje hacia la casa de su padre.

## Paz con Labán, pero aún debe enfrentar a Esaú

El conflicto de Jacob con su suegro había terminado. Sin embargo, todavía enfrentaba un conflicto más antiguo y grave con su hermano. Esaú había jurado matar a Jacob por robar su primogenitura y la bendición de su padre. Jacob había huido de ese peligro veinte años antes. Jacob, su casa y su riqueza en ganado iban hacia la casa de su padre Isaac. Eso lo haría accesible a Esaú, quien había querido matar a Jacob.

Jacob y su familia cruzaron la frontera hacia Canaán. Nuevamente fue recibido por ángeles de Dios como lo fue veinte años antes mientras huía de la ira de su hermano. Ahora Jacob regresaba a casa, por lo que los ángeles de Dios se le aparecieron a Jacob nuevamente. Jacob llamó al lugar Mahanaim (dos campamentos), que significa "esta es la segunda vez que acampo aquí entre los ángeles de Dios".

Jacob envió mensajeros con una carta de saludo a su hermano, con la esperanza de que Esaú le fuera amistoso. Como el Jacob de antaño, tenía un plan en mente. Seguía siendo el astuto tramposo que dependía de sí mismo en lugar de Dios. Su plan era compartir parte de su riqueza con Esaú como un intento de apaciguarlo y distraer a un hermano obstinado de su plan para matarlo.

Después de entregar la carta a Esaú, sus mensajeros regresaron con la noticia de que Esaú vendría a encontrarse con ellos con cuatrocientos hombres. Eso aterrorizó aún más a Jacob. Estaba claro que aún no confiaba en las promesas de Dios. Dependía de su propia planificación sin Dios, así que hizo planes para el inevitable encuentro con Esaú. Dividió a la gente de su hogar y sus animales en dos grupos grandes. Así, si Esaú atacaba al grupo delantero, el grupo trasero podría escapar.

*Después de hacer sus propios planes,* Jacob oró para que Dios hiciera su voluntad. Dijo,

> Hace veinte años, dejé mi país con solo un batón de caminar; ahora regreso con una gran familia, muchos sirvientes y enormes rebaños y manadas. Por favor, líbrame de la mano de mi hermano Esaú. Temo que me ataque a mí y a mi familia.

> (Génesis 32:9-11 NASB)

Al día siguiente, Jacob preparó regalos para Esaú: doscientos cabras hembras y veinte machos, doscientas ovejas y veinte carneros, treinta camellos de ordeño y sus potros, cuarenta vacas y diez toros, y veinte burras y diez machos. Jacob entregó todos esos animales a sus siervos y les dijo que se adelantaran y se los dieran a Esaú como un regalo.

Jacob pasó otra noche en el campamento. Sin embargo, en medio de la noche, hizo que sus siervos restantes cruzaran a sus esposas e hijos por el poco profundo Arroyo Jabbok. *Finalmente estaba pensando en alguien además de sí mismo.*

Jacob se quedó solo cerca del río. Un ángel (mensajero de Dios) que parecía un hombre vino y luchó con Jacob *hasta el amanecer.*

Ángel. Déjame ir, porque está amaneciendo.

Jacob. No te soltaré a menos que me bendigas.

Cuando el ángel se dio cuenta de que Jacob no se rendiría, tocó a Jacob donde se unían su muslo y su cadera.

Ángel. ¿Cuál es tu nombre?

Jacob. Mi nombre es Jacob.

Ángel. Tu nombre ya no será *Jacob* (el que trama); tu nuevo nombre será *Israel* (Dios prevalece).

Jacob. ¿Cuál es tu nombre?

Ángel. ¿Por qué preguntas mi nombre?

Entonces bendijo a Jacob. Así que Jacob nombró el lugar "Peniel" (frente a Dios). Dijo: "He visto a Dios (Elohim) cara a cara, y a pesar de eso, mi vida fue preservada." Al salir el sol, Jacob cojeaba de su muslo mientras cruzaba el Jabbok hacia su familia. Su cojera era un recordatorio de *Dios de que él era un hombre nuevo*

(Génesis 32:24-31 NASB).

*Paz con Esaú (Génesis 33:1-17)*

Cuando Esaú apareció en el horizonte, Jacob puso a sus dos esposas sustitutas (Bilhah y Zilpah) y a sus hijos al frente, luego a Lea y sus hijos, y finalmente a Raquel (que estaba embarazada de su segundo hijo) y a José en último lugar. Entonces Jacob caminó hacia el frente de su familia y se acercó a su hermano con humildad. *Todos se sorprendieron cuando Esaú arrojó su arma, corrió hacia Jacob, lo abrazó y lo besó en las mejillas.* Jacob también abrazó a Esaú. Ambos hombres lloraron; *ahora había perdón y paz entre los hermanos gemelos.* Jacob presentó a sus esposas y a sus hijos a Esaú.

Esau. ¿Qué querías decir con todos los animales escoltados por tus hombres que encontré en mi camino aquí?

Jacob. Para hallar favor ante tus ojos, hermano mío.

Esau. Tengo suficiente, hermano. Guarda lo que tienes para tu familia.

Jacob. Si he hallado favor ante tus ojos, acepta por favor mi regalo. Finalmente nos hemos reunido de nuevo en amor fraternal.

Esau. Está bien, si así lo deseas. Continuemos tu viaje juntos.

Jacob. No, es mejor que tú continúes, Esau. Algunos de mis hijos son muy pequeños, y mis rebaños y manadas tienen sus crías. Los jóvenes animales morirán si los apresuramos demasiado.

Esau. En ese caso, al menos déjame a mí y a mis hombres quedarnos para ayudar.

Jacob. No es necesario. Continúa adelante. Vendremos a nuestro propio ritmo.

Así que Esaú y sus cuatrocientos hombres emprendieron el camino de regreso a su hogar en Seir, Edom. *Jacob estaba aprendiendo lentamente a confiar en Dios. Dios puede protegerlo y también cambiar el corazón de su hermano Esaú. Era difícil para Jacob comprender al único Dios verdadero y vivo, pero la verdad sobre el único Dios asombroso comenzaba a iluminarse para él.*

*El autor omitió una de las aventuras de Jacob que ocurrió después de que Esaú regresó a casa. Posiblemente Jacob todavía tenía miedo de su hermano y compró tierras en Siquem en Canaán, lejos de la tierra de Esaú. Eso no salió bien (Génesis 33:1-34:31).*

Jacob convocó una reunión familiar, y sus sirvientes fueron incluidos. "Vamos a Betel a adorar al único Dios verdadero (El). Me ayudó en mi angustia hace veinte años. Él ha estado conmigo donde quiera que he ido desde entonces."

Al llegar a Betel (casa de Dios) en Canaán, construyeron un altar y lo nombraron El-Betel (Dios de la casa de Dios).

Dios [Elohim] se apareció a Jacob de nuevo y le dijo por segunda vez que su nombre sería cambiado a Israel [Dios prevalece]. Dios le recordó a Jacob: "Yo soy Dios Todo Poderoso (El-Shaddai). Sé fructífero y multiplícate. Una nación y un grupo de naciones, así como reyes, saldrán de ti. La tierra que di a tu abuelo Abraham y a tu padre Isaac, ahora te la doy a ti y a tus descendientes después de ti."

(Génesis 35:9-12 NASB)

*Raquel muere al dar a luz a Benjamín (Génesis 35:16-20)*

Salieron de Betel y viajaron hacia Efrat (Belén), a unas treinta y cinco millas al sur de Betel. Los dolores de parto de Raquel comenzaron mientras aún estaban lejos, y tuvo un parto muy difícil. Su partera trató de animarla, diciendo: "Está bien. Tienes otro hijo." Raquel estaba muriendo y con su último aliento nombró a su segundo hijo "Ben-Oni" (hijo de mi dolor). Jacob renombró a su hijo "Benjamín" (hijo de mi mano derecha).

Un Jacob con el corazón roto enterró a su amada Raquel cerca del camino a Efrat (Belén, casa de pan) y puso un monumento de piedra sobre su tumba. Jacob finalmente regresó a la casa de su padre Isaac en Mamré, en Quiriat-Arba (ahora llamada Hebrón). Abraham también había vivido allí antes de que naciera Isaac. No mucho después del regreso de Jacob a casa, Isaac murió a la edad de 180 años. Esaú y Jacob enterraron a su padre juntos.

*Preguntas*

1.  ¿Te sorprendió cuán precisamente el nombre de Jacob reflejaba su carácter?
2.  ¿Por qué crees que Dios cambió el nombre de Jacob?
3.  ¿Cuáles son varias cosas que aprendiste sobre Dios en esta historia?
4.  ¿Te sorprendió que a pesar de que Dios demostró su fidelidad una y otra vez, Jacob todavía dudara de las promesas de Dios?
5.  ¿Te sorprendió la paciencia de Dios hacia Jacob?
6.  ¿Dios sigue siendo paciente con la humanidad pecadora hoy en día? ¿Cuáles son algunos ejemplos en los que piensas?

*Los descendientes de Esaú se mencionan en Génesis 36:1-43 y 1 Crónicas 1:35-50.*

# HISTORIA 10

## Un "Tipo" De Siervo Que Sufre
## (Génesis 37:1-50:26)

A los diecisiete años, José, junto con sus hermanos mayores, pastoreaba los rebaños de su padre Jacob. José le dijo a su padre que sus hermanos mayores no hacían un buen trabajo cuidando las ovejas. Jacob tomó una decisión poco sabia. Hizo a José el supervisor encargado del trabajo de sus hermanos. También le dio a José una larga túnica colorida que simbolizaba que Jacob era el supervisor sobre sus hermanos mayores. En la historia 9, aprendimos que Jacob amaba a José más que a sus hijos mayores porque amaba a la madre de José, Raquel, más que a las madres de ellos, Lea, Bilhah y Zilpá. Todo eso hizo que ellos odiaran a su hermano menor.

*Un adolescente inmaduro e imprudente,* José, tuvo un sueño en el que él y sus hermanos estaban atando manojos de trigo (uniendo puñados dobles de tallos de trigo en bultos). Sus bultos eran altos mientras que los de sus hermanos se inclinaban ante los de José. Sus hermanos mayores preguntaron: "¿De verdad crees que reinarás sobre nosotros?" Odiaban aún más a José por sus sueños y por su orgullo al contarles su sueño.

> José tuvo otro sueño y no pudo esperar para contárselo a sus hermanos. "En mi nuevo sueño, vi al sol, la luna y once estrellas inclinándose ante mí." Cuando su padre escuchó sobre ese sueño, reprendió a José diciendo: "¿Qué es este sueño que has tenido? ¿Acaso yo, tu madre y tus hermanos nos inclinaremos ante ti?" Sus hermanos estaban celosos, pero Jacob guardó las palabras de José en su mente.

> (Génesis 37:5-11 NASB)

Los hermanos de José llevaron los rebaños de su padre a unas cuarenta y ocho millas de Hebrón para pastar en la zona de Siquem. Más tarde, Jacob envió a José a Siquem para ver cómo estaban sus hermanos. Cuando llegó, no pudo encontrarlos.

Un hombre le preguntó: "¿Qué estás buscando?"

"Estoy buscando a mis diez hermanos, que están cuidando de un gran rebaño", dijo José.

El hombre dijo que los oyó decir que estaban moviendo su rebaño a Dotán, así que José caminó veinte millas más.

*Trama formada rápidamente (Génesis 37:18-28)*

Desde lejos, los hermanos pudieron ver la larga y colorida túnica de José ondeando al viento. Cobraron un plan para deshacerse de él. "Ahí viene el soñador. Deshagámonos de él. Podemos matarlo y arrojar su cuerpo a una fosa y luego decirle a papá que un animal salvaje lo devoró." Estuvieron de acuerdo y rieron, "¿Qué será de sus sueños?"

Rubén, el hermano mayor, los escuchó hablar y los interrumpió. "No podemos matar a nuestro propio hermano. Arrojemoslo a esta fosa vacía y hagamos un mejor plan, pero no debemos derramar su sangre." Rubén esperaba poder rescatar a José y llevarlo a casa.

Cuando José llegó, lo despojaron de su larga túnica y lo arrojaron a un pozo vacío cavado para recoger agua de lluvia. Luego se sentaron y comieron el almuerzo. José seguía suplicándoles que lo liberaran. Mientras estaban allí, celebrando, vieron pasar una caravana de camellos. Estaba cargada con mercancías que iban hacia el sur, rumbo a Egipto. Las caravanas a menudo viajaban en estrecha proximidad para aumentar su protección contra los bandidos.

Eso le dio una idea a Judá. "No hay ganancia en matar a nuestro hermano. ¿Por qué no vender a José a alguien de la próxima caravana que pase? Eso se desharía de nuestro pequeño hermano molesto y también le daría a cada uno de nosotros un par de monedas de plata." Los hermanos estuvieron de acuerdo y llevaron a cabo su plan mientras Rubén estaba revisando el rebaño.

Un poco más tarde, los hermanos avistaron otra caravana que se acercaba, así que sacaron a José del pozo y lo vendieron por veinte siclos de plata. José les suplicó que no lo vendieran como esclavo, pero sus hermanos ignoraron sus gritos. La caravana pronto desapareció en la distancia, y José estaba de camino a Egipto.

Cuando Rubén regresó, fue al pozo para verificar cómo estaba su hermano menor, pero José no estaba allí. Rubén rasgó sus vestiduras por la angustia de no haber podido proteger a su hermano menor. Preguntó: "¿Qué han hecho con él?" Después de escuchar su explicación, Rubén habló de nuevo: "¿Qué debo hacer? Como el hermano mayor, la seguridad de nuestro hermano menor es mi responsabilidad. Fallé. ¿Qué puedo decirle a papá?"

Para proteger a Rubén, los hermanos sacrificaron uno de sus cabritos, rasgaron la túnica de José y la sumergieron en sangre. Llevaron la túnica a su padre. "Encontramos esto en el camino. ¿Es la túnica de tu hijo?"

"Es la túnica de José", gemía Jacob. "Seguro que José ha sido despedazado y devorado por alguna bestia salvaje."

Ahora era su padre quien rasgaba su ropa con angustia y se ponía saco (tela de saco que se usa como signo de gran dolor o arrepentimiento). Lloró por su hijo durante mucho tiempo. Todos sus hijos intentaron consolarlo, pero él se negó a ser consolado. Dijo: "Lloraré por mi hijo hasta mi tumba" (Génesis 37:29–35 NASB).

*La buena actitud y la fe en Dios de José (Génesis 39:1-18)*

Cuando la caravana de comerciantes llegó a Egipto, José fue vendido a Potifar, un oficial militar egipcio que servía como capitán de los guardias del faraón. A pesar de la situación, el Señor (Yahvé) estaba con José, quien se convirtió en un esclavo bueno y provechoso para su amo.

No pasó mucho tiempo para que Potifar reconociera que el Dios de José estaba con él porque todo lo que José tocaba prosperaba. José no solo halló gracia ante los ojos de Dios; también halló favor ante los ojos de su amo. Fue promovido varias veces hasta convertirse en el sirviente personal de Potifar. Eventualmente, José fue nombrado supervisor de toda la casa de Potifar y de todo lo que poseía. Desde el momento en que José fue nombrado supervisor de la casa de Potifar, el Señor (Yahvé) bendijo la casa del egipcio a causa de José.

Potifar estaba en casa durante días a la vez, pero sus deberes militares a menudo lo mantenían fuera de casa durante días enteros. *Fue la honestidad y la ética laboral de José lo que llamó la atención de Potifar, pero fue el rostro apuesto y el cuerpo musculoso de José lo que atrajo la mirada de la esposa solitaria de Potifar.* En las ausencias de su esposo, la señora de la casa comenzó a hacer insinuaciones sutiles hacia José.

Al principio, él simplemente ignoró sus coqueteos; pero con el tiempo, sus avances cada vez más obvios y atrevidos no pudieron ser ignorados. Él rechazó de manera amable pero educada sus avances para estar juntos, pero día tras día, ella se le insinuaba a José. Aun así, él se negó a ceder ante ella. Era un joven y *luchaba con la tentación a diario debido a ella.*

Él explicó: "Conmigo dirigiendo las cosas aquí, mi amo puede cumplir con sus deberes hacia su rey sin preocupaciones. He ganado su completa confianza. Solo tú me has sido ocultada, y así debe ser. No debo traicionar la confianza de mi amo, ni traicionaré la de mi Dios y cometeré este pecado malvado contra Él."

Un día, José entró en la casa para hacer su trabajo, pero ninguno de los otros sirvientes estaba allí. Ella lo agarró por su túnica exterior e insistió: "No hay nadie aquí contigo. ¡Debes acostarte conmigo!" José se apartó de ella y huyó afuera—pero no sin dejar su túnica exterior en sus manos.

*Su lujuria fue rechazada y su pseudo amor inmediatamente se convirtió en odio.* Ella gritó y llamó a los hombres de la casa (esclavos como José). Cuando entraron, ella afirmó que Joseph trató de violarla, pero cuando ella gritó, él huyó, dejando su túnica a su lado.

Mantuvo la túnica a su lado hasta que su esposo regresó, luego afirmó: "Ese esclavo hebreo que nos trajiste se deslizó para burlarse de mí. Me habría violado si no hubiera gritado pidiendo ayuda. Aquí está su túnica que dejó a mi lado. "La ira de Potifar se encendió, y puso a José en la cárcel, donde estaban confinados los prisioneros del rey (Génesis 39:17-20)

*Un inocente José encarcelado (Génesis 39:19-23)*

*José se sentía como un yo-yo; arriba y abajo, arriba y abajo.* A una edad temprana, llegó a lo más alto del negocio familiar, solo para que sus celosos hermanos lo vendieran como esclavo. Después de comenzar desde abajo de nuevo como esclavo de Potifar, trabajó para convertirse en el mejor esclavo, solo para que la esposa adúltera de Potifar lo acusara falsamente de intentar abusar de ella. José ya no era solo un esclavo; se había convertido en un esclavo encarcelado.

Sin embargo, *la fe de José en Dios le permitió perdonar, olvidar y seguir adelante.* Él no solo creía en Dios, *sino que confiaba plenamente en Dios con su vida, cualquiera que fuera la situación. José se negó a dejarse controlar por el pasado; por lo tanto, nunca se consideró a sí mismo como una víctima.* Creía que Dios lo guiaría a través de cada situación y abriría nuevas oportunidades para él.

Ahora encarcelado, José se encontró de nuevo en el fondo, pero *el Señor (Yahvé) estaba con José incluso en la cárcel. Dios le dio favor a los ojos del jefe de los carceleros. José pronto se convirtió en un fideicomisario y llevaba dentro de la cárcel las llaves.* Asombrosamente, Potifar sugirió que el jefe de los carceleros pusiera a José a cargo de los otros prisioneros.

Entre otras cosas, José mediaba en problemas menores entre los reclusos. Tan asombroso como eso, el jefe de los carceleros no supervisaba nada que estuviera bajo el cargo de José. Era obvio que el Señor estaba con José porque todo lo que José hacía prosperaba. *Había una confianza mutua entre Dios y José.*

Pasó el tiempo, y el copero principal del rey y el panadero jefe ofendieron a su rey. El faraón estaba furioso y los hizo confinar en la cárcel donde José estaba encarcelado. El capitán de la guardia (el amo de José, Potifar) también era el carcelero de esa prisión. Dios lo movió a poner a José a cargo del copero y del panadero del rey, quienes habían sido puestos en régimen de aislamiento.

Una noche, cada uno de ellos tuvo sueños separados. A la mañana siguiente, ambos estaban deprimidos.

José preguntó: "¿Por qué están tristes sus rostros hoy?"

Ellos respondieron: "Cada uno de nosotros tuvo sueños separados, y no hay nadie que los interprete para nosotros."

José dijo: "¿No pertenecen las interpretaciones a Dios? Cuéntenme sus sueños."

El jefe de los copas compartió willingly su sueño con José. "En mi sueño, había una vid frente a mí. Tenía tres ramas, y cada una brotó y produjo uvas maduras. Por alguna razón, tenía la copa del faraón en mi mano, así que exprimí las uvas en la copa y se la di al faraón."

José dijo: "Dios te ha revelado tu sueño. Las tres ramas representan tres días. En tres días, el faraón te restaurará a tu trabajo como jefe de los copas." José le suplicó al copero que lo mencionara al faraón y lo ayudara a salir de la cárcel.

Cuando el jefe panadero vio que José había interpretado favorablemente para el copero principal, estuvo dispuesto a contarle su sueño a José. "En mi sueño, había tres canastas de pan blanco en mi cabeza. En la canasta de arriba, había toda clase de panes horneados para el faraón, pero los pájaros estaban comiendo pan de esa canasta de arriba."

José dijo: "Dios también ha revelado tu sueño. Este es el significado de tu sueño. Las tres canastas son tres días. Dentro de tres días más, el faraón te colgará en un madero, y los pájaros comerán tu carne."

En el tercer día, fue el cumpleaños del faraón, y restauró al copero principal a su cargo, pero ejecutó al panadero principal como lo había interpretado José. El copero principal fue liberado, pero se olvidó de José.

*Los inquietantes sueños del faraón (Génesis 41:1-37)*

Dos años después, el faraón tuvo un sueño. Estaba de pie junto al río Nilo cuando salieron del agua siete vacas. Eran esbeltas y gordas y pastaban en la hierba pantanosa, pero luego, otras siete vacas vinieron desde la orilla del Nilo. Esas vacas eran feas y muy flacas. Las siete vacas flacas se comieron a las siete vacas gordas, pero siguieron igual de flacas que antes.

El faraón despertó de su sueño, pero volvió a dormir y tuvo un segundo sueño. Vio siete espigas de maíz creciendo en un solo tallo. Esas espigas eran gruesas y buenas. Vio otras siete espigas de maíz creciendo, pero eran delgadas y se habían secado por un viento abrasador. Luego, las siete espigas delgadas tragaron las siete espigas gruesas, pero las espigas delgadas permanecieron delgadas.

El faraón se despertó una segunda vez y se dio cuenta de que todo era un sueño. Los dos sueños lo perturbaban, así que llamó a los magos y psíquicos más sabios de Egipto para que interpretaran sus sueños. Todos lo intentaron, pero ninguno pudo interpretar los sueños del faraón. Después de ese fiasco y del tiempo de Dios, el jefe de los coperos recordó a José.

Se acercó al faraón y le dijo: "Por favor, perdóneme por traer a colación antiguos asuntos, pero una vez usted estuvo furioso conmigo y con su jefe panadero, y nos mandó a encarcelar. Una noche, cada uno de nosotros tuvo sueños, y cada uno de nosotros estaba preocupado por su sueño. Un joven hebreo, un sirviente del capitán de la guardia, también estaba en confinamiento. Él pudo interpretar mi sueño así como el sueño del jefe panadero. Sus interpretaciones fueron correctas porque fui restaurado a mi cargo, pero el jefe panadero fue ahorcado."

El faraón se sintió desesperado y de inmediato envió sirvientes para llevar a José al palacio. Cuando José llegó, el faraón fue directo al grano. "He tenido sueños inquietantes, pero nadie puede interpretarlos. He oído que tú puedes interpretar sueños."

José reconoció humildemente: "No puedo interpretar sueños, pero Dios (Elohim) le dará a faraón una respuesta." La respuesta de José fue aceptable para el faraón, quien de inmediato relató sus sueños.

> José habló con confianza, diciendo: "Los dos sueños de Faraón son dos maneras de contar la misma verdad. Dios (Elohim) ha hablado a Faraón en esos sueños. Reveló lo que está a punto de hacer en Egipto. Los dos tipos de vacas y los dos tipos de mazorcas de maíz representan dos conjuntos de periodos de siete años."

> (Génesis 41:25 NASB)

"Las siete vacas sanas y las siete espigas de grano sanas revelan que habrá siete años de abundancia agrícola. Las siete vacas enfermas y las siete espigas de grano enfermas, que devoraron a las vacas sanas y a las espigas sanas, revelan esos siete años de abundancia, pero esos buenos años serán seguidos por siete años de hambre, una hambre que asolará tu tierra. Cuando venga la hambre, será tan mala que la gente no recordará los años anteriores de abundancia."

El faraón quedó asombrado por la interpretación de sus sueños por parte de José, pero quedó aún más asombrado por el consejo del joven esclavo hebreo. *El feroz gobernante estaba callado y atento mientras José* compartía un plan de acción que el faraón debía seguir. Dios le permitió a José aconsejar *al faraón con una fuerza humilde.*

El faraón debe tomar medidas proactivas. Seleccione hombres sabios y de discernimiento y déselos como supervisores sobre la tierra. A los supervisores se les otorgará la autoridad para tomar una parte de toda la abundancia agrícola y almacenarla durante los siete años de cosechas abundantes. Se convertirá en una reserva de alimentos para los siete años de hambre. Eso mantendrá a su pueblo y evitará que mueran de hambre durante la hambruna.

*José fue promovido a gobernador de Egipto (Génesis 41:38–57)*

La propuesta de José ganó la alabanza y confianza de Faraón y sus oficiales. Faraón preguntó: "¿Podemos encontrar a alguien más como José? Su Dios le habla y a través de él para nuestro beneficio." Faraón le dijo a José: "Dado que Dios (Elohim) te ha revelado todo esto y te ha dado la sabiduría para presentar un plan que nos permita prosperar tanto en tiempos buenos como malos, te estoy poniendo al mando de mi nación. La gente te obedecerá. Solo yo seré mayor que tú." Faraón se quitó el anillo y se lo puso en el dedo a José, lo vistió con prendas de lino fino y le puso un collar de oro alrededor del cuello. Faraón también le dio su carro de repuesto y un conductor de carro a José para su transporte.

*Un gobernante egipcio antiguo y sin Dios se dio cuenta de que Dios (Elohim) era amigo de su nación, no su enemigo. Admitió que Dios hablaba a través de José para el beneficio del pueblo de Egipto. Sin embargo, en América y Europa hoy, muchos líderes ven a Dios y a Sus seguidores como pseudo verdad y enemigos del pueblo y de la nación. Eso es una indicación del poder del pecado sobre la humanidad hoy.*

José tenía treinta años cuando se presentó ante el faraón. Los trece años de sufrimiento de José en Egipto (casi la mitad de su vida) terminaron. El faraón le dio a José un nombre egipcio que significa "tesoro del glorioso descanso." A José se le dio una esposa llamada Asenat.

José viajó por toda la tierra de Egipto. Ordenó la construcción de enormes edificios de almacenamiento para grano y nombró supervisores de distrito para recolectar alimentos para su almacenamiento. Durante los siete años de abundancia, se almacenó tanto alimento que no podían pesarlo todo. Durante esos años, José y Asenat fueron bendecidos con dos hijos. Al primero lo llamó Manasés (causando olvidar), y José proclamó: "Dios me ha permitido olvidar todos los problemas que mis hermanos me causaron." El segundo se llamó Efraín (Dios me hizo fructífero) debido a las bendiciones de Dios en Egipto.

Siete años después, llegó la hambruna con fuerza. Cuando la gente clamó a Faraón en busca de ayuda, se les dijo: "Vayan a José y hagan lo que él diga." José ordenó que se abrieran todos los graneros para que la gente pudiera obtener grano. Cuando la gente de los países circundantes escuchó que Egipto tenía grano, también fueron a Egipto a comprar grano.

*José puso a prueba a sus hermanos (Génesis 42:1-38)*

El padre de José, Jacob (Israel), escuchó que Egipto tenía grano para vender. Les dijo a los diez hermanos mayores de José que dejaran de estar de pie mirándose unos a otros. "Vayan a Egipto y compren grano para que no nos muramos de hambre." Sin embargo, Jacob no permitió que Benjamín, el hermano menor de José, fuera. Temía que le pasara algo malo a Benjamín.

Cuando los hijos de Israel fueron a Egipto a comprar grano. Nuestra historia toma una nueva intriga a medida que se dirige hacia una conclusión importante, una conclusión que nos acerca un paso más a la comprensión del propósito eterno de Dios para nosotros. Cuando los extranjeros llegaron a comprar grano, todos debían obtener primero permiso de José.

José reconoció a sus hermanos de inmediato. Eran hombres cuando lo vendieron como esclavo; sus rostros adultos no cambiaron mucho a lo largo de los años. Sin embargo, José solo tenía diecisiete años en ese entonces, así que su rostro cambió mucho más drásticamente con el tiempo. José también vestía ropa egipcia, les hablaba en la lengua egipcia y usaba un traductor como si no entendiera hebreo.

Los hermanos no sabían si José había sobrevivido. Ciertamente no habrían imaginado su estado actual. Cuando sus hermanos se postraron ante él, recordó sus sueños sobre sus hermanos inclinándose ante él.

José les habló con dureza. "¿De dónde vienen?"

"Venimos de la tierra de Canaán", respondieron.

"¡Sois espías! Habéis venido a buscar partes indefensas de nuestra tierra", replicó él a través de un intérprete.

Este giro inesperado de los acontecimientos asustó a sus hermanos. "No, señor mío, hemos venido a comprar comida. Todos somos hijos de un solo hombre. Somos hombres honestos, no espías."

Sin embargo, José los acusó una segunda vez. "¡No! Habéis venido a buscar partes indefensas de nuestra tierra."

Ellos respondieron: "Señor mío, tus siervos somos doce hermanos en total, los hijos de un solo hombre en Canaán. Somos diez, y tenemos a un hermano menor en casa con nuestro padre, y un hermano ya no vive."

José les había perdonado mucho antes; por lo tanto, su prueba no era venganza por su trato hacia él veinte años antes. En ese entonces, no se podía confiar en sus hermanos. ¿Han cambiado? ¿Puede confiar en ellos ahora? Ellos estaban a cargo cuando no le mostraron piedad después de decidir venderlo como esclavo.

José ahora está a cargo. Su dureza fue un intento de descubrir la verdad. Continuaría presionando hasta estar seguro de que le estaban siendo completamente transparentes.

José dijo por tercera vez: "Es como dije—ustedes son espías. Los pondré a prueba. No saldrán de este lugar hasta que su hermano menor venga a presentarse ante mí. Enviaré a uno de ustedes a casa para que lo traiga aquí, mientras el resto de ustedes permanezca en confinamiento." Entonces José metió a los diez en la cárcel durante tres días.

En el tercer día, José hizo traer a sus hermanos ante él. "Si quieren vivir, deben seguir mis instrucciones. Temo a Dios (Elohim)," dijo. "Si son hombres honestos, que uno de ustedes se quede preso aquí mientras los demás van a casa, llevando grano a sus familias. Luego, cuando regresen a comprar más grano, deben traer a su hermano menor para que su historia pueda ser verificada por mí." Acordaron hacerlo.

Los hermanos comenzaron a hablar entre ellos. "En verdad somos culpables con respecto a nuestro hermano José. Vimos la angustia de su alma cuando clamaba a nosotros, pero no quisimos escuchar. Ahora la situación ha cambiado. Ahora la angustia ha venido sobre nosotros."

Rubén les recordó. "Les dije que no pecaran contra el niño, y ustedes no quisieron escuchar. Ahora la responsabilidad por su sangre recae sobre nosotros."

Debido a que había un intérprete entre ellos, no sabían que el hombre severo entendía todo lo que decían. José se apartó de ellos y lloró en silencio. Cuando se volvió hacia ellos, tenía a Simón atado ante sus ojos y lo llevaron de regreso a la cárcel.

José dio órdenes en secreto para llenar sus bolsas de grano y devolver el pago de cada hombre en sus sacos. También se les debían dar provisiones para su viaje de regreso a casa.

Los hermanos, menos Simón, cargaron sus burros y partieron. Cuando llegaron a un lugar para pasar la noche, uno de ellos abrió su saco para dar de comer a su burro. Al abrir su saco, descubrió que su dinero de pago había sido devuelto en su saco. Todos se inquietaron, asumiendo que esto causaría otro problema cuando regresaran a Egipto.

Comenzaron a pensar que sus problemas eran el castigo de Dios por su pecado contra José. *Es asombroso cómo una mala conciencia puede influir en nuestro pensamiento.* Al llegar de nuevo a la casa de su padre en Canaan, hubo una gran alarma por la noticia de que Simeón había sido retenido como prisionero hasta que Benjamin los acompañara en su viaje de regreso a Egipto. Jacob no consideró permitir que Benjamin fuera. Rubén argumentó que era necesario. Los otros hermanos descubrieron que también se les había devuelto su dinero, y su ansiedad aumentó.

El temido día se acercaba. Su suministro de grano estaba cerca de agotarse. Era hora de regresar a Egipto o morir de hambre. Jacob les dijo que regresaran a Egipto a comprar más grano, pero Benjamin no podía ir con ellos.

Judá intervino. "Si Benjamín no va, ninguno de nosotros irá. El duro oficial nos dijo que no volveremos a ver su cara a menos que Benjamín esté con nosotros. ¿Qué pasa con Simeón? No podemos dejarlo en la cárcel. Además, no podemos comprar grano sin el permiso de ese hombre."

La discusión continuó durante algún tiempo. Finalmente, Judá dijo: "Envía al muchacho conmigo. Iremos para que toda nuestra familia pueda vivir. Yo seré fiador de Benjamín. Puedes hacerme responsable por él. Si no nos hubiéramos demorado con toda esta indecisión, podríamos haber ido y regresado dos veces."

Su padre (Israel), finalmente cedió. "Si tiene que ser así, entonces vayan. Lleven algunos de los mejores productos de la tierra en sus bolsas como regalo para el oficial. También lleven el doble del dinero en su mano, así como el dinero que les fue devuelto en sus sacos. Que Dios Todopoderoso (El Shaddai) les conceda compasión ante el hombre duro para que libere a Simeón y les permita comprar grano y regresar."

Cuando José vio a Benjamín con ellos, le dijo a su mayordomo: "Llévalos a mi casa. Mata un animal y prepárate, porque cenarán conmigo al mediodía."

El mayordomo siguió los deseos de José. Los hermanos estaban asustados porque los llevaron a la casa de José.

Susurraron: "¿Es por el dinero que nos devolvieron en nuestros sacos la última vez? Está buscando una ocasión para tomar nuestros burros y convertirnos en esclavos a todos."

Cuando se acercaron a la casa de José, hablaron con el mayordomo antes de entrar. Explicaron que en su viaje anterior, su dinero había sido devuelto en sus sacos de grano. Le mostraron el dinero y le explicaron además que además de devolver ese dinero, estaban aquí para comprar más grano y tenían suficiente dinero para pagarlo.

El mayordomo sonrió y les habló con suavidad, diciendo: "Por favor, estén en calma. No teman. El Dios de su padre les ha dado tesoros en sus sacos. Yo todavía tengo el dinero que pagaron por el grano." Luego sacó a Simeón y condujo a los once hermanos a la casa. Les proporcionó agua para que se lavaran y hizo que otro sirviente les diera forraje a sus burros.

Después de que les dijeron que comerían allí, los hermanos prepararon sus regalos para el hombre severo. José llegó a casa, y ellos trajeron sus regalos a la casa y se inclinaron hasta el suelo ante él. José estaba preocupado por su bienestar y preguntó: "¿Su anciano padre, de quien hablaban, sigue bien?"

"Sí," respondieron. "Él está vivo y bien."

José volvió sus ojos hacia Benjamín, el hijo de su madre, y preguntó: "¿Es este tu hermano menor, del que hablaste? Que Dios te sea propicio, hijo mío." Entonces José de repente se excusó de la habitación. Estaba profundamente conmovido por la presencia de Benjamín. Su madre había muerto al dar a luz a su hermano menor. José necesitaba un lugar privado para llorar. Entró en su habitación y lloró, luego se lavó la cara y volvió a sus invitados.

Al regresar, José le dijo a su mayordomo que sirviera la comida a sus hermanos, pero José no comió con ellos. Los hermanos estaban asombrados porque estaban sentados de acuerdo a su edad. Susurraron entre ellos: "¿Cómo pudieron conocer nuestras edades?" José les llevó porciones de carne de su propia mesa, pero le dio mucho más a Benjamín.

*Prueba final para los hermanos (Génesis 44:1-34)*

José no estaba aún listo para revelar que era su hermano. Ideó una última prueba para evaluar su carácter. Se le dijo a su mayordomo que llenara todos sus sacos como antes y colocara su propia copa de plata en la boca del saco del menor.

A primera luz de la mañana siguiente, los hermanos comenzaron su viaje a casa. No habían dejado la ciudad cuando José le dijo a su mayordomo: "Toma hombres armados y alcanza a los hermanos. Pregúntales: '¿Por qué han devolvido mal por bien? ¿No es esta la copa de la que bebe mi señor? Ustedes han robado su copa de plata." Sus sirvientes obedecieron sin dudar.

Los hermanos se sorprendieron y respondieron: "¿Por qué habla mi señor tales palabras a nosotros? Sus siervos nunca harían tal cosa. ¿No recuerda cómo devolvimos el dinero que encontramos anteriormente en nuestros sacos? ¿Por qué entonces robaríamos ahora una copa de plata de su señor? Proceda y búsquenos. Si uno de nosotros ha robado la copa de plata de su señor, deberá morir. El resto de nosotros será esclavo de su señor."

El mayordomo dijo: "Será que aquel con quien se encuentre la copa será mi esclavo. El resto de ustedes será inocente y podrá irse libre." Comenzaron a registrar la bolsa de grano de cada hermano, comenzando con el mayor hasta el menor. La copa fue encontrada en la bolsa de Benjamín. Los hermanos mayores quedaron impactados y se rasgaron las vestiduras. Cargaron sus asnos y regresaron a la ciudad. Cuando Judá y sus hermanos llegaron a la casa del hombre severo, él aún estaba allí. Se postraron en el suelo ante él en señal de sumisión.

José dijo: "¿Qué maldad es esta que has hecho? ¿No sabías que un hombre como yo te encontraría y te llevaría ante la justicia?"

Judá respondió: "¿Qué podemos decir, mi señor? No hay forma de justificar nuestros actos. Dios ha revelado nuestra iniquidad. He aquí, somos esclavos de mi señor, nosotros, así como nuestro hermano culpable."

Judá era el cuarto hijo, no el primogénito, sin embargo, asumió la responsabilidad como si fuera el primogénito. No hizo excusas ni quejas sobre las consecuencias de lo que suponía era un crimen perpetrado por Benjamín.

José estaba impresionado con Judá, pero respondió: "¡Lejos de mí castigar a todos ustedes cuando solo uno ha hecho mal! ¡No!

Solo el que tiene en su poder la copa será mi esclavo. Los demás pueden volver a su padre en paz."

Judah moved even closer and said, "My lord, may your servant be allowed to speak softly in your ear? Please do not be angry with your servant, for I respect your authority. You are equal to Pharaoh. On our first visit to Egypt, my lord asked his servants, 'Do you have a father or another brother?' We told the truth about our father and our youngest brother.

"You rightly demanded that we bring our youngest brother here for you to know that we are trustworthy. We mentioned that it would kill our father if anything happened to our father's youngest child, but we needed to return to buy more grain so we would not starve. You said we must bring our youngest brother, so he came. If we go home without him, it will kill our father. We are in a terrible situation. Please allow me, your servant, to become your slave instead of our youngest brother. Otherwise, my father's heart will be broken." Thus Judah, the brother that suggested they sell Joseph into slavery, is now willing to sacrifice his life for Benjamin's. The words of Judah set Joseph's heart on fire. He could no longer control himself and openly cried in front of them.

Judá se acercó aún más y dijo: "Mi señor, ¿puede su siervo hablarle suavemente al oído? Por favor, no se enfade con su siervo, porque respeto su autoridad. Usted es igual a Faraón. En nuestra primera visita a Egipto, mi señor preguntó a sus siervos: '¿Tienen padre o algún hermano más?' Dijimos la verdad sobre nuestro padre y nuestro hermano menor.

"Tú exigiste con razón que trajéramos a nuestro hermano menor aquí para que supieras que somos dignos de confianza. Mencionamos que podría matar a nuestro padre si algo le sucedía al hijo menor de nuestro padre, pero necesitábamos regresar para comprar más grano para no morir de hambre. Tú dijiste que debíamos traer a nuestro hermano menor, así que vino. Si regresamos a casa sin él, matará a nuestro padre. Estamos en una situación terrible. Por favor, permíteme, tu siervo, convertirme en tu esclavo en lugar de nuestro hermano menor. De lo contrario, el corazón de mi padre se romperá." Así, Judá, el hermano que sugirió vender a José como esclavo, ahora está dispuesto a sacrificar su vida por la de Benjamín. Las palabras de Judá encendieron el corazón de José. Ya no pudo controlarse y lloró abiertamente frente a ellos.

*José se revela a sus hermanos (Génesis 45:1-15)*

José le dijo a su mayordomo: "Saca a todos de la habitación excepto a estos extranjeros." Después de que los egipcios salieron, les dijo a sus hermanos: *"¡Yo soy José! ¿Está mi padre realmente aún vivo?"*

Sus hermanos estaban atónitos en presencia de José y no podían hablar. José estaba llorando tan fuerte que los egipcios en las otras habitaciones podían oírlo.

Finalmente, José pudo controlar sus emociones y les pidió a sus hermanos: "Por favor, acérquense más." Cuando se acercaron, él dijo: "Yo soy su hermano José, a quien ustedes vendieron a Egipto. No se aflijan ni se enojen con ustedes mismos porque me vendieron aquí. A través de las dificultades, *aprendí que puedo confiar plenamente en Dios. Ahora entiendo que Dios tenía un plan para enviarme antes que ustedes para preservar a nuestra familia.* Utilizó su mala intención para traerme aquí y preservar la vida de nuestro padre, sus vidas, así como la vida de sus hijos. *También creo que Dios tiene un plan a largo plazo que aún no comprendo.*

"La hambruna ha estado en la tierra estos dos años. Aún quedan cinco años más sin arar ni cosechar. Debes apresurarte a casa con mi padre y decirle que yo, su hijo José, estoy vivo. Dios me ha hecho señor de todo Egipto. Ven a mí sin demora. Trae a toda la familia. Yo proveeré para ustedes y les daré tierra en Gosén. Es buena tierra para ustedes y sus rebaños." Entonces José abrazó a Benjamín, y besó a todos sus hermanos en las mejillas y lloró sobre ellos. Luego, todos hablaron juntos.

Cuando el faraón escuchó la noticia de que los hermanos de José habían venido, le agradó. El faraón le dijo a José: "Proporciona carros para que tus hermanos regresen a casa, y luego trae a tu padre y a sus familias a Egipto para vivir. No es necesario que traigan todas sus posesiones. Lo mejor de toda la tierra de Egipto será para ustedes."

José hizo conforme a las palabras de Faraón. Cargó diez burros adicionales con lo mejor de la tierra como regalo para su padre. Le dio a sus hermanos ropa nueva y provisiones para su viaje de ida y vuelta a Egipto.

Al llegar a la casa de su padre, le contaron todas las buenas noticias sobre José. El espíritu de Jacob se reavivó. "Es suficiente", dijo. "Mi hijo José sigue vivo. Iré a verlo antes de morir." Jacob (Israel) se fue a Egipto, acompañado de toda su familia, su ganado y sus rebaños. Cuando llegó a Beersheba (una ciudad en el borde sur de Israel antes de entrar en Egipto), hizo sacrificios a Dios (Elohim).

Dios habló a Jacob (Israel) en una visión durante la noche. "Jacob, Jacob!" y él respondió, "Aquí estoy." Dios dijo, "Yo soy Dios (El), el Dios (Elohim) de tu padre. No temas descender a Egipto. Te haré una gran nación allí. Yo descenderé contigo a Egipto, y también te haré volver. José cerrará tus ojos." Entonces los hijos de Israel llevaron a su padre, a sus mujeres y a sus niños en las carretas que Faraón envió para llevarlos. Se llevaron su ganado y sus enseres domésticos. Por lo tanto, toda la familia de Jacob se mudó a Egipto. La familia de José ya estaba allí. Todos los descendientes de Jacob totalizaron setenta almas.

Jacob envió a Judá por delante a José para que le indicara el camino a Gosén, donde vivirían. Adquirieron propiedades, fueron fructíferos y se hicieron numerosos. Jacob vivió en Egipto durante diecisiete años felices. Cuando se acercaba el momento de la muerte de Jacob (Israel), llamó a su hijo José y le dijo: "Por favor, júrame que cuando muera, no me enterrarás en Egipto, sino que me llevarás de vuelta al sepulcro de mis padres." José juró que cumpliría la petición de su padre. Entonces Israel inclinó la cabeza en adoración.

Un día, José escuchó que su padre estaba enfermo, así que llevó a sus dos hijos, Manasés y Efraín, a Jacob (Israel) para que los bendijera. José estaba molesto porque su padre le dio a Efraín, el segundo hijo de José, una mayor bendición que la que le dio a Manasés. Israel le señaló a José que los dos hijos de José serían contados como hijos de Jacob; por lo tanto, serían lo mismo que Rubén y Simeón. "Eso significa que te daré una porción más de la que reciben tus hermanos."

Jacob convocó a todos sus hijos y dijo: "Reúneos para que os cuente lo que os sucederá en los días venideros." Jacob bendijo a cada uno de sus hijos y dijo la verdad sobre cada hijo (Génesis 49:3-20). *La mayor bendición recayó sobre Judá, su cuarto hijo. Jacob lo llamó un león y dijo que el cetro (autoridad de gobierno) estaría sobre él para siempre. Descubriremos lo que eso significó en una historia posterior.* La bendición de Jacob sobre José también fue grande, y su padre dijo que José era el único hijo distinguido entre los hermanos. Luego Jacob (Israel) dijo a José: "He aquí, estoy a punto de morir, pero Dios estará contigo y te devolverá a la tierra de tus padres."

Después de bendecir a cada uno de sus hijos (Génesis 49:1-33), Jacob retiró sus pies de la cama y murió. Jacob vivió 147 años. Jacob fue el tercero y último de los tres patriarcas más importantes de Israel (Abraham, Isaac y Jacob). El cuerpo de Jacob fue embalsamado, y Egipto lloró su muerte durante setenta días; tras lo cual, José y sus hermanos llevaron el cuerpo de regreso a Canaán para enterrarlo de acuerdo con los deseos de su padre, y luego regresaron a Egipto.

Después del entierro de su padre, los hermanos de José temían que él hubiera retrasado su venganza por haberlo vendido como esclavo. Imaginaban que ahora que papá se había ido, el hacha estaba a punto de caer y sus cuellos estarían en la picota. Por lo tanto, idearon un plan que esperaban evitaría que José retaliara. Le enviaron un mensaje engañoso a José, diciendo: "Antes de que tu padre muriera, nos dijo que te pidiéramos que por favor perdonaras la transgresión de tus hermanos y su terrible pecado contra ti." Dijeron: "Te pedimos que nos perdones por nuestras transgresiones contra ti."

## El perdón no aceptado no puede disfrutarse

José vio a través de su complot para manipularlo y obligarlo a perdonarlos pretendiendo que era el deseo de su padre. José no estaba enojado, sino que estaba desconsolado. Los había perdonado mucho antes, cuando aún era esclavo. Luego, después de revelarse a sus hermanos, los perdonó frente a ellos.

José lloró porque sus hermanos, aunque fueron perdonados diecisiete años antes, no habían aceptado su perdón. Habían estado viviendo con el miedo a la represalia durante diecisiete largos años.

*Eso parece ser característico de las personas que no entienden la gracia del perdón; la ausencia de gracia conduce a sentimientos de culpa, vacío, rencores o represalias.* Después de que su plan fracasó, cayeron ante su hermano menor y dijeron: 'Tú ganas, somos tus siervos.'

Un muy paciente y perdonador José respondió: "No he ganado nada. No tengan miedo. Soy su hermano, no su Dios. *Como dije hace diecisiete años, aunque ustedes pensaron en mal contra mí cuando me vendieron como esclavo, Dios lo usó para bien para preservar a toda la familia de nuestro padre.* No necesitan preocuparse ni tener miedo. Seguiré proveyendo para ustedes y sus familias." José los consoló y les habló amablemente

(Génesis 50:19-21 NASB)

José y sus hermanos y sus familias se quedaron en Egipto. José vivió 110 años; eso incluyó noventa y tres años en Egipto, de los cuales sesenta y tres fueron después de la muerte de su padre. José vio tres generaciones de sus hijos.

Cuando se acercaba la muerte, José dijo a sus hermanos: "Estoy a punto de morir, pero Dios seguirá proveyendo para ustedes. También los llevará a la tierra que prometió a Abraham, Isaac y Jacob, nuestro padre." José hizo que sus hermanos prometieran que llevarían sus huesos con ellos cuando salieran de Egipto hacia la Tierra Prometida.

Antes de considerar preguntas sobre la historia 10, revise brevemente la declaración fundamental del Antiguo Testamento (Génesis 1:1) y nuestras nueve historias anteriores. ¿Qué ha revelado Dios sobre (1) Él mismo? (2) La tierra y el universo? (3) La humanidad? (4) El pecado? (5) El juicio?

¿Qué has aprendido sobre el plan eterno de Dios para la humanidad hasta ahora?

*Preguntas*

1.  José parecía ser un joven inteligente con un don para la gestión. ¿Qué papel jugó Dios en su éxito?

2.  ¿Cómo reconstruyó Dios la confianza de José después de que se convirtió en esclavo?

3.  ¿Cómo podría haber desempeñado la esclavitud un papel positivo en el cambio de José de un adolescente arrogante e inmaduro a un hombre responsable?

4.  ¿Cómo crees que José dejó de verse a sí mismo como una víctima y aprendió a sacarle el mejor partido a cualquier situación?

5.  ¿Cómo puede una persona pasar de guardar rencor a convertirse en un perdonador como José?

6.  ¿Ves alguna evidencia de que Dios trabajaba en incognito en y a través de José?

7.  ¿Has visto a Dios trabajando en incognito en o a través de personas hoy en día? Si es así, da un ejemplo.

8.  ¿Alguna vez has sido consciente de que Dios trabaja en o a través de ti? Si es así, ¿Dios estaba trabajando para tu beneficio o para el beneficio de otros? Si es así, háblate en voz alta y menciona un ejemplo.

9.  ¿Tenía Dios un plan general en su relación con José? ¿Cuál crees que era ese plan general de Dios?

10.  ¿Aprendiste algo nuevo sobre Dios en esta historia?

11.  ¿Qué mensaje tiene Dios para ti en esta historia?

12.  ¿Viste algo en esta historia que podría indicar por qué la mayor bendición de Jacob (generalmente reservada para el primogénito) fue dada a Judá, el cuarto hijo? Si no lo ves, está bien; aprenderás más tarde, pero ora sobre esta pregunta y esfuérzate por encontrar una posible razón.

*Mini-epílogo*

La historia 10 concluye nuestro estudio del libro del Génesis (comienzos).

El Señor estuvo con José. Le mostró bondad y le reveló cosas, *pero aparentemente no habló directamente con José como lo había hecho con Abraham y Jacob.* Finalmente, descubriremos que la pregunta 12 anterior es importante para el plan eterno de Dios.

# HISTORIA 11

## Moisés, Un Líder Piadoso
## (Éxodo A Deuteronomio)

Pasaron cuatrocientos años entre la historia 10 y la historia 11.

*Introducción*

José había sido usado por Dios para rescatar a Egipto y a los hijos de Israel de la destrucción durante una hambruna de siete años. José se había convertido en un héroe nacional en Egipto, pero después de muchos años, surgió un nuevo rey (Faraón) sobre Egipto, que no estaba al tanto de las contribuciones de José a Egipto.

*Los descendientes de Israel se multiplican en Egipto (Éxodo 1:7-10)*

Jacob y sus setenta descendientes se habían trasladado a Egipto. Ahora, más de cuatrocientos años después, su número superaba medio millón. El nuevo rey dijo a su pueblo que los hijos de Israel eran tan numerosos y fuertes que representaban una amenaza interna para Egipto. Eso sería aún más cierto si se unieran a algún enemigo vecino. "Debemos tratar con cuidado con ellos. Son parte de nuestra economía, pero también un enemigo potencial."

## Descendientes de Israel esclavizados por Egipto (Éxodo 1:11-22)

Los egipcios nombraron capataces sobre los hijos de Israel y los afligieron con trabajos forzados. Ese fue el comienzo de algo peor que la mera esclavitud. Los egipcios no solo querían controlar a la población hebrea; Se dirigieron especialmente a los hombres a través de proyectos de trabajo forzado agotadores y peligrosos. Varias ciudades de Egipto, incluida Ramsés, fueron construidas mediante trabajos forzados.

No fue suficiente que sus vidas se amargaran a través del trabajo forzado que causó muchas muertes. Faraón se esforzó por detener la multiplicación de los hebreos, sin éxito. Cuanto más estaban afligidos, más se multiplicaban los hebreos, por lo que el faraón ordenó a las parteras hebreas que mataran a los niños hebreos al nacer. A las niñas hebreas se les permitiría vivir.

Sin embargo, las parteras temían a Dios (Elohim) y no hicieron lo que el rey ordenó. Cuando fueron interrogadas por las autoridades, las parteras dijeron: "Las mujeres hebreas son fuertes y dan a luz antes de que lleguen las parteras." Así que Dios fue bueno con las parteras y les proporcionó hogares.

Luego, el faraón cambió su plan. Ordenó que cualquier persona que encontrara a un niño hebreo debería echar al niño al río Nilo para ahogarlo (Génesis 1:17-22 NASB).

## Nacimiento de Moisés (Éxodo 2:1-10)

Amram (pueblo exaltado) y Jocabed (Yahveh es gloria), una pareja hebrea de la tribu de Leví, estaban casados. Fueron bendecidos con dos hijos: Miriam, una hija, y Aarón, un hijo. Tres años después, el rey (Faraón) de Egipto ordenó que todos los bebés varones hebreos fueran asesinados para frenar el crecimiento de la población entre los hebreos (israelitas).

Después del edicto del faraón, Jochebed dio a luz a otro hijo. Escondió a su hijo recién nacido durante tres meses. Cuando ya no pudo esconderlo de manera segura, esta madre amorosa y ingeniosa ideó un plan. Impermeabilizó una cesta de mimbre con alquitrán y brea para que flotara como un barco. Colocó a su hijo sin nombre en la cesta y la dejó flotar entre los juncos, cerca de la orilla del río Nilo. Miriam, la hermana mayor del bebé, siguió la cesta flotante a lo largo de la orilla del río y cuidó de su hermano pequeño.

*Justo ocurrió (Dios a menudo actúa así)* que la hija del faraón vino a bañarse en el río. Vio la cesta flotando entre los juncos y envió a una de sus sirvientas al agua para traerla a ella. Cuando la princesa abrió la cesta, *las características faciales del bebé, así como la manta de campesino* que lo envolvía, revelaron que el niño era un niño hebreo. El bebé comenzó a llorar, y la princesa sintió compasión por él.

Una valiente Miriam se acercó a la princesa y le preguntó: "¿Te gustaría que fuera a buscar a una mujer hebrea para que amamante al bebé?"

*La princesa sonrió a la niña; posiblemente se dio cuenta de lo que estaba sucediendo.* "Sí, eso sería muy útil", respondió.

Entonces Miriam corrió a casa y llevó a su madre ante la princesa. Se le pidió a la madre que llevara al niño a casa y lo amamantara. La princesa ofreció pagar a Jochebed por su esfuerzo. *También le dio sabiamente a Jochebed su bufanda real en caso de que alguien preguntara por el bebé.* Así, Dios permitió que Jochebed mantuviera a su bebé a salvo hasta que fue destetado.

El niño creció, y cuando llegó el momento, Jocabed llevó a su hijo de vuelta a la hija del faraón. Su hijo se convirtió en el hijo de la princesa, quien le puso el nombre de Moisés (sacado del agua). "Sí, Moisés", le dijo la princesa a Jocabed. "Porque lo saqué del río Nilo."

*Jocabed regresó a casa con los brazos vacíos y un corazón triste, sin embargo se alegró de que Dios hubiera salvado a su hijo. Se consoló pensando que su hijo, el hijo de una esclava, recibiría una educación y privilegios de los que otros hebreos ni siquiera se atrevieran a soñar. Una madre afligida alabó a Dios por Su gracia.* Todas las madres esclavas en todas partes a lo largo de las edades, así como hoy, conocerían el dolor de Jocabed sin las bendiciones y los privilegios de su hijo.

Pasaron muchos años. Moisés, entonces de cuarenta años, salió entre sus compañeros hebreos y vio su dura labor. Vio a un egipcio golpeando a un hebreo. Después de mirar en todas direcciones y no ver a nadie mirando, Moisés mató al egipcio y escondió su cuerpo. Al día siguiente, Moisés vio a dos hebreos peleando.

Cuestionó al que había iniciado la pelea: "¿Por qué golpeas a tu compañero?"

El hombre sabía quién era Moisés y preguntó: "¿Quieres matarnos como mataste a ese egipcio?"

*Eso activó el botón de pánico de Moisés.* Se asustó de que su asesinato del egipcio se hiciera de conocimiento público. El faraón se enteró *y se volvió loco. No había estado contento cuando su hija trajo a ese niño hebreo a casa y lo adoptó. Moisés había comido en la mesa del rey. Había recibido todos los beneficios de un príncipe egipcio. Ahora les había escupido en la cara al matar a un ciudadano egipcio.* El faraón intentó encontrar y matar a Moisés.

*Una esposa y una familia para Moisés (Éxodo 2:16-22)*

Moisés huyó de Egipto y se dirigió a Madián (al norte del Mar Rojo y al este del Golfo de Aqaba). Después de entrar en Madián, se sentó junto a un pozo y observó cómo siete jóvenes comenzaban a sacar agua para el rebaño de su padre. Unos pastores varones vinieron y trataron de ahuyentar a las niñas y sus ovejas, pero Moisés defendió a las niñas y las ayudó a dar de beber a su rebaño. Eso permitió a las niñas llegar a casa mucho antes de lo normal. Su padre se sorprendió y preguntó: "¿Cómo pudiste volver a casa tan temprano hoy?"

"Un egipcio nos defendió de los pastores. Incluso sacó agua y dio de beber a nuestro rebaño."

"Bueno, ¿dónde está este egipcio?" reprendió su padre. "¿Dónde estaban tus modales? Deberías haber invitado a ese hombre servicial a venir a casa y cenar con nosotros."

Así que las hijas de Jetro, sacerdote de Madián, también conocido como Reuel, salieron y llamaron a Moisés. *Evidentemente, Moisés no estaba lejos, así que este era posiblemente el resultado que las chicas habían planeado.*

Jetro evaluó rápidamente a Moisés: *estaba solo en el desierto, viajando sin equipaje. Podría ser un fugitivo corriendo por su vida. Sin embargo, es un hombre honorable. Defendió a mis hijas. Es fuerte y cuidó de todo su rebaño, no pidió nada a cambio. Sí, pensó Jetro. Moisés es un hombre trabajador y honorable. No necesito preocuparme por su pasado.*

Jetro decidió exponer su situación a Moisés. "Has conocido a mis siete hijas. No tengo hijos. Necesito a un hombre de confianza que me ayude." Jetro hizo una oferta. "Si estás dispuesto a quedarte aquí y trabajar, tendrás un empleo estable. Además, te aceptaré en la familia y le daré a mi hija mayor, Séfora, para que se convierta en tu esposa." Moisés aceptó rápidamente la oferta de Jetro.

Nacieron dos hijos de Moisés y Séfora. El primero se llamó Gersón (extranjero). Moisés había sido un extranjero, pero fue bienvenido en la familia. El segundo se llamó Eliezer (Dios de ayuda). Moisés recordó su anterior aflicción y cómo Dios lo había rescatado. Moisés vivió en Madián durante cuarenta años. Entonces tenía ochenta años.

Un día, mientras pastoreaba el rebaño de Jetro, Moisés llevó el rebaño al lado oeste del desierto y se acercó a Horeb (Monte Sinaí), la montaña de Dios (Elohim).

### La zarza ardiente (Éxodo 3:1-22)

El Ángel del Señor (Yahvé) apareció a Moisés en un fuego que ardía en medio de una zarza. Moisés lo miró desde lejos y se maravilló de que la zarza no fuera consumida por el fuego. Pensó: *Eso es fenomenal. Debo acercarme más y descubrir por qué la zarza no se consume con el fuego.*

A medida que Moisés se acercaba, Dios (Elohim) lo llamó desde la zarza ardiente. "¡Moisés! Eso es suficiente. Quítate las sandalias. Estás de pie en tierra santa (solo santa mientras Dios estaba allí)."

Moisés obedeció, y Dios continuó: "Yo soy el Dios (Elohim) de tu padre, el Dios de Abraham, el Dios de Isaac y el Dios de Jacob."

Moisés tuvo miedo de mirar a Dios y se cubrió la cara.

Hablando desde la ardiente zarza, el Señor (Yahveh) dijo: "Soy consciente de la aflicción de mi pueblo en Egipto. Escucho sus gritos de angustia. Soy consciente de su sufrimiento a manos de sus opresores. Me importa su bienestar, y he venido a liberarlos del poder maligno de Egipto"

(Éxodo 3:3-8 NASB).

Te enviaré a Faraón para que saques a mi pueblo, los hijos de Israel, de Egipto.

(Éxodo 3:10 NASB)

"Prometí a tus antepasados una tierra que fluye con leche y miel. Esa tierra pertenece a las tribus cananeas. He sido paciente y misericordioso al darles más de cuatrocientos años para arrepentirse y recibirMe como Señor, sin embargo, aún se niegan a creer. Por lo tanto, Yo, el que creó esa tierra, se la daré a Israel."

"*No hay manera de que pueda ir* a Faraón y sacar a los hijos de Israel de Egipto."

"Eso es correcto," dijo Dios. "*Pero no estarás solo. Yo estaré contigo* y te daré una señal de que te envié. Esa señal será que cuando hayas sacado al pueblo de Egipto, Me adorarás (Elohim) en esta montaña (Horeb)."

Así, *Dios le estaba diciendo a Moisés que él, al igual que Abraham, debía responder con fe.* Abraham creyó en Dios y Dios le contó su fe como justicia (Génesis 15:6). El Señor informó a Moisés que el rey de Egipto no creía en Él. El faraón nunca le daría a sus esclavos hebreos permiso para salir de Egipto, *excepto por fuerza.*

Dios dijo: "Yo heriré a Egipto con Mis milagros, que revelaré en presencia de su pueblo. Solo entonces el faraón dejará ir a Israel."

(Éxodo 3:11-20 NASB, mezclado
con la reescritura del autor)

Moisés, como muchos de nosotros hoy en día, *continuó cuestionando a Dios y poniendo excusas para no querer obedecerle.* "¿Y si no me creen o no quieren escucharme?"

Dios le dio a Moisés dos señales que *convencerían a los hebreos de que en verdad Dios lo había enviado* para liberarlos. Primero, Dios le dijo a Moisés que tirara su bastón de pastor al suelo. Cuando obedeció, su bastón se convirtió en una serpiente. Moisés huyó de la serpiente, pero Dios le dijo que la recogiera por la cola. Moisés, a regañadientes, extendió la mano y agarró la cola de la serpiente, y esta volvió a ser su bastón. Luego, Dios le dijo a Moisés que metiera su mano dentro de su túnica, contra su pecho. Él hizo lo que Dios le dijo, y cuando sacó la mano de su túnica, su mano estaba leprosa (una enfermedad de la piel temida). Entonces, volvió a meter la mano en su túnica, y cuando la sacó de nuevo, estaba normal como el resto de su piel.

"¿Qué pasa si no creen en esos dos signos?"

"Entonces tomarás agua del Nilo y la verterás en el suelo y se convertirá en sangre," dijo Dios.

Moisés respondió: "Nunca he sido un buen orador."

Dios había respondido pacientemente a cada pregunta y excusa que Moisés hizo (Éxodo 3:10-4:12). Moisés había ignorado cada respuesta de Dios, y lo volvió a hacer, diciendo: *"¡Envía a quien quieras, siempre y cuando no sea a mí!"*

La ira del Señor se encendió contra Moisés. *Dios es paciente, pero incluso Su paciencia tiene límites.*

*Nada sorprende a Dios. Mucho antes de que Moisés comenzara a dar sus excusas,* Dios envió a Aarón, el hermano mayor de Moisés, a encontrarse con Moisés en el desierto desolado cerca del monte Horeb. Dios tenía la intención de que Aarón, un orador pulido, se convirtiera en el portavoz de Moisés. Dios les capacitaría para ayudar a liberar a los hebreos de la esclavitud y guiarlos a la

Tierra Prometida. *Dios siempre es proactivo, tomando medidas para poner a las personas o recursos en su lugar incluso antes de que el elegido sea consciente de una situación, oportunidad o necesidad.*

Dios dijo: "Póntelo zapatos y recoge tu vara de pastor con la que harás señales y maravillas. Pronto estarás en camino a Egipto para conquistar a los hebreos y para enfrentarte a Faraón."

*Moisés tenía obligaciones con su suegro, por lo que primero devolvió todos los rebaños de Jetro. Pidió permiso para dejar los rebaños y su acuerdo con Jetro. Moisés le dijo a Jetro que necesitaba regresar a su familia en Egipto.* Jetro estuvo de acuerdo y dio sus bendiciones.

El Señor (Yahvé) le aseguró a Moisés que todos los que habían estado buscando su vida estaban muertos. Moisés colocó a su esposa e hijos en un burro y viajó a Egipto. Moisés también tomó su bastón de pastor, pero ahora se había convertido en el "bastón de Dios (Elohim)" en su mano. La designación de "bastón de Dios" indica que Dios usó el bastón de pastor de Moisés para realizar numerosos milagros. *No había poderes mágicos en el bastón en sí.*

En el camino a Egipto, Aarón se encontró con Moisés en la montaña (Horeb). Fue un hermoso encuentro de hermanos *que posiblemente no se habían visto en al menos cuarenta años.* Moisés le dijo a Aarón todo lo que el Señor (Yahvé) le había dicho acerca de ir a Egipto; eso incluía el plan de Dios de usarlos para liberar al pueblo hebreo y las señales que Dios ordenó a Moisés que realizara.

Cuando llegaron a Egipto, Aarón convocó a una asamblea de los ancianos (líderes tribales) de Israel. Era importante contar con el apoyo de los ancianos para que todo el pueblo cooperara y los siguiera. Aarón presentó a Moisés a la asamblea y les dijo a los ancianos lo que el Señor (Yahvé / Yo Soy el Que Soy) le había dicho a Moisés.

Demostraron los dos signos (milagros) que Dios le había dado a Moisés. Los ancianos creyeron en las palabras de Moisés transmitidas a través de Aarón, su portavoz. Ellos, a su vez, fueron al pueblo de Israel con la noticia de que el Señor (Yahvé) se preocupaba por ellos. El pueblo de Israel se emocionó y se inclinó y adoró al Señor (Éxodo 4:29-31).

*Después de obtener el apoyo del pueblo hebreo,* Moisés y Aarón obtuvieron permiso para reunirse con el faraón. Aarón entregó las palabras de Dios al faraón.

> Así dice el Señor Dios (Yahveh Elohim) de Israel: "Deja ir a mi pueblo, para que celebren una fiesta en el desierto en honor a mí." *Faraón respondió:* *"¿Quién es este Señor y por qué debería obedecerlo? Ni siquiera lo conozco, ni permitiré que Israel se vaya."*

> (Éxodo 5:1-2 NASB, reescritura del autor)

Aaron respondió: "Dios dijo que si no se nos permite ir a sacrificar durante tres días, Él traerá pestilencia sobre Egipto."

El faraón rápidamente replicó: "¿Por qué quieren alejar a la gente de su trabajo? *Miren, chicos, están pidiendo tiempo libre para miles de mis trabajadores. Piensen en toda la producción perdida que eso me costaría."*

Después, el faraón reunió a los capataces (supervisores) que estaban sobre los foremen hebreos, quienes, a su vez, supervisaban a los trabajadores hebreos (esclavos). El faraón les dijo: "Nuestros esclavos se están rebelando, y debemos tomar medidas contra ellos. Ya no proporcionaremos paja para los trabajadores hebreos que hacen ladrillos. A partir de ahora, deben recogerla ellos mismos. Eso les tomará mucho de su tiempo, pero aún así deben producir la misma cuota de ladrillos diariamente."

Sin embargo, los trabajadores hebreos no pudieron reunir y cortar paja y aún así producir la cuota diaria de ladrillos. Así, los capataces golpearon a los supervisores y les dijeron que obligaran a los trabajadores a trabajar más duro y más rápido. Los supervisores apelaron a Faraón, pero él se negó a escuchar. Dijo: "Tus compatriotas son perezosos" (Éxodo 5:1-17).

Dios aseguró a Moisés y Aarón que Faraón eventualmente permitiría que su pueblo saliera de Egipto, pero solo bajo coacción. 'Yo endureceré el corazón de Faraón para multiplicar Mis señales y Mis maravillas en la tierra de Egipto. Cuando Faraón no les escuche, pondré una mano pesada sobre Egipto y sacaré a Mi pueblo mediante severos juicios sobre Egipto. Entonces sabrán que Yo soy el Señor.'

"Ve a Faraón, y cuando te pida un milagro, dile a Aarón que arroje la vara de Dios delante de Faraón, y se convertirá en una serpiente."

Moisés y Aarón obedecieron al Señor, pero Faraón llamó a sus magos y hechiceros, quienes también arrojaron sus propias varas, y sus varas se convirtieron en serpientes. Sin embargo, la vara de Aarón devoró a las suyas. Aun así, el corazón de Faraón se endureció. No los escuchó, tal como el Señor había dicho. Para mostrar Su poder sobre Faraón y los dioses de Egipto, el Señor envió una serie de diez plagas sobre la tierra de Egipto.

*La primera plaga:* los egipcios adoraban al río Nilo como sagrado. A la mañana siguiente, Dios envió a Moisés y Aarón a Faraón para el juicio de Dios. Mientras Faraón salía al río a bañarse, Moisés extendió su bastón sobre el agua y le dijo lo que sucedería. "Porque te niegas a escuchar al Señor y a dejar ir a Su pueblo, el Señor convertirá el río Nilo en sangre. Los peces morirán y la gente no podrá beber el agua. Así, el Señor mostrará Su poder." Fue como Dios dijo.

Dios permitió que los magos de Faraón hicieran temporalmente lo mismo. Faraón se *rió* y entró en su casa. De acuerdo con el plan del Señor, Dios permitió a los magos duplicar la señal, pero no pudieron hacer que el agua volviera a estar limpia. La gente no podía beber el agua ensangrentada del Nilo. Tuvieron que cavar a una distancia del río para encontrar agua potable. Pasaron siete días antes de que el Señor eliminara la sangre del río. Luego el Señor envió a Moisés a Faraón con una nueva palabra. "Deja ir a mi pueblo. De lo contrario, Él golpeará a todo tu país con ranas. Las ranas estarán en todas partes, incluso en los hogares."

*La segunda plaga:* El Señor dijo a Moisés que hiciera que Aarón extendiera su vara sobre ríos, arroyos y estanques y que hiciera que las ranas salieran a la tierra de Egipto, y así fue como Dios dijo. Los magos egipcios nuevamente pudieron duplicar la señal. El faraón rápidamente llamó a Moisés y Aarón y les dijo: "Pidan al Señor (Yahveh) que quite las ranas, entonces permitiré que el pueblo vaya a sacrificar al Señor."

Moisés aceptó, diciendo: "Mañana las ranas se irán, así sabrás que no hay nadie como el Señor nuestro Dios." Moisés oró al Señor, pidiéndole que alejara las ranas para que la aflicción de las ranas fuese quitada. El Señor hizo como Moisés pidió. Sin embargo, cuando el faraón vio que las ranas se habían ido, endureció su corazón y renegó de su promesa de dejar ir a los hijos de Israel, *tal como el Señor lo había predicho.*

*La situación se mantuvo similar a lo largo de las siguientes siete plagas: la número tres* (mosquitos/léan), *la cuatro* (enjambres de moscas), *la cinco* (enfermedad del ganado), *la seis* (llagas), *la siete* (granizo), *la ocho* (langostas) *y la nueve* (oscuridad).

*A partir de la tercera plaga,* los magos de Faraón ya no pudieron duplicar los signos de Dios. Los magos le dijeron a Faraón que los milagros de Moisés no eran magia, sino que provenían de la mano de Dios. También a partir de la tercera plaga, las plagas cubrieron todo Egipto, excepto Gosén, donde vivían los israelitas. Faraón se mantuvo firme a lo largo de nueve plagas y se negó a ceder ante la voluntad de Dios (Éxodo 7:14-10:29).

*La Pascua del Señor (Éxodo 11:1-12:29)*

El Señor (Yahvé) le dijo a Moisés que enviaría una plaga más sobre el faraón y su nación. La plaga final sería la muerte de todos los primogénitos de cada familia egipcia. El primogénito del faraón no será perdonado. "Después de eso, el faraón te ordenará que salgas de Egipto." Así, en el décimo día de ese mes, cada hogar hebreo deberá reservar un cordero o cabrito macho de un año sin defectos. Ese animal representará al primogénito de la familia. Al anochecer, en el decimocuarto día del mes, cada animal deberá ser sacrificado como un sustituto por los primogénitos.

"Cada hogar hebreo debe pintar un poco de la sangre del cordero en los postes de sus puertas y el dintel sobre su puerta principal. La sangre representa la misericordia/gracia de Dios a través de su fe. Luego deben asar la carne sobre el fuego y comerla esa noche con pan sin levadura (sin levadura). También deben comer hierbas amargas para recordarles la amargura de la esclavitud. Cualquier comida que sobre debe ser quemada con fuego. Deben comer la comida con prisa, con su ropa de viaje y zapatos puestos y su bastón en la mano, listos para partir. Será la Pascua del Señor. Él pasará por las casas de los hebreos. También será el comienzo de su viaje hacia la tierra que les prometí."

Sin embargo, mientras Dios recorre la tierra, herirá a todos los primogénitos en Egipto, tanto hombres como bestias de cada hogar y contra todos sus falsos dioses. "Yo soy el Señor y hago juicios. *La sangre en los postes de la puerta y el dintel es una señal de fe en Mí* (sin sangre significa sin fe en Mí). Cuando vea la sangre, pasaré por encima de esa casa, y el primogénito vivirá. Donde no hay sangre, el primogénito de esa casa morirá." Y fue como Dios dijo; a medianoche, los primogénitos de los egipcios comenzaron a morir, incluido el primogénito del faraón. "El Señor dijo a los hijos de Israel, ustedes deben observar la Pascua cada año."

## *El faraón se rinde (Éxodo 12:30-32)*

El faraón, sus sirvientes y todos los egipcios se levantaron en la noche, y hubo un gran clamor en Egipto. Cada hogar egipcio tuvo una muerte: desde el primogénito del faraón hasta el primogénito de toda la gente, así como el primogénito de su ganado. El faraón llamó inmediatamente a Moisés y Aarón en la noche y dijo: "*No soy rival para su Señor.* Saquen a su pueblo de Egipto, vayan a adorar a su Dios como Él lo ordenó, lleven sus rebaños y ganados con ustedes, y no regresen. *Pero antes de irse, bendíganme también a mí.*" El pueblo egipcio también quería que los hebreos se fueran de inmediato. Incluso les dieron a los antiguos esclavos artículos de plata y oro, así como comida, ropa, etc., a los antiguos esclavos (*similar a reparaciones voluntarias por años de esclavitud*). Era como si los hebreos asaltaran Egipto.

## *Éxodo de Egipto (Éxodo 12:33-13:21)*

Los israelitas fueron liberados de la esclavitud por el poder de Dios y salieron de Egipto. Israel salió de Egipto al final de 430 años.

Moisés llevó los huesos de José con ellos, como lo prometieron los hijos de Jacob hace unos cuatrocientos años. El Señor viajó con Su pueblo y los guió hacia la Tierra Prometida. La presencia de Dios se hizo conocida a través de una columna de nube durante el día y una columna de fuego durante la noche. Así, podían viajar con comodidad tanto de día como de noche.

*El faraón cambió de opinión (Éxodo 14:1-12)*

Después de que los hebreos dejaron Egipto, el faraón se arrepintió de haber permitido que su fuerza de trabajo esclava escapara. Esos arrepentimientos y su orgullo eclipsaron su temor a Dios a raíz de los eventos de la noche anterior. Reunió a sus tropas y seiscientos carros selectos, así como todos los demás carros en Egipto. Era una de las fuerzas de combate más poderosas de la época. Les ordenó que trajeran de vuelta a los esclavos hebreos a Egipto.

*Cruzando el Mar Rojo (Éxodo 14:13-31)*

Dios guió a Su pueblo a un lugar entre el mar y el ejército egipcio. Los israelitas estaban aparentemente atrapados sin ninguna ruta de escape. Dios eligió mostrar Su poder a Faraón, a los egipcios y también a los hijos de Israel. Cuando los hebreos vieron al ejército de Faraón acercándose por detrás y que el mar les bloqueaba el camino hacia adelante, perdieron la esperanza. El miedo se apoderó de sus mentes. Gritaron a Moisés: "¿Acaso no había tumbas en Egipto para que nos trajeras aquí a morir en el desierto? Te dijimos en Egipto que nos dejases en paz para servir a los egipcios, sin embargo, insististe en que viniéramos aquí a morir de una muerte violenta."

Moisés respondió a su pueblo: "¡No tengan miedo! Hoy verán el poder del Señor (Yahweh) en acción. El Señor peleará por ustedes, y el ejército egipcio será destruido ante sus ojos. Entonces los egipcios conocerán el poder de Dios."

El ángel de Dios *(otra teofanía de Yahweh)* había viajado frente al pueblo de Israel; ahora se trasladó a la retaguardia. El pilar de nube también se movió hacia atrás. El ángel de Dios se posicionó entre el pueblo de Israel y los carros de guerra atacantes de Egipto. Ese movimiento impidió que los egipcios atacaran por detrás.

Dios le dijo a Moisés que extendiera su mano sobre el mar, y el Señor respondió alejando el mar con un fuerte viento del este. Dios convirtió parte del mar en un camino seco entre los dos lados del mar dividido (Éxodo 14:21). El pueblo de Israel pudo atravesar el medio del mar en tierra seca y escapar de lo que se había pensado que era una trampa inescapable.

Los egipcios atónitos decidieron perseguir a los israelitas por ese mismo camino seco a través del mar, pero después de que todos sus carros y el ejército estaban en medio del mar dividido, el Señor (Yahvé) causó confusión en el ejército egipcio.

Ellos gritaron: "¡Retirada! Su Yahvé está luchando contra nosotros."

En ese mismo momento, el Señor le dijo a Moisés: "Extiende tu mano sobre el mar de nuevo."

Moisés obedeció, y Dios respondió cerrando las aguas divididas y tragando al ejército y los carros egipcios. Ninguno sobrevivió. El Señor (Yahvé) salvó a Israel de la mano de Egipto. Cuerpos de guerreros egipcios alineaban la costa.

Al ver el poder del Señor contra los egipcios, el pueblo de Israel le temió, *probablemente una mezcla de asombro y miedo.* Los que dudaban comenzaron a confiar en el Señor y su siervo Moisés, como se evidencia en su canción de alabanza (Éxodo 15:1-27).

Cantemos al Señor, porque Él es poderoso y exaltado. Ha ahogado al ejército que nos perseguía en el mar. El Señor es nuestra fuerza y salvación. Él es nuestro Dios [El], alabaremos y exaltaremos al Dios de nuestro padre (Elohim). Nuestro Señor es un guerrero; el Señor [Yahweh] es Su nombre.

(Éxodo 15:1-3, reescritura del autor)

*¿Quién es como Tú entre los dioses [ídolos], oh Señor, quién es como Tú, majestuoso en santidad, asombroso en alabanzas, que hace maravillas? Extendiste Tu mano derecha y el mar los devoró. En Tu bondad, nos guiaron, al pueblo que has redimido. Tu fuerza nos ha guiado a Tu morada santa.*

(Éxodo 15:11-13, reescritura del autor)

*Dios convierte el agua amarga en dulce (Éxodo 15:22-25)*

*Su confianza en Dios parecía ser de corta duración.* Tres días después de cruzar el Mar Rojo, llegaron a Mara (amargo). El agua allí era amarga e inapta para beber. El pueblo se quejaba a Moisés, diciendo que hubieran estado mejor si hubieran permanecido como esclavos en Egipto. Esta fue solo la primera prueba que enfrentarían. *La verdadera fe requiere que aprendamos a confiar en Dios con nuestra vida y bienestar en cada situación.*

Dios respondió diciéndole a Moisés que arrojara una rama de un cierto árbol en las aguas amargas, que entonces se hicieron dulces (de sabor agradable). Dios también respondió a la gente al hacer una regulación, declarando,

Si verdaderamente obedeces lo que yo, el Señor [Yahweh] tu Dios [Elohim] te digo, entonces no sufrirás las enfermedades que puse sobre los egipcios. Yo soy *Yahweh-Rophe*. Soy tu Señor y Sanador. Mírame a mí, no a otra fuente.

(Éxodo 15:26 NASB)

Yahweh-Rophe (Yahweh nuestro Sanador) es otro nombre compuesto para Dios, un nombre que revela quién es Dios y qué hace Dios por nosotros.

Viajaron a Elim y acamparon allí entre doce manantiales de agua y setenta palmeras de dátiles antes de entrar en el desierto de Sin *(Sin era un lugar; no era lo mismo que la palabra inglesa 'sin')*. Llegaron a Sin un mes después de salir de Egipto.

## Dios proporcionó pan y carne (Éxodo 16)

El pueblo estaba murmurando de nuevo; esta vez era sobre comida. El pan y la carne se convirtieron en los temas de su queja. "Teníamos todo el pan y la carne que podíamos comer en Egipto", presumían. *¿Habían olvidado tan rápido que en Egipto eran esclavos?*

Dios usó la situación como un momento de enseñanza. Él había liberado al pueblo de la esclavitud y los estaba llevando de Egipto a Canaán, la tierra que hoy llamamos Israel o Palestina. Fue un viaje arduo y peligroso. Dios mismo necesitaría proporcionar las necesidades de la vida, así como protección tanto de un ambiente hostil como de enemigos feroces en el camino.

Siglos antes, Abraham había aprendido dos nuevos nombres compuestos de Dios. Primero, el nombre El-Shaddai (Dios Todopoderoso)—nada está más allá de la capacidad de *El Shaddai.*

El segundo fue *Yahweh-Jireh* (Dios Proveerá, o Dios Mismo es Nuestra Provisión). Abraham tenía dificultad para aprender a confiar en Dios completamente. Ahora era la nación de Israel quien debía aprender quién es Dios y que Él puede ser confiado completamente. *(También necesitamos aprender esa misma verdad hoy.)*

La comida, al igual que el agua, sería necesaria para sobrevivir en la naturaleza. ¿Dónde encontrarían medio millón de personas caminando a través de un desierto árido suficiente comida y agua para sostener la vida? El Señor (Yahweh) le dijo a Moisés que Él proporcionaría un pan similar a escamas fresco cada mañana. Ese pan, que el pueblo llamó maná (¿qué es?), tendría que recogerse cada mañana. Dios probó al pueblo para ver si seguirían Sus instrucciones y si estarían agradecidos por Sus provisiones.

Tenían que recoger alrededor de dos cuartos de maná diariamente para cada persona en su hogar. Se les instruyó a no recoger más, ni menos cada día. Sin embargo, en el sexto día de la semana, se les instruyó a recoger el doble para que no hubiera recolección en el Sabbath, *reinstaurando así el Sabbath,* que había sido descuidado durante los cuatrocientos años de esclavitud en Egipto (Éxodo 16:1-7).

La prueba era si seguirían las instrucciones de Dios o no. Con la simple prueba de Dios, cada persona rápidamente sabía si había pasado o fallado. Si recogían más maná de lo que Dios les había indicado, el exceso se pudriría y olería foul al día siguiente. Si no recogían a diario, tendrían hambre ese día. *La prueba de Dios no es para castigo, sino para nuestro bien. Había algo de vegetación verde comestible en el árido desierto para que la gente pudiera recoger a lo largo del camino y ser incluida en sus comidas.*

El Señor habló a Moisés diciendo: "Di a los hijos de Israel: guardaréis mis días de reposo, porque *son una*

*señal entre mí y vosotros por vuestras generaciones,*
*para que sepáis que* yo soy el Señor que os santifica
[*os aparta para mí*]."

(Éxodo 31:13 NASB)

La simplicidad del camino de Dios a veces se convirtió en un obstáculo para Israel. Tendían a (1) hacer las cosas a su manera en lugar de la manera de Dios o (2) querían rendirse y regresar a un Egipto idealizado, que nunca había existido para ellos. *Ese primer instinto había sido el problema de Adán y Eva, así como de muchos otros en nuestras historias. Sin embargo, Dios ve el futuro así como el pasado y el presente. Él es muy paciente con personas como nosotros.* Moisés mismo era un trabajo en progreso, pero estaba creciendo espiritualmente.

Moisés intercedió por el pueblo por proteínas. Dios Todopoderoso habló a animales seleccionados para que aparecieran en el arca a tiempo para la navegación; ahora *hablaba diariamente con números seleccionados de codornices para que aparecieran en el campamento cada noche para convertirse en proteínas para el pueblo de Dios.*

Dios *(Elohim)* es asombroso; no solo es Yahweh-Jireh (Dios es Nuestra Provisión) y El Shaddai (Dios Todopoderoso), sino que también es Yahweh-Rophe *(Dios es Nuestra Sanación).* Aprenderemos otros nombres que revelan Su carácter y relación con la humanidad. Dios tiene un plan eterno, pero el plan eterno de Dios aún no era conocido ni comprendido por los israelitas; ni *tampoco muchos de nosotros.*

Dios estaba guiando a Su pueblo hacia Su destino para ellos. Él había prometido la tierra de Canaán a Abraham. Abraham había vivido allí como extranjero, más de cuatrocientos años antes. Dios le dijo a Abraham que sus descendientes debían soportar cuatrocientos años de cautiverio antes de que la poseyeran. Eso fue porque Dios, en Su misericordia, dio a aquellos que entonces poseían la tierra una oportunidad de arrepentirse y volverse hacia Él. Durante su largo tiempo de espera en Egipto, la familia de Israel se convirtió en una multitud de personas. Dios fue paciente y amoroso hacia Israel, *y Él es paciente y amoroso hacia nosotros.*

*El autor suele decir: "El viaje es tan importante como el destino". Dios utilizó el viaje de Egipto a Canaán para preparar a una "multitud de personas" para convertirse en una nación; no una nación cualquiera, sino una nación conocida como "el pueblo de Dios".*

El pueblo de Israel viajó a través del desierto de Sin de un lugar a otro según la dirección del Señor. Acamparon primero en Dofká, luego en Alush y después cerca del Monte Sinaí en Refidim (lugar de descanso en el desierto) (Números 33:13-14). No había agua en Refidim; Dios lo sabía de antemano. *Era nuevamente tiempo de prueba, y la gente falló en confiar en Dios otra vez.* Esta vez, el pueblo parecía culpar a Moisés y discutió con él. "Deberías llevar esto a Dios, no a mí," dijo él. Pero el pueblo tenía sed y continuó quejándose contra Moisés: "¿Por qué nos trajiste a este lugar maldito por Dios para morir de sed?"

Moisés clamó al Señor: "¿Qué debo hacer con estas personas? Están casi listos para matarme."

El Señor le dijo que "tomara a algunos de los ancianos (líderes) de Israel, así como el bastón de pastor utilizado para golpear el río Nilo, y que diera un paseo. Yo estaré allí frente a ti, junto a la roca en Horeb (las estribaciones del monte Sinaí). Golpea la roca con tu bastón, y saldrá agua de ella. Así, el pueblo y sus animales saciarán su sed."

Como el Señor dijo, así fue. Moisés llamó a ese lugar "Masá (prueba) y Meribá (contienda), porque el pueblo discutió y puso a prueba a Dios, preguntando: "¿Está el Señor con nosotros o no?"

## Israel derrota a Amalek (Éxodo 17:8-16)

Mientras los israelitas acampaban en Refidim, los amalecitas (descendientes del hermano de Jacob, Esaú) los atacaron. Moisés le dijo a Josué que reclutara guerreros para luchar contra Amalek. Josué hizo lo que Moisés le ordenó. Moisés, Aarón y Hur llevaron el bastón de Dios a la cima de la colina. Cuando Moisés levantaba el bastón de Dios, Israel prevalecía contra Amalek, pero cuando los brazos de Moisés se cansaban y los bajaba, Amalek prevalecía. Aarón y Hur le dijeron a Moisés: "Tú siéntate en una roca grande mientras cada uno de nosotros se coloca a tu derecha e izquierda y apoya tus brazos." Eso permitió a Moisés mantener en alto el bastón de Dios hasta el atardecer. Así, Dios permitió que Josué y sus hombres derrotaran a Amalek, cuyos sobrevivientes huyeron por sus vidas.

El Señor le dijo a Moisés: "Escribe esto como un memorial y léelo a Josué que Yo (futuro) borraré la misma memoria de Amalek." Moisés construyó un altar al Señor y lo nombró *Yahweh-Nissi (el Señor es Nuestro Estandarte/Bandera)*. Yahweh-Nissi anima nuestro espíritu y nos motiva a seguir adelante sin rendirnos. *Este nombre, como los otros nombres compuestos de Dios, revela la persona de Dios y cómo Él nos ayuda y desarrolla nuestro carácter.*

## Un buen consejo para Moisés (Éxodo 18)

Jetro, el suegro de Moisés, escuchó la noticia de cómo el Señor había liberado a Moisés y al pueblo de Dios de las manos de Egipto. Jetro llevó a la mujer de Moisés, Séfora, y a sus dos hijos. *(Recuerda, Jetro vivía en la cercanía del Sinaí. Moisés había dejado a su familia con su suegro).* Moisés recibió a su familia y a su suegro y les contó todo lo que el Señor había hecho por él y por Israel. Jetro se alegró por la obra y liberación de Dios. Dijo: "Ahora sé que el Señor (Yahvé) es más grande que todos los dioses (elohim/ídolos)." Jetro ofreció ofrendas quemadas y sacrificios a Dios (Elohim el verdadero Dios).

Al día siguiente, Moisés se sentó a juzgar al pueblo mientras muchos tenían que estar de pie gran parte del día, esperando su turno con Moisés. Eso continuó desde la mañana hasta la tarde. Luego, Jetro le preguntó a su yerno, "¿Por qué intentas resolver problemas y discusiones entre el pueblo solo? Te estás agotando a ti mismo y también a tu pueblo. Deberías delegar gran parte de ese trabajo."

Moisés respondió, "No puedo hacer eso. La gente depende de mí para ayudar a resolver sus disputas."

Jetro respondió, "*No es bueno que lo hagas todo tú solo.* Elige hombres capaces y honestos que teman a Dios, y nombra a cada uno como líder de un grupo de personas. Dales autoridad para resolver disputas menores y envía las disputas mayores a ti. Si esto es la voluntad de Dios, tú y el pueblo no se agotarán con estas situaciones."

Moisés escuchó a su suegro y siguió sus recomendaciones. Con eso hecho, Jetro regresó a su lugar.

*Campamento extendido en el Monte Sinaí (Éxodo 19-40)*

En el tercer mes, después de que los hijos de Israel salieron de Egipto, levantaron campamento en Refidim y se trasladaron al desierto de Sinaí, frente al monte de Dios. Dios planeó que Sinaí fuera una parada importante para Moisés y el pueblo. *Se convirtió en un período prolongado para establecer las bases para la futura nación.*

Dios le dijo a Moisés que subiera al monte para una reunión. "Dile a la casa de Jacob (Israel) que has visto lo que hice a los egipcios y cómo te llevé sobre alas de águila para traerte a Mí mismo. *Si* obedeces Mi voz y guardas Mi pacto, *entonces* serás Mi posesión entre todos los pueblos. La tierra me pertenece a Mí, y tú serás para Mí un reino de sacerdotes, una nación santa." (Nota: *esa fue una promesa condicional de Dios: "Si ustedes hacen… entonces Yo haré…"*)

Moisés bajó al campamento, reunió a los líderes de las tribus y les explicó todo lo que el Señor (Yahvé) quería que hicieran. Los líderes informaron al pueblo de la oferta de Dios. El pueblo respondió al unísono: "Haremos lo que el Señor ha dicho." Moisés llevó la decisión del pueblo de regreso al Señor. Por supuesto, Dios ya conocía la decisión del pueblo; *Él lo sabe todo.*

El Señor le dijo a Moisés: "Vengo a ti en una nube densa. *Quiero que el pueblo escuche lo que te digo.* De esa manera, no pensarán que tú estás inventando lo que digo. *Quiero que siempre confíen en tus palabras.* Ve de regreso y consagra a tu pueblo (devuélvelos a Mi propósito). Hagan que se laven las ropas mañana y estén listos para recibirme en la montaña el tercer día."

*El Señor estableció límites* para el pueblo en preparación para Su visita: el pueblo no debe subir a la montaña ni acercarse a su frontera. Cualquier violación causaría muerte instantánea. También deben abstenerse de tener relaciones sexuales en preparación para la visita del Señor.

*Los Diez Mandamientos y Shemá (Éxodo 20/Deuteronomio 6)*

En la mañana del tercer día, hubo truenos, relámpagos, una densa nube sobre la montaña y un sonido de trompeta muy fuerte. Todo el pueblo en el campamento tembló con asombro. Moisés los condujo fuera del campamento para encontrarse con Dios (Elohim). Ellos se pararon al pie de la montaña para honrar a Dios y escuchar lo que Él tenía que decirle a Moisés. Dios descendió, como prometió, y reveló Sus leyes para el bienestar espiritual, moral y social de los individuos y de la nación. Los llamamos los Diez Mandamientos. *Forman la base para la plenitud espiritual con Dios y una vida moral con la sociedad.* Leyes más detalladas seguirían.

Dios dijo: "Yo soy el Señor (Yahveh) tu Dios (Elohim), que te saqué de la esclavitud en Egipto."

1. No tendrás dioses ajenos [elohims/índoles] delante de mí. No harás para ti imagen, ni ninguna semejanza *[que me represente, ni como rival mío]*.

2. No adorarás ídolos, ni les servirás; porque yo, el Señor tu Dios, soy un Dios celoso [El]. *La palabra usada para 'celoso' se utiliza solo con Dios, por lo tanto, no es la misma que la celosía humana.*

3. No tomarás el nombre del Señor en vano [falsamente, mintiendo, maldiciendo o para beneficio personal].

4. Recuerda el día de reposo *[sábado]*.

5. Honra a tu padre y a tu madre *[respetando su posición como padres]*.

6. No matarás.

7. No cometerás adulterio.

8. No robarás nada a otros.

9. No darás falso testimonio *[poco verdadero]* contra otros.

10. No codiciarás *[desear]* la casa de tu vecino, su esposa, ni nada que le pertenezca.

Poco después de dar los Diez Mandamientos, el Señor *dio lo que nuestros amigos judíos llaman el "Shema" ("escuchar y obedecer"),* que dice:

> ¡Escucha, oh Israel! ¡El Señor [Yahveh] es nuestro Dios [Elohim], el Señor es uno! Amarás al Señor tu Dios con todo tu corazón, con toda tu alma y con todas tus fuerzas [en otras palabras, con todo tu ser y todas tus capacidades].

> (Deuteronomio 6:4-5 NASB, reescritura del autor)

*Esta es esencialmente una explicación de los primeros cuatro mandamientos. Hay una ley complementaria* a los Diez Mandamientos y el Shema.

> No tomarás venganza, ni guardarás rencor contra los hijos de tu pueblo, sino que *amarás a tu prójimo como a ti mismo.* Yo soy *el Señor* [Yahveh].

> (Levítico 19:18 RVR)

*Esta ley aclara la intención de los mandamientos cinco al diez.*

*El tabernáculo, una tienda de adoración (Éxodo 31)*

Después de esos mandamientos, Dios dio ordenanzas para el pueblo sobre cómo tratar a los trabajadores, lesiones personales, derechos de propiedad, la adoración del sábado y numerosas otras leyes.

Los capítulos 20-40 *del libro de Éxodo tratan sobre lo que podríamos llamar instrucciones para la adoración y la relación con Dios,* entre otras cosas. Contienen los Diez Mandamientos, los planes detallados de Dios *(planos orales)* para construir una gran tienda de adoración portátil (tabernáculo), cómo hacer sacrificios de sangre para la expiación del pecado, la presencia de Dios y la historia de Dios revelando Su gloria a Moisés (Éxodo 33:18-23).

Los planes de Dios para el tabernáculo también incluían muebles, artículos, utensilios, altares y actos de adoración, incluidos sacrificios a Dios por los pecados del pueblo. *La tienda podía ser empacada y trasladada de un lugar a otro a medida que los israelitas avanzaban hacia la Tierra Prometida.*

Una cosa única sobre la construcción del tabernáculo, sus muebles, utensilios, etc., es que Dios insistió en que todo fuera exactamente como Él lo planeó. Así, *Dios llenó a Bezaleel con el Espíritu de Dios* y todo tipo de destrezas para hacer diseños artísticos. También designó a Oholiab y a otros para trabajar con Bezaleel y les dio habilidades especiales para que pudieran hacer todo exactamente como Dios lo mandó (Éxodo 31:1-6). El oro, la plata y los tesoros utilizados en el tabernáculo fueron dados libremente por el pueblo egipcio para deshacerse de los hebreos al salir de Egipto (Éxodo 12:35). *Dios hizo eso por los artesanos; también puede hacerlo por nosotros para ser testigos y servir.*

*El plan básico de Dios incluía* una cubierta de cuero a prueba de clima para el elaborado tabernáculo de lona. La tienda medía quince pies de ancho y cuarenta y cinco pies de largo. Cuando se erguía, siempre estaría orientada hacia el este. Los primeros treinta pies del tabernáculo se llamaban "el Lugar Santo". Era ingresado diariamente por los sacerdotes. Contenía la mesa de los panes de la proposición (pan sin levadura de una receta especial) en el lado norte. El candelabro de oro (menorah) estaba en el lado sur. El altar del incienso estaba en el extremo oeste del Lugar Santo. Más allá del altar del incienso había un velo, que separaba (físicamente y visualmente) el "Lugar Santo" del "Santo de los Santos."

Los últimos quince pies del tabernáculo se llamaban "el Santo de los Santos." Representaba el Lugar Santo de Dios. Solo contenía el Arca de la Alianza, y solo el sumo sacerdote podía entrar en el Santo de los Santos y solo una vez al año. Él entraba con sangre de un sacrificio; la sangre se colocaba sobre el arca como un sacrificio por su pecado y los pecados del pueblo. La expiación *(estar en armonía, volverse aceptable para Dios)* era la clave para la adoración en el tabernáculo.

Los animales para sacrificios tenían que ser machos sin defecto. *(Porque del hombre Adán, todos nosotros nos volvimos pecadores).* El sacrificio animal no podía limpiar el pecado del hombre, pero era simbólico de la futura provisión de gracia de Dios para una humanidad no digna. *En ese momento, la gente no entendía cómo podía expiarse el pecado de una persona o cómo podía restaurarse completamente la relación de una persona con Dios.* Así, la 'expiación', un elemento clave en el plan eterno de Dios, aún *no se comprendía en este punto de la revelación de Dios de sí mismo y Su plan eterno para nosotros. Solo sabían que la fe de una persona en Dios traía su aceptación,* así como 'la fe de Abraham en el Señor le fue contada como justicia' (Génesis 15:6 NASB).

*En este punto de nuestra historia, nosotros, al igual que Israel, sabemos que los sacrificios de animales solo simbolizan la expiación. El sacrificio que logra la expiación y nos permite tener una relación personal con Dios, como la que Adán y Eva disfrutaron antes de su pecado, aún está por revelarse en nuestro estudio cronológico.*

*En el exterior, en el patio frente (al este del tabernáculo),* había una gran fuente (gran tazón o estanque de bronce). Contenía agua para que los sacerdotes se lavaran las manos y los pies antes de ministrar dentro de la tienda o al realizar sacrificios al aire libre.

Delante/este de la fuente estaba el gran altar de los holocaustos, utilizado para el sacrificio de animales. Tenía cuatro pies y medio de altura y medía siete pies y medio de lado. El fuego en el altar era mantenido por los sacerdotes y siempre ardía *como símbolo de que la humanidad no tiene acceso a Dios excepto como pecador expiado por la sangre.*

*De hecho, todo sobre el tabernáculo y su adoración tenía significados simbólicos para la relación de la humanidad con Dios. Todos esos significados eventualmente nos serán revelados por Dios.* El patio del tabernáculo estaba cerrado por una cerca de tela de 2.5 metros de altura, 45 metros de largo y 22.5 metros de ancho (rodeando el tabernáculo, la gran fuente de bronce y el altar de holocaustos, *con mucho espacio extra para leña, etc.*).

*Cuando la gente venía a adorar* en el Sabbat y otras ocasiones especiales, *no entraban en el tabernáculo.* Lo rodeaban. *Se quedaban al aire libre por tribus,* más allá de la cerca de tela que rodeaba el patio del tabernáculo. Los sacrificios de animales se llevaban a cabo dentro del patio al aire libre.

*Con el tabernáculo, el crecimiento del sacerdocio de la tribu de Leví aumentó, al igual que las Ordenanzas para el trabajo y el ministerio del sacerdocio. El tabernáculo se convirtió en el centro de la adoración y de la vida nacional. El antiguo Israel comenzó como una teocracia, con Dios a cargo; no había 'separación de iglesia y estado', para usar un término estadounidense.*

*Dios habló con Moisés en el Monte Sinaí durante cuarenta días (sin comida ni sueño)* para dar a Israel muchas ordenanzas y leyes para el bien de la familia y la comunidad, protección para los trabajadores y los animales, ofrendas, sacrificios y obediencia a Dios, al sacerdocio, a la nación y más allá. Cuando Dios terminó de hablar, le dio a Moisés dos tablas de piedra, en las cuales estaban escritos los Diez Mandamientos por el dedo de Dios.

## El becerro de oro (Éxodo 32)

Mientras tanto, de regreso en el campamento, algunos de los hombres vieron que Moisés se demoraba en volver de la montaña. Un grupo de varios cientos de hombres se reunió alrededor de Aarón y pareció exigirle que les hiciera un ídolo. "Ese ídolo nos guiará", dijeron. "Porque no sabemos dónde está Moisés, quien nos arrastró al desierto, ahora."

Aparentemente, un dispuesto Aarón les dijo: "Tomen los aretes de oro de sus esposas, sus hijos y sus hijas, y tráiganmelos."

Aaron derritió esos aretes sobre un fuego muy caliente y luego vertió el oro licuado en un molde de un ternero. Después de que el oro se enfrió y se endureció en forma de ternero, los hombres proclamaron que el ternero de oro era su dios (ídolo). Insistieron en que el ternero de oro era el dios que los había sacado de Egipto. *Ese es otro ejemplo de personas escupiendo en la cara de Dios. Eligieron adorar a un ídolo hecho por manos humanas* en lugar de adorar al Dios Todopoderoso que hizo a la humanidad. Solo Dios es nuestro Creador, Salvador y Sustentador.

Moisés, todavía en la montaña con Dios, no era consciente de lo que estaba sucediendo debajo de la montaña. Dios le dijo a Moisés: "Baja de inmediato, porque tu pueblo, al que sacaste de Egipto, *se ha corrompido a sí mismo". Esa fue una declaración seria de Dios, la misma declaración que Dios usó sobre el pueblo en la época de Noé. La gente había corrompido sus caminos, y eso llevó al diluvio (Génesis 6:12-13). Hacer el ídolo creó una situación seria para Israel. Condujo a adorar el ídolo, a darle ofrendas, e incluso se le dio al ídolo el crédito por liberar a Israel de la esclavitud.*

Dios los llamó un pueblo obstinado y amenazó con exterminarlos (como lo hizo durante el diluvio) y comenzar de nuevo con Moisés y sus descendientes. *Moisés intercedió por su pueblo* y le pidió al Señor que olvidara su ira contra ellos. "Recuerda tu promesa a Abraham, Isaac y Jacob."

Así que el Señor no hizo daño a Israel, sino que envió a Moisés de regreso a la montaña para tratar con el pueblo que había hecho el ídolo. *Dios estaba disciplinando a Moisés (permitiéndole crecer como líder espiritual). Moisés se acercó al campamento con las tablas de piedra, en las que Dios* había escrito los Diez Mandamientos. Luego notó un gran grupo de hombres danzando frente al becerro de oro. Estaba tan enojado con ellos que arrojó las tablas y se rompieron.

Después de destruir el ídolo de oro, Moisés entró en el campamento y reunió hombres para castigar a los que se habían rebelado contra Dios. Un contingente de hombres de la tribu de Leví (tribu sacerdotal) salió y ejecutó a tres mil con sus espadas. Debido al papel de Aarón en la fabricación del becerro de oro, el Señor se enojó lo suficiente como para destruirlo también, pero Moisés oró y Dios le permitió vivir.

Después de que los israelitas habían acampado en el Sinaí durante casi un año, el Señor le dijo a Moisés que era casi la hora de que siguieran el viaje. Dios dijo que no enviaría "al Ángel de la presencia de Dios *(una teofanía de Dios)*; Ya no lo haría. *Dios le informó a Moisés que Él personalmente no iría con ellos porque el pueblo era terco.*

Cuando el pueblo oyó eso, comenzó a llorar y mostrar algún signo de arrepentimiento. Moisés intercedió ante Dios en su nombre. "Señor, Tú me has estado diciendo que guíe a este pueblo, pero no me has dicho a quién enviarás para guiarme. Me dijiste que conoces mi nombre y me favoreces. Si te agrado, enséñame tus caminos para que pueda conocerte mejor y siga encontrando favor contigo."

## *Muéstrame Tu gloria (Éxodo 33:18-23)*

Moisés tenía otra petición para Dios: *"Señor, muéstrame Tu gloria."*

"Está bien", dijo Dios. "Haré que mi esplendor y bondad pasen ante ti y proclamaré mi nombre a ti. Sin embargo, no puedes mirar mi cara. Nadie puede ver mi cara y vivir. Hay una hendidura amplia en esa gran roca. Apriétate en la hendidura de la roca, y te cubriré con mi mano mientras me acerco. Después de pasar junto a ti, quitaré mi mano y podrás ver mi espalda" (reinterpretación del autor). *Un creyente desconocido agregó: "La espalda de Dios es una vista que solo ven aquellos que lo siguen."*

*Moisés también recibió instrucciones de cortar dos nuevas tablas de piedra para reemplazar* las tablas de los Diez Mandamientos que habían sido destruidas. Moisés debía llevar las nuevas tablas de piedra con él a la cima de la montaña. Dios reescribiría los Diez Mandamientos en ellas como antes (Deuteronomio 10:1-5). Moisés debía asegurarse de que nadie más estuviera en la montaña. Al día siguiente, Moisés ascendió la montaña, y el Señor descendió en una nube y estuvo con Moisés (la nube simbolizaba la presencia de Dios).

Oculto por la nube, *el Señor pasó junto a Moisés y reveló Sus atributos morales. Él proclamó: "El Señor Dios [Yahveh El]: santo, justo, compasivo, lleno de gracia, lento para la ira, abundante en misericordia y verdad [integridad de Su propio carácter moral]. Él guarda misericordia por miles, perdona la iniquidad [perversidad], la transgresión [rebeldía contra Dios y Sus morales] y el pecado [fallar en el objetivo que Dios nos estableció]; sin embargo, de ninguna manera dejará al culpable sin castigo [aquel que se niega a arrepentirse]. El Señor visitará la iniquidad de los padres sobre los hijos y los nietos hasta la tercera y cuarta generación."*

(Éxodo 34:6-7 NASB)

*Por lo tanto, el Señor reveló Su carácter moral básico: amor, justicia, verdad y santidad. Él perdona a todos los que verdaderamente se arrepienten y lo reconocen como su Señor y Salvador.*

*El pecado tiene graves consecuencias para aquellos que se niegan a arrepentirse y volverse a Dios.* El juicio caerá sobre ellos, así como sobre los descendientes que están influenciados por la depravación de sus padres; por lo tanto, al igual que sus padres, aquellos que se niegan a arrepentirse serán juzgados por Dios *(reescritura del autor).*

*Moisés se sintió abrumado por la revelación de Dios de su carácter moral y se inclinó y adoró,* diciendo: "Si he hallado gracia ante tus ojos, *oh Señor (Adonai = Dueño o Maestro de todo,* que denota la majestad de Dios), por favor ve con nosotros en nuestro viaje a la Tierra Prometida aunque el pueblo sea obstinado (de dura cerviz). Por favor, perdona nuestra iniquidad (perversidad moral) y pecaminosidad habitual. Por favor, acéptanos como Tu posesión".

Después de que se completó y dedicó el tabernáculo, la nube de la presencia de Dios cubrió la tienda de reunión. La gloria del Señor llenó el tabernáculo (la tienda de reunión). A partir de ese momento, durante sus viajes, cuando la nube se levantaba del tabernáculo, los hijos de Israel desarmaban y continuaban su camino. Si la nube no se levantaba, no avanzarían hasta el día en que la nube se levantara.

Después, cuando detenían su viaje y acampaban durante muchos días, se erigía el tabernáculo. Entonces, a la vista del pueblo, la nube del Señor estaría sobre el tabernáculo durante el día y un fuego dentro por la noche (Éxodo 40:34-38). Después de que acamparon en Sinaí durante aproximadamente un año, Dios dijo que era hora de continuar su viaje hacia la Tierra Prometida. *Nos saltaremos el resto de su viaje hasta que llegaron al desierto de Parán (Cades-Barnea) y* acamparon allí por algún tiempo.

*Moisés envía espías a Canaán (Números 13)*

Mientras acampaban en el desierto de Parán (Cades-Barnea), se eligió a un hombre de cada tribu para espiar la tierra de Canaán. Moisés comisionó a los doce espías para que trajeran información sobre la tierra de Canaán: ¿Son las personas débiles o fuertes? ¿Cuál es la población de cada ciudad y área? ¿Están las ciudades fortificadas? ¿Hay bosques y dónde se encuentran? Y finalmente, traigan muestras de frutas y productos.

Los doce salieron por la tierra de Canaán. Regresaron cuarenta días después con muestras de fruta. En su informe a Moisés, los doce espías reconocieron que la tierra era fructífera. Sin embargo, diez de ellos dijeron: "Las ciudades están fortificadas. La gente es enorme y demasiado fuerte para nosotros. *Nos sentimos como langostas en medio de ellos.*" Después de escuchar el informe de la mayoría, el pueblo de Israel tuvo miedo y se desanimó. *Parece extraño, pero si nos comparamos con nuestros enemigos o con una tarea que Dios nos da, a menudo nos sentimos inferiores para la tarea, y el miedo nos paraliza. Sin embargo, si comparamos a nuestros enemigos o nuestras tareas dadas por Dios con nuestro Dios Todopoderoso, que nos capacita, "no hay nada que no podamos hacer cuando Dios nos fortalece para hacerlo"* (Filipenses 4:13, reescritura del autor).

*Caleb y Josué sabían que Dios permitiría que Israel conquistara la tierra.* Dieron informes positivos y alentaron al pueblo a confiar en Dios para que les permitiera adquirir la tierra tal como se había prometido. Al *escuchar los dos informes diferentes, el pueblo de Israel se alineó con el informe negativo de los diez en lugar del informe positivo de Caleb y Josué.* La gente eligió verse a sí misma como langostas, como lo describieron los diez espías que dieron el informe negativo. El pueblo votó (solo los hombres podían votar) y se negaron a seguir las instrucciones de Dios. Incluso consideraron apedrear a Caleb y Josué por dar un informe tan positivo.

La gloria del Señor apareció en la tienda de reunión ante todos los hijos de Israel, y el Señor dijo,

¿Cuánto tiempo se negará este pueblo a creer en Mí a pesar de todas las veces que los he rescatado de la necesidad y el peligro? Quizás debería deshacerme de ellos con una epidemia. Podría hacer de Moisés una nación más grande que Israel.

(Números 14:10-12, reescritura del autor)

Moisés razonó con el Señor: "Si destruyes a este pueblo, las naciones incrédulas dirán 'el Dios de los hebreos no pudo cumplir Sus promesas, así que los masacró en el desierto.' Tienes poder ilimitado. Eres lento para la ira, abundante en amor, perdonando los pecados de iniquidad, pero castigando los pecados de aquellos que se niegan a arrepentirse. Con base en eso, por favor perdona la iniquidad de Israel de acuerdo con la grandeza de Tu amor."

(Números 14:10-19, reescritura del autor)

*Ahí se revela la grandeza de Moisés; él, al igual que Abraham, aprendió a confiar y obedecer al Señor y a Su plan de todo corazón. Permitió que Dios lo transformara en un hombre piadoso de amor y paciencia. Aprendió a defender a los demás en lugar de a sí mismo. Sus oraciones intercesoras por el pueblo de Israel podrían considerarse un continuo de mediaciones entre su pueblo y su Dios.*

"Está bien, Moisés," dijo el Señor. "*Perdonaré al pueblo como pediste. Sin embargo, los hombres que se negaron a creer u obedecer mis palabras, a pesar de que fueron testigos de mis milagros y gloria a lo largo del largo viaje desde Egipto, obtendrán lo que quieren. Dado que se negaron a entrar en la tierra, todos los hombres adultos que votaron en contra de entrar en la tierra no podrán ingresar.*" La única razón de los cuarenta años adicionales fue para esperar la muerte natural de todos los hombres que se negaron a entrar en la tierra—*otro ejemplo de cómo los pecados de algunos afectan a los muchos.*

*Los gigantes espirituales no son perfectos*

Números 20:7-11 revela que la nación errante enfrentó otra situación en la que no había agua para el pueblo y su ganado. La gente se quejó a Moisés. El Señor le dijo a Moisés y Aarón: "*Reúne al pueblo. Lleva la vara de Dios contigo y ve a hablar tranquilamente a la roca a la vista y oído del pueblo. Yo proporcionaré el agua necesaria.*"

*Moisés estaba enojado con su pueblo.* Los reunió y les gritó: "*Ustedes son alborotadores.* Aarón y yo les daremos agua de esta roca." *En lugar de obedecer a Dios y hablar suavemente a la roca, Moisés golpeó la roca dos veces con la vara de Dios. Surtió más que suficiente agua para el pueblo y el ganado. El Señor confrontó a Moisés y Aarón. Debido a que no me honraron ni me obedecieron o me trataron como santo ante los ojos del pueblo,* ninguno de ustedes podrá llevar al pueblo a la tierra que les he dado"

(Números 20:8-12 NASB).

*Las muertes de Aarón y Moisés (Números 20)*

Aarón murió y fue enterrado en el desierto. *Moisés tuvo tiempo para preparar* al pueblo para su partida. Les recordó el amor y el poder de Dios y todo lo que había sucedido desde que salieron de Egipto. Habló a cada una de las tribus de Israel y escribió todas esas cosas en el libro de Deuteronomio. Quería que siguieran las leyes de Dios para que pudieran disfrutar de la vida y la prosperidad. Moisés también advirtió que si no seguían a Dios, enfrentarían adversidades e incluso la muerte. *La simple verdad del cumplimiento es "Ama al Señor tu Dios y vive de acuerdo a todos Sus mandamientos."*

Obedecer a Dios te permitirá vivir, multiplicarte y recibir las bendiciones de Dios; pero si tu corazón se aparta de Dios y te niegas a obedecerlo y comienzas a adorar y servir a dioses falsos, perecerás. Depende de ti: elige a Dios o elige caminos que conducen a tu destrucción y a la pérdida de la tierra que Dios te ha dado.

(Deuteronomio 30:14-19, reescritura del autor)

Después de que Moisés terminó sus instrucciones, Dios lo llevó desde las llanuras de Moab hasta la cima del Monte Nebo (en la moderna Jordania). Desde su posición en la montaña, Moisés pudo mirar hacia el oeste, hacia el río Jordán. Al oeste del Jordán, pudo ver Jericó y más allá. *El Señor señaló las diversas áreas de Canaán y dónde se ubicaría cada tribu.*

Esa larga extensión de tierra de este lado del Jordán será dividida entre Rubén, Gad y la mitad de Manasés. Justo al otro lado del Jordán hacia el oeste estarán Benjamín y Efraín. Al otro lado del río y ligeramente al sur [pero no tan lejos como el Neguev] estará la ubicación de Judá, etc. Moisés, el siervo del Señor, murió allí en Moab, tal como dijo el Señor [Yahveh]. El Señor sepultó a Moisés, y nadie conoce el lugar. Moisés vivió 120 años, y Israel lamentó su muerte. (Deuteronomio 34:1-8, reescritura del autor)

*Preguntas*

1. ¿Cuántos descendientes de Jacob se mudaron a Egipto? ¿Cuántos descendientes de Jacob salieron de Egipto con Moisés cuatrocientos años después?
2. ¿Por qué fueron esclavizados los israelitas en Egipto?
3. ¿Por qué la madre de Moisés lo dio en adopción?
4. ¿En cuántos segmentos se puede dividir la vida de Moisés? ¿Cuántos años hay en cada segmento?
5. ¿Qué ocurrió en la "zarza ardiente"?
6. ¿Qué significa la "Pascua"?
7. ¿Crees que Dios realmente abrió el mar para que Israel pudiera escapar del ejército egipcio? ¿Por qué crees que Dios hizo o no hizo eso?
8. ¿Por qué les costó tanto confiar plenamente en Dios a los israelitas? ¿Es eso un problema para nosotros hoy?

9. Hemos aprendido varios nombres compuestos de Dios en historias anteriores. Algunos se repiten en esta historia (es decir, *Yahweh-Rophe* y *El Shaddai*). Aprendimos dos nombres compuestos más de Dios en esta historia. ¿Puedes nombrarlos? ¿Cuál fue la ocasión para cada uno de esos nombres?

10. Por lo general, Dios le hablaba al pueblo a través de Moisés, pero cuando Dios dio los Diez Mandamientos, quería que todo el pueblo lo escuchara hablar. ¿Por qué Dios quería que toda la gente lo escuchara entonces?

11. ¿Dónde se encuentran los Diez Mandamientos en la Biblia (nombre del libro y capítulo)?

12. ¿Qué es el "Shama," y dónde se halla en la Biblia?

13. ¿Qué sabes sobre el tabernáculo?

14. ¿Qué tenía de malo el "becerro de oro"?

15. Moisés le pidió a Dios que le mostrara Su gloria. Lee Éxodo 33:18-23 y Éxodo 34:3-7. ¿Qué aprendió Moisés sobre el carácter de Dios? ¿Revela esto algo sobre el plan de Dios para nosotros y el carácter que Dios tiene la intención de crear en nosotros? *Dedica tiempo a orar sobre eso.*

16. ¿Por qué los hijos de Israel pasaron cuarenta años adicionales en el desierto? (Números 13:1-3 y Números 14:26-33).

17. Lee Números 20:8-12. ¿Por qué castigó el Señor a Moisés al no permitirle entrar en la Tierra Prometida?

18. ¿Qué cosa especial hizo Dios por Moisés antes de su muerte? Si no lo sabes, lee Deuteronomio 34:1-8 para encontrar la respuesta.

*Mini-epílogo*

*El Ángel del Señor (Yahveh)* se apareció a Moisés en una zarza ardiente. No *era un simple ángel*, ya que claramente le reveló Su nombre a Moisés. Esta es otra *"teofanía de Dios"*. El Señor (Yahveh) se apareció a Moisés así como se había aparecido a Abraham en Génesis 18:1-13 (y en encuentros anteriores en Génesis 12:7 y 14:18-20) y a Jacob en Génesis 32:24-30. El fuego que Moisés vio en la zarza que no se consumía era posiblemente la brillante "gloria shekinah" del Señor (Yahveh) en lugar de un fuego. Otro nombre compuesto *de Dios es el Señor que santifica o el Señor mismo es nuestra santificación* (Levítico 20:8). El Señor santifica y nos da la oportunidad de tener una relación con Él.

# HISTORIA 12

## Un Líder Reticente
## (Josué 1:1-24:33)

Después de la muerte de Moisés, el Señor eligió a Josué, el asistente de Moisés, para guiar a Su pueblo hacia la Tierra Prometida, pero el pueblo de Dios tenía que desear la tierra lo suficiente como para arrebatársela a los cananeos.

Los últimos de los hombres que votaron en contra del plan de Dios para que Israel entrara en Canaán cuarenta años antes finalmente habían muerto. Su pecado contra Dios había causado un retraso de cuarenta años en la entrada de Israel en Canaán. Era hora de que Israel entrara en Canaán. Dios les dijo: "Cada lugar que Israel conquiste se vuelve suyo, pero renuncian a cada parte de la tierra que no conquisten."

*Dios nos conoce incluso en las profundidades de nuestros pensamientos.* Josué había sido un asistente de confianza de Moisés. También había liderado con éxito a los hombres de Israel en batalla contra los merodeadores amalecitas, que buscaban matar y saquear a los rezagados de Israel en el desierto (Éxodo 17:8-16). Sin embargo, Josué evidentemente tenía dudas sobre su capacidad para reemplazar a Moisés.

Dios prometió a Josué que estaría con él durante toda la conquista de la tierra. Si Josué obedecía a Dios, nadie podría oponerse a él. Sin embargo, Josué necesitaría confiar en Dios y ser fuerte y valiente para liderar a su pueblo y obtener la posesión de la tierra.

Josué creyó en Dios y aceptó el llamado de Dios para llevar al pueblo a la tierra y poseerla. Se reunió con los líderes de cada tribu y presentó su plan. Josué ordenó a esos líderes que...

Prepara a tus tribus; en tres días cruzarás el río Jordán
y comenzarás a poseer [conquistar] la tierra que Dios
te está dando.

Antes de su muerte, Moisés había llegado a un acuerdo con las tribus de Rubén, Gad y la media tribu de Manasés. Se acordó que esas tres tribus podían poseer tierras no asentadas en el lado este del río Jordán. Sus esposas, hijos, ganado, etc., no necesitaban cruzar el río. Sin embargo, sus hombres estarían obligados a cruzar el río con las otras nueve tribus para ayudarlas a conquistar sus partes de la tierra que Dios les había dado. Así, las tribus de Israel se estaban uniendo para el bien de todos.

## Los espías enviados a Jericó (Josué 2)

Días antes, Josué había enviado secretamente a dos hombres de su campamento para cruzar el río y espiar Jericó. Después de cruzar el Jordán, Jericó sería el primer bastión amurallado que Israel atacaría. Los espías encontraron alojamiento en la casa de Rahab, una prostituta. Era una estrategia sabia, ya que una mujer de su profesión tendría muchos clientes masculinos y conocería las habladurías del lugar.

Rahab vivía en una casa construida en una de las murallas que circundan la ciudad. Informó a los dos espías que su pueblo había oído mucho sobre los israelitas que se acercaban. La gente de Jericó escuchó cómo Dios secó el Mar Rojo para permitir que Israel escapara de Egipto muchos años antes. También escucharon que los israelitas derrotaron a los dos reyes de los amorreos. Ella admitió: "Cuando oímos esas cosas, nuestros corazones se derritieron y nuestros hombres perdieron el valor. El Señor tu Dios (Yahweh Elohim) es un Dios poderoso en los cielos y en la tierra."

Rahab hizo un trato con los espías. "He arriesgado mi vida al ser amable y protegerlos de la muerte. Por favor, devuelvan mi amabilidad cuando su pueblo conquiste nuestra ciudad. Por favor, protejan a mis padres, hermanos y sus hijos para que no nos maten."

Los espías prometieron que si ella no decía por qué estaban en Jericó, tratarían a ella y a su familia con bondad y lealtad cuando el Señor les diera Jericó. Ella los alentó a ir primero a la zona montañosa para que los soldados que los buscaban no los encontraran. Después de esconderse allí durante varios días, aquellos que los buscaban se rendirían y regresarían a la ciudad con las manos vacías. Entonces podrían regresar sanos y salvos a su propio campamento. *En retrospectiva, parece que Dios habló a través de Rahab.*

Los espías le recordaron a Rahab que cuando regresaran en gran número, ella debía identificar su casa atando un hilo escarlata en su ventana. Todos los miembros de la familia de su padre debían reunirse en su casa y no salir hasta que fueran rescatados. Después de que sus planes fueron acordados, Rahab abrió la ventana y bajó a los dos hombres con una cuerda al suelo, fuera de la muralla de la ciudad (Josué 2:1-22, reescritura del autor). Al regresar a su campamento, los espías le dieron a Josué un informe completo de la situación en Jericó.

*Israel cruza el Jordán y derrota a Jericó (Josué 3)*

Josué les dijo a los líderes tribales que pasaran por sus campamentos y dieran instrucciones para preparar a su pueblo para salir. Se les indicó que prepararan algo de comida y, lo más importante, que se prepararan ellos mismos. Deben consagrarse (limpiarse y prepararse espiritualmente) para el día siguiente, cuando el Señor (Yahvé) haría maravillas entre ellos. Temprano a la mañana siguiente, Josué y los hijos de Israel levantaron el campamento y se dirigieron hacia las orillas del río Jordán.

> El Señor [Yahvé] le dijo a Josué: "Hoy comenzaré a exaltarte a la vista de todo Israel. Haré esto para que sepan que estoy contigo, así como estuve con Moisés."
>
> (Josué 3:7 NAS3)

A medida que se acercaba el día de cruzar el Jordán, el río, que normalmente era estrecho y de flujo lento, estaba en etapa de crecida. Era profundo, bien más allá de sus orillas, y muy peligroso con rápidas olas turbulentas. Se les dijo a las personas que siguieran a los sacerdotes cuando recogieran el Arca de la Alianza y comenzaran a llevarla hacia el río.

Dios le dijo a Josué que dijera a los sacerdotes que llevaran el arca al medio del río seco. Los sacerdotes obedecieron a Josué y caminaron hacia el río enfurecido. Cuando sus pies entraron en la orilla del agua, Dios detuvo el flujo del río. El agua se erguía como una pared, y el río se acumuló río arriba. Eso cortó completamente el flujo hacia el Mar Muerto. *Dios secó el lecho del río en el lugar de cruce* como lo había hecho antes en el cruce del Mar Rojo (Éxodo 15). Los sacerdotes llevaron el arca al medio del lecho del río y se quedaron allí mientras las tribus cruzaban.

Después de que toda la gente cruzara, un representante de cada tribu recogió una gran roca del medio del lecho del río. Después de que los doce hombres llevaron sus rocas al otro lado, los sacerdotes cruzaron a Canaán con el arca. Entonces Dios permitió que el río fluyera libremente de nuevo. Los doce hombres llevaron sus rocas al primer campamento de Israel en Canaán, al este de Jericó. Las doce grandes rocas se apilaron como un memorial a Dios. Recordaba a la gente que fue el Dios todopoderoso quien permitió a Israel cruzar de manera segura el Jordán sobre suelo seco.

Todos los hombres que salieron de Egipto fueron circuncidados, pero ninguno de los hombres nacidos en el desierto lo había sido. El Señor mandó a Josué que los circuncidara antes de comenzar la conquista de Canaán. El Señor le dijo a Josué: "Hoy he quitado de ustedes el reproche de Egipto" (Josué 5:9 KJV). Ellos nombraron su campamento "Gilgal (Rodante)". Se observó la Pascua, y al día siguiente, comenzaron a comer los productos y grano tostado de Canaán. Ya no necesitaban el "maná" y las codornices que Dios había proporcionado durante sus años en el desierto.

Cuando Josué estaba cerca de Jericó, vio a un hombre de pie frente a él con la espada desenvainada. Josué le preguntó: "¿Eres de los nuestros o de nuestros adversarios?"

El hombre respondió: "Soy el capitán del ejército del Señor."

Josué cayó rostro en tierra y preguntó: "¿Qué tiene mi señor que decir a su siervo?"

El capitán del ejército del Señor respondió: "Quítate las sandalias, porque el lugar donde estás de pie es santo"

(Josué 5:13-15 NASB).

Nota: *Compara el párrafo anterior que involucra a Josué con Éxodo 3:2-6 que involucra a Moisés. El Ángel del Señor y el capitán del ejército del Señor podrían ser el mismo.*

El Señor le dijo a Josué que ya había entregado a Jericó y a sus habitantes en sus manos. Josué y sus soldados debían marchar alrededor de la ciudad una vez al día durante seis días. Siete sacerdotes llevando trompetas debían marchar frente al Arca de la Alianza. En el séptimo día, los soldados de Israel debían marchar alrededor de la ciudad siete veces mientras los sacerdotes tocaban sus trompetas. Luego debían sonar un largo toque en el cuerno de carnero. Tan pronto como se escuche eso, todos los hombres de Israel deben dar un gran grito *(pues el Señor les ha dado la victoria),* y las murallas de la ciudad colapsarán. Luego todo el ejército invadirá la ciudad.

(Josué 6:3-5, reescritura del autor)

Josué advirtió a su pueblo que nada puede ser sacado de la ciudad: ni souvenirs, ni botines, ni sirvientes—nada. La ciudad y todo lo que hay en ella pertenece a Dios. *Solo Rahab, la ramera, y la familia de su padre vivirán porque ella protegió a los espías de Israel.* Si alguien toma algo para sí mismo, traerá problemas a todo el campamento de Israel. Los dos hombres que espionaron la ciudad debían entrar en la casa de Rahab tan pronto como cayeran los muros. Ellos la llevarán a ella y a la familia de su padre a un lugar seguro como se prometió. Todo sucedió como lo prometió el Señor. El Señor estaba con Josué, y su fama se extendió por toda la tierra.

## Israel fue derrotado en Ai (Josué 7)

Un hombre desobedeció a Dios e ignoró la prohibición. Tomó botín para sí mismo. Por lo tanto, el Señor se enojó con Israel. Después de una victoria total sin bajas contra la ciudad fortificada de Jericó, Josué envió hombres a espiar la ciudad no fortificada de Ai, al este de Betel. Regresaron con un informe optimista: 'No hay necesidad de enviar a todo nuestro ejército a Ai. Son débiles. Solo envía dos o tres mil tropas. Eso será más de lo que necesitamos.'

Cerca de tres mil hombres demasiado confiados atacaron la ciudad y fueron derrotados y huyeron. Los hombres de Ai los persiguieron colina abajo y mataron a treinta y siete israelitas en retirada. Después de esa sorprendente derrota, el corazón de los israelitas se derritió como agua. Josué y los líderes de Israel rasgaron sus vestiduras de dolor, se echaron tierra sobre sí mismos y cayeron de cara hasta la tarde. Josué clamó: "Señor Dios (Adonai Yahvé), ¿por qué dejaste que esto sucediera? Ahora que Israel ha dado la espalda y ha huido de nuestro enemigo, todos nuestros enemigos cananeos oirán de esto, se unirán contra nosotros y nos aniquilarán. Entonces, ¿quién defenderá tu gran nombre?"

*El Señor (Yahvé) habló a Josué: "Déjame en paz. Levántate y deja de quejarte. Israel fue avergonzado en Ai porque Israel pecó.* Han tomado despojos de Jericó aunque les dije que no lo hicieran. Esa es la razón por la cual tus tropas no pudieron hacer frente al pueblo de Ai. No daré a Israel la victoria hasta que te deshagas de los despojos y castigues a los culpables de tomar despojos. Prepara al pueblo para que se purifique y para que se ocupe de este asunto en la mañana."

A la mañana siguiente, Israel se presentó ante el Señor. El Señor pasó por entre el pueblo y seleccionó a la tribu de Judá. De los clanes de Judá, el Señor seleccionó el clan de Zera. De las familias de Zera, el Señor seleccionó a Acán, hijo de Carmi. "Es cierto", dijo Acán. "He pecado contra el Señor. Vi un hermoso manto babilónico y lo tomé junto con aproximadamente cinco libras de plata y una barra de oro que pesa alrededor de una libra. Los enterré dentro de mi tienda."

Debido a que Acán fue juzgado culpable de pecar contra Dios y traer problemas a todo Israel, él y su familia fueron ejecutados por el pueblo *(su familia habría sido consciente de que escondía el botín en la tienda)*. Sus cuerpos y el botín robado fueron quemados y cubiertos con piedras. La gente llamó al lugar "Trouble Valley". *Fue un castigo severo, pero el pecado de Acán desafió a Dios y causó la muerte de treinta y siete hombres, otro ejemplo del pecado de uno que afecta a muchos otros.*

*Ai fue derrotada y conquista de Canaán (Josué 8)*

Entonces el Señor le dijo a Josué: "Toma a todo tu ejército y regresa a Ai. No tengas miedo. Te daré la victoria. Esta vez podrás quedarte con los despojos y el ganado para ustedes. Prepárense para atacar la ciudad por la retaguardia." Temprano en la mañana, Josué se acercó a Ai con unos cinco mil hombres. Durante la noche, la mayor parte de sus tropas maniobró sin ser vista detrás de la ciudad.

Por la mañana, el rey de Ai vio a Josué y a sus hombres acercándose por el frente como antes. Llevó a todos sus hombres con él para atacar a Josué. Josué y sus hombres comenzaron a retirarse como antes, alejando a los hombres de Ai cada vez más de su ciudad. Entonces, el mayor número de soldados de Josué salió de su escondite, capturó la ciudad y la prendió fuego. Cuando Josué vio las llamas en la ciudad, dio la vuelta a sus tropas, enfrentándose a los hombres de Ai, y los atacó de frente. Luego, sus tropas, que habían capturado la ciudad por la retaguardia, atacaron al ejército de Ai por la retaguardia. Así, las fuerzas divididas de Josué atraparon y destruyeron al ejército de Ai.

*La conquista de Canaán tomó mucho tiempo.* La batalla de Jericó y las dos batallas de Ai son un tanto indicativas de las muchas batallas que siguieron. Todas las batallas finalmente terminaron, y la tierra fue dividida entre las doce tribus de Israel. Cada tribu tenía voz sobre la tierra que recibió. Cada tribu era separada de las otras tribus, y cada una se ocupaba de sus propios asuntos sin un gobierno unificado.

*Sin embargo, no toda la tierra fue conquistada.* Se hicieron acuerdos con ciertas naciones cananeas. Se produjo un tiempo de paz, *pero la incapacidad de los israelitas para obedecer a Dios y conquistar todas las ciudades y áreas rurales condujo a problemas y conflictos periódicos.* Josué advirtió a las doce tribus de Israel que las "*naciones cananeas incrédulas restantes serán un problema perpetuo para cada tribu, y los alejarán de Dios hacia dioses falsos. Se convertirán en una trampa para atrapar a Israel como pequeños animales comestibles.*"

*Cuando Josué era viejo* (Josué 23), dio un discurso de despedida a las tribus de Israel, diciendo en parte: "Soy viejo y pronto moriré. Han visto al Señor obrar a su favor. Si quieren que Dios continúe bendiciéndolos y protegiéndolos, obézcanle y hagan todo lo que está escrito en el libro de la ley de Moisés. No sigan los caminos de los pueblos incrédulos que viven entre ustedes. Sean fieles al Señor. Saben que el Señor su Dios ha hecho todo lo que prometió. Así como Dios mantuvo cada promesa, también llevará a cabo cada amenaza si no obedecen los mandamientos de Dios. Si adoran a otros dioses (ídolos), la ira de Dios los castigará."

> Si no quieren servir al Señor, elijan a quién van a servir, a los ídolos que nuestros antepasados [es decir, Taré, el padre de Abraham] sirvieron más allá del río Éufrates, o a los ídolos de los amorreos en cuyo país viven. Sin embargo, *en cuanto a mí y a mi casa, serviremos al Señor [Yahvé].*

> (Josué 24:15)

*Josué tenía 110 años cuando murió (Jueces 2:8)*

Fue enterrado en la región montañosa de la tribu de Efraín. A medida que su generación moría, la generación más joven no conocía al Señor personalmente ni todos los que el Señor había hecho por Israel *(como América hoy en día).*

Después de la muerte de Josué, ya no había un líder sobre todas las tribus de Israel, y no lograron seguir las reglas de Dios. Así, Dios permitió periódicamente que una de las naciones cananeas que quedaban en la tierra (los cananeos, hititas, amorreos, ferezeos, etc.) así como naciones cercanas (los moabitas, madianitas, amalequitas y ammonitas) se levantaran contra una o más tribus de Israel.

Entonces, si los hijos de Israel se arrepentían y dependían de Dios, Él levantaba a un juez israelita, que también servía como líder militar para sofocar a ese enemigo; pero en realidad, fue el Señor (Yahvé) quien daba la victoria (es decir, Gedeón en Jueces 6-8).

*Preguntas*

1.  ¿Por qué los israelitas pasaron Cuarenta años adicionales en una vaga sin sentido?

2.  ¿Cuáles son algunas de las cosas que Dios le dijo a Josué para animarlo en la conquista de Canaán?

3.  ¿Cuál era el nombre de la prostituta cananea que ayudó a los espías israelitas? ¿Por qué los ayudó?

4.  ¿Qué hizo Dios para permitir que los israelitas cruzaran el inundado río Jordán y entraran en Canaán?

5.  Después de cruzar el río Jordán, los israelitas acamparon en Gilgal y realizaron tres cosas importantes: (a) Josué 5.1: Apilaron doce grandes piedras del lecho del río Jordán como un ________________ (b) Josué 5:2: Los hombres y niños nacidos después de que Israel salió de Egipto fueron ________________ (c) Josué 5:3: Observaron la ________________.

6.  Después de la Pascua, ¿por qué dejó Dios de proporcionar maná para Israel?

7.  En tus propias palabras, cuéntate verbalmente la historia de la batalla de Jericó. ¿Qué le sucedió a Rahab y su familia?

8.  Después de la fácil derrota de Jericó por parte de Israel, una fortaleza fuertemente armada, ¿por qué Israel fue derrotado por la ciudad más débil de Hai? ¿Qué dice esto sobre el pecado?

9.  Dios ordenó a Israel conquistar toda Canaán. ¿Capturó Israel toda Canaán como Dios ordenó? ¿Qué resultó de eso?

## Mini-epílogo

Todo pecado será perdonado si el pecador pone su fe en Dios al arrepentirse y obedecer a Dios. También debemos perdonar a todos los que vienen a la fe en Dios. Rahab, la prostituta en Jericó, fue perdonada y cambiada por Dios. Más tarde, Rahab se casó con Salmón, y tuvieron un hijo llamado Booz. Booz se casó con Rut, una extranjera no creyente que se había convertido en creyente. Booz y Rut tuvieron un hijo llamado Obed. Obed se convirtió en el padre de Isaí, e Isaí se convirtió en el padre del rey David (Mateo 1:5-6). Así, Rahab se convirtió en la bisabuela de David, y Rut se convirtió en la abuela de David. Jesús fue un descendiente tanto de Rahab como de Rut.

En Jueces 6:24, descubrimos otro "nombre compuesto" de Dios. Entonces Gedeón edificó allí un altar al Señor y lo llamó *"El Señor es Paz"* o *"El Señor mismo es nuestra Paz."* La presencia del Señor siempre trae paz a los creyentes sin importar la circunstancia.

## Los jueces más prominentes fueron

*Otoniel* y la apostasía de Israel bajo Cusán-risataim, rey de Mesopotamia (Jueces 3:7-11); Ehud contra los moabitas (Jueces 3:12-30); *Sangar* contra los filisteos (Jueces 3:31 y Jueces 5:6); Débora contra los cananeos (Jueces 4 y 5); *Gedeón* contra los madianitas (Jueces 6-8); *Jefté* contra los amonitas (Jueces 10:11); *Sansón* contra los filisteos (Jueces 13-16).

*En el libro de Jueces, hubo una guerra espiritual en curso contra el pueblo de Dios por el baalismo.* La cultura y la idolatría de los cananeos hicieron incursiones contra la creencia de Israel en un solo Dios verdadero. A través de los profetas del Antiguo

Testamento, Dios luchó contra la guerra espiritual librada por la idolatría del baalismo.

Hoy en día, la guerra espiritual también está en curso en América a través de la *incredulidad en Dios, fomentada por el ateísmo y la incredulidad en la verdad de la Biblia (fomentada por profesores ateos que utilizan el aula para atacar las creencias de estudiantes espiritualmente despreparados).*

El autor piensa que el principal campo de batalla de la guerra espiritual hoy parece ser la *mundanalidad de masas de creyentes y masas de iglesias en todas las denominaciones.*

Hoy en día, muchos estadounidenses parecen ser cristianos culturales, pero raramente asisten a cultos cristianos y se han convertido en adoradores prácticos de una versión moderna del baalismo llamado humanismo. *El humanismo valora a la humanidad por encima de Dios o, más a menudo, a la humanidad sin Dios. En el humanismo, vale todo: yo y lo mío primero, riquezas, sexo, drogas, etcétera; cualquier cosa que haga sentir bien, así como adorar el dinero, la fama, las celebridades, los deportes, etc.*

Dios juzgará a todas las personas y a todas las naciones. *El pecado trae su propio castigo. Dado que no queremos honrar a Dios, parece que Él nos ha* "entregado a los deseos de nuestros corazones para la impureza, a nuestras pasiones degradantes y a nuestras mentes depravadas" (Romanos capítulo 1, reescritura del autor).

# HISTORIA 13

## Israel Quiere Ser Como Los Demás
## (1 Samuel 1-10)

Las personas y eventos aparentemente poco importantes a menudo se convierten en la base para establecer naciones que Dios prometió a Abraham.

*La historia de Ana (1 Samuel 1:1-2)*

Elcaná (Dios ha creado), un hombre de la región montañosa de la tribu de Efraín, tenía dos esposas, Ana (gracia) y Penina (joya). Penina tenía hijos; Ana no tenía ninguno.

Cada año, Elcaná viajaba fielmente al tabernáculo (tienda de adoración) en Silo (lugar de descanso). Iba a adorar y a sacrificar al Señor de los ejércitos (Yahweh), Eli (ascensión) y sus dos hijos, Hofni y Finees, servían como sacerdotes.

Cuando llegó el día en que Elcaná debía hacer su sacrificio, le daba una porción a Penina y a todos sus hijos e hijas; pero a Ana, le daba dos porciones porque amaba a Ana a pesar de que ella no podía tener hijos. Su rival, la otra esposa, agravaba a Ana porque era estéril.

Peninnah estaba celosa de Ana porque Ana era la esposa amada *(no muy diferente a la situación de las dos hermanas, Lea y Raquel, en la historia 9).* Los insultos de Peninnah siempre se decían a espaldas de su esposo y ocurrían cada año cuando todos iban a la casa del Señor a ofrecer sus sacrificios. Aparentemente, las dos esposas de Elcana vivían en casas separadas y solo se veían una vez al año. Los viajes anuales a Siloh eran momentos tristes para Ana; las burlas de Peninnah siempre la llevaban a las lágrimas y ella no comía. Elcana sabía que Ana estaba triste porque no tenía hijos. Cuando ella lloraba, él siempre decía: "Amor mío, ¿por qué estás afligida? ¿No soy yo mejor para ti que diez hijos?"

En un viaje para adorar en Siloh, Ana estaba llorando amargamente en el oído de Elí, el sacerdote. Estaba angustiada y oró al Señor (Yahweh). Mientras lloraba, hizo un voto, diciendo,

> Oh Señor, si Tú miras la aflicción de tu sierva y me das un hijo, yo te lo devolveré.

> (1 Samuel 1:11 NASB)

Eli observó a Hannah mientras lloraba y oraba. Ella oraba desde lo más profundo de su corazón. Su boca se movía, pero no se podía oír su voz. Eli pensó que estaba ebria y se lo dijo. Pero Hannah respondió: "No, señor, soy una esposa sin hijos oprimida en espíritu. No he estado bebiendo vino fuerte. Estoy desahogando mi corazón ante el Señor. *Por favor, no*

*me considers una mujer sin valor, he estado hablando
con Dios por preocupación y provocación."*

(1 Samuel 1:12-16, reescritura del autor)

Eli respondió: "Está bien, entiendo. Ve en paz, y que Dios (Elohim) de Israel conceda la petición que le has hecho." Ana agradeció a Eli y se fue a comer. Su rostro ya no estaba triste. El Señor bendijo a Ana y ella dio a luz a un hijo al que llamó Samuel (pedido a Dios) (1 Samuel 1:17-20).

El año siguiente, cuando Elcaná y su familia viajaron a Silo para hacer su sacrificio anual al Señor, Ana se quedó en casa con su bebé. Le dijo a su esposo: "No regresaré a Silo hasta que mi hijo sea destetado, entonces lo llevaré a la casa del Señor, donde permanecerá para siempre."

Elcaná estuvo de acuerdo. "Haz lo que te parezca mejor. Quédate en casa hasta que el niño sea destetado, pero *asegúrate de que este es también el plan del Señor.*"

*El joven Samuel sirve a Elí el sacerdote (1 Samuel 1:27)*

Después del destete de Samuel (posiblemente a los cuatro años), Elcaná y Ana llevaron a su hijo a Silo para dejarlo con el sacerdote. También llevaron un toro, varios galones de harina y una jarra de vino para Elí, el sacerdote. Ana saludó a Elí, diciendo: "*Oh, maestro Elí, este es mi hijo, Samuel, se lo prometí al Señor por vida.*" Ana ofreció una oración de fe y agradecimiento (1 Samuel 2:1-10). Luego ella y su esposo regresaron a casa en Ramá, a unas veinte millas de caminata. El joven Samuel se quedó en Silo y ministró al Señor bajo la tutoría de Elí.

Eli fracasó en disciplinar a sus hijos cuando eran jóvenes, y crecieron para convertirse en hombres sin valor. Aunque servían en el tabernáculo, no conocían al Señor personalmente y no apreciaban las costumbres de la adoración. Dormían con mujeres, y cuando la gente traía carne cruda para ser sacrificada a Dios, Hofni y Finees enviaron a sus sirvientes para exigir las mejores porciones para ellos. Su pecado era grande, pues despreciaban la ofrenda del Señor. Eli sufrieron por ellos, pero a ellos no les importó. *(Tristemente, a veces esto les sucede a los pastores o a sus hijos hoy en día).*

Samuel llevaba un efod de lino (una vestimenta sacerdotal) cuando servía al Señor. Su madre le hacía nuevas túnicas cada año y se las llevaba cuando ella y su esposo regresaban anualmente para hacer sus sacrificios al Señor. Eli estaba agradecido por ellos y pidió al Señor que los bendijera con muchos hijos en lugar del que dedicaron al Señor. El Señor visitó a Ana y a Elcana y los bendijo con tres hijos más y dos hijas. Su hijo, Samuel, crecía continuamente en el Señor.

Mientras tanto, *un hombre de Dios fue a Eli con un mensaje de Dios.* "Me revelé a los descendientes de tu padre Levi, cuando estaban en esclavitud en Egipto. Los elegí entre las otras tribus para ser sacerdotes en Mi altar. He provisto para ti y tu familia, ¿por qué me menosprecias a mí y a mi llamado hacia ti? *Quitaré el sacerdocio de tu familia.* La señal de mi juicio es que tus hijos morirán el mismo día. Entonces elegiré para Mí un sacerdote fiel, un sacerdote que seguirá Mis deseos, no los suyos."

(1 Samuel 2:27-29, 34-35 NASB/ autor)

*Dios llama a Samuel (1 Samuel 3)*

Debido a la familia de Elí, las palabras de Dios eran raras. Entonces, una noche, cuando todos estaban en la cama, el Señor llamó a Samuel. Él se levantó y corrió a Elí, diciendo: "¿Me llamaste?"

Elí respondió: "No, hijo mío, no te llamé. Vuelve a la cama."

El Señor llamó a Samuel de nuevo. Samuel se levantó de nuevo y volvió a Elí. "Te oí llamarme, aquí estoy"; pero Elí respondió: "No, no fui yo. Vuelve a la cama."

*Samuel aún no conocía personalmente al Señor ni se le había revelado la Palabra del Señor.* El Señor llamó a Samuel por tercera vez, y él fue nuevamente a Elí. Esta vez, Elí discernió que el Señor estaba llamando al niño, así que le dijo: "Vuelve a la cama, y si te llama de nuevo, di: 'Habla, Señor. Tu siervo escucha.'"

Entonces Samuel volvió a la cama. El Señor vino y se paró junto a la cama de Samuel y lo llamó como antes. Samuel respondió: *"Habla, Señor. Tu siervo está escuchando."*

*El Señor le reveló a Samuel que iba a hacer algo que conmocionaría a todo Israel. El Señor estaba a punto de juzgar a la casa de Elí a causa de la iniquidad de sus hijos. Elí sabía de sus pecados, pero se negó a hacer nada al respecto. El Señor ya le había informado a Elí de lo que iba a hacer al respecto.*

Samuel volvió a la cama pero no pudo dormir. Cuando finalmente llegó la mañana, se levantó y abrió las puertas de la casa del Señor, pero tenía miedo de contarle a Elí sobre la visión que había visto. Elí llamó a Samuel y le dijo: "Samuel, hijo mío, ¿qué te dijo el Señor anoche? No tengas miedo de decírmelo incluso si son malas noticias para mí". Y Samuel le contó todo lo que el Señor le dijo. Elí respondió: *"Dios hará lo que sea necesario. Aceptaré Su voluntad."*

*El tiempo pasó.* Samuel creció y el Señor estuvo con él. Todo lo que Samuel predijo se cumplió. Todo Israel comenzó a darse cuenta de que Dios había confirmado a Samuel como Su verdadero profeta. Dios continuó revelándose a Samuel y hablando a través de Samuel, Su profeta fiel.

Los filisteos fueron a la guerra contra Israel nuevamente. Los israelitas establecieron su campamento en Ebenecer, a unos veinte kilómetros de Silo. Los filisteos acamparon en Aphek, no muy lejos, y derrotaron a Israel, que perdió cuatro mil tropas en la batalla.

Cuando regresaron a su campamento, los ancianos de Israel preguntaron: "¿Por qué nos ha castigado el Señor hoy? Vayamos a Silo y traigamos la Caja (el Arca de la Alianza del Señor *como si tuviera poderes mágicos*)." Esperaban que les diera victoria a Israel contra sus enemigos. Cuando los filisteos oyeron que el arca de Dios (Elohim) estaba en el campamento israelita, tuvieron miedo porque habían oído cómo Elohim había derrotado a los enemigos de Israel.

Sin embargo, cuando los filisteos consideraron que la derrota significaba que podrían convertirse en esclavos de los israelitas, reunieron su valor y mataron a treinta mil soldados de infantería de Israel. También capturaron el arca de Dios. Ofni y Finees, los hijos de Elí, fueron asesinados. Cuando Elí, de noventa y ocho años, se enteró de que el arca de Dios había sido capturada y de que sus hijos habían sido asesinados, cayó hacia atrás de su sillón y murió debido a una fractura en el cuello.

Mientras tanto, los filisteos llevaron el arca de Dios capturada a Asdod (cerca de Gaza). Asdod era una de sus principales ciudades, ubicada en la costa del mar Mediterráneo. La pusieron en el templo de Dagón (el dios pez), su ídolo importante. A la mañana siguiente, descubrieron que el ídolo Dagón había caído de cara ante el arca de Dios. Lo levantaron en su lugar, pero a la mañana siguiente, el ídolo estaba nuevamente de cara ante el arca de Dios, y su cabeza y manos estaban rotas.

El Señor (Yahweh) castigó al pueblo de Asdod y su territorio circundante causando un brote de tumores en ellos. Después de que el arca de Dios estuvo entre los filisteos durante siete meses, la gente local exigió que se enviara de vuelta a Israel. Decidieron colocar una ofrenda de culpa de oro al Dios de Israel y colocaron la ofrenda en el arca. "Quizás Él nos sane y aleje Su ira de nosotros, nuestros dioses y nuestra tierra" (1 Samuel 5:1-6:21).

## Samuel se convirtió en sumo sacerdote, profeta y juez

Israel lamentaba no estar más cerca del Señor (Yahveh). Samuel les dijo que el Señor es capaz de librarlos de los filisteos. Sin embargo, primero debían arrepentirse y volver al Señor con todo su corazón, no solo con palabras. También necesitarían deshacerse de sus ídolos extranjeros. Así, otra de las promesas condicionales de Dios a Israel. Dios sabía que eran inestables y poco confiables.

Los hijos de Israel se arrepintieron y removieron los baales (ídolos extranjeros) y las diosas de la fertilidad (ídolos de fertilidad) y comenzaron a servir al Señor nuevamente. Samuel dijo: 'Reúnan a todo Israel en Mizpa, y yo oraré al Señor por ustedes.' Israel se reunió en Mizpa, sacaron agua y luego la derramaron delante del Señor (un acto de sacrificio/adoración) mientras ayunaban (no comían ni bebían), y confesaron: 'Hemos pecado contra el Señor.'

Los filisteos supieron que Israel se había reunido en Mizpá, y sus líderes llevaron a sus tropas contra Israel. Israel tuvo miedo de los filisteos y suplicó a Samuel que orara por ellos. Samuel tomó un cordero joven, lo ofreció como un sacrificio, y oró en nombre de Israel. El Señor le respondió y confundió al enemigo haciendo que truenos extraños resonaran alrededor de sus tropas, así que fueron derrotados. Un Israel animado persiguió a su enemigo hasta Bet-car, derribándolos en el camino.

Luego, Samuel tomó una piedra y la estableció entre Mizpá y Sen como un recuerdo de la ayuda de Dios en derrotar a los filisteos.

Los filisteos no volvieron a entrar en Israel durante el resto de la vida de Samuel, porque la mano del Señor (Yahvé) estaba contra ellos.

A medida que Samuel envejecía, designó a sus hijos, Joel y Abías, como jueces sobre Israel. Pero los líderes de Israel fueron a Samuel y le dijeron: "Tus hijos no siguen tu ejemplo. Buscan dinero corrupto, aceptan sobornos, pervierten la justicia, y el Señor no habla por su medio. *Por favor, designa un rey sobre nosotros. Queremos ser como las otras naciones.*" Samuel era un buen hombre, un buen juez y sacerdote, pero cometió el mismo error con sus hijos que Eli había cometido con los suyos.

Samuel no estuvo contento con la solicitud del pueblo y oró al Señor. El Señor respondió a Samuel: "Escucha al pueblo. No eres tú a quien han rechazado, sino a Mí. Desde que los liberé de la esclavitud en Egipto, se han vuelto en mi contra y adoran ídolos. Dales lo que quieren, pero adviérteles que un rey los hará a ellos y a sus familias sus siervos. Luego el pueblo clamará contra su rey y pedirá mi ayuda, pero yo no responderé."

Samuel obedeció al Señor y le dijo al pueblo lo que Dios había dicho, pero los líderes no prestaron atención a su advertencia. *Exigieron un rey para poder ser como otras naciones.* Samuel oró nuevamente, y el Señor dijo: "Designa un rey para ellos. Enviaré a Saúl, de la tribu de Benjamín, y debes ungirlo como rey."

El Señor llevó a Saúl, el benjamita, a Samuel. Era un hombre apuesto en la plenitud de su vida. Era alto, destacándose por encima de todos los demás en Israel. Samuel ungió a Saúl como rey de Israel. Samuel besó a Saúl en la mejilla, le derramó una botella de aceite sobre la cabeza y dijo: "El Señor (Yahvé) te unge como gobernante sobre Su herencia." (Nota: la unción de Dios a Saúl no lo convirtió en rey.)

El Espíritu de Dios vino sobre Saúl. Él reunió una gran contingente de hombres para ir con él a liberar al pueblo de Jabés de

Galaad, que había sido sitiado por el ejército de Nahash el amonita. Después de la victoria de Saúl, el pueblo de Israel decidió que debía convertirse en rey.

Samuel dijo al pueblo: "Vamos a Gilgal y renovemos allí el reino." El pueblo estaba emocionado y aceptó seguir el plan de Samuel. Hicieron a Saúl rey ante el Señor. También ofrecieron sacrificios al Señor.

> Samuel, en la presencia del Señor, preguntó al pueblo: "¿Alguna vez he usado mi posición para mi propio beneficio? ¿Alguna vez he tomado el burro de alguien? ¿A quién he defraudado u oprimido? ¿De la mano de quién he recibido algún soborno?" "¡No!" gritó el pueblo, como uno solo. "Nunca has hecho nada de eso."

> (1 Samuel 12:3-4 KJV)

Samuel les recordó el liderazgo, la protección y la provisión de Dios para Israel a lo largo de los años desde que los liberó de la esclavitud en Egipto. "El Señor ha permanecido fiel a Israel incluso cuando Israel no ha sido fiel al Señor."

Haciendo un gesto hacia Saúl, Samuel continuó: "Aquí está el rey por quien pidieron. He aquí, el Señor ha puesto un rey sobre ustedes. *Si* viven en reverencia al Señor, lo sirven fielmente, escuchan su voz y no se rebelan contra sus mandamientos, *entonces* el Señor estará con ustedes y los bendecirá a ustedes y a su tierra *(una promesa condicional)*."

Después de convertirse en rey, Saúl lideró su ejército contra los enemigos de Israel. Derrotaron a Moab, Amón, Edom, Zobá y en escaramuzas con los filisteos. *Sin embargo, el rey Saúl no siguió los mandamientos de Dios por mucho tiempo.* Los filisteos se reunieron para luchar contra Israel nuevamente (1 Samuel 13). Se le dijo a Saúl que esperara a que Samuel viniera y ofreciera oración y un sacrificio a Dios antes de que Saúl llevara a Israel a la batalla, pero cuando Samuel tardó siete días, Saúl tomó el asunto en sus propias manos. Él hizo el sacrificio él mismo.

No había terminado de hacer el sacrificio Saúl cuando Samuel llegó y le preguntó: "*Saúl, ¿por qué desobedeciste a Yahweh?* Has actuado sin sabiduría al confiar en ti mismo en lugar de en Dios. Dios *habría establecido tu dinastía sobre Israel para siempre, pero ahora tu dinastía no perdurará después de tu muerte.* El Señor ha buscado un nuevo rey para que te reemplace cuando mueras. Elegirá a alguien que le obedezca, un hombre que busque la voluntad de Dios, no la suya propia."

La gente le pidió a Samuel que orara por ellos. Él les habló de su pecado pero les aseguró que "si se arrepienten, el Señor no los abandonará." Samuel también prometió seguir orando por ellos.

El Señor le dio a Israel una victoria menor ese día contra los filisteos, pero esa victoria fue gracias a las hazañas del hijo de Saúl, Jonatán, y su portador de armadura, en lugar de cualquier cosa que el rey Saúl planeara o hiciera. Los filisteos se retiraron y regresaron a su lugar, al igual que el ejército del rey Saúl (1 Samuel 13-14, reescritura del autor).

El Señor habló de nuevo a Saúl a través de Samuel. "He dado a Amalek (una tribu nómada, descendientes de Esaú) más que suficiente tiempo para arrepentirse de sus ataques mortales contra Israel, pero se niegan a arrepentirse y continúan burlándose de Mí y de Israel. *Debes destruirlos a ellos y a todo lo que tienen.*"

Sin embargo, la tribu de los ceneos, que vivía entre los amalecitas, había mostrado bondad a los hijos de Israel cuando salieron de Egipto. Por lo tanto, Saúl les advirtió que se alejaran de los amalecitas para que no fueran heridos durante la batalla. Luego, el ejército de Saúl derrotó a los amalecitas, pero perdonó a Agag, el rey de Amalek, y a los mejores de las ovejas, bueyes, ganado, corderos *y todo lo que era bueno.* Solo destruyó lo que no quería para sí mismo.

El Señor le dijo a Samuel que se arrepintió de haber hecho rey a Saúl porque Saúl se negó a obedecer y cumplir Sus mandamientos. Saúl le mintió a Samuel, diciendo que había cumplido con todos los mandamientos de Dios de destruir a los amalecitas, pero Samuel le cuestionó: "si obedeciste al Señor y exterminaste a los amalecitas y sus pertenencias, ¿por qué oigo a las ovejas balar y a los bueyes mugir?"

"Oh, eso", dijo Saúl. "Mis soldados salvaron lo mejor de las ovejas y bueyes de los amalecitas para sacrificar al Señor, tu Dios, pero el resto lo hemos destruido por completo."

Samuel respondió: *"Al Señor le agrada mucho más la obediencia que las ofrendas quemadas y los sacrificios.* Debido a que has dado la espalda a la palabra de Dios, Él te ha rechazado como rey" (reescritura del autor). Saúl intentó usar lágrimas de cocodrilo para desviar la culpa de sí mismo hacia sus soldados. Mintió nuevamente, diciendo que tenía miedo de sus tropas, por lo que hizo lo que ellos querían en lugar de lo que Dios quería.

*Samuel respondió: "Debemos temer a Dios en lugar de a la gente."*

Saúl pidió a Samuel que perdonara su pecado y regresara a su lado para que pudiera adorar al Señor. Samuel no quería abandonar a Saúl, pero no tenía otra opción, así que un estoico Samuel dijo que no podía ponerse del lado de Saúl contra Dios. Saúl había rechazado la Palabra del Señor, y el Señor le había quitado a Saúl el reino sobre Israel. Un Saúl profundamente humillado admitió su pecado y pidió a Samuel que por favor lo honrara ante los ancianos de su pueblo, *permitiéndole "salvar las apariencias"* al ir a adorar con Samuel frente a ellos. Samuel aceptó eso. Después, Samuel ejecutó a Agag, como lo ordenó el Señor. La tragedia del rey Saúl fue que Dios le ofreció la oportunidad de convertirse en un hombre conforme al corazón de Dios, pero Saúl estaba más interesado en su propio ego (la tragedia de la humanidad en general) (1 Samuel 15, reescritura del autor).

*Preguntas*

1.  ¿Te sorprendió la cantidad de mujeres prominentes en la Biblia que eran estériles? ¿Conoces personalmente a mujeres que sufren por la esterilidad?
2.  Eli fue un sacerdote elegido por Dios. ¿Cuál fue su caída?
3.  ¿Por qué Dios terminó con la dinastía de Saúl? ¿Por qué Dios rechazó a Saúl como rey? (dos preguntas)

*Mini-epílogo*

Antes de que Saúl se convirtiera en rey, Dios gobernaba y guiaba a Israel (una teocracia), pero el pueblo de Israel no siempre obedecía a Dios. *A partir de Saúl, el Israel del Antiguo Testamento se convirtió en una monarquía (un rey gobernaba). Dios puede trabajar dentro de cualquier forma de gobierno, aunque algunas formas de gobierno persiguen al pueblo de Dios más que otras.*

# HISTORIA 14

<br>

## Un Hombre Conforme
## Al Corazón De Dios
## (1 Samuel 16:1; 1 Reyes 2:12)

*David fue ungido para ser el próximo rey (1 Samuel 16)*

El Señor (Yahvé) le dijo a Samuel que dejara de afligirse por Saúl. "Ve a Belén. He elegido a uno de los hijos de Isaí para que sea rey." Pero Samuel tenía miedo de que Saúl se enterara de eso y lo matara. El Señor le dijo que llevara una novilla para sacrificar e invitara a Isaí. Después del sacrificio, el Señor le diría qué hacer a continuación.

Samuel obedeció y fue a Belén. Invitó a los líderes de la ciudad al sacrificio, porque Samuel quería pedirle a Dios que bendijera su ciudad. Samuel les dijo a los líderes que hicieran que los ciudadanos se prepararan espiritualmente mediante la purificación ceremonial y que asistieran al sacrificio. Samuel también invitó a Isaí, el padre de David.

Después del sacrificio, Samuel fue a la casa de Isaí. Siete de sus hijos fueron exhibidos frente a Samuel como si fueran concursantes en un concurso imaginario de 'hombre guapo'. Samuel primero miró a Eliab, el mayor, y pensó: *"Este debe ser el hijo que Dios ha elegido"*; pero el Señor le dijo a Samuel: "No mires su apariencia, su complexión o su altura. Dios mira el corazón del hombre." Eliab no fue elegido. Ninguno de los siete fue elegido.

Un Samuel desesperado le preguntó a Jesé, "¿Son todos estos tus hijos?"

Jesé respondió, "Tengo un hijo más, pero él es solo un niño."

Samuel dijo, "Por favor, envía a alguien para traerlo aquí para que pueda verlo."

Cuando David llegó, aún con su ropa de trabajo, Samuel vio a un joven rubio con ojos penetrantes y una apariencia agradable. El Señor dijo, "Este es el que he elegido," así que Samuel tomó aceite y lo derramó sobre la cabeza de David. La unción de David no lo convirtió en rey. Eso ocurriría muchos años después, tras la muerte de Saúl. Sin embargo, cuando David fue ungido, el Espíritu de Dios vino sobre él y nunca lo abandonó. Al mismo tiempo, el Espíritu de Dios se apartó de Saúl. Cuando el Espíritu de Dios dejó a Saúl, un espíritu maligno vino sobre él y a menudo lo aterrorizaba.

Los siervos de Saúl le pidieron permiso para buscar a un músico hábil que lo calmara con el arpa. Saúl dio su aprobación, y uno de sus jóvenes dijo: "Conozco a la persona justada: David, hijo de Isaí de Belén. David es joven pero un músico excepcionalmente bueno. Es más fuerte y sabio que la mayoría de los hombres, y es cuidadoso con su habla y conducta."

"¡Vaya! Qué currículum," dijo otro.

Saúl envió mensajeros a Isaí, solicitando los servicios de David. Isaí respondió cargando un burro con pan, una tinaja de vino y un cabrito joven y lo envió con David. David se convirtió en el asistente de Saúl, y pudo calmar a Saúl con música de su arpa. Saúl también hizo de David su escudero.

A veces, David estaba con Saúl; a veces, estaba en casa ayudando a su padre con sus rebaños. Cuando el espíritu de Saúl se perturbaba, enviaban a llamar a David, quien calmaba a Saúl con música. Después de que Saúl recuperaba la normalidad, David regresaba a casa (1 Samuel 16, reescritura del autor).

Después de un tiempo, los filisteos reunieron su ejército para luchar contra Israel. Acamparon en una colina que daba a un valle. Saúl y sus soldados acamparon en una colina al otro lado de ese valle. Los filisteos tenían un nuevo campeón llamado Goliat. Cada mañana, Goliat salía del campamento filisteo y provocaba a las tropas israelíes. Era un gigante, de dos metros y medio de altura. Su armadura y armas eran igualmente enormes. Gritaba al ejército de Saúl: "Envía a tu campeón para luchar conmigo. Si él me mata, nos convertiremos en tus sirvientes. Si yo lo mato, ustedes se convertirán en nuestros sirvientes."

Cuando Saúl y sus hombres escucharon ese fuerte desafío, se aterraron. Derrotar a ese gigante parecía imposible. Mientras tanto, David estaba en casa en Belén, cuidando ovejas. Su padre supo que habría una batalla contra los filisteos. Le dijo a David que llevara comida a sus hermanos mayores, que servían en el ejército de Saúl.

*Guerra con los filisteos (1 Samuel 17)*

David salió temprano la mañana siguiente con suministros para sus hermanos y su comandante. Estaba emocionado ante la perspectiva de ver una batalla. Llegó justo cuando los dos ejércitos salían en formación de batalla, gritando gritos de guerra entre los dos ejércitos. Corrió a lo largo de la línea de batalla para hablar con sus hermanos. Mientras hablaban, el gigante dio un paso adelante y se burló de Israel.

David se sorprendió de que nadie del ejército de Saúl se atreviera a desafiar al filisteo. En cambio, sus rostros revelaban su miedo, y algunos incluso comenzaron a huir. Goliat se burló de Israel aún más alto.

David se expresó, "¿Quién es este filisteo incrédulo que menosprecia al ejército de Dios? ¿Cuál de nuestros valientes soldados se atreverá a derrotar a ese gigante?"

Los hermanos de David estaban enojados por su audacia, pero alguien informó las palabras de David al rey Saúl, quien mandó a llamar a David.

*David derrota a Goliat (1 Samuel 17:31-58)*

David le dijo al rey: "Si ninguno de tus soldados desafía a Goliat, yo lo haré."

Saúl respondió: "Eres solo un niño. Goliat es un gigante y ha sido guerrero desde su juventud. No hay forma de que puedas derrotar a esa bestia."

"Señor," dijo David. "He confrontado osos y leones mientras cuidaba las ovejas de mi padre. Cada vez que una de esas bestias venía y tomaba un cordero del rebaño, iba tras él y rescataba al cordero de su boca. Cada vez que una bestia se rebeló contra mí. Lo maté."

En conclusión, David dijo: "El Señor (Yahveh) que me libró del león y del oso también me librará de este filisteo incrédulo."

Saúl no tenía campeón, así que accedió y dijo: "Está bien, ve a pelear con él, y que Dios te proteja."

David rechazó los esfuerzos para que usara armadura y llevara una espada. Llevó su propia vestimenta simple, cargó su cayado de pastor y eligió cinco piedras lisas que puso en su bolsa. Con su honda (para lanzar una piedra) en la mano, David se acercó al gigante.

El filisteo se acercó a David con su portador de escudo delante de él, pero rápidamente se dio cuenta de que David no era más que un niño. Sin embargo, el gigante no mostró respeto por David. Le gritó a David: "¿Soy un perro para que vengas a mí con palos?" Maldijo a David y dijo: "Te daré de comer a los buitres"; pero un tranquilo David respondió al filisteo: "Tú vienes con espada, lanza, pero yo *vengo a ti en el nombre del Señor de los ejércitos,* Dios de los ejércitos de Israel, a quien has burlado. El Señor te entregará en mi mano, y todos sabrán que hay un Dios en Israel."

A medida que el gigante se acercaba, un David intrépido corrió hacia él, deteniéndose solo para colocar una piedra en su honda. David la giró una y otra vez y luego lanzó la piedra, que fue disparada hacia Goliat. Le dio en la frente, y el enorme gigante cayó de cara al suelo y estaba muerto antes de tocar el suelo. Cuando el ejército filisteo vio que su campeón estaba muerto, huyeron con el ejército de Israel en rápida persecución (1 Samuel 17, reescritura del autor).

## Saúl se vuelve contra David (1 Samuel 18)

El hijo de Saúl, Jonatán, y David se convirtieron en almas gemelas, como hermanos gemelos. Jonatán le dio su propia túnica real y espada a David. El ejército volvió a casa con un desfile, con bandas tocando y mujeres bailando en la calle. Mientras bailaban, cantaban: "Saúl ha matado a sus miles, y David a sus diez miles." David se convirtió en un héroe nacional de la noche a la mañana.

El rey Saúl se enojó y se puso muy celoso. *Le han dado a David todo menos mi reino.* A partir de ese día, Saúl desconfiaba de David.

No mucho después de eso, un espíritu maligno volvió a apoderarse de Saúl. Mientras David tocaba su arpa con la esperanza de calmar a su rey, Saúl le lanzó una lanza, buscando clavarle en la pared. David logró esquivar la lanza y escapar. Saúl temía a David, porque el Señor estaba con David pero se había apartado de él. *Los celos y la ira son pecados peligrosos y autodestructivos.*

Saúl *prohibió a David* estar en su presencia. David ya no le proporcionaba música reconfortante ni comía en la mesa del rey. Eventualmente, Saúl nombró a David comandante de mil soldados con la esperanza de que los filisteos lo mataran en combate, pero en cambio, David ganó más visibilidad con el pueblo y obtuvo aún más popularidad. Mical, una de las hijas del rey Saúl, amaba a David y quería casarse con él. Saúl accedió al matrimonio porque quería usar a su hija para atrapar a David. Jonathan intercedió por David, pero la ira de Saúl lo llevó a intentar matar a su propio hijo con una lanza.

Después de un tiempo, Jonathan convenció a su padre de que David no estaba en contra de Saúl. Jonathan le dijo a su padre: "No peques contra tu inocente siervo. Todo lo que David ha hecho ha sido para tu beneficio." Saúl escuchó a su hijo y prometió que David no sería asesinado. David fue traído de nuevo ante la presencia de Saúl para sosegar al rey con música, pero un espíritu maligno entró nuevamente en Saúl, y lanzó otra lanza a David.

## David huyó por su vida (1 Samuel 19:1-24)

David huyó de Saúl, pero Saúl tomó a tres mil hombres de élite de su ejército y buscó a David con la intención de matarlo. Había personas leales a David esparcidas por toda la tierra. Le informaron a David dónde estaba Saúl. Saúl envió espías por toda la tierra para descubrir la ubicación de David. David y sus hombres cambiaron de ubicación con frecuencia. Cada vez que Saúl capturaba a uno de los espías de David, los hacía matar. David y sus hombres se mantenían un paso por delante de Saúl.

Constantemente se nos recuerda el buen carácter de David. Una vez, el ejército filisteo también intentó capturar a David, quien se ocultaba en un refugio en el bosque. Un pelotón de filisteos acampó en Belén en caso de que regresara a su ciudad natal. Mientras tanto, David estaba exhausto y comentó que deseaba tener un trago de agua del pozo de Belén. Sin que David lo supiera, sus tres 'hombres valientes' salieron del refugio, se infiltraron en Belén, sacaron agua del pozo de Belén, regresaron rápidamente de Belén y llevaron el agua a David.

Cuando David se dio cuenta de que sus "hombres valientes" habían arriesgado sus vidas para conseguir el agua, no quiso beberla. La derramó como una ofrenda de bebida al Señor. David se sintió indigno del valor de sus soldados, pensando que *solo Dios es digno de tal dedicación* (2 Samuel 23:13-17).

Mucho más tarde, después de convertirse en rey, David ordenó un censo de Israel en contra de la voluntad de Dios. Quería saber cuántos más hombres se podían reclutar para su ejército. En eso, David estaba *confiando en el hombre en lugar de en Dios*. Incluso Joab, el comandante del ejército, pensó que el censo era imprudente, pero la voluntad de David prevaleció. Después de la conclusión del censo, el corazón de David se sintió angustiado. Sabía que estaba equivocado. David se disculpó con Dios, diciendo: "He pecado mucho en lo que he hecho. Por favor, quita mi iniquidad, porque me he comportado neciamente."

Dios envió una peste sobre Israel, y muchos murieron. David suplicó a Dios: "Fui yo quien pecó. Por favor, que tu mano esté contra mí y mi familia. No hagas que el pueblo sufra por mi pecado."

Dios respondió: "Construye un altar al Señor en la era de Araunah el jebuseo."

David fue a cumplir el mandato de Dios. Cuando Araunah vio al rey venir, se inclinó ante David y preguntó: "Señor mío, ¿por qué has venido a tu siervo?"

"Para comprar tu era," respondió David. "Quiero construir un altar al Señor. Le estoy suplicando que detenga la plaga, que está matando a nuestra gente."

Araunah respondió a su rey: "Toma lo que tengo, Majestad, y ofrece lo que desees al Señor", pero David rápidamente respondió: "Pagaré lo que valen, *pues no sacrificaré nada al Señor mi Dios que no me cueste nada*" (2 Samuel 24:24 NASB). David compró la era y los bueyes, luego construyó el altar y ofreció holocaustos y ofrendas de paz al Señor. El Señor detuvo la plaga (2 Samuel 24:1-25).

*Es interesante que Dios utilizó a algunas personas y lugares repetidamente, es decir, en Génesis, Dios le dijo a Abraham que llevara a su hijo Isaac al Monte Moriah y lo sacrificara allí. En esta historia, Dios le dijo a David que hiciera un sacrificio en el piso de trilla de Araunah en el Monte Moriah. Luego, después de la muerte de David, Dios permitió que el hijo de David, Salomón, construyera el templo en el Monte Moriah en Jerusalén*

*(2 Crónicas 3:1).*

*El constante respeto de David hacia el rey Saúl revela el carácter de David. Respetó al ungido de Dios a pesar de que Saúl intentó muchas veces matar a David. Tuvo al menos dos oportunidades para matar al rey de manera segura, pero se negó a tocar a su rey, ni permitió que sus hombres mataran a Saúl (ver 1 Samuel 24:1-22 y 1 Samuel 26:1-25).*

*Cada vez que David perdonaba la vida de Saúl, Saúl admitía que David era mejor que él. Sin embargo, cada vez que Saúl se apartaba de buscar la vida de David, luego cambiaba de opinión y buscaba matar a David de nuevo. David explicó a sus hombres que, en el momento adecuado, el Señor (Yahvé) mismo quitará al rey, "pero no debemos poner nuestras manos sobre él." Así, David revelaba continuamente su propio corazón al proteger a un rey que quería matarlo*

*(1 Samuel 16-27, reescritura del autor).*

*Preguntas*

1. ¿Tú, al igual que Samuel, a veces evalúas a una persona por su apariencia física en lugar de su corazón? Piensa en ello: ¿hay algunas personas que evaluaste incorrectamente por su aspecto, pero luego te diste cuenta de que tu evaluación estaba equivocada? ¿Cómo puedes evitar hacer eso en el futuro?

2. Hoy tenemos terapeutas musicales; tal vez David fue el primer terapeuta musical. ¿De qué manera puede Dios usar tus talentos y habilidades para ministrar a personas en necesidad física, emocional o espiritual? ¿Estaba el joven David siendo osado (como el José de diecisiete años y sus sueños) cuando se ofreció a luchar contra Goliat, o estaba poniendo a Dios primero? ¿Por qué crees eso?

3. ¿De qué manera la celosía hacia David llevó a la caída
   de Saúl? ¿Puede la celosía también limitarnos? ¿Cómo
   podemos protegernos contra la celosía?
4. ¿Se convierte Saúl en un recordatorio de que Dios puede
   desecharnos (no hablando de perder nuestra salvación)?

*Mini-epílogo*

El Espíritu del Señor se apartó de Saúl y un espíritu
maligno lo aterrorizó.

(1 Samuel 16:14)

El espíritu maligno podría haber sido un demonio o podría
referirse a alguna enfermedad mental o emocional. Esta historia
está en el Antiguo Testamento. Dios dio Su Espíritu solo a algunos
creyentes para propósitos específicos y por razones específicas. Él
retiraría Su Espíritu si fuera apropiado.

Después de su arrepentimiento por los pecados de adulterio
y asesinato indirecto, David oró,

No me eches de tu presencia y no quites de mí tu
Santo Espíritu.

(Salmo 51:11 RVR)

La obra de expiación eterna de Dios a través del Salvador
no se completó hasta el Nuevo Testamento. *Solo entonces todos los
creyentes reciben el Espíritu Santo, y el Espíritu Santo no se aparta
de los creyentes.*

# HISTORIA 15

## Reyes: David, Salomón y Un Israel Dividido (2 Samuel 1:1 a 1 Reyes 14:31)

Después de la muerte del rey Saúl, la tribu de Judá eligió a David como rey de su tribu en Hebrón (Judá, el Reino del Sur). Las tribus de Israel eran leales a la familia de Saúl (Israel, el Reino del Norte).

David buscó paz entre los dos reinos, pero su ejército, liderado por el general Joab, y el ejército de Israel, liderado por el general de Saúl, Abner, lucharon durante un tiempo. Las fuerzas de David se volvieron cada vez más fuertes mientras que sus oponentes se debilitaban cada vez más. Finalmente, David y Abner llamaron a una tregua y comenzaron a trabajar juntos.

Abner convenció a las tribus de Israel de que debían seguir a David, y proclamaron a David como su rey. David pudo derrotar a los jebuseos y conquistar Jerusalén, su ciudad fortificada. David trasladó su capital de Hebrón, en el sur de Judá, a Jerusalén, que estaba más central para la nueva nación unida. Tenía la ventaja adicional de ser un territorio neutral ya que era recién conquistado. Fue un movimiento que ayudó a unificar las tribus del norte bajo David.

David se convirtió en el rey más grande en la historia de Israel. Capturó todas las tierras de la actual Siria (tierra que Dios prometió a Jacob) y hacia el sur hasta el arroyo de Egipto, hasta la punta norte del golfo de Aqaba. David amó y sirvió a Dios, sin embargo, tenía una debilidad por las mujeres y tuvo múltiples esposas. La mayoría de nosotros somos conscientes de su adulterio con Betsabé, que llevó al asesinato indirecto de su esposo, después del cual David se casó con ella. Natán, uno de los profetas de Dios, reprendió al rey David por sus pecados y David se arrepintió y no mató al profeta Natán como lo habrían hecho la mayoría de los otros reyes. Más tarde, David nombró a uno de sus hijos en honor a Natán.

*En el Salmo 51, David escribió,*

> Oh Dios, ten misericordia de mí por causa de Tu amor. Borra mis muchos pecados y hazme limpio otra vez. Siempre soy consciente de mi pecado y me consume el corazón porque he pecado contra Ti, Señor.

> (Salmo 51:1-4, reescritura del autor)

> Crea en mí un corazón limpio, oh Dios; y renueva un espíritu recto dentro de mí. Por favor, no me eches de Tu presencia; y por favor, no quites Tu Santo Espíritu de mí. Por favor, restaura en mí el gozo de Tu salvación y mantenme con Tu Espíritu.

(Salmo 51:10-12 KJV)

David se arrepintió y pidió perdón como lo requiere Dios. Dios lo perdonó, y David escribió,

> Bienaventurados aquellos cuyos transgresiones [rebelión moral] son perdonadas, y cuyos pecados son cubiertos.

(Salmo 32:1 RVA)

El pecado de David fue perdonado. Sin embargo, el perdón no elimina las consecuencias del pecado. El Señor (Yahvé) habló con David a través del profeta Natán:

> Has menospreciado la palabra del Señor al hacer el mal... la espada nunca se apartará de tu familia... haré que se levante mal contra ti de tu propia casa.

(2 Samuel 12:9-11 NASB)

Los pecados de David fueron un desastre para su familia. El hijo de su adulterio murió después de nacer (2 Samuel 12:15-23). Después, Dios le dio a David y a Betsabé otro hijo, Salomón. Mucho más tarde, el hijo de David, Amnón, violó a Tamara, su propia hermanastra. El hermano de Tamara, Absalón, mató a Amnón, su medio hermano, por violar a Tamara. Luego, Absalón huyó por su vida (2 Samuel 13:24-39).

Absalón (el tercer hijo de David) regresó a casa después de tres años y conspiró contra su padre. Buscó derrocar a David y convertirse en rey él mismo. David tuvo que huir de Jerusalén por su vida.

Mientras David estaba ausente, Absalón tomó las concubinas (esposas secundarias) de su padre para sí mismo a la vista de todo Israel. Después de hacer eso, Absalón reunió a doce mil soldados y persiguió a su padre para matarlo. Sin embargo, los soldados de David mataron primero a Absalón (2 Samuel 15:1-18:18).

Cuando David era viejo y estaba en el proceso de ceder la corona a Salomón, Adonías, el cuarto hijo de David, conspiró para arrebatarle el reino a su medio hermano Salomón. Después de la muerte de David, Adonías fue ejecutado (1 Reyes 1:1-2:27). David y su familia ciertamente pagaron un terrible precio por sus pecados.

*Lo mismo es cierto hoy. Podemos ser perdonados del pecado, pero la consecuencia de nuestro pecado permanece, es decir, pérdida de trabajo, cárcel, divorcio, relaciones rotas, posiblemente muerte o la muerte de otros, y otras tragedias especialmente si hay niños involucrados. Lo que sembramos produce una cosecha, ya sea buena o mala.*

Dios usó a David para escribir casi la mitad de los Salmos, que generalmente eran poemas musicalizados. El libro de Salmos era tanto un libro de himnos como un libro de oraciones para el pueblo judío y cubría muchos temas: alabanza, alegría, gratitud, tristeza, peticiones de oración, arrepentimiento, perdón, adoración y muchos otros temas. El Salmo 23 de David es el favorito de la mayoría de las personas. Comienza con *"Yahveh-Rohi"* (El Señor mi Pastor). Muchos de nosotros consideramos que Yahveh-Rohi es otro nombre compuesto de Dios.

Muchos pasan por alto el hecho de que *El rey David también fue un profeta de Dios.* Muchos de sus Salmos contenían profecías sobre el Mesías, que sería un descendiente del mismo David, es decir,

El Señor [Yahveh] me dijo: "Tú eres mi Hijo. Hoy te he engendrado. Pídeme, y te daré las naciones

[naciones no judías] como tu herencia, y los confines de la tierra como tu posesión."

(Salmo 2:7 RVR)

Compara con *Hebreos* 5:5ss:

Cristo tampoco se glorificó a sí mismo para convertirse en sumo sacerdote, sino que fue Aquel que le dijo: "Tú eres Mi Hijo, hoy te he engendrado."

(Salmo 2:7-8 NASB)

¿Qué es el hombre para que en él pienses, y el Hijo del Hombre para que te preocupes por él? Sin embargo, lo has hecho un poco menor que Dios, y lo coronas de gloria y majestad. Lo haces gobernar sobre las obras de Tus manos; has puesto todas las cosas bajo sus pies.

(Salmo 8:4-6 NASB)

Compara con *Efesios* 1:19b-23

Tú [Dios] no abandonarás mi alma en "Seol" *[el lugar de los muertos]*, ni permitirás que tu Santo vea corrupción. Me darás a conocer el camino de la vida; en tu presencia hay plenitud de gozo; a tu diestra hay placeres para siempre (imagen de resurrección). (Salmo 16:10-11 NASB)Dios mío, Dios mío, ¿por qué me has desamparado?

(Salmo 22:1 NASB)

Compara con Efesios 1:19b-23.

Ve Mateo 27:46 y Marcos 15:34, una profecía que describió una crucifixión mil años antes de que Roma inventara la crucifixión.

Ellos mueven la cabeza, diciendo: "Compórtate como un hombre de fe en el Señor [Yahweh]; déjale que te libre. Déjale que lo rescate porque Él se deleita en él."

(Salmo 22:7b-8 NASB; compara con<br>Mateo 27:43 y Marcos 15:34)

Me han perforado las manos y los pies.

(Salmo 22:16 NASB; compara con Juan 20:25)

Dividen mis vestidos entre ellos, y por mi ropa echan suertes.

(Salmo 22:18 NASB; compara con Mateo 27:35)

El celo de Tu casa [el Templo] me consume.

(Salmo 69:9a NASB; compara con Juan 2:16-17)

Los reproches de los que te reprochan han caído sobre mí.

(Salmo 69:9b NASB; compara con Romanos 15:3)

"El Señor [Yahweh] dijo a Mi Señor ["Adonai" = Maestro/Salvador], "Siéntate a mi derecha hasta que ponga a tus enemigos por estrado a tus pies."

(Salmo 110:1 NASB; compara con Mateo 22:43-46, Marcos 12:36 y Lucas 20:42)

El Señor [Yahweh] ha jurado y no cambiará de parecer, "Tú eres sacerdote para siempre, según el orden de Melquisedec."

(Salmo 110:4 NASB; compara con Hebreos 7:21-28)

Hay otros Salmos de David que también profetizan sobre el Mesías.

David fue el rey más querido de Israel. *Antes de morir, David hizo a Salomón rey de Israel. Salomón no estaba en la línea de sucesión, pero era hijo de Betsabé, la esposa favorita de David.* Por eso, el hijo de David, Adonías, otro hijo de David, intentó sin éxito arrebatarle el trono a su medio hermano Salomón (mencionado anteriormente en la historia).

*Salomón se convirtió en rey de Israel (1 Reyes 2:10-12)*

Salomón oró: "Oh Señor, mi Dios (Yahweh mi Elohim), Tú me has hecho rey en lugar de mi padre David. Pero soy joven y no entiendo cómo liderar a este pueblo... Por favor, dame un corazón comprensivo para guiar a Tu pueblo y discernir entre el bien y el mal."

(1 Reyes 3:7-9 nasb)

Porque Salomón le pidió a Dios sabiduría para dirigir a Israel en lugar de pedir riquezas, larga vida, etc., Dios se complació y lo hizo el hombre más sabio de la tierra. Dios también le dio riquezas. "Si me sigues y me obedeces, como lo hizo tu padre David, también prolongaré tus días" (1 Reyes 3:10-14).

Salomón comenzó bien. Amaba al Señor (Yahvé) y se humilló ante el Señor. Construyó la casa del Señor planeada por su padre, David, para reemplazar el antiguo tabernáculo (la tienda de adoración). Durante la dedicación del templo, Salomón oró al Señor, y el templo fue lleno con la gloria Shekiná del Señor (una luz brillante como el fuego). Se inclinaron para adorar y alabar al Señor (2 Crónicas 7:1-3, reescritura del autor).

Esa noche, el *Señor* [Yahvé] apareció a Salomón y le dijo: "He oído tu oración y he elegido este templo como casa de sacrificio. Sin embargo, 'Si' *el pecado de Israel me* provoca a cerrar el cielo, de modo que no haya lluvia, o enviar langostas para destruir tus cultivos, o enviar enfermedades temidas a mi pueblo. Entonces, *si se humillan, oran, buscan mi rostro y se arrepienten de sus pecados, yo los escucharé y sanaré su tierra.*"

(2 Crónicas 7:13-14, reescritura del autor)

El Señor añadió: "Pero *si* te apartas de Mí y ignoras Mis mandamientos y adoras ídolos, *entonces* te arrancaré de la tierra que te he dado y de este templo que he santificado solo para Mi nombre"

(2 Crónicas 7:19-21, reescritura del autor). *Dios señaló la debilidad de Salomón.*

A lo largo de los años, Salomón se casó con muchas esposas extranjeras incrédulas tanto por razones políticas como por su lujuria. Tuvo setecientas esposas y trescientas concubinas (esposas secundarias), y esas esposas desviaron su corazón de Dios (Elohim). No abandonó totalmente a Dios, pero sus esposas lo llevaron tras otros dioses (es decir, Baal, Astarté, Milcom, Quemos, Moloc, etc.). No estaba completamente dedicado al Señor (Yahveh) su Dios (Elohim).

Aunque Salomón no era un guerrero, bajo su mandato, la tierra de Israel se extendió tan al norte como el río Éufrates y tan al sur como la frontera de Egipto. Salomón era extraordinariamente rico y obligó al pueblo a pagar impuestos extremadamente altos. Escribió los libros de la Biblia de Proverbios, Eclesiastés y Cantar de los Cantares. *Salomón murió en el 933 a.C.* y su hijo Roboam se convirtió en rey.

Jeroboam, representando a las diez tribus del norte de Israel, le pidió a Roboam que redujera los impuestos sobre el pueblo. Un necio Roboam escuchó malos consejos y, debido a su orgullo, le dijo a Jeroboam que impondría impuestos aún más altos que los de su padre Salomón. Así, Jeroboam llevó a las diez tribus del norte a rebelarse contra Roboam, se separaron de Judá y se establecieron como un nuevo reino. *Las diez tribus conservaron el nombre de Israel.* El rey Jeroboam se apartó de Dios y llevó a Israel (el Reino del Norte) a adorar a dos becerros de oro. La adoración del ídolo Baal se convirtió en su religión principal. Ninguno de sus reyes fue bueno; ninguno de ellos siguió a Dios. El Reino del Norte comenzó a caer en picada.

El Reino del Norte fue finalmente destruido en el 721 a.C. con la derrota de Samaria por el rey asirio Sargón II. La mayoría de la población fue llevada al cautiverio y trasladada mientras que cautivos de otros países fueron colocados en lo que había sido el Reino del Norte. El Imperio Asirio, que destruyó a Israel (el Reino del Norte), fue la potencia mundial durante aproximadamente trescientos años. Los asirios fueron derrotados por los babilonios en el 609 a.C.

*El Reino del Sur, de dos tribus, se convirtió en Judá.* Judá tuvo muchos reyes buenos, pero también tuvo muchos reyes malvados. Judá también se vio envuelto en una espiral descendente, pero no tan rápidamente como el Reino del Norte. Judá finalmente cayó ante los babilonios en el 605 a.C. Jerusalén fue destruida más tarde. El pueblo de Judá fue llevado como exiliados a Babilonia en oleadas (en 607 a.C., en 597 a.C., y las masas en 586 a.C.). Daniel y sus tres amigos Sadrac, Mesac y Abednego eran de sangre real, fueron llevados a Babilonia en 607 a.C. para servir en la corte del rey Nabucodonosor.

Dios habló a través de sus profetas, diciendo que el exilio duraría setenta años. Incluso cuando el pueblo de Judá estaba siendo llevado al exilio, el profeta Jeremías les dio un mensaje de Dios:

> Estás siendo castigado por tus pecados, tu castigo durará setenta años. No obstante, tengo buenos planes de paz para ti, no planes de calamidad. Tengo planes para darte esperanza y un buen futuro. Entonces, cuando ores a Mí, escucharé. Cuando Me busques con todo tu corazón, seré encontrado y te devolveré a tu tierra natal.

> (Jeremías 29:10-14, reescritura del autor)

Al final de setenta años de cautiverio, los persas derrocaron a los babilonios sin luchar. En el 538 a.C., Ciro, el rey persa, liberó a los hebreos para que regresaran a Jerusalén. En el 536 a.C., Zorobabel lideró a más de 42,000 de ellos de regreso a su tierra natal. Sin embargo, muchos hebreos se quedaron en Persia. Un grupo más pequeño regresó con Esdras en el 457 a.C. para reconstruir el templo en Jerusalén. Otro pequeño grupo regresó con Nehemías en el 444 a.C. para reconstruir las murallas de Jerusalén.

*El libro de Ester* ofrece un vistazo a la vida de los hebreos que se quedaron en Persia en lugar de regresar a Israel. Ester, una hermosa dama judía, se convirtió en reina de Persia al casarse con el rey Asuero (Xerxes I) en el 478 a.C., aproximadamente cincuenta y ocho años después de que terminó el cautiverio babilónico.

*Al darse cuenta de que su improbable ascenso a la realeza era el plan de Dios para salvar a su pueblo (los judíos que aún vivían en Persia), una valiente Reina Esther arriesgó su propia vida y logró detener un plan para aniquilar a todos los judíos (miles) en Persia.* Es un libro interesante que nunca menciona a Dios, sin embargo, Dios se encuentra incógnito en cada página. Muchas cosas "simplemente sucedieron", pero Dios estaba trabajando para proteger a Su pueblo y llevar a cabo Su voluntad.

Los dos pasajes más recordados se encuentran en Esther 4:14-16 cuando Mardoqueo le dijo a la Reina Esther,

¿Quién sabe si has alcanzado la realeza para un tiempo como este? W

Y la valiente respuesta de Ester a Mardoqueo en 4:15-16:
Que nuestro pueblo judío ayune por mí durante tres
días y noches. Yo y mis doncellas haremos lo mismo.
Luego, iré al rey, lo cual es contra la ley; y si soy
ejecutada, pereceré.

El libro de Ester es una lectura obligada tanto para hombres como para mujeres: diez capítulos realmente cortos (solo doce páginas en la Biblia).

*Las tumbas de Ester y Mardoqueo* (el primo mayor de Ester, que actuó como su padre tras las muertes de sus padres) están ubicadas en Hamadán, Irak. Búscalo con tu teléfono inteligente o computadora.

Algunos judíos aún viven en Irán (antigua Persia) hoy en día, pero muchos huyeron de Irán en la historia reciente.

# HISTORIA 16

## Profetas De Dios

*Introducción*

*Los sacerdotes y los profetas eran muy importantes durante los tiempos bíblicos. El papel de un sacerdote era representar al pueblo ante Dios. Un sacerdote intercedía ante Dios en nombre de su pueblo. Un profeta representaba a Dios ante el pueblo. Un profeta era el portavoz de Dios para el pueblo de Dios.*

Un profeta proclamaba la palabra de Dios al pueblo. A veces, los profetas también profetizaban eventos futuros. Algunos de los profetas de Israel eran muy verbales sin escribir (es decir, Natán, Elías, Eliseo y otros).

Algunos de los profetas fueron tanto orales como escritores (es decir, Isaías, Jeremías, Ezequiel y Daniel). Los profetas solo orales no eran inferiores a los profetas que eran tanto orales como escritores.

Cuatro de los profetas escritores escribieron libros más largos (Isaías, Jeremías, Ezequiel y Daniel) y se les conoce como "profetas mayores". Doce de los profetas escritores escribieron libros más cortos (Oseas, Joel, Amós, Abdías, Jonás, Miqueas, Nahum, Habacuc, Sofonías, Hageo, Zacarías y Malaquías) y se les conoce como "profetas menores". Los profetas menores no eran inferiores a los profetas mayores; simplemente escribieron libros más cortos.

Algunos profetas realizaron milagros (es decir, Moisés, Elías y Eliseo); algunos no lo hicieron (es decir, Daniel, Oseas y Amós). El autor piensa que Abraham, Moisés, David e Isaías fueron las personas más prominentes en el Antiguo Testamento. Moisés es conocido por (1) ser el autor del Pentateuco, los primeros cinco libros de la Biblia (Génesis, Éxodo, Levítico, Números y Deuteronomio; (2) liderar a los hijos de Israel fuera de la esclavitud en Egipto y guiarlos a través del desierto hacia la Tierra Prometida; (3) sus intercesiones en favor de Israel, sus milagros y su proclamación de las palabras de Dios.

Generalmente, los profetas de Dios tenían un llamado principal: hablar en nombre de Dios ("así dice el Señor"), y tenían *cinco mensajes principales:*

1. Primero y ante todo, los profetas buscaron desviar a Israel de la adoración de ídolos y regresar a la adoración de Yahvé solo.
2. Arrepiéntanse de sus pecados y regresen al Señor o enfrenten el juicio.
3. Justicia y bondad para los pobres, incluyendo salarios justos.
4. Dios proporcionará un Mesías/Salvador para expiar el pecado y redimir a todos los que se arrepienten y obedecen.
5. Dios ama a todas las personas y se preocupa por todos, incluso por aquellos que se niegan a adorarlo y obedecerlo.

A continuación se presentan varios ejemplos breves de algunos profetas de Dios.

*El profeta Elías (Yahveh es mi Dios) (1 Reyes 16:28 a 2 Reyes 2:1–14:9)*

*El concurso entre Baal y el Señor Dios (1 Reyes 18:20-46)*

El profeta Elías ordenó a la gente y al malvado rey Acab que se reunieran en el monte Carmelo. El rey debía traer consigo a los 450 profetas del ídolo Baal.

El profeta de Dios habló abiertamente al pueblo hebreo sobre su lentitud para decidir a quién adorar, así que Elías propuso un concurso: "Yo estoy por el Señor (Yahveh), y aquí con nosotros hay 450 profetas de Baal (un ídolo). Que los profetas de Baal proporcionen dos toros para un sacrificio. Los profetas de Baal pueden elegir su toro y darme el otro."

Los profetas de Baal colocarán un montón de leña y sacrificarán su buey, colocándolo en su montón de leña. Elías haría lo mismo. El Dios que envíe fuego demostrará que Él es Dios. A toda la gente le gustó esa idea y aceptó el concurso que Elías sugirió.

Los profetas de Baal prepararon su sacrificio y comenzaron a invocar a Baal para que enviara fuego y consumiera su sacrificio, pero Baal no les respondió. En lugar de rendirse, se intensificaron, gritando cada vez más fuerte. Baal no respondió: no hubo voz, no hubo fuego, nada.

Entonces Elías llamó a la gente: "Acérquense mientras reparo el altar del Señor, que ustedes han descuidado." Reconstruyó el altar del Señor y, de esa manera, les enseñó *cómo cuidar un altar de Dios*.

Entonces él cavó una zanja alrededor del altar lo suficientemente profunda como para contener muchos galones de agua. Elías colocó la leña sobre el altar y puso su buey sacrificado sobre la madera. Luego sorprendió a todos al verter agua sobre el buey y la leña, y el desagüe inundó la zanja. *Elías oró* y pidió a

Dios que mostrara al pueblo quién es Él y que volviera su corazón hacia Él. Inmediatamente después de la oración de Elías, *el fuego del Señor cayó del cielo.* Consumió la ofrenda quemada, la madera, las piedras, el polvo, y lamió el agua de la zanja. El pueblo cayó sobre sus rostros, proclamando que el Señor es Dios. Luego Elías dijo al pueblo que apresara a los falsos profetas de Baal. Los capturaron, los llevaron al arroyo Quisón y los ejecutaron. *El juicio de Dios cayó sobre esos profetas de Baal por ser responsables de la masacre y sacrificar un número desconocido de niños a la idolatría de Baal.*

*El profeta Eliseo (Dios es salvación) (2 Reyes 1:1-13:25)*

Eliseo fue ungido por Elías para convertirse en su sucesor. Hay muchas historias cortas sobre Eliseo. Dios lo usó para realizar muchos más milagros que al más famoso Elías. Solo veremos una historia de Eliseo.

Naamán era el capitán del ejército del rey de Aram (la actual Siria). Era un guerrero valiente y muy respetado, a pesar de ser leproso. El Señor (Yahvé) lo usó para traer victoria a Aram.

Su esposa tenía una joven sirvienta judía que había sido capturada durante una incursión en Israel. *La niña evidentemente sacó lo mejor de su cautiverio y sirvió bien.* Compartió su fe en Dios y en el profeta de Dios, Eliseo. Expresó su esperanza de que su amo (Namán) pudiera visitar al profeta de Dios en Samaria. Estaba segura de que el profeta podría curar a Namán de su lepra.

*Namán fue a su amo, el rey de Aram (Siria),* y le dijo lo que la joven sirvienta le había dicho a su esposa. El rey estuvo más que feliz de enviar a su general a Israel con una carta oficial al rey de Israel. El rey también envió regalos de plata, oro y ropa. El rey de Israel leyó la carta, pero pensó que esto era un plan para provocar una discusión, lo que llevaría a la guerra entre ellos.

*Eliseo, el hombre de Dios, oyó que el rey estaba molesto. Envió un mensaje para que su rey enviara al sirio a Eliseo para que descubriera que hay un verdadero profeta de Dios en Israel.* Namán y sus hombres condujeron sus carros hasta la casa de Eliseo y se quedaron en la entrada de su hogar. Sin embargo, Eliseo no salió a saludarlos. En su lugar, envió a un siervo. El siervo le dijo a Namán que debía bañarse en el río Jordán siete veces, y sería sanado.

Cuando Namán escuchó ese mensaje de un simple sirviente, se enojó tanto que perdió la cabeza. Se despotricó una y otra vez sobre lo que había esperado que el profeta dijera y hiciera, como invocar a su Dios para curar su lepra. ¿Por qué tenía que bañarse en el lodoso río Jordán? ¿Por qué no enviarlo de regreso a los hermosos ríos limpios de Aram para ser sanado?

(2 Reyes 5:11-12, reescritura del autor)

*El siervo de Naamán se acercó humildemente a su amo y le aconsejó gentilmente que las instrucciones* del profeta eran extremadamente fáciles de seguir: solo bañarse y sanar. Dado que ya habían llegado tan lejos, ¿qué tenían que perder? Naamán tragó su orgullo, caminó hacia el río Jordán y se sumergió siete veces, según la palabra del hombre de Dios. Su carne se volvió inmediatamente como la de un bebé recién nacido. Ya no era un leproso.

Naamán y sus hombres regresaron al hombre de Dios para agradecerle. También confesó: "Ahora sé que solo hay un verdadero Dios y Él está en Israel. Por favor acepta un regalo de tu siervo." Pero *Eliseo se negó a aceptar el crédito por lo que Dios había hecho.*

Naaman dijo: "Aunque no aceptarás mis regalos, por favor regálame dos carretas de tierra de Israel para llevar a casa conmigo.

Quiero adorar al Señor (Yahvé) en tierra de Israel. No adoraré más a dioses falsos ni les haré sacrificios." Naaman continuó: "En este asunto, que el Señor me perdone cuando deba llevar a mi amo, el rey, al templo de Rimón (Baal), para que él pueda adorar. También debo inclinarme junto a mi amo el rey. Que el Señor me perdone."

Elías sonrió y dijo: "Ve en paz."

Naaman partió hacia Aram (Siria) con la tierra solicitada de Israel. Sin embargo, Gehazí, el siervo de Elías, pensó que su amo había sido demasiado blando con Naaman, el general arameo. Debería haber aceptado los regalos que Naaman le ofreció.

Gehazí decidió correr tras Naaman a pie y pedirle regalos. Cuando Naaman se dio cuenta de que Gehazí corría tras él, detuvo el carro y se bajó y le preguntó a Gehazí: "¿Está todo bien?"

"Sí, señor, todo está bien, pero después de que te fuiste, llegaron dos jóvenes profetas con necesidades. Mi amo me envió a pedirte que por favor proporciones un talento de plata (que hoy vale más de $4,000) y dos cambios de ropa para esos dos jóvenes profetas."

Naaman estaba feliz de poder ayudar y dijo: "Toma dos talentos de plata en lugar de uno para llevar junto con los dos cambios de ropa. Dos de mis sirvientes lo llevarán de regreso por ti."

Lo hicieron, pero cuando se acercaron a la casa de Gehazí, él tomó los regalos y envió a los dos hombres de vuelta a su amo. Después de poner los regalos en su casa, Gehazí regresó a la casa de Eliseo.

Eliseo preguntó: "¿Dónde has estado, Gehazí?"
"Oh, en ninguna parte," dijo.

Elías respondió: "Mi corazón fue contigo cuando persigues a Naamán. Te has vuelto codicioso.

Mentiste a Naamán y tomaste regalos para ti. *Dios sanó a Naamán, no tú.* Por lo tanto, la lepra de Naamán te será transferida a ti y a tu familia."

(2 Reyes 5:25-27 NASB)

*Un siervo de Dios nunca debe esperar un trato especial ni utilizar la bondad de Dios como una oportunidad para enriquecerse. Hacerlo es arriesgarse a su propia ruina. El juicio de Dios, ya sea inmediato o retrasado, es seguro.* Esta historia revela el amor y la preocupación de Dios por los incrédulos y extranjeros, así como por los creyentes. *La sanación de Naamán, un enemigo de Israel, llevó a su conversión, pero la conversión no fue un requisito previo para su sanación.*

*El profeta Oseas* se convirtió en un símbolo viviente del amor y la gracia de Dios (Oseas 1:1-3:35):

Quién: Oseas fue un profeta de Dios en el malvado Reino del Norte de Israel. "La palabra del Señor (Yahveh) vino a Oseas (ayuda), hijo de Beeri (posiblemente 760-720 a.C.)."

Qué: El Señor (Yo Soy el Que Soy) habló a Oseas, diciendo: "Oseas, toma a una prostituta por esposa y ten hijos con ella."

Por qué: El pueblo de Israel era considerado la novia de Dios, pero cometía flagrante adulterio espiritual porque adoraban ídolos en lugar de a Dios.

*La "historia de amor" de Oseas es muy extraña y revela la total confianza de Oseas en el Señor y la total confianza del Señor en Oseas.* Consideremos el inconcebible mandato del Señor a su profeta. Oseas debía ser un esposo amoroso y fiel con su esposa aunque ella le fuera infiel. También debía ser un padre amoroso y fiel con los hijos que su esposa tuviera, aunque él no supiera si todos eran realmente suyos. *El ADN no era conocido en ese entonces.*

Oseas debía obedecer el mandato de Dios porque el pueblo de Israel había abandonado a Dios y seguido al ídolo Baal. La esposa de Oseas se convertiría en un símbolo de la nación adúltera de Israel, y Oseas se convertiría en un símbolo de Dios, quien ama a Israel pecador y promete recuperar a Israel. Oseas obedeció a Dios y se casó con Gomer (Completo), la hija de Diblaim, y ella concibió y le dio un hijo.

El Señor dijo: "Nómbralo Jezreel, porque pronto castigaré al rey de Israel por los asesinatos que su antepasado Jehú cometió en Jezreel. Destruiré el poder militar de Israel en el Valle de Jezreel"— un valle fértil ubicado a veinticinco millas al suroeste de la punta suroeste del Mar de Galilea (2 Reyes 9:1-10 NASB).

Gomer dio a luz a una hija. El Señor le dijo a Oseas que la llamara Lo-Ruhamah (no ha obtenido compasión), porque "ya no tendré compasión por Israel ni perdonaré sus pecados contra Mí. Sin embargo, tendré compasión del pueblo de Judá y los salvaré de la destrucción." Judá creyó en Dios, pero no siempre lo siguió. Sin embargo, ellos también sufrirían setenta años de cautiverio como castigo.

Después de que Gomer destetó a su hija, *concibió de nuevo y dio a luz a otro hijo.* El Señor le dijo a Oseas que lo nombrara Lo-Ammi (no mi pueblo), porque "Israel ya no es mi pueblo, y yo ya no soy el Dios de Israel. Pero llegará el día en que Judá e Israel estarán reunidos y volverán a ser Mi pueblo, y yo volveré a ser su Dios."

Algún tiempo después, Gomer *dejó* a Oseas y a los niños. Pasó por una serie de amantes, cada uno de los cuales podía darle cosas que su esposo no podía igualar. Sin embargo, estos le arrebataron su juventud y belleza, y llegó el momento en que se convirtió en una desechada y fue puesta a la venta como esclava.

Oseas amaba a su esposa y había estado buscándola sin éxito. *Entonces, por la gracia de Dios, Oseas pudo encontrar a Gomer el mismo día en que iba a ser vendida como esclava.* Así, un esposo fiel finalmente encontró a su esposa infiel. Oseas hizo una oferta por Gomer y pagó quince piezas de plata y siete fanegas de cebada y llevó a su esposa a casa.

*¿Qué tipo de amor es ese? El profeta demostró el amor de Dios a una esposa que no lo merecía. El amor de Oseas por su esposa finalmente ganó sobre su amor por él. Gomer se arrepintió de la fornicación y se convirtió en una esposa y madre fiel.* ¿Se salió con la suya por su pecado? No, su fornicación tuvo un costo enorme: su juventud, su belleza, y casi su vida y familia. A través del amor de Oseas por ella, aprendió lo que es el verdadero amor.

A partir de entonces, el profeta predicó las consecuencias del pecado de adorar ídolos en lugar de adorar al único Dios verdadero, pero Oseas predicó esos duros sermones con lágrimas en los ojos. Israel no se arrepentiría; por lo tanto, serían derrotados y llevados al cautiverio después de que Sargón, el rey asirio, capturara Samaria, su capital, en 720 a. C.

Dios se retiró del pueblo de Israel, pero no lo abandonó. Sin embargo, pagarían por su pecado de abandonar a Dios. Su cautiverio por Asiria curaría su idolatría. Incluso antes de su cautiverio, Dios le dijo a Israel a través de Oseas que "vendrá el día en que Judá e Israel se reunirán, y ellos serán mi pueblo, y yo seré su Dios" (Oseas 3:5). El amor de Dios por Israel finalmente ganó sus corazones espiritualmente adúlteros, así como el amor de Oseas ganó el corazón de su esposa adúltera, Gomer.

Dios, no Oseas, es el personaje principal de esta extraña pero verdadera historia; *pero, por otra parte, quizás no sea tan extraño en comparación con muchas familias y culturas hoy en día. Alrededor de la mitad de todos los matrimonios en los EE. UU. terminan en divorcio, muchos de los cuales involucran infidelidad. El porcentaje de personas que adoran a Dios en nuestra nación ha disminuido lenta pero constantemente. Al mismo tiempo, parece que la cultura de nuestra nación se está volviendo más y más indeseable.*

*Necesitamos desesperadamente un despertar espiritual, y Dios le dio al rey Salomón un mapa para la renovación. Las renovaciones comienzan con lo que los creyentes (no los incrédulos) deben hacer. Dios le dijo al rey Salomón,*

> Si mi pueblo, que es llamado por mi nombre, se humilla y ora y busca mi rostro y se convierte de sus malos caminos, entonces yo oiré desde los cielos, perdonaré su pecado y sanaré su tierra.
>
> (2 Crónicas 7:14 RVR)

Dios también advirtió al rey Salomón sobre alejarse de Dios para servir a dioses falsos.

> Si te apartas de mí y abandonas mis reglas y mandamientos, que he puesto ante ti, y decides servir a dioses falsos y adorarlos, yo desarraigaré a la nación de Judá que les he dado.
>
> (2 Crónicas 7:19-20 RVR)

*¿Qué pasa con América?*

*El profeta Amós* era un ciudadano y profeta de Tecoa, en Judá, el reino del sur, pero Dios lo envió en un viaje misionero temporal (c. 750 a.C.) al reino del norte de Israel para predicar contra sus pecados.

En su sermón a Israel, *Amós entregó sabiamente un mensaje sobre el juicio de Dios sobre los condados vecinos, incluyendo Judá* (Amós 1:3-2:5). *El pueblo de Israel lo aceptó porque sus enemigos serían castigados. Luego, Amós repentinamente sorprendió a Israel y habló del juicio de Dios sobre Israel.* Adoraban dos becerros de oro y al ídolo Baal en lugar de a Dios. Sus jueces eran sobornados con dinero (vendieron al justo por dinero). Sus acreedores eran malvados y compraban a los indefensos por dinero y vendían a los necesitados por un par de zapatos. Oprimían continuamente a los pobres y aplastaban a los desamparados.

*A los ojos de Dios, robar (engañándolos) y oprimir a los pobres eran pecados graves.* Eran inmorales. No permitían que los profetas de Dios hablasen libremente. Amós comparó a las mujeres ricas de Israel con vacas engordadas. Le piden a sus maridos que les traigan alcohol para beber. Desprecian a quienes dicen la verdad, y imponen altos alquileres a los pobres y les roban su grano *obligando a los pobres vendedores de grano a bajar su precio, disminuyendo así las ya escasas ganancias de los vendedores pobres.*

*Sin embargo, Dios ofrece perdón si se arrepienten.* Si buscan el bien en lugar del mal y defienden la justicia para los pobres, Dios estará con ellos. Dios no está interesado en ofrendas religiosas a expensas de los pobres. Deben dejar de aprovecharse de los pobres y, en su lugar, establecer justicia para los pobres.

Que la justicia fluya como aguas y la rectitud como
un arroyo inagotable.

(Amós 5:24 NASB).

*En los Estados Unidos hoy, la disparidad de riqueza entre los ricos y los pobres es mayor que en cualquier momento de la historia. Los cierres durante la pandemia de COVID-19 hicieron que los pobres fueran más pobres y destruyeron innumerables pequeñas empresas de propiedad de la clase media. ¿Dónde conseguirán trabajo los pobres para alimentar a sus familias? Sin embargo, el 1 por ciento superior ganó millones—sí, miles de millones durante los cierres. Los funcionarios hicieron leyes que limitan a la gente, pero ellos mismos ignoran las leyes que impusieron a los demás. ¿Cuándo comenzará el juicio sobre nosotros, o ya ha comenzado?*

*Isaías, el profeta mesiánico*

Sirvió a Dios en el Reino del Sur de Judá, comenzando el año en que murió el rey Uzías (aprox. 740 a.C.).

*Dios mostró una asombrosa cantidad de paciencia, amor y misericordia hacia su pueblo (hebreos). Sin embargo, los castigó severamente por su maldad, como se observa en la destrucción del Reino del Norte de Israel y su cautiverio a manos de Asiria, así como en la destrucción del Reino del Sur de Judá y su cautiverio por parte de Babilonia. Dios utilizó esos castigos para curar a su pueblo de la idolatría.*

*Isaías fue un profeta altamente activo, pero hoy es más conocido como el profeta mesiánico. Aquí se destacarán algunas de sus profecías sobre el Salvador venidero:*

1. *Nacido de una virgen:* "El Señor (Adonai-Maestro) mismo les dará una señal: una virgen dará a luz a un hijo y le pondrá por nombre Emanuel, Dios con nosotros" (Isaías 7:14 NASB).

2. *"Un niño nos ha nacido...* Su nombre será llamado Consejero Maravilloso, Dios Poderoso, Padre Eterno, Príncipe de Paz" (Isaías 9:6-7 NASB).

3. *Siervo Sufriente:* "Él fue despreciado y desechado. Llevó nuestro sufrimiento y dolores; sin embargo, lo juzgamos como un pecador que estaba siendo juzgado y castigado por Dios. Pero nos equivocamos por completo. Fue herido por nuestras transgresiones, fue quebrantado por nuestras iniquidades; Él tomó nuestro castigo, para que pudiéramos tener vida. Aceptó golpizas por nosotros, para que pudiéramos ser sanados" (Isaías 53:3-5, reescritura del autor).

4. *"Todos somos como ovejas tontas, que eligen su propio camino y se desvían, se pierden y no saben cómo regresar a Dios.* Aun así, Dios puso todo nuestro pecado en el Salvador. Él aceptó la opresión y la aflicción sin queja. *Él, como un cordero, fue silencioso mientras hombres malvados lo guiaban al matadero. Dios permitió que muriera, entregándose a sí mismo por los pecadores, el siervo sufriente de Dios justificó a los injustos"* (Isaías 53:6-11, reescritura del autor).

5. *"Era el plan del Señor (Yahvé) que el Siervo Sufriente, el Justo de Dios, se entregara como un sacrificio para justificar a muchos, cargando con las iniquidades (depravación) de los muchos.* El Justo murió por los muchos culpables, para que los muchos puedan ser justificados por Dios (Isaías 66:9-12). Aquellos que se arrepienten y obedecen

son perdonados y, por lo tanto, se les da vida eterna con el Padre en el Cielo." (Isaías 66:15-18, reescritura del autor).

6. Isaías dio otras predicciones sobre el Mesías. (*Nota:* Juan 12:41 *RVR* dice, "Isaías vio la gloria del Mesías y habló de Él.")

*Isaías también hizo predicciones sobre el orden mundial.* Por ejemplo:

1. Isaías 17:1-3: Asiria destruirá a Siria y llevará a su pueblo al cautiverio (lo mismo para Israel, el Reino del Norte).

2. Isaías 39:5-7: Babilonia destruirá a Judá, el Reino del Sur, y llevará a su pueblo al cautiverio en Babilonia.

3. Isaías 13:17-22: Los medos *(y los persas)* destruirán Babilonia.

4. Isaías 44:28: Dios usará a Ciro, un incrédulo, para Su propio plan de liberar a los judíos.

5. Isaías 65:17 KJV: *El Señor creará nuevos cielos y una nueva tierra; y las cosas pasadas no serán recordadas, ni vendrán a la mente. Esta profecía parece ser la segunda en importancia después de sus profecías sobre el Mesías.*

6. *Como se señaló en nuestra introducción anterior a los profetas de Dios, su función principal era decirle a la gente lo que Dios decía, "Así dice el Señor."*

*Uno de los muchos ejemplos de Dios hablando a través de Isaías se encuentra en Isaías 1:18-20 NASB:*

"Ven ahora, razonemos juntos," dice el Señor. "Aunque tus pecados sean como la escarlata, serán blancos como la nieve; aunque sean rojos como el carmesí, serán como lana. Si consientes y obedeces, comerás lo mejor de la tierra; pero si te niegas y rebelas, serás devorado por la espada.""

*El profeta Jeremías, profeta de Judá (el Reino del Sur) (Jeremías 1:1-52:34)*

Él, como Isaías, fue un profeta ocupado de Dios. Su ministerio comenzó alrededor del 626 a.C., mucho después del de Isaías. Jeremías es excepcionalmente largo (cincuenta y un capítulos), al igual que Isaías (sesenta y seis capítulos) y Ezequiel (cuarenta y ocho capítulos). *Jeremías fue un tremendo profeta de Dios. A veces fue más difícil de entender. Dios hace lo posible por mantener a las personas y naciones fuera de problemas sin violar nuestra "libre elección dada por Dios."*

> Yo soy el Señor que ejerce laBondad, la justicia y la rectitud en la tierra; porque me deleito en estas cosas.
>
> (Jeremías 9:24 NASB)

Jeremías nos presenta otro de los nombres compuestos de Dios en Jeremías 23:1-8 (versículo 6): *"El Señor mismo es nuestra justicia,"* palabras hebreas omitidas.

El profeta Ezequiel no está incluido en este escrito. Sin embargo, nos presentó otro nombre compuesto de Dios en Ezequiel 48:35: *"El Señor mismo está allí (siempre entre nosotros)."*

*El profeta Daniel fue un profeta importante para el pueblo de Judá (el Reino del Norte),* que fue llevado cautivo después de que Judá cayera ante Babilonia en el 587 a.C. y fue llevado a Babilonia para ser entrenado para trabajar para el rey. Daniel y sus tres amigos Sadrac, Mesac y Abed-nego obedecieron a Dios y fueron castigados por su fidelidad. Vamos a omitir esas historias importantes (Daniel capítulos 1, 3 y 6:1-28).

Nos dirigimos a dos sueños/visiones importantes del rey Nabucodonosor. *Primero* (Daniel 2:1-49), el rey soñó con una gran estatua de un hombre. La cabeza de la estatua era de oro; su pecho y brazos eran de plata, su estómago y muslos de bronce, y sus piernas de hierro, y sus pies eran en parte de hierro y en parte de arcilla. Luego, una piedra golpeó la estatua en sus pies de arcilla y causó que la estatua cayera y se hiciera pedazos.

Solo Daniel pudo decir qué era el sueño y luego explicar el significado del sueño. La cabeza era de oro, representando al rey Nabucodonosor *(Reino Babilónico)*. El estómago y los muslos de la estatua eran de bronce. La estatua tenía piernas de hierro y pies de una mezcla de hierro y arcilla.

En la visión de Nabucodonosor, *una piedra golpeó los pies de hierro mezclados con arcilla y los aplastó, causando que toda la estatua cayera y se hiciera añicos.* El oro, la plata, el bronce, el hierro y la mezcla de hierro y arcilla fueron todos triturados juntos en el granero y se convirtieron en paja de una cosecha de trigo. Luego, un viento sopló la paja, y no quedó ni rastro atrás.

Después de Nabucodonosor, surgirá otro reino (pecho y brazos de plata) y gobernará el mundo, aunque inferior a Babilonia. También caerá y será seguido por otro reino (vientre y muslos de bronce) que surgirá y gobernará el mundo. Luego vendrá un cuarto reino (piernas de hierro y pies de una mezcla de hierro y barro). También fue fuerte y gobernó el mundo. Pero entonces una piedra golpeó los pies de la estatua y trituró los pies de hierro y barro. Eso hizo que la estatua cayera hacia adelante sobre su rostro y quedara completamente destruida.

*Sin embargo, la piedra que destruyó la estatua se convirtió en una montaña y llenó la tierra.* Esa roca que llenó la tierra representaba el reino de Dios, que nunca será destruido (Daniel 2:26-45).

*Daniel presentó otro ejemplo de cómo Dios ama a todas las personas. Nabucodonosor era un rey despiadado, lleno de orgullo y un adorador de ídolos en lugar de Dios. Sin embargo, Dios no solo lo usó para su propio propósito. Dios lo castigó de una manera que abrió los ojos de Nabucodonosor a la verdad y ganó su corazón para Dios* (Daniel 4:1-37. Es una gran historia; por favor, léela en tu Biblia).

Esto concluye la introducción abreviada del autor sobre algunos de los antiguos profetas de Dios.

# HISTORIA 17

## Dios Trabajó Sin Ser Notado
## Durante Unos Cuatrocientos Años

La historia 16 cerró nuestro estudio del Antiguo Testamento, alrededor del 430 a.C. Esta historia es una breve descripción de los años entre el Antiguo y el Nuevo Testamento. Comenzamos recordando el sueño que Dios dio al rey Nabucodonosor de Babilonia. Ese sueño fue la profecía de Dios sobre futuros reinos. Cuando lo combinamos con la historia clásica, es evidente que la profecía de Dios es absolutamente cierta.

Según el sueño de Nabucodonosor en el capítulo 2 de Daniel, el rey vio una visión de una enorme estatua de un hombre. La cabeza era de oro fino, representando al rey Nabucodonosor (Daniel 2:36-38; reino babilónico; 626 a.C.). Eventualmente, Babilonia cayó en 539 a.C., y el reino Medo-Persa reinó (el pecho y los brazos de plata los representaban). Los cautivos judíos en Babilonia fueron liberados de la cautividad por el rey Ciro poco después de la caída de Babilonia. Muchos de los judíos se quedaron en Babilonia, muchos regresaron a su tierra natal (Judá), y muchos otros se mudaron a lo que se convertiría en ciudades griegas.

El reino persa cayó ante Alejandro Magno en el 330 a.C., en la Batalla de Gaugamela. El reino griego estaba representado por el vientre y los muslos de bronce de la estatua. No menos importante, los romanos derrotaron a los griegos en la Batalla de Corinto en el 146 a.C.

*Judea/Palestina se había liberado del dominio seléucida (griego) en el 129 a.C. y fue independiente durante aproximadamente sesenta y seis años. Ese período en la historia judía se llamó el período macabeo. Catorce libros escritos durante ese tiempo se llamaron Los Apócrifos. La Biblia católica contiene esos catorce libros. Las Escrituras judías y la Biblia protestante rechazan esos libros como Escritura, quizás escritos de sabiduría pero no Escritura.*

El libro apócrifo de 2 Macabeos 12:42-45 *parece decir que las oraciones y sacrificios por católicos fallecidos pueden traer perdón por pecados no perdonados. La palabra purgatorio no se usó en ese pasaje de Macabeos, pero parece haberse convertido en la palabra católica para un supuesto lugar o estado intermedio entre la tierra y el cielo para los muertos.*

*El autor no es católico, por lo tanto, no está calificado para explicar la doctrina católica. Sin embargo, la Biblia enseña que la muerte de Jesús en nuestro lugar proporciona expiación completa por nuestro pecado. No hay otra manera. Basado en eso, el purgatorio es tanto inexistente como innecesario.*

*Judea/Palestina pasó a estar bajo autoridad romana en el 63 a.C. cuando Pompeyo capturó Jerusalén.*

*Los libros originales del Nuevo Testamento fueron escritos en griego koiné (griego común), un lenguaje utilizado en la redacción del Nuevo Testamento original. De hecho, el griego koiné fue entendido en gran parte del mundo, como el inglés hoy en día.*

*Durante el período romano, se construyeron carreteras de piedra* que conectaban las principales ciudades del imperio. Esas carreteras y quienes las utilizaban estaban protegidos por el *Ejército Romano.* Eso facilitó y volvió más seguro el viaje (a pie, con animales o en carretas tiradas por animales) (incluyendo a aquellos que propagaban el evangelio).

*La ley romana* en todo el imperio también fue una gran mejora (es decir, protegió al apóstol Pablo, un ciudadano romano judío). La ley romana también formó el marco básico de nuestra ley civil hoy. Los romanos toleraban a los judíos pero no parecían gustarles.

*Así, Dios estaba trabajando en silencio durante esos cuatrocientos años entre el Antiguo y el Nuevo Testamento. Usó a muchas personas y países incrédulos para preparar el camino para el Mesías que vendría* y para la difusión de Su evangelio. Jesús nació en el período romano, y la iglesia también comenzó a crecer en ese período. Como proclamó más tarde el apóstol Pablo,

> Pero cuando vino la plenitud del tiempo, Dios envió a su Hijo, nacido de mujer, nacido bajo la ley, para que redimiera a los que estaban bajo la ley, a fin de que recibiéramos la adopción como hijos.

> (Gálatas 4:4-5 RVR1960).

*En conclusión, aprendamos cómo se determinaron las fechas bíblicas.*

*La Biblia (tanto el Antiguo como el Nuevo Testamento)* no menciona fechas absolutas como lo hacemos hoy—*es decir, la Declaración de la Independencia de América de Gran Bretaña fue el 4 de julio de 1776. La Biblia utiliza eventos históricos y personas históricas para determinar fechas reales o aproximadas.* Por ejemplo, *las fechas de inicio y final de la catastrófica inundación durante la vida de Noé* se determinaron por la edad de Noé. Génesis 7:11-12 dice,

> En el seiscientos año de la vida de Noé, en el segundo mes, en el diecisiete del mes, se rompieron todas las fuentes del abismo, y las compuertas del cielo fueron abiertas. El agua fluía de debajo de la superficie de la tierra y la lluvia caía del cielo durante cuarenta días y cuarenta noches. (NASB)

Génesis 8:13-16 NASB, continúa,

> Y sucedió en el año seiscientos y uno, en el primer mes, en el primer día del mes [de la edad de Noé], que las aguas se habían secado de sobre la tierra. Entonces Noé quitó la cubierta del arca para mirar, y he aquí que la superficie del suelo estaba seca [sin agua estancada]. Y en el segundo mes, en el vigésimo séptimo día del mes [de la edad de Noé], la tierra [lodo] se había secado. Dios habló a Noé, diciendo: "Sal del arca…" Así, el diluvio duró un año y diez días.

*Datamos el diluvio por la edad de Noé, pero ¿cómo datamos a Noé?* Regresamos a la historia 3, "Como son los Padres, así son sus Hijos", donde encontramos los nombres y edades (ancestría) de las personas que Dios usó al comienzo de Su plan/propósito para la humanidad.

*Los años entre la creación de Adán y el nacimiento de Noé son aproximadamente 1,036 años. Agregamos 600 años, la edad de Noé cuando comenzó el diluvio, y esto terminó en 1,637. Así, vemos que el diluvio comenzó aproximadamente 1,636 años después de que Dios creó la tierra y el cosmos.* El diluvio duró un año y diez días *(ver historia 4, Génesis 6-10). Ahora podemos apreciar esas ancestrías aparentemente aburridas en Génesis.*

*Datando el nacimiento de Jesús. Si AC = Antes de Cristo y AD = Año de nuestro Señor, ¿por qué Jesús no nació en el año AD 1? Eso debería ser correcto; sin embargo, usamos un calendario ligeramente erróneo hoy, posiblemente debido a los cambios entre varios calendarios.*

*Por lo tanto, debemos volver a la antigua forma de aproximar los eventos utilizando eventos históricos y personas históricas para aproximar la fecha del nacimiento de Jesús. Lucas, el autor del Evangelio de Lucas, también fue un médico, historiador y misionero.* En Lucas 2:1-2, leemos,

Aconteció en aquellos días que salió un edicto de César Augusto, que todo el mundo fuese empadronado. Este primer censo se hizo siendo Quirino gobernador de Siria. (KJV)

Con esa información *(el primer decreto fiscal de César Augusto y cuándo Quirino era gobernador de Siria), se aproxima el nacimiento de Jesús a algún momento entre el 6 y el 4 a.C. Otros intentan usar la fecha de la muerte del rey Herodes para descubrir la fecha del nacimiento de Jesús y también terminan entre el 6 y el 4 a.C. El autor piensa que el nacimiento de Jesús fue probablemente entre el 6 y el 4 a.C. sin ninguna prueba científica.*

## Declaraciones Fundamentales del Nuevo Testamento

En el evangelio según el apóstol Juan, leemos Juan 1:1-5, 9-14:

En el principio existía el Verbo [*Logos,* enunciado de Dios, ya existía]. El Verbo estaba con Dios [*Teos,* la suprema Divinidad], y el Verbo era Dios mismo. Estaba con Dios desde el principio *[antes de la creación].* Toda la creación [el cosmos, la tierra, la humanidad, los animales, los árboles, etc.] *vino a existir a través de Él, y sin Él nada vino a existencia.* (vv. 1-3)

*Fue por Su vida que la vida comenzó en la tierra* [seres vivos, plantas, etc.]. Su vida es la Luz de los seres humanos. La Luz sigue brillando en la oscuridad [obscuridad], porque la oscuridad no puede vencer a la Luz. (vv. 4-5)

*La verdadera Luz vino al mundo para iluminar a la humanidad* [sobre Dios, la humanidad, el propósito de la vida, etc.]. *La Palabra/Luz vino al mundo que Él creó,* sin embargo, aunque el mundo existe por Él y es sostenido por Él, *el mundo en general no lo reconoció. Ni siquiera su propio pueblo escogido* [los hebreos] *le dio la bienvenida. Pero a todos los que lo aceptaron* y confiaron en Su nombre [confiarse a Él y obedecerlo como Señor], *les dio el derecho de convertirse en hijos espirituales* [no físicos] *de Dios,* que nacieron de Dios, no por ningún esfuerzo de ningún ser humano. (vers. 9-13)

Entonces, el Verbo se hizo humano, así como Dios y vivió por un tiempo en la tierra entre nosotros [Literal: "Plantó su tienda entre nosotros"]. En el Antiguo Testamento, Yahvé habitó entre Israel en el Tabernáculo. En el Nuevo Testamento [y más allá] Yahvé habita entre la humanidad en la carne, en la persona Jesús. Vimos/vemos Su gloria, la gloria de Aquel que es un Hijo único [Único en su clase] de Su Padre, y Él estaba lleno de gracia [bendición espiritual] y verdad. (v. 14)

*Por favor, compara las reescrituras del autor con tu Biblia.*

Más tarde en la primera epístola (carta) de Juan, Juan añade.

Lo que era desde el principio, lo que hemos oído, lo que hemos visto con nuestros propios ojos, lo que hemos contemplado y tocado con nuestras manos, respecto a la Palabra eterna de *Vida [el Señor]*; y la vida fue manifestada [mostrada] a nosotros; lo que hemos visto y testificamos y proclamamos a vosotros también, para que vosotros también tengáis comunión con nosotros; y en verdad nuestra comunión es con el Padre [Dios], y con su Hijo, el Señor Jesucristo. Escribimos estas cosas a vosotros, para que nuestro gozo sea completo. (1 Juan 1:1-4 NASB)

Este es el mensaje que hemos oído de Él y proclamamos a ustedes, que Dios es Luz *[carácter moral]*, y en Él no hay tinieblas *[mal o pecado]* en absoluto. Si decimos que tenemos comunión con Él y sin embargo caminamos en la oscuridad, mentimos y no practicamos la verdad; pero si caminamos en la Luz así como Él mismo está en la Luz, tenemos [disfrutamos] comunión unos con otros, y la sangre de Jesús *[se refiere a la crucifixión, muerte y resurrección]* el Hijo de Dios nos limpia de todo pecado. *Sin embargo,* si decimos que no tenemos pecado, nos engañamos a nosotros mismos y la verdad no está en nosotros. Si confesamos nuestros pecados, Él [Dios] es fiel y justo para perdonar nuestros pecados y limpiarnos de toda injusticia. Sin embargo, si decimos que no hemos pecado, lo hacemos a Él [Dios] un mentiroso y Su palabra no está en nosotros. (1 Juan 1:5-10 NASB)

*Preguntas*

1.  ¿Por qué crees que el primer versículo de Juan suena como el primer versículo de Génesis?

2.  ¿Qué enseñanzas del Antiguo Testamento se relacionan con Juan 1:9-14?

3.  ¿Qué o quién es la Palabra en el versículo uno?

4.  Regresa a la historia de Abraham ofreciendo a su hijo Isaac a Dios (historia 6). Dios menciona los descendientes (plural) de Abraham y el descendiente (singular) de Abraham. ¿Ese descendiente singular de Abraham juega algún papel en la declaración fundamental del Nuevo Testamento? Si es así, ¿cuál? ¿Cómo?

5.  ¿Esta declaración fundamental nos dice algo sobre el plan eterno de Dios para nosotros?

## Mini-epílogo

Juan el apóstol une la creación y la llegada del Salvador en dieciocho versículos cortos (Juan 1:1-18). Después de muchas historias que abarcan miles de años, el anhelado Salvador ha llegado. ¿Hemos llegado al lugar en el que podemos entender ahora las bases del plan eterno de Dios para nosotros? Dios utilizará cien años adicionales de revelación, después del nacimiento de Jesús, para hacer claro Su plan eterno para nosotros. Nos estamos acercando; cosas emocionantes están a punto de suceder. *El autor piensa que el capítulo uno de Juan es la mejor declaración fundamental.* Sin embargo, hay varios otros pasajes que también podrían considerarse declaraciones fundamentales del Nuevo Testamento. Si se juntaran, parecería que harían una declaración más clara, pero esa no es la forma en que Dios eligió hacerlo. Quizás hubiera sido demasiado para que los creyentes del Nuevo Testamento lo asimilaran de una vez. *Hoy tenemos una mejor visión, sin embargo, las masas de creyentes no comprenden el plan eterno de Dios* y aún luchan por aceptar la cosmovisión bíblica.

## Tres Declaraciones Fundamentales Más en el Nuevo Testamento

Aunque Jesús, el Cristo, existió en la forma y naturaleza de Dios, estuvo dispuesto a renunciar a eso para salvarnos de nuestro pecado. Así, se vació a sí mismo y asumió la naturaleza de un siervo. Al hacerlo, se convirtió en semejante a la humanidad y asumió voluntariamente el papel de un siervo. Como humano, se humilló al volverse obediente y tomó nuestros pecados sobre sí mismo y murió en nuestro lugar en la cruz. (Filipenses 2:6-11, reescritura del autor)

Por esa razón, Dios [el Padre] lo exaltó en gran manera y le otorgó a Jesús el nombre que está por encima de todo nombre. Es el plan de Dios que toda persona en el cielo, en la tierra e incluso aquellos en el infierno se inclinen ante Jesús y confiesen que Él es el Señor, para la gloria de Dios el Padre. (vv. 9-11; compáralo con tu Biblia)

Jesús es la imagen exacta del Dios invisible, el primogénito de toda creación. *Por medio de Él todas las cosas fueron creadas,* tanto en los cielos como en la tierra, visibles e invisibles. *Todas las cosas fueron creadas por medio de Él y para Él, y en Él nada se descompone.* Fue del beneplácito del Padre que *la plenitud de la*

*Deidad habite en Jesús* y, a través de Su sangre derramada en la cruz, Él hizo el camino para que tuviéramos paz con Dios. (Colosenses 1:15-20 NASB)

Hace mucho tiempo, Dios habló de muchas maneras a través de nuestros primeros antepasados y sus profetas. Sin embargo, en estos últimos días, Dios nos ha hablado en Su Hijo, quien es heredero de todas las cosas y por quien creó el cosmos y todo lo que hay en él. Él también sostiene todo y lo mantiene unido. El Hijo de Dios es el Mesías prometido [El Cristo/ El Ungido]. Él [Yeshua] es el resplandor de la gloria de Dios y la imagen exacta de la naturaleza y carácter de Dios. Después de que Él [Cristo] hizo purificación por nuestros pecados [por su crucifixión y resurrección], se sentó a la derecha de Dios Todopoderoso. La majestuosidad de Su Padre en las alturas. (Hebreos 1:1-3, reescritura del autor; por favor, compáralo con tu Biblia)

# HISTORIA 18

## El Nacimiento Del Salvador
## (Mateo 1:1-2:23 Y Lucas 1:26-2:52)

Historia de compromiso asumida por el autor:

Una noche, en la aldea montañesa de Nazaret, el Sr. y la Sra. Jacob visitaron al Sr. y la Sra. Eli. El hijo del Sr. Jacob, José, estaba cerca de cumplir treinta años, cuando alcanzaría la adultez y podría casarse. La hija del Sr. Eli, María, tenía alrededor de diecisiete años, una edad adecuada para las jóvenes. Eso fue lo que inició la visita de los Jacobs a la casa de los Elis.

María era muy bien considerada. Su madre la había entrenado para cocinar y manejar un hogar. Los Jacobs consideraban a María como una buena candidata para esposa de su hijo. También consideraban que su hijo era una buena opción para esposo de María. Era un hombre moral y tranquilo. Era carpintero, por lo que podía mantener a una familia. Otro punto a favor era que tanto José (Mateo 1:16) como María (Lucas 3:22) eran orgullosos descendientes de David, el rey más famoso de Israel, casi mil años antes.

La mayoría de los estadounidenses parecen tener opiniones desfavorables sobre los matrimonios arreglados. Una joven en India le dijo al autor: "Nosotros, los indios, nos casamos y luego nos enamoramos, pero ustedes, los estadounidenses, se casan y se desenamoran." Vaya, pero en realidad, India y América tienen tasas de éxito y fracaso similares con sus costumbres matrimoniales.

Mary y José aceptaron cada uno el compromiso arreglado (más que un compromiso y menos que un matrimonio) con un futuro matrimonio (en aproximadamente un año). La pareja tuvo la última palabra. Sin embargo, es difícil ir en contra de la decisión de los padres. Había algún tipo de pequeña fiesta de compromiso.

Un joven pastor soltero en India le dijo al autor: "Los padres saben mucho más sobre el matrimonio que nosotros, los solteros en edad de casarnos. Confío más en la elección de mis padres para una esposa para mí que en elegir una esposa por mí mismo."

El acuerdo de José y María para casarse era vinculante. La norma cultural requería un divorcio para romper un compromiso. Las parejas prometidas no podían estar solas juntas; tenía que haber un padre o un adulto acompañante presente para garantizar la virginidad de las parejas no casadas hasta el matrimonio.

*La visita de María por un ángel (reescritura del autor, Lucas 1:26-38)*

*Poco después del compromiso,* Dios envió a su ángel, Gabriel, a Nazaret, un pueblo montañoso en la provincia de Galilea. La misión de Gabriel era hablar con María, hija de Eli. María, una seguidora fiel de Dios, *tenía alrededor de diecisiete años* y era virgen.

Gabriel trajo palabras impactantes. "La paz sea contigo, María. Dios te ha elegido para ser la madre del tan esperado Mesías

(Salvador). *De repente,* quedarás embarazada y darás a luz a un hijo. Le pondrás por nombre Jesús (Yeshua). Él se sentará en el trono del Rey David y será llamado Hijo de Dios."

María *parecía entender que Gabriel se refería a un embarazo inmediato y rápidamente* respondió: "Eso no es posible. No tengo marido. Soy virgen. Nunca he tenido contacto con un hombre."

Gabriel respondió suavemente: "El bebé nacerá sin tener un padre. *Sabes que nada es imposible para Dios. Él creó el mundo de la nada. Creó al primer hombre, Adán, sin madre ni padre. Dios te permitirá quedar embarazada sin estar con un hombre (sin semen involucrado).* El Espíritu de Dios vendrá, y el poder de Dios reposará sobre ti. Por eso tu Hijo será llamado el Hijo de Dios."

*María todavía no podía comprender cómo podía ser esto. Sabía que podría ser apedreada hasta la muerte por quedar embarazada antes del matrimonio. Esta valiente joven* confiaba en Dios, así que le dijo al ángel: "No entiendo cómo puede ser esto, pero soy una sierva de Dios, *así que lo que Dios quiera es suficiente para mí.*"

Así, por un milagro de Dios, María quedó en estado sin estar con un hombre *(sin inseminación artificial ni ningún tipo de impregnación humana). Dios simplemente dijo: "Sé con el niño Mesías," como en la creación al principio. Nadie más sabía que María estaba en estado. La misma María no era consciente del momento en que quedó embarazada. El autor asume que María quedó embarazada en el momento en que aceptó con Dios.*

*María visita a Isabel (Lucas 1:39-56)*

Pronto después del compromiso de José y María y *la visita del ángel, pero mucho antes de que se fijara una fecha para la boda, María fue escoltada por su padre* alrededor de noventa millas a una ciudad en la colina en Judea para visitar a Isabel, la prima mayor de su madre.

Isabel era mucho mayor que la mayoría de las mujeres que dan a luz a un hijo. No había podido tener hijos. Su esposo era un sacerdote judío, y ya estaban más allá de la edad de procrear, pero Dios bendijo a Isabel y a Zacarías y les permitió concebir en su edad avanzada (como el nacimiento de Isaac a través de Abraham y Sara, que eran aún mayores que Zacarías e Isabel, Génesis 21:1-8).

Elisabeth tenía seis meses de embarazo en el momento de la visita de María. *La cultura dictaba que los familiares vinieran a ayudar durante los últimos meses del embarazo. El autor especula que María era la hija mayor y que tenía hermanos y hermanas menores. Esa especulación se basa en la posibilidad de que María, en lugar de su madre, fuera a ayudar a Elizabeth. Posiblemente la madre de María se quedó en casa para cuidar de sus más pequeños, quienes la obedecerían mejor a ella durante un largo periodo que a su hermana mayor. Fue un viaje apresurado, tal vez indicando que un familiar que vivía más cerca de Elizabeth tuvo que cancelar una visita. Este asunto no es importante para nosotros, pero revela la vida y la cultura de esa época.*

Cuando María llegó y saludó a Elizabeth, el bebé de Elizabeth saltó en su vientre. En ese momento, Elizabeth fue llenada con el Espíritu de Dios. El Espíritu de Dios permitió a Elizabeth saber que María estaba embarazada y que el bebé de María sería el Salvador tan esperado, el Cordero de Dios. Elizabeth proclamó a María: "Eres la más bendita de todas las mujeres, y bendito es el hijo que llevarás. ¿Por qué debería sucederme esta gran cosa, que la madre de mi Señor viene a visitarme?"

María respondió: "Mi alma engrandece al Señor, y mi espíritu se regocija en Dios mi Salvador. Porque ha mirado la humildad de su sierva; desde ahora todas las generaciones me llamarán bienaventurada" (Lucas 1:46-48 NASB).

María sirvió a Isabel durante casi tres meses, atendiendo sus necesidades personales, cocinando y realizando otras tareas del hogar. Ella se marchó a casa antes de que Isabel diera a luz. Posiblemente, un pariente mayor con experiencia en partos vino a reemplazar a María. Ocho días después, Isabel dio a luz a un hijo. Lo llamaron Juan según la voluntad de Dios. De adulto, Juan se convirtió en un profeta de Dios y fue llamado Juan el Bautista. Lo conoceremos más adelante.

*María regresa a casa en Nazaret (Lucas 2:39-40)*

El padre de María habría regresado para llevarla a casa. Para cuando María llegó a casa, su pancita ya se estaba inflando un poco, pero nadie pensaba mucho en su peso extra. Sin embargo, más tarde, se hizo evidente para los padres de María que ella estaba en cinta. Estaban destrozados, avergonzados, y trataron de mantener el embarazo en secreto. Sin embargo, a medida que pasaban las semanas, los vecinos comenzaron a susurrar sobre el 'bultito' de María.

Eventualmente, los padres de María tuvieron que visitar a los padres de José. Fue una visita horrible porque tuvieron que confesar que María estaba en cinta. Todos asumieron: 'La dulce María había caído en el pecado.' Todos estaban decepcionados en ella. Nadie tenía idea de quién podría ser el padre; algunos pensaron que tal vez sucedió mientras ella estuvo lejos de casa.

*Un ángel visita a José (Mateo 1:20-23)*

Dios aún no le había informado a José sobre la condición de María. Era maduro y le gustaba María, pero estaba profundamente angustiado y pensaba, *¿Cómo puedo casarme con una mujer que no es pura? Peor aún, está embarazada de otro hombre.* Decidió que debía romper su compromiso con María, pero no le diría a nadie sobre el problema de María. Era un buen hombre y no quería que la rechazaran o la apedrearan.

Atribulado por María, *él se revolvía en su cama en un sueño inquieto* cuando un ángel de Dios apareció en un sueño. El ángel dijo: "José, no temas ni te sientas avergonzado de tomar a María como tu mujer. El Espíritu de Dios le permitió concebir sin estar con un hombre. Ella tendrá un hijo, y tú lo nombrarás Jesús (Yeshua). Él será el Salvador prometido, que salvará a su pueblo de su pecado. *Dios te ha elegido así como eligió a María. Tienes un papel importante* a pesar de que no eres el padre biológico de Jesús. *Él no tiene un padre biológico,* pero tú te convertirás en un padre para Él" *(reescritura del autor).*

Dios hizo que todo esto sucediera tal como prometió quinientos años antes a través de su profeta Isaías:

> He aquí, la virgen concebirá y dará a luz un hijo, y
> llamará su nombre Emanuel, que traducido significa:
> 'Dios con nosotros.'
>
> (Isaías 7:14 NASB)

Cuando José despertó de su sueño, obedeció a Dios. Permaneció comprometido con María y se casó con ella más tarde. Sin embargo, no tuvo relaciones sexuales con ella hasta después de que ella se recuperara de dar a luz a Jesús (Mateo 1:24). Eso implicaba al menos cuarenta días después de que Jesús nació hasta la purificación de María tras dar a luz. Ella seguía siendo virgen cuando Jesús nació (Mateo 1:25). En los años venideros, José y

María tendrían cuatro hijos juntos: Santiago (Jaime), José (Joses), Judá (Judas) y Simón, y al menos dos hijas no nombradas (Mateo 12:47, 13:55-56; Marcos 6:3; y Juan 7:5).

*El nacimiento de Jesús, c. 5 a.C. (Mateo 1:18-25; Lucas 2:1-7)*

*Nota* la explicación sobre la datación del nacimiento de Jesús en la historia 17.

En la época del nacimiento de Jesús, el emperador Augusto César de Roma ordenó que se realizara un censo *con fines fiscales* en todo el Imperio Romano (durante el primer gobierno de Siria por Quirinius).

*Israel fue conquistado en el 63 a.C. por el general romano Pompeyo el Grande. Por lo tanto, lo que quiera el emperador, el emperador lo obtiene.* José, como nuevo cabeza de familia, tuvo que viajar unas cien millas a Belén, la ciudad de David, para inscribirse en el censo junto con María.

El viaje a Belén probablemente tomó muchos días. Fue un viaje muy arduo para María, que estaba embarazada. Cuando llegaron, el pequeño pueblo estaba lleno de otros que también estaban allí para el censo. Todas las posadas estaban llenas, y los lugareños habían acogido a más de lo que realmente podían manejar. El único refugio disponible que José pudo encontrar fue un establo *(posiblemente en una cueva), pero los animales no se quejaron.*

*María dijo: "Está bien. Dormir en heno suena mejor que montar en nuestro burro."*

*Esa misma noche, María dio a luz a su primer hijo, un hijo como prometió el Ángel Gabriel. Contó sus dedos de las manos y de los pies, y no faltaba nada. El posadero les dio tiras de tela para mantener al bebé caliente.* José llenó un pesebre (una caja de alimentación para animales) con paja fresca. Después de envolver a Jesús, María lo acomodó en el pesebre, su primera cama (Lucas 2:1-8).

*Los pastores se enteran del nacimiento de su Salvador (Lucas 2:8-20)*

Después de que Jesús nació, un ángel se apareció a los pastores en los campos con sus ovejas, y se asustaron. El ángel proclamó: "No tengan miedo. Vengo con buenas noticias de gran alegría para todos, especialmente para los pobres." Esta noche, en la ciudad de David, nació el Salvador. El ángel les dijo cómo encontrar al nuevo bebé en un establo y dormido en un pesebre. Luego, un coro entero de ángeles apareció, cantando alabanzas a Dios. Después de que los ángeles los dejaron, los pastores decidieron ir a Belén y presenciar las cosas de las que los ángeles les habían hablado. Encontraron el establo y al bebé, todo era exactamente como los ángeles dijeron.

*El cansado cuerpo de María encontró nueva energía porque su corazón estaba lleno de alegría por todo lo que había sucedido y por escuchar historias de ángeles contando a los pobres pastores sobre su bebé. Finalmente, se dejó llevar hacia un profundo y reparador sueño.* Después de dejar el establo, los pastores le contaron a todos los que vieron sobre los ángeles y lo que dijeron sobre el bebé.

Todos los que escucharon a los pastores quedaron asombrados de que tales simples pastores pudieran contarles cosas tan maravillosas. Los pastores regresaron a sus ovejas, alabando a Dios por todo lo que habían visto y oído.

*El bebé Jesús presentado en el templo (Lucas 2:21–38)*

En el octavo día después de Su nacimiento, el niño fue nombrado Jesús (Yeshua), el nombre que el ángel le había dado a María antes de que fue concebido en el vientre (y luego a José también). Después de ser nombrado, el niño fue circuncidado ese mismo día de acuerdo con la Ley que Dios había dado a través de Moisés (Levítico 12:1-3).

En el cuadragésimo día después de dar a luz, la joven familia viajó a Jerusalén (a unas seis millas) en su burro. La ley de Moisés (Levítico 12:3-7) requería un día de purificación para las madres. María siguió la ley de purificación y sacrificó dos tórtolas: una para su ofrenda de purificación y la segunda como ofrenda por el pecado. Las ofrendas de María nos recuerdan que eran una familia pobre y que María era una persona normal (no divina). Si José y María no hubieran sido pobres, habrían traído un cordero de un año y una tórtola para sus ofrendas de acuerdo con la ley de Moisés (Levítico 12:8).

Después de los ritos de purificación, José y María llevaron a Jesús al templo en Jerusalén para presentarlo al Señor (Kurios = Maestro/Dios) y ofrecer un sacrificio. Dios tenía un propósito adicional para esa visita. Su plan era presentarlos a dos personas especiales y presentar a esas personas especiales al Mesías.

Había un anciano en Jerusalén cuyo nombre era Simeón. Era justo y piadoso. El Espíritu Santo estaba sobre él y le reveló que no moriría antes de ver al tan esperado Mesías. El día en que llevaron al bebé Jesús al templo, el Espíritu Santo movió a Simeón a ir al templo.

Simeón los vio mientras llevaban a su hijo de cuarenta días al templo. Inmediatamente reconoció a su bebé como el Mesías ungido de Dios. Simeón tomó al niño Jesús en sus brazos y agradeció a Dios y luego dijo,

> Señor, ahora puedo morir en paz, porque he visto a Tu Mesías. Has preparado la salvación para todas las personas ["panta ta ethne", griego koiné que significa cada grupo étnico en la tierra]. *Él es la luz*

> *de Tu revelación para los gentiles [los no judíos] y la*
> *gloria y alabanza de Tu pueblo Israel.*

(Lucas 2:29-32, reescritura del autor)

María y José estaban asombrados por lo que Simeón dijo sobre su bebé. Simeón los bendijo y profetizó: "Sepan que este niño está destinado para la caída y el levantamiento de muchos en Israel y para una señal que será adversada; y una tristeza quebrará su propio corazón."

*Anna, una viuda de ochenta y cuatro años* y profetisa de la tribu de Aser, vivía en el templo y servía a Dios día y noche con ayuno y oración. Anna solo había estado casada durante siete años cuando se convirtió en viuda. Cuando vio al bebé Jesús, había sido viuda durante aproximadamente sesenta años. *Ella vio a Jesús y dio gracias a Dios mientras lo tomaba en sus brazos.* Luego comenzó a hablar de él a todos los que esperaban la redención de Jerusalén por medio del Mesías (Lucas 2:21-38). *Muchos decían que el Mesías vendría a liberar a Israel de la odiada opresión romana, pero esa no era la razón por la que Dios envió al Mesías.*

*Los sabios (Mateo 2:1-12)*

Después de que nació Jesús, unos magos en el oriente (sabios, *astrónomos de Persia*) vieron una nueva estrella, una estrella de un nuevo rey. Siguieron esa estrella *durante varias semanas,* y los condujo a Jerusalén. Preguntaron a las autoridades allí: "¿Dónde está el rey recién nacido de los judíos? Vimos Su estrella, y nos trajo aquí. Hemos venido a honrarlo."

El rey Herodes oyó esto y se turbó y se puso celoso. Reunió a los principales sacerdotes y escribas y exigió saber dónde nacería el

Mesías (el Ungido). Ellos le dijeron: "El profeta Miqueas dijo que su lugar de nacimiento sería Belén de Judea" (Miqueas 5:2). Herodes tuvo una reunión privada con los Magos y preguntó la fecha exacta en que apareció por primera vez la estrella del nuevo Rey. Después de obtener respuestas a sus propias preguntas, Herodes les dijo: "Necesitan ir a Belén." Luego añadió: "Vayan a ver al Niño, luego pasen y díganme dónde está el Niño para que yo también pueda ir a rendirle respeto."

Después de escuchar al rey, los Magos se fueron, guiados por la estrella, que nuevamente los llevó al lugar donde estaba el Niño. Después de entrar en la casa *(ya no estaba en el establo; habían pasado más de cuarenta días y posiblemente más)*, vieron al Niño con María, su madre. *Quizás, José estaba trabajando como carpintero de día y, por lo tanto, no estaba en casa.*

Los Magos se inclinaron y dieron el debido honor a Jesús. Abrieron sus costosos regalos al nuevo rey: oro, incienso y mirra. Había tres regalos; las Escrituras no dieron el número de Magos. Esa noche, mientras dormían en una posada, los Magos fueron advertidos por Dios en un sueño: "¡No regresen a Herodes!" Por lo tanto, la mañana siguiente, partieron en su viaje de regreso a Persia, pero rodearon Jerusalén.

*Escape a Egipto (Mateo 2:13-15)*

La noche después de que los Magos se fueron, un ángel del Señor se le apareció a José en un sueño. "Herodes va a buscar al Niño para matarlo. ¡Levántate! Toma al Niño y a Su Madre y escapa a Egipto. Quédate en Egipto hasta que te diga que regreses." José partió hacia Egipto con su joven familia mientras todavía estaba oscuro.

Permanecieron en Egipto hasta la muerte de Herodes (Mateo 2:16-20). *Los regalos de oro, incienso y mirra pudieron ser cambiados por dinero para pagar por sus necesidades de vida. Dios siempre es proactivo para las necesidades de las personas de fe y para Su gloria.*

### Herodes asesinó a niños (Mateo 2:16-2)

El rey Herodes (Herodes el Grande) se enfureció cuando se dio cuenta de que los Reyes Magos no regresaron para darle información sobre el bebé rey. Envió tropas a Belén con órdenes de matar a todos los niños varones de dos años o menos. El malvado rey asumió que la diferencia de edad era lo suficientemente amplia como para asegurar la muerte del niño rey.

Su orden también incluía los alrededores de Belén. *La matanza de niños predicha por Jeremías (Jeremías 31:15, alrededor del 600 a.C.), ocurrió en todo su horror espantoso (alrededor del 6-4 d.C., Mateo 2:16-19). Mucho más espantoso aún es el feticidio de millones de bebés estadounidenses no deseados que todavía estaban en el vientre de sus madres. Muchos son asesinados hasta el noveno mes.*

### Hogar en Nazaret (Mateo 2:19-23)

Después de la muerte de Herodes, un ángel del Señor se apareció a José en un sueño y reveló que Herodes estaba muerto. Por lo tanto, era seguro regresar a Israel. Cuando llegaron a Israel, Dios le dijo a José que fuera a Nazaret porque Arquelao, el malvado hijo de Herodes, ahora reinaba en Judea en lugar de su padre. El Niño (Jesús) continuó creciendo y se fortaleció, aumentando en sabiduría, y la gracia de Dios estaba sobre Él" (Lucas 2:39-40 NASB).

### Jesús visita Jerusalén, a los doce años (Lucas 2:41-52)

María y José normalmente iban a Jerusalén cada año para la Fiesta de la Pascua. *Jesús y sus otros hijos no iban; probablemente los abuelos cuidaban de los niños durante esos tiempos.* Sin embargo, cuando Jesús cumplió doce años, viajó (caminó noventa millas) a Jerusalén con sus padres y muchos otros para la semana de Pascua. Cuando fue el momento de regresar a casa, María y José asumieron que Jesús estaba con amigos en la caravana. Sin embargo, el joven Jesús se había quedado en Jerusalén. Viajaron un día entero antes de enterarse de que no estaba en el grupo.

Regresaron a Jerusalén *y estaban en pánico porque no Lo encontraron hasta tres días después.* Finalmente descubrieron a Jesús sentado en el templo entre los maestros, escuchándolos y haciéndoles preguntas. Todos estaban asombrados por Su comprensión. Estaban aún más atónitos por la profundidad de Sus preguntas. Cuando sus padres finalmente Lo encontraron, también estaban asombrados por lo que estaba sucediendo en el templo.

Su madre preguntó: "¿Por qué nos has deshonrado de esta manera? Hemos estado fuera de nosotros buscando por ti."

Jesús respondió: "¿Por qué no vinieron aquí primero? ¿No sabían que debo estar en la casa de Mi Padre?"

Sus padres quedaron atónitos por Su respuesta. *Sus padres no comprendían completamente el mensaje de los ángeles antes de Su nacimiento.* Jesús volvió a casa con ellos y vivió en sumisión a Sus padres. También continuó creciendo en sabiduría, estatura y en favor con Dios y los hombres (Lucas 2:41-52 NASB).

*Preguntas*

1.  Después de leer esta historia, ¿puedes nombrar al menos cuatro costumbres matrimoniales de la época del Nuevo Testamento que son opuestas a nuestra cultura?

2.  ¿Por qué crees o no crees que María quedó embarazada sin estar con un hombre?

3.  ¿Te sorprende que el feto de seis meses de Elizabeth saltara en su vientre al oír la voz de María y que Elizabeth se diera cuenta de inmediato del embarazo de María y de quién sería el feto de María? *Explícalo verbalmente a ti mismo.*

4.  Al regresar María a casa en Nazaret, ¿a qué se enfrentó María?

5.  ¿Cómo pudo José aceptar a una prometida embarazada cuando el bebé no era suyo?

6.  ¿Por qué habría de nacer el Hijo de Dios en un establo?

7.  *¿Por qué se le dio a los pastores, los más pobres de los pobres, el primer anuncio del nacimiento de Su Hijo?*

8.  ¿Eran los pastores tímidos acerca de contar a otros sobre Jesús?

9.  ¿Por qué crees que el Hijo de Dios nació en una familia pobre?

10. ¿Deben las preguntas 7, 8 y 9 hacer que reconsideremos lo que pensamos sobre los pobres hoy en día? Expresa tu *respuesta mirándote en un espejo.*

11. En esta historia, ¿cuántas veces habló Dios a través de sueños?

12. ¿Todavía Dios habla a las personas hoy en día? Si es así, ¿cómo?

13. Cuando Jesús tenía doce años, ¿qué crees que sabía sobre sí mismo? ¿Tuviste en cuenta la última frase de la historia? ¿Cambia esa última frase de la historia tu opinión?

*Mini-epílogo*

Las genealogías parecen aburridas para muchas personas; sin embargo, a veces contienen información indispensable. Por ejemplo, ¿sabías que hay dos genealogías de Jesús en la Biblia? *Hay tres diferencias básicas en esas dos genealogías:*

1. *Orden inverso:* La genealogía de Jesús según Mateo (Mateo 1:2-16) comienza con Abraham y desciende hasta Jesús. La genealogía de Jesús según Lucas (Lucas 3:23-38) comienza con Jesús y asciende hasta Adán. Las genealogías de Mateo y Lucas están en orden inverso, lo que dificulta la comparación para nosotros.

2. *Más nombres:* La genealogía de Jesús según Lucas incluye más nombres porque abarca un período de tiempo más largo. Lucas incluye nombres entre Adán y Abraham. Así, los nombres añadidos no crean un problema.

3. *Nombres diferentes:* Los nombres listados entre el Rey David y Jesús son todos diferentes en las genealogías de Jesús de Mateo y Lucas. "¿Cómo sucedió esa aparente discrepancia?" *La clave para entender comienza con el rey David. Primero:* La Biblia enseña que el Mesías sería un descendiente del Rey David. *Segundo:* José era descendiente de David a través del hijo de David, el Rey Salomón. Sin embargo, José no era el padre de Jesús. María estaba embarazada sin la ayuda de un hombre. Entonces, preguntamos, ¿está la Biblia en error al decir que el Mesías sería un descendiente de David? Tercero: La genealogía de Jesús de Lucas revela que María también era descendiente de David a través del hijo de David, Natán.

También es interesante aprender que la esposa de David, Betsabé, fue madre de Salomón y Natán (y otros). *Eso puede ser una indicación de la vindicación de Dios hacia Betsabé. David fue el culpable de su adulterio, no Betsabé.*

*Pero hay más.* Mateo 1:16 dice: "Jacob fue el padre de José, el marido de María, de quien nació Jesús." Esa es la verdad. Mateo no dice que José es el padre de Jesús, sino que dice: "José fue el marido de María, de quien nació Jesús." (María fue Su madre; José no fue el padre—ningún hombre lo fue. Sin embargo, José fue una figura paterna para Jesús.)

*¿Necesitamos más?* Regresamos a lo que Dios le dijo a la serpiente en la historia 2. Génesis 3:15 dice: El Señor le dijo a la serpiente: "Pondré enemistad entre tú y la mujer. Y entre tu simiente y su simiente; Él te aplastará (triturará) en la cabeza, y tú le aplastarás en el talón *(matas a una serpiente aplastándole la cabeza)*."

*En esa historia, el autor escribió: "El significado de lo que Dios dijo a la serpiente es difícil de entender con la información limitada que se da aquí. Sin embargo, parece ser la introducción de una trama importante en la Biblia. Nos quedan dos preguntas aún sin respuesta: '¿Quién es esta descendencia de la mujer?' y '¿Quién es la serpiente?' Supongamos que las respuestas a esas preguntas se revelarán en historias posteriores. Una trama generalmente toma tiempo para 'espesar' antes de ser completamente entendida."*

Ahora podemos entender Génesis 3:15 *y la batalla espiritual en la que estamos. Ahora podemos decir que la simiente de la mujer (María) es Jesús, el Único que puede resolver nuestro problema de pecado. También deberíamos poder relacionar esto con Génesis 22:15-18, cuando Dios le explicó a Abraham la diferencia entre la simiente de Abraham (plural) y la simiente de Abraham (singular) en la historia 6. Sería bueno revisar esa dinámica historia dentro de una historia. Israel es la simiente plural de Abraham, y Jesús es la simiente singular de Abraham.*

Ahora también podemos entender *Isaías 7:14 NASB, que dice:*

> Por tanto, el Señor [Adonai] mismo os dará una señal: He aquí, una virgen concebirá y dará a luz un hijo, y llamará su nombre Emanuel.

El evangelio de Mateo fue escrito para lectores judíos (con más citas del Antiguo Testamento que los otros tres evangelios). Su genealogía de Jesús es la genealogía "kosher" de José, hijo de Jacob, etc. (Mateo 1:16). La genealogía de Lucas despeja las dudas.

*En Lucas 3:23-38, Lucas hablando a un público universal escribe:* "Jesús tenía alrededor de treinta años, siendo, como se suponía, hijo de José, hijo de Eli." (Eli era en realidad el padre de María). *Lucas nos proporciona la genealogía a través de María, la hija de Eli.*

Para cumplir con una promesa hecha en la historia 10, necesitamos retroceder para explicar el significado de la bendición y profecía de Jacob para su cuarto hijo, Judá. Al decir: "el cetro no se apartará de Judá, ni el bastón de su mano" (Génesis 49:10), etc., *esto significaba que David y Jesús descenderían ambos del hijo de Jacob, Judá. La tribu de Judá se convirtió en la tribu más prominente de Israel.*

El compromiso de José y María no está registrado en las Escrituras, pero ocurrió. *El relato corto al principio de la historia más larga 18, "El nacimiento y la infancia del Salvador", es la* imaginación del autor sobre ese compromiso.

*La genealogía de Jesús según Mateo incluye a dos damas gentiles:* (1) *Rahab* había sido una ramera en Jericó, pero se convirtió en creyente y madre de Booz y *bisabuela de David.* (2) *Rut,* una no creyente de Moab, se convirtió en viuda y creyente, quien cuidó de su suegra hebrea. Eventualmente se casó con Booz y se convirtió en madre de Obed y abuela de David. Lo anterior es un ejemplo de lo que podemos descubrir en las genealogías bíblicas.

*Lista parcial de profecías del Antiguo Testamento mencionadas en esta historia:*

- El Salvador sería el descendiente de una Mujer, no de un hombre. (Génesis 3:15)
- El Salvador sería un descendiente de Abraham. (Génesis 12:3 y 18:18)
- El Salvador sería de la tribu de Judá. (Génesis 49:10)
- El lugar de nacimiento del Salvador sería Belén. (Miqueas 5:2)
- El Salvador nacería de una virgen. (Isaías 7:14)
- La masacre de los infantes por Herodes el Grande. (Jeremías 31:15)

# HISTORIA 19

## Jesús Inicia Su Ministerio
## (Mateo 3:13-4:25; Marcos 1:9-28;
## Lucas 4:1-5:39; Juan 1:35-2:12)

El profeta Juan el Bautista se menciona en los cuatro evangelios. En la historia 18, la madre de María, la prima mayor, Isabel, dio a luz a un hijo y lo nombró Juan. Juan creció siendo un solitario y eventualmente se fue a vivir a la zona desértica a lo largo del río Jordán.

*Juan el Bautista y su llamado (Juan 1:6-8)*

Dios envió a Juan para introduce/testificar de la luz de la humanidad (Jesús) para que la humanidad pudiera llegar a creer. Juan comenzó a predicar en el desierto de Judea *(Juan 1:15 y siguientes; Mateo 3:1 y siguientes; Marcos 1:1 y siguientes; Lucas 3:1 y siguientes)*: "Arrepiéntanse, porque el reino de Dios está cerca. Dejen de vivir a su manera. Volteense a Dios y comiencen a vivir a Su manera." Grandes grupos de personas comenzaron a ir al desierto para escuchar a Juan predicar.

*Las multitudes no estaban atraídas por Juan el Bautista porque era amable o predicaba sermones populares sobre salud y riqueza. Juan era todo menos amable.* Se vestía con áspero pelo de camello mantenido juntos por un cinturón de cuero. No tenía dinero y vivía de una dieta simple de saltamontes y miel silvestre. *Un creyente judío en Jerusalén le dijo al autor: "Probablemente Juan no comía saltamontes sino frijoles ricos en proteínas de las vainas que crecen en el árbol de langosta."* Hay muchos árboles de langosta en Israel. *Los saltamontes son proteína y se comen en muchos países.*

Los sermones de Juan no eran joyas pulidas que acariciaban el ego de la gente. Sus sermones eran directos, al grano, y demandaban un cambio de corazón y acción. Muchas personas se arrepintieron de su vida pecaminosa y fueron bautizadas en el Jordán por Juan.

Hoy lo llamamos Juan el Bautista, o Juan el Bautizador. Juan era algo similar a Elías. Las autoridades religiosas judías enviaron sacerdotes y otros líderes religiosos al desierto para preguntarle a Juan si era el Mesías.

Juan respondió rápidamente: "No, no soy el Mesías."

"¿Eres Elías?"

"No, no soy Elías", dijo Juan.

Las autoridades religiosas exigieron: "Si no eres Elías, ¿quién eres tú?"

Juan respondió: "Soy una voz en el desierto preparando el camino para el Señor, como fue profetizado por Isaías 40:3-5. Quiero que personas de todas partes y de todas las etnias experimente la salvación" (Juan 1:22-23, reescritura del autor).

La multitud iba al desierto a escuchar a Juan. Él predicaba la necesidad de arrepentirse y ser bautizados porque el reino de los cielos está cerca. Siempre que Juan veía a fariseos o saduceos venir a ser bautizados, los llamaba un montón de serpientes y les preguntaba: "¿Quién les advirtió que huyeran de la ira venidera de Dios contra el pecado? Si quieren que los bautice, entonces muéstrenme una vida cambiada llena de frutos en consonancia con el verdadero arrepentimiento. No digan: 'Tenemos a Abraham por padre.' Dios puede levantar hijos de Abraham de estas piedras. El hacha está lista para cortar todo árbol que no dé buen fruto."

Los soldados preguntaron: "¿Y nosotros? ¿Qué debemos hacer?"

Él dijo: "Estén contentos con sus salarios, y no usen su autoridad para quitarle dinero a nadie o para acusar a alguien falsamente."

Algunos de los seguidores de Juan preguntaron si él era el Mesías prometido.

Juan respondió: "No, no soy el Cristo. Yo los bautizo en agua, pero viene Uno que es más poderoso que yo. No soy digno ni de desatar las correas de sus sandalias. Cuando venga, bautizará a los creyentes con el Espíritu de Dios y fuego. Separará la paja del trigo. El trigo será guardado, pero la paja será echada al fuego."

Juan habló continuamente sobre el Mesías venidero.

*El bautismo de Jesús c. AD 26 (Mateo 3:13-17; Lucas 3:21-22)*

José, el padrastro de Jesús, parece haber fallecido algún tiempo después de que entrenara a Jesús en la carpintería. Jesús asumió la responsabilidad de proveer para su madre y sus hermanos. Después de que Jesús cumplió treinta años, trasladó la responsabilidad a sus hermanos y dejó su hogar, en busca de Juan el bautista. Siguió el río Jordán y encontró a Juan, no muy lejos de donde el río desemboca en el Mar Muerto.

Antes, Dios había revelado a Juan que Jesús era el Mesías prometido, el Cordero de Dios. Jesús quitará el pecado del mundo. Juan vio a Jesús acercándose al lugar donde él predicaba y bautizaba. Cuando Juan vio a Jesús acercándose, detuvo su sermón, señaló hacia Jesús y gritó: "¡Miren quién viene! Aquí viene Jesús. Él es el Cordero de Dios. Él quitará los pecados del mundo. Él es el que les he estado hablando para que sea conocido en Israel."

Al llegar donde estaba Juan, Jesús le pidió que lo bautizara. Juan trató de negarse y le dijo a Jesús: "He venido a predicar a los pecadores y a bautizar a todos los que se apartan de su pecado. Tú no eres un pecador. No necesitas ser bautizado. Deberías bautizarme a mí en su lugar."

Jesús respondió: "Que así sea, porque es apropiado que cada uno de nosotros cumpla el plan de Dios. He venido a salvar a los pecadores. *Por lo tanto, quiero identificarme con ellos al ser bautizado como ellos.*"

Después del bautismo de Jesús y cuando salía del río, el cielo se abrió a Juan, y vio al Espíritu de Dios descender como una paloma y posarse sobre Jesús. Entonces una voz del cielo dijo: "Este es Mi querido Hijo. Estoy muy complacido con Él," después de lo cual, Juan testificó: "Acabo de ver al Espíritu de Dios descender del cielo *como* una paloma y reposar sobre Jesús. Dios dijo: "Jesús es el que bautizará a Sus seguidores en Mi Santo Espíritu" (Juan 2:29-34, reescritura del autor).

*La tentación de Jesús (Mateo 4:1-11 y Lucas 4:1-13)*

Después de Su bautismo y la afirmación verbal de Su Padre celestial, el Espíritu de Dios llevó a Jesús solo al desierto. Sería tentado por el maligno. *Ahora, quizás por primera vez, el diablo (Satanás) sabía quién era realmente Jesús; pero fuese la primera vez o no, Satanás* comenzó a enfocar la guerra espiritual, como un arma láser, en Jesús. No era muy diferente del esfuerzo de Satanás contra Job en la historia 7. Sin embargo, *la guerra de Satanás contra Jesús sería más intensa, buscando evitar que Él lograra Su objetivo de salvar a la humanidad de nuestro pecado. Sería una lucha prolongada hasta el final, no solo este encuentro con Jesús.* Solo en ese lugar desértico, Jesús ayunó *(sin comida pero bebiendo agua)* durante cuarenta días y noches, buscando una comprensión más completa de la voluntad de Su Padre celestial para Él. *Jesús estaba desarrollando un plan general para expiar nuestros pecados y preparar a los seguidores para vivir con Dios para siempre.* No era un plan nuevo; era el mismo plan eterno desarrollado por la Divinidad antes de que el mundo fuera creado; *pero ahora que el Verbo eterno se había hecho carne (hombre también), el plan eterno de Dios se llevó a cabo espontáneamente de nuevo, como si fuera nuevo, por Jesús guiado por el Espíritu de Dios.*

Después de cuarenta días de ayuno, Jesús tenía hambre y estaba físicamente débil. *Aunque Satanás había estado lidiando con Jesús intermitentemente durante esos cuarenta días, sintió que ahora era el momento oportuno para atacar y derrotar el plan eterno de Dios.*

Satanás le mencionó a Jesús: "¿Has notado cómo estas piedras redondeadas se parecen a panes? No has comido nada durante cuarenta días y noches y tienes mucha hambre. Ya que eres el Hijo de Dios, usa tu poder divino para tus propias necesidades. Simplemente dile a esta piedra que se convierta en pan y come."

Jesús respondió: "Está escrito (Deuteronomio 8:3 KJV), 'No sólo de pan vive el hombre, sino de toda palabra que sale de la boca del Señor.'" *Ronda 1: Jesús 1, Satanás 0.*

El diablo llevó a Jesús a Jerusalén y lo llevó hasta la cima del templo. "Mira a toda la gente allá abajo", dijo. "Si saltas, alguien te verá caer y gritara y te señalará, entonces toda la atención de la multitud se centrará de repente en ti. Como eres el Hijo de Dios, sabes que está escrito (Salmo 91:11-12), *'Dios enviará a sus ángeles para que te cuiden y te mantengan a salvo. Te sostendrán rápidamente antes de que caigas sobre el pavimento.'*

"Nota: Satanás estaba usando el Salmo 91:11-12 fuera de contexto. Satanás continuó, "Cuando toda la gente vea que Dios está obligado a rescatarte, vendrán a ti, justo como tú deseas."

Jesús respondió con calma, "No pondrás a prueba al Señor tu Dios" (buscando forzar su mano; Deuteronomio 6:16). *Ronda 2: Jesús 2, Satanás 0.*

*El diablo había fracasado de nuevo, pero había guardado su mejor tentación para el final.* Llevó a Jesús a la cima de una alta montaña y, en un momento, le mostró todos los reinos del mundo. *Satanás dijo: "Tengo un trato que no puedes dejar pasar. Como quieres llevar a todas las personas a Dios, te lo voy a poner fácil."* Luego, con una sonrisa astuta en su rostro, Satanás continuó: *"Como* eres el Hijo de Dios, te das cuenta de que todos esos reinos están bajo mi control. Sin embargo, si solo te inclinas ante mí una vez, te daré todos esos reinos. *Después de eso, me iré, y no tendrás más problemas conmigo."*

Jesús respondió rápidamente: "*¡Primero, y lo más importante!* Temed (estad asombrados de) al Señor vuestro Dios y servidle solo a Él. No iréis tras otros dioses (ídolos) de otros (Deuteronomio 6:13-14 KJV). *En segundo lugar, eres un mentiroso. Además, no eres el problema principal, Satanás.* El pecado es el problema principal. *Si dejaras la tierra, el pecado seguiría aquí.* Te destruiré (Génesis 3:15), expiaré los pecados de la humanidad (Isaías 53:4-6 y 10-12), y restableceré la relación de la humanidad con Dios (es decir, Salmo 23)." *Ronda 3: ¡Jesús 3, Satanás 0—nocaut técnico!*

*Habría otros enfrentamientos entre ellos, incluyendo la última y más dura pelea ("El Thriller en Manila") más adelante en la historia 27.* Así que Satanás se marchó hasta otro momento oportuno. Los ángeles vinieron y ministraron a las necesidades físicas de Jesús.

*Jesús comenzó a reunir discípulos (Juan 1:35-51)*

En otro día, Jesús estaba pasando por el área donde Juan el Bautista estaba enseñando. Juan estaba hablando con dos de sus discípulos cuando vio a Jesús a lo lejos. *Esos dos discípulos no estaban presentes cuando Jesús fue bautizado.* Juan señaló a Jesús y dijo: "Ese hombre es el Cordero de Dios."

Los dos discípulos siguieron a Jesús para ver a dónde iba. Él los vio seguirlo y se detuvo a preguntar: "¿Qué buscan?"

Ellos dijeron: "Rabí [Maestro], ¿dónde te hospedas?"

"Ven y verás," dijo Él.

Uno de los dos era Andrés, el hermano de Simón Pedro. El segundo y no nombrado discípulo de Juan el Bautista era Juan, *hijo de Zebedeo (Juan no menciona su propio nombre en su evangelio; Juan 1:35-40, reescritura del autor).*

Más tarde, Andrés fue a buscar a su hermano, Simón, y le dijo: "Hemos encontrado al Mesías (el Cristo, el Ungido)."

Andrés llevó a Simón a Jesús, quien lo miró y le dijo: "Tú eres Simón, hijo de Juan. De ahora en adelante, serás llamado Cefas (Pedro, una roca)."

*Juan, el hijo de Zebedeo, le contó a su hermano Santiago sobre Jesús y que Juan el Bautista llamó a Jesús el Cordero de Dios.*

Otro día, mientras Jesús caminaba junto al mar de Galilea, vio a Pedro y Andrés echando sus redes en el mar. Jesús les llamó: "Síganme, y *los prepararé* para que se conviertan en pescadores de hombres. Les permitiré traer a las personas de vuelta a Dios." Ellos dejaron sus redes y le siguieron. No muy lejos, Jesús vio a los otros hermanos, Santiago y Juan, los hijos de Zebedeo, reparando sus redes. Jesús también les llamó a seguirle. Ellos también dejaron la barca con su padre y siguieron a Jesús (Mateo 4:18-22, reescritura del autor).

Esos cuatro pescadores (Pedro, Andrés, Santiago y Juan) se convirtieron en los primeros cuatro discípulos de Jesús. Él elegiría muchos más discípulos. Al menos dos, quizás tres de esos primeros cuatro hombres (Andrés, Juan y posiblemente Pedro) habían sido discipulados por Juan el Bautista. El otro hombre, Santiago, fue influenciado por su hermano, Juan, quien, al igual que Pedro, fue primero influenciado por su hermano Andrés. *Jesús tenía un objetivo a largo plazo de entrenar discípulos para que pudieran continuar Su ministerio cuando Él ya no estuviera aquí.*

Las noticias sobre Jesús comenzaron a difundirse más rápido que un virus. Felipe era de Betsaida, la misma ciudad que Andrés y Pedro. Felipe encontró a Natanael (también conocido como Bartolomé) y le dijo: "Hemos encontrado al que de quien habló Moisés, el mismo de quien escribieron los profetas. Su nombre es Jesús (Yeshua)—Jesús de Nazaret—hijo de José *(José fue erróneamente asumido como el padre de Jesús; Juan 1:45)."*

Nathanael le preguntó a Felipe: "¿Puede algo bueno salir de Nazaret?"

Felipe respondió: "*Me alegra que preguntes.* Ven y ve."

Jesús vio a Nathanael venir hacia Él y dijo: "Mira quién viene, un verdadero israelita sin engaño."

Nathanael preguntó: "¿Cómo me conoces?"

Jesús respondió: "Te vi cuando estabas sentado bajo la higuera antes de que Felipe te llamara." Nathanael respondió con fe: "Maestro, Tú debes ser el Hijo de Dios, el Rey de Israel." Jesús le preguntó: "¿Dices eso solo porque supe que estabas sentado bajo una higuera? Cómome, sígueme y verás cosas mucho mayores" (Juan 1:47-51 KJV).

*Felipe y Nathanael también podrían haber sido influenciados hacia Jesús por Juan el Bautista,* y se convirtieron en discípulos de Jesús.

## Jesús recorre Galilea y más allá (Lucas 4:42–5:26)

Jesús, lleno del Espíritu de Dios, regresó a Galilea y comenzó a enseñar en las sinagogas. Proclamó el evangelio en todas partes y sanó a muchas personas con diversos tipos de enfermedades y dolencias. Multitudes grandes seguían a Jesús, y Él recorrió toda Galilea, cruzó el río Jordán hacia Decápolis (la zona de las diez ciudades), luego volvió a través de Judea y finalmente a Jerusalén. Continuamente invitaba a la gente a 'Arrepentirse', diciendo: 'El reino de Dios está cerca.'

Jesús y sus discípulos regresaron a Capernaum, en la costa noroeste del Mar de Galilea. En el día de reposo (sábado), entraron en una sinagoga, y Jesús comenzó a enseñar. Los locales estaban asombrados por su enseñanza, especialmente porque enseñaba con autoridad, no como los escribas y otros líderes religiosos de los judíos. El trabajo principal de los escribas era hacer copias manuscritas de las Escrituras. No había imprentas ni computadoras en ese entonces. Los escribas se consideraban expertos del Antiguo Testamento, *pero no interpretaban muy bien.*

Después de que Jesús terminó de enseñar, un hombre con un espíritu impuro gritó: "¿Qué tenemos en común, Jesús de Nazaret? ¿Has venido a destruirnos? ¡Sé que eres el Santo de Dios!"

Jesús reprendió al espíritu impuro, diciendo: "¡Cállate y sal de él!"

Jesus responded, "Let us go to other nearby towns so I can preach there also."

El espíritu inmundo hizo que el hombre cayera en convulsiones, gritara y saliera del hombre.

La gente estaba asombrada y debatía entre sí: "¿Qué es esto? Un nuevo maestro con autoridad. También puede ordenar a los espíritus inmundos, y ellos le obedecen." La noticia sobre Jesús se esparció por los distritos circundantes.

En Cafarnaún, se detuvieron (Jesús, Pedro, Andrés, Santiago y Juan) en la casa *de la suegra de Pedro*. Estaba enferma con una alta fiebre. Jesús la sanó, y ella se levantó y les sirvió. Antes del amanecer, la mañana siguiente, *Jesús se levantó y salió de la casa para encontrar un lugar apartado y tener tiempo a solas para orar con Dios Su Padre.* Más tarde, Sus cuatro compañeros lo buscaron y, al encontrarlo, dijeron: "Todos te buscan."

Jesús respondió: "Vayamos a otras ciudades cercanas para que también pueda predicar allí."

*Preguntas*

1. Nombra al menos dos maneras en que Juan abrió el camino para Jesús.

2. Juan el Bautista y Jesús desarrollaron discípulos. ¿Es el discipulado también importante hoy en día? ¿Por qué o por qué no?

3. Juan bautizó a algunos que vinieron a él; a otros les dijo: "Muéstrenme cambios en su vida y actitud que demuestren que realmente se han arrepentido, luego regresen y los bautizaré." ¿Es eso necesario hoy en día?

4. Juan dijo que bautizaba con agua, pero "Uno que viene después de mí los bautizará con el Espíritu Santo y fuego."

Juan también dijo: "Jesús debe aumentar, pero yo debo disminuir." ¿Qué quiso decir Juan?

5.  Inmediatamente después de que Jesús fue bautizado por Juan el Bautista, ¿qué dos cosas sucedieron como testigo tanto para Jesús como para Juan?

6.  ¿Por qué crees que Jesús ayunó cuarenta días y cuarenta noches?

7.  Satanás (el diablo) tentó a Jesús a pecar pero falló. ¿Qué decisiones positivas tomó Jesús mientras enfrentaba tentaciones?

8.  El ministerio de Jesús se basó en tres tipos de actividades. ¿Puedes nombrarlas? Una pista: T_______________, P_______________ y H_______________.

9.  ¿Qué actividad principal utilizó Jesús para mantener la comunión con Su Padre celestial?

## *Mini-epílogo*

No está claro cuántos discípulos tenía Jesús en este punto. Él había elegido a cuatro y posiblemente a siete. Felipe y Natanael probablemente eran el número cinco y seis, y Mateo puede haber sido el número siete. Jesús continuó llamando a un número creciente y desconocido de discípulos (seguidores/aprendices).

*Lucas 6:12: Jesús oró toda la noche* antes de elegir a sus doce apóstoles entre sus muchos discípulos. *Los nombres de esos apóstoles* se enumeran en los tres evangelios sinópticos: Mateo 10:2-9, Marcos 3:13-19, Lucas 6:12-16, así como en Hechos 1:13. El orden de los nombres enumerados es generalmente el mismo en cada evangelio: (1) Simón Pedro, (2) el hermano de Pedro, Andrés, (3) Santiago y (4) Juan, hijos de Zebedeo, (5) Felipe, (6) Bartolomé, quien también fue llamado Natanael, (7) Mateo, también llamado

Levi, (8) Tomás, (9) Santiago, hijo de Alfeo, (10) Tadeo, también llamado Judas, hijo de Santiago, (11) Simón el Zelote, y (12) Judas Iscariote, quien se convirtió en traidor.

Cuando Jesús y sus apóstoles realizaron giras de predicación, varias mujeres viajaron con ellos para ayudar con la cocina y las tareas del hogar. También donaron dinero de sus propios medios para apoyar a Jesús y su equipo. Solo se mencionan a tres: María Magdalena, Susana, Juana y otras mujeres prominentes. *Incluso hoy en día, sin mujeres fieles que donen y sirvan, se lograría mucho menos en el reino* (Lucas 8:1-3, reescritura del autor).

# HISTORIA 20

## Milagro En Cana

## (Juan 2:1-11)

Algunos milagros de Jesús aparecieron en la historia anterior. El milagro de Caná fue Su primer milagro; solo fue registrado por Juan. Probablemente tuvo lugar poco después de que Jesús eligiera a Sus primeros cuatro discípulos en la historia anterior. El milagro en Caná ha sido separado para enfatizar su importante mensaje.

No mucho después de que Jesús eligió a Pedro, Andrés, Santiago y Juan como Sus primeros discípulos y quizás a otros, hubo una boda en Caná de Galilea. Caná estaba ubicada a unos ocho millas al norte de Nazaret, donde Jesús creció.

María, madre de Jesús, estaba allí y *parecía tener algún papel oficial* en la recepción de la boda. Jesús y Sus discípulos fueron invitados, *lo que podría significar que era la boda de un pariente de Jesús. Las bodas eran ocasiones especiales, especialmente en las aldeas donde la mayoría de la gente asistiría. Algunas celebraciones de bodas duraban varios días.*

María se acercó a Jesús y susurró: "Se les ha acabado el vino."

*Quedarse sin comida o vino hubiera avergonzado al novio y a sus padres.* Jesús le respondió en un susurro: "Mujer, ¿qué tiene eso que ver con nosotros?"

"Mujer", *la palabra que Jesús usó para dirigirse a Su madre, puede sonar dura para nosotros, pero en ese entonces era muy respetuosa. María no estaba molesta y asumió que Jesús haría algo.* Simplemente se volvió hacia los sirvientes de la casa y les dijo: "Hagan lo que Él les diga."

Había seis tinajas de piedra en la cocina; cada una podía contener entre veinte y treinta galones, un número inusualmente grande de tinajas para una familia. *Algunas de las tinajas probablemente habían sido prestadas de vecinos de la multitud de la boda. Tinajas como esas eran para la costumbre judía de purificación. El agua de esas tinajas se usaba para lavar las manos de las personas antes de comer y para lavar los platos, etc.*

*Jesús le dijo a los sirvientes de la casa que llenaran las tinajas de agua. Eso implicaba sacar agua del pozo para llenar las tinajas. Esas tinajas se habían llenado en preparación para la boda, pero ya se había utilizado mucha agua para lavar manos, platos, etc. Los pies de los invitados se habrían lavado en una tinaja de agua diferente ubicada en la puerta principal a medida que entraban en la casa.*

*Muchos piensan que Jesús convirtió el agua de las seis tinajas en vino. Ningún judío, incluido Jesús, habría permitido que la gente bebiera de tinajas de agua utilizadas para la purificación (limpieza); sería un agravio para los invitados y habría dejado una cicatriz permanente en la reputación del anfitrión.*

Jesús le dijo a los sirvientes que llenaran las tinajas de agua. *Así, necesitaban sacar agua del pozo para llenar las tinajas de agua.* Después de que esas tinajas ceremoniales fueron llenadas, Jesús dijo a los sirvientes: 'Ahora sacen un poco de agua y llévenlo al mayordomo'—*lo que significa (y esto es importante)*—'Ahora regresa al pozo, la fuente del agua, saca más agua del pozo (no de las tinajas) y lleva esa agua al mayordomo.'

*Así, los sirvientes regresaron al pozo, sacaron más agua, tomaron esa agua directamente del pozo y se la dieron al mayordomo.* El mayordomo probó esa agua, que se había convertido en vino, pero no sabía que *provenía del pozo*, y proclamó que era buen vino. Luego, felicitó al novio por haber guardado el mejor vino para el final de la fiesta. *Los únicos que conocían la fuente del mejor vino eran los sirvientes de la casa, Jesús y sus discípulos.*

*Jesús salvó la reputación del novio al proporcionar milagrosamente buen vino a los invitados antes de que supieran que se les había acabado su reserva de vino,* pero Jesús también ofreció a sus discípulos un vistazo más profundo de quién es Él y por qué había venido a la tierra. *Sin embargo, aún estaban lejos de conocer, y mucho menos comprender, el plan eterno de Dios. La clave para su entendimiento radica en el pozo, la fuente del agua.* Dios, no la religión ni las ceremonias religiosas, es la fuente de la vida y de vidas significativas para nosotros.

*El judaísmo (y muchas otras religiones) tienden a pensar que seguir leyes religiosas, ceremonias y hacer buenas obras es el camino hacia Dios, sin importar su propia falta de moral o la falta de una relación personal con Dios.* A través del milagro en Caná, Jesús enseñó a sus discípulos que debemos acercarnos a Dios, la Fuente de todo, de manera directa y personal para descubrir el verdadero arrepentimiento, el perdón, la renovación y la alegría.

En otra ocasión, Jesús recordó a la multitud: "Nadie pone vino nuevo en odres viejos, porque el vino nuevo hará estallar los odres viejos. Así, el vino nuevo se perdería y los odres viejos se arruinarían [el vino nuevo debe ser puesto en odres nuevos, que se estirarán]."

(Lucas 5:37-38 NASB)

*Jesús utilizó una verdad física sobre el vino nuevo para ilustrar una verdad espiritual sobre la nueva vida.* Estaba diciendo que la religión y una relación personal con Dios son conceptos diferentes e incompatibles. *La religión no puede contener el potencial de lo que Dios tiene reservado para ti. La historia de Caná termina declarando,*

Este principio de sus señales [milagros] hizo Jesús en Cana de Galilea, y manifestó su gloria; y sus discípulos creyeron en él.

(Juan 2:11 NASB)

*Preguntas*

1. En la boda en Caná, ¿qué problema llevó María a la atención de Jesús?
2. ¿Cómo pueden la religión y sus leyes, ceremonias y énfasis en las buenas acciones convertirse en un obstáculo para conocer y agradar a Dios?
3. En esta historia, ¿qué *significa volver a la fuente?*
4. ¿Cómo afectó este primer "signo" (milagro) de Jesús a sus discípulos?

*Mini-epílogo*

Juan llama a los milagros de Jesús "señales." Una señal no se apunta a sí misma, sino a algo más.

La mayoría de las personas en la recepción de la boda ni siquiera sabían que había ocurrido un milagro. Este milagro fue una señal para los discípulos de Jesús. Apuntó hacia Jesús y consolidó su creencia de que Él es el Mesías, el Ungido de Dios. Aún no sabían que Jesús es el Hijo divino de Dios: Dios que también se hizo hombre. Jesús mismo se convirtió en la expiación por nuestro pecado. Tenían mucho que aprender, al igual que nosotros.

# HISTORIA 21

## Parábolas Seleccionadas De Jesús

Jesús contó historias simples y realistas para ayudar a las personas a entender lecciones espirituales. Historias como esas se llaman parábolas. Vamos a ver una muestra de esas historias. Las parábolas normalmente transmiten sólo una verdad.

*1.* Parábola de los Suelos (Mateo 13:1-9; Marcos 4:1 en adelante; Lucas 8:4 en adelante)

Jesús se sentó a enseñar a la orilla del Mar de Galilea. Una multitud se reunió a su alrededor y creció tanto que Jesús se trasladó de la orilla a uno de los barcos pesqueros cercanos. El barco le dio algo de altura sobre la multitud.

Él contó una parábola sobre un agricultor que salió a su campo a sembrar grano *(quizás trigo o cebada)*. Había demasiadas piedras para arar el campo, así que caminó por su campo sin arar, esparciendo las semillas uniformemente a mano por todo el campo.

*Al esparcir las semillas uniformemente a mano, algunas* cayeron en un camino compacto y duro, y los pájaros vinieron y se lo comieron. *Algunas* de las *semillas* cayeron en suelo rocoso con más piedras que tierra. Aunque las semillas en el suelo rocoso brotaron y crecieron, la tierra era poco profunda; y cuando el sol calentó, secó las raíces jóvenes y esas plantas murieron. Algunas de las *semillas* cayeron entre las malas hierbas y espinos, que crecieron más rápido y ahogaron las plantas; pero *la mayoría* de las *semillas* cayeron en buena tierra, y las plantas produjeron buenos cultivos, algunas al ciento por uno, otras al sesenta por uno, y otras al treinta por uno.

Jesús le dijo a la multitud: "El que tiene oídos para oír, que oiga."

Jesús raramente explicaba sus parábolas. Por alguna razón, *sintió la necesidad de explicar esta parábola a sus discípulos.* Pero primero, tómate unos minutos para pensar en lo que crees que enseña esta historia.

Jesús explicó la parábola de los Suelos como la siembra de semillas en un campo sin labrar. (Mateo 13:18-23, Marcos 4:13-20 y Lucas 8:11-15). El sembrador es Jesús y/o sus seguidores. *La semilla es la Palabra de Dios (el Evangelio, palabras del reino, etc.). El suelo es el corazón de las personas. La semilla se siembra por todo el campo.*

*Algunas semillas* cayeron en el suelo duro de un camino muchas veces transitado, donde nada crece. Cuando las personas de corazón endurecido escuchan el evangelio, no lo reciben. El maligno (Satanás) entonces viene rápidamente para arrebatar la semilla antes de que puedan pensar más en ello.

*Algunas semillas* cayeron en terreno pedregoso y representan a las personas que escuchan la palabra y la reciben de inmediato, pero no echa raíces en su corazón. Cuando vienen las dificultades, se apartan.

*Algunas semillas* cayeron en tierra llena de malas hierbas y representan a las personas que también reciben la palabra, pero las preocupaciones sobre la vida, el dinero, etc., ahogan la palabra, y esas personas se vuelven infructuosas.

*La mayoría de las semillas* cayeron en buena tierra y representan a las personas que acogen la palabra en su corazón y les da una nueva vida llena de alegría y *frutos* en Cristo.

*Las parábolas generalmente solo enseñan una verdad espiritual. Eso también es cierto para esta parábola. Las personas que se convierten en seguidores de Jesús cuentan a otros cómo Dios las ha bendecido. Algunas personas no estarán interesadas y rechazarán al Señor, pero otras tendrán un corazón abierto a Dios y a Su verdad. Esas personas recibirán a Jesús y serán fructíferas al contar a otros cómo Dios ha bendecido su vida. Así, los creyentes buscan con alegría llevar el evangelio a todas las personas sin saber de antemano quiénes serán los receptores.*

*Los discípulos preguntaron: "¿Por qué enseñas en parábolas?"*

*Él respondió: "Dios ha determinado que después de creer, podrán comprender los misterios del reino. Los incrédulos no pueden entender esos misterios."*

*Aprenderemos algunos de esos misterios en las historias que vendrán.*

## 2. Parábola del rico y Lázaro (Lucas 16:19-31)

Esta parábola es la única parábola que nombra a una persona en la historia. Había un hombre rico que vivía en lujo todos los días. También había un pobre mendigo llamado Lázaro. Su cuerpo estaba cubierto de llagas. Lázaro yacía en la puerta del hombre rico todos los días, esperando recibir migajas de comida de la mesa del hombre rico. Los perros lamían sus llagas, pero a Lázaro no se le daba nada de comer.

Lázaro murió y fue llevado por ángeles para estar con Abraham en el cielo. Más tarde, el hombre rico también murió y fue enterrado. El hombre rico sufrió grandes dolores en Hades (infierno). Miró hacia arriba y vio a Lázaro con Abraham, así que clamó: "Padre Abraham, ten misericordia de mí. Estoy en agonía en esta llama. Envía a Lázaro para que moje su dedo en agua y refresque mi lengua."

Abraham respondió: "Lo siento, hijo mío. Recuerda que durante tu vida tuviste la vida fácil, sin embargo, ignoraste a Dios y las necesidades del pobre mendigo a tu puerta. Lázaro tuvo una vida dura y sufrió mucho a pesar de ser uno de Mis hijos. Ahora todo ha cambiado. Tú estás sufriendo, y Lázaro está siendo consolado. Además, hay un gran abismo entre nosotros. No podemos ir hacia ti, ni tú puedes venir hacia nosotros."

Entonces el hombre rico dijo: "Si es así, por favor envía a Lázaro de vuelta a la casa de mi padre. Tengo cinco hermanos, y ellos son incrédulos como yo lo fui. Adviérteles para que no terminen en este lugar de tormento."

Abraham dijo: "Tus hermanos han escuchado la palabra de Dios. Moisés y los profetas ya los han advertido."

El hombre gritó: "No, Padre Abraham, son como yo y no prestan atención a Moisés y a los profetas. Si alguien de los muertos va a ellos, lo escucharán."

Abraham respondió: "Si no escuchan a Moisés y a los profetas, tampoco escucharán a Uno (Jesús) que fue resucitado de entre los muertos (Lucas 16:31 NASB)."

Esa es una historia triste; *tendemos a pensar que somos buenos — o al menos, lo suficientemente buenos. El pecado nos*

*engaña haciéndonos creer que somos lo suficientemente buenos.*
Dios habló a través del profeta Isaías para decirnos,

Todos nosotros somos impuros y aun nuestras buenas obras son como trapos sucios.

(Isaías 64:6, reescritura del autor)

*Cuando nos negamos a escuchar la palabra de Dios, nosotros, al igual que ese hombre rico, rechazamos la gracia de Dios y enfrentamos el "Día del Juicio" sin esperanza.*

*3. Parábola de los trabajadores en la viña (Mateo 20:1-16)*

El reino de los cielos es como un dueño de una viña, que salió alrededor de las 6:00 a.m. por la mañana para contratar jornaleros para cosechar sus uvas. Contrató a todos los trabajadores disponibles por el salario estándar de un denario al día y los envió a su viña. Regresó al mercado a la tercera hora (9:00 a.m.) y vio a otros de pie sin nada que hacer.

"Vayan a mi viña", dijo. "Les pagaré lo que es justo".

Los hombres estaban contentos de conseguir un trabajo diario a media mañana.

El dueño volvió al mercado a la sexta hora (12:00 del mediodía) y vio a otros de pie sin nada que hacer.

"Vayan a mi viñedo," dijo. "Y les pagaré lo que es justo."

Los hombres estaban contentos de conseguir un trabajo por un día al mediodía.

El dueño seguía preocupado de que la cosecha no se recolectara por completo porque aún faltaban trabajadores, así que volvió al mercado otra vez a las 3:00 p.m. e hizo lo mismo. Entonces, el dueño volvió al mercado por última vez, tan tarde como a las 5:00 p.m., y vio a otros de pie.

Él les preguntó: "¿Por qué han estado de pie ociosos todo el día?"

Ellos respondieron: "Porque nadie nos contrató."

Él les dijo: "Vayan a mi viñedo, y les pagaré un salario justo."

Ellos necesitaban dinero y fueron a trabajar incluso a esa hora tardía del día.

*En ese entonces, los trabajadores laboraban desde el amanecer hasta el atardecer y se les pagaba al final de cada jornada laboral.* Cuando llegó la noche, el dueño de la viña le dijo a su capataz: "Llama a los trabajadores y págales sus salarios, comenzando por el último grupo hasta el primero."

Cuando aquellos contratados a las 5:00 p.m., 3:00 p.m., mediodía y 9:00 a.m. recibieron cada uno un denario, el salario de un día completo, estuvieron muy agradecidos. Cuando aquellos contratados a las 6:00 a.m. finalmente vinieron a recibir su salario, también se les pagó un denario.

Se quejaron ante el dueño de la viña: "Algunos de esos hombres solo trabajaron una hora, pero les pagaste lo mismo que a nosotros que trabajamos todo el día bajo el sol abrasador. Eso no es justo."

El dueño de la viña respondió: "Toma lo que es tuyo y vete. Si elijo pagar a los últimos hombres lo mismo que a ustedes, no estás siendo engañado. Te pagué el salario justo normal, que tú aceptaste. *Esos otros hombres también tienen familias que deben comer. Si elijo ser generoso con ellos, esa es mi elección.* ¿Tus ojos se han vuelto envidiosos porque soy generoso con otros? Los últimos serán los primeros y los primeros serán los últimos."

*Preguntas*

1. ¿Qué piensas de esta parábola?
2. ¿Qué piensas de los trabajadores?
3. ¿Qué piensas del dueño de la viña? Recuerda, la historia comenzó: "El reino de los cielos es como…"
4. ¿A quién representa el dueño de la viña?
5. ¿Cuál crees que es la enseñanza principal de esta parábola?

### 4. La Perla de Gran Precio (Mateo 13:45-46)

El reino de los cielos es como un comerciante de perlas que busca perlas finas. Encontró una como ninguna que había visto antes. Era una perla de tamaño y calidad excepcionales. Era cara, así que vendió todas sus posesiones para reunir suficiente dinero en efectivo para comprar esa perla excepcional, única en su tipo, de gran precio.

*¿Puedes pensar en algo más valioso que todo lo que posees? ¿Hay algo de tal valor que renunciarías a todo para alcanzarlo? ¿Serían las primeras cuatro palabras ('el reino de Dios') en esta parábola tan valiosas para ti?*

### 5. El Buen Samaritano (Lucas 10:30-37)

*Introducción*

Un abogado religioso puso a prueba a Jesús preguntándole: "Maestro, ¿qué debo hacer para heredar la vida eterna?"

Jesús le preguntó: "¿Qué está escrito en la Ley (libros de Moisés)? ¿Entiendes lo que dice la ley de Moisés?"

"Sí," dijo él. "Amarás al Señor tu Dios con todo tu corazón, y con toda tu alma, y con toda tu mente" (Deuteronomio 6:5 KJV) y "Amarás a tu prójimo como a ti mismo" (Levítico 19:18 KJV).

Jesús le afirmó, diciendo: "Has respondido correctamente. Haz eso, y vivirás."

Pero deseando justificarse, el abogado preguntó: "¿Quién es mi prójimo?"

Jesús le respondió con una parábola: Un hombre judío descendía de Jerusalén a Jericó y fue emboscado por una banda de ladrones. Lo golpearon, le robaron su dinero y objetos de valor, y luego lo dejaron tirado en el camino medio muerto.

Era un camino solitario, pero por casualidad, un sacerdote judío se encontró con él. Era obvio que este compatriota estaba en grave necesidad de ayuda, pero el sacerdote tenía mucho en su mente y sentía que realmente no tenía tiempo para ayudar al pobre tipo. Así que el sacerdote llevó su burro al otro lado del camino y dejó al hombre herido detrás.

De igual manera, un levita (un líder religioso judío de la tribu sacerdotal) se encontró con el hombre gravemente herido. Él también eligió no involucrarse. Cruzó la calle y lo pasó de largo. Luego, un samaritano, que estaba de viaje de negocios, se encontró con el hombre judío herido. Los samaritanos eran una raza mixta, solo medio judíos, y eran despreciados por los judíos; pero cuando el samaritano vio la necesidad del hombre, sintió compasión. Se detuvo, limpió sus heridas, le echó vino y aceite en las heridas y las vendó.

Con eso hecho, el samaritano levantó al hombre herido sobre su propia bestia de carga y llevó su burro a Jericó. Pagó por una habitación en una posada y cuidó del hombre herido. A la mañana siguiente, el samaritano le dio al posadero dos denarios (dos días de salario) y dijo: "Cuídalo. Si cuesta más que esto, te pagaré cuando regrese."

Al terminar la parábola, Jesús habló al abogado: "Tengo una pregunta para ti. ¿Cuál de esos tres hombres crees que demostró ser un vecino del hombre que cayó en manos de los ladrones?"

El abogado respondió: "El que mostró misericordia."

Jesús le dijo: "Ve y haz lo mismo."

*6. El Hombre Rico y Necio (Lucas 12:13-21)*

Un hombre en la multitud dijo: "Maestro, dile a mi hermano que divida la propiedad que nuestro padre nos dejó."

Jesús le respondió: "¿Quién me dio el derecho a juzgar o a dividir la propiedad entre ustedes dos?" Jesús continuó diciendo a la multitud: "¡Cuidado*! Cuídense de toda clase de avaricia, porque la verdadera vida de una persona no consiste en las cosas que posee, sin importar cuán rico pueda ser.*"

*Entonces Jesús contó una parábola sobre un hombre rico.* Había un hombre rico que poseía tierras agrícolas muy fértiles que siempre producían enormes cosechas. Comenzó a pensar para sí mismo: *"No tengo suficiente espacio de almacenamiento para guardar todas mis cosechas. Necesito derribar mis graneros y construir graneros más grandes donde pueda almacenar todo mi grano y otros bienes. Entonces me diré a mí mismo que tengo todo lo que necesito para muchos años. Puedo relajarme, comer, beber y disfrutar."*

Pero Dios le dijo: "¡Necio! Esta noche te reclamarán la vida. ¿Y lo que has acumulado, de quién será?"

Jesús concluyó: "Así les sucede a los que atesoran riquezas para sí mismos pero no son ricos hacia Dios."

Jesús dijo a sus seguidores: "Por eso les digo, *no se preocupen por su vida, qué comerán o qué vestirán.* Consideren las aves. No siembran ni cosechan, ni almacenan en graneros, pero Dios les da de comer. Consideren las flores silvestres a lo largo del camino. No trabajan ni hacen ropa para sí mismas. Dios les provee, y ni siquiera el rey Salomón estaba vestido tan hermosamente como esas flores."

> Los incrédulos se preocupan por esas cosas; pero su Padre celestial es consciente de su necesidad y Él les proveerá. Busquen el reino de Dios y Dios proveerá todas sus necesidades [no nuestros deseos]. Donde quiera que esté su tesoro [en cosas terrenales o en cosas celestiales], allí estará también su corazón.

(Lucas 12:34, reescritura del autor)

## 7. Los viñadores (Marcos 12:1-12, reescritura del autor)

### Introducción

Jesús entró en el templo en Jerusalén y encontró a gente profanando la casa de Dios. Los peregrinos venían de toda la nación para hacer sacrificios por el pecado, etc., pero los peregrinos eran engañados; no podían traer sus propios animales para sacrificar; tenían que comprar las ovejas, cabras o aves a los mercaderes en el templo, que cobraban precios exorbitantes. Ni siquiera podían donar dinero regular; tenía que ser cambiado por dinero especial del templo a tarifas de cambio injustas.

Además, el lugar designado para toda esa mercadería era el único lugar en el área del templo donde los "temerosos de Dios" (adoradores no judíos del Señor Dios) podían entrar y adorar. Lo que esos adoradores gentiles encontraron allí fue un bullicioso y maloliente mercado con precios injustos que hacían casi imposible la adoración. Los líderes religiosos permitieron eso *y posiblemente se beneficiaron de ello.*

Jesús echó a las ovejas y cabras. Volcó las mesas de dinero, pero no abrió las jaulas de las aves. Así, ninguno de los mercaderes perdió nada, pero el área gentil fue despejada y purificada para la adoración (Marcos 11:15-17). Jesús comenzó a enseñarles: En las Escrituras, Dios dice, "Mi casa será llamada casa de oración para todas las naciones" (Isaías 56:7 RV), pero ustedes la han convertido en una cueva de ladrones" (Jeremías 7:11 RV).

they believe John was really a prophet of God." So they answered Jesus, "We do not know."

Mientras Jesús caminaba en el templo (Marcos 11:27-33), un grupo de líderes religiosos (sacerdotes, escribas y ancianos) se enfrentó a Él por limpiar el templo. Querían saber con qué autoridad hacía eso.

Jesús dijo: "Les haré una pregunta, y si responden a mi pregunta, revelaré mi autoridad para hacer estas cosas."

Jesús preguntó: "¿El bautismo de Juan el Bautista era *por autoridad de Dios o no?*"

Los líderes religiosos hablaron entre ellos. "Si decimos que el bautismo de Juan *era de Dios, Jesús preguntará por qué no seguimos las enseñanzas de Juan.* Pero si decimos que el bautismo de Juan no era de Dios, la gente se rebelará contra nosotros porque creen que Juan era realmente un profeta de Dios." Entonces respondieron a Jesús: "No sabemos."

Jesús respondió: "Como no respondiste a mi pregunta, no revelarÉ mi autoridad para limpiar el templo."

*Luego Jesús les contó otra parábola* (Marcos 12:1-12, reescritura del autor). *Quizás sea la parábola más importante de*

*Jesús. Es una clave para entender por qué los líderes religiosos judíos odiaban a Jesús.*

"*Un hombre plantó un nuevo viñedo* y lo cercó con una valla. Luego, cavó un agujero y construyó una bodega debajo de la prensa para recoger el zumo de uva. También construyó una torre de vigilancia. Cuando todo iba bien, arrendó su viñedo a un grupo de arrendatarios y luego se fue de viaje por mucho tiempo.

*En el tiempo de la cosecha, el dueño envió un sirviente a los viñadores para recibir su parte de las ganancias, pero ellos golpearon al sirviente* y lo enviaron de vuelta con las manos vacías. El dueño envió a un segundo sirviente, pero le trataron vergonzosamente y le golpearon en la cabeza con un garrote. Envió a otro, y lo mataron.

Ese patrón continuó, ya que muchos fueron enviados a la viña; algunos fueron golpeados, otros fueron asesinados. *El dueño tenía uno más por enviar, su amado hijo. "¡Seguramente lo respetarán!"* Pero los viñadores se dijeron unos a otros: "Este es el heredero. ¡Si lo matamos, la herencia será nuestra!" *Mataron al hijo y arrojaron su cuerpo en un agujero fuera de la viña.*

Ahora, ¿qué hará el dueño de la viña? *Vendrá y destruirá a los viñadores y arrendará la viña a otros. Jesús preguntó:* "¿No han leído siquiera esta Escritura?" Luego citó el Salmo 118:22-23:

La piedra que los edificadores desecharon, Dios la convirtió en la piedra angular.

(reescritura del autor)

*Los líderes religiosos judíos* entendieron que Jesús contaba esta parábola en su contra. Se enojaron mucho y quisieron arrestar a Jesús, pero tenían miedo de la gente, así que se fueron en su lugar. *¿Qué significa esa importante parábola? Es una profecía de Dios. Él* *estaba quitando el liderazgo espiritual del mundo a Israel y dándoselo al Nuevo Israel (la iglesia), que incluye a los judíos que siguen a Jesús pero que en su mayoría estaría formada por creyentes gentiles de todas las naciones.* Dios prometió a Abraham que 'todas las familias de la tierra serían bendecidas a través de él' (Génesis 12:3). *Hasta que Israel se arrepienta y reconozca a Jesús como Señor, los gentiles serán los líderes espirituales que guiarán a las naciones hacia Cristo. Esto debería quedar más claro en la historia 31 más adelante.*

*Preguntas*

¿Quién es el dueño del viñedo en esta historia? ¿De qué trata esta parábola? Si no puedes responder a esas preguntas, ora y pide a Dios que te ayude a entender.

*8. Tres Parábolas sobre Perder Algo Valioso (Lucas 15:1-32)*

*¿Alguna vez has perdido algo que te sea valioso? Quizás tu billetera o bolso que contenía dinero, tarjetas de crédito, licencia de conducir, etc. Quizás perdiste tu anillo de bodas. Para el autor, fue la última carta de su madre antes de su muerte. Hay una urgencia por encontrar lo que se ha perdido. Si no se encuentra, se forma una sensación enferma en el estómago.* En Lucas capítulo 15 (reescritura del autor), hay tres parábolas de Jesús sobre estar perdido: la Oveja Perdida, la Moneda Perdida y el Hijo Perdido.

*Introducción*

Un día, muchos recaudadores de impuestos y otros marginados de la sociedad vinieron a escuchar a Jesús enseñar. Los fariseos y los maestros de la ley de Moisés siempre estaban tratando de encontrar faultas en Jesús. Cuando vieron a todos esos marginados sentados a los pies de Jesús, comenzaron a murmurar, diciendo: "¡Jesús acoge a los marginados e incluso come con ellos!" Jesús contó tres historias simples a esos líderes religiosos.

## 8.1 La oveja perdida

*Supongamos que uno de tus amigos* tiene cien ovejas y pierde una de ellas, ¿qué haría? Dejaría a las otras noventa y nueve en el pasto y saldría a buscar la oveja que se perdió hasta que la encuentre. Cuando la encuentre, se pondría contento, la cargaría sobre sus hombros y regresaría a casa. Cuando llega a casa, llamaría a sus amigos y vecinos, 'Vengan a celebrar conmigo. He encontrado mi oveja perdida.'

Jesús agregó, 'De la misma manera, *habrá más alegría en el cielo por un pecador que se arrepiente que por los noventa y nueve justos que no necesitan arrepentirse.'*

## 8.2 La moneda perdida

*Supongamos que tu esposa* tenía diez monedas de plata y pierde una de ellas, ¿qué haría? Encendería una linterna, barrería la casa y miraría cuidadosamente dentro, debajo y detrás de todo hasta que la encuentre. Cuando la encuentre, estará feliz y llamará a sus amigos y vecinos para que vengan a celebrar con ella.

Su moneda perdida ha sido encontrada. Jesús continuó: *"De la misma manera, los ángeles en el cielo se regocijan por un pecador que se arrepiente."*

## 8.3 El Hijo Perdido (el Padre Amoroso)

Había un hombre con dos hijos. El hijo menor le dijo a su padre: "Papá, no quiero esperar a que mueras. Dame mi parte de tu propiedad ahora." Entonces su padre dividió su propiedad entre sus dos hijos. El hijo menor vendió su parte de la propiedad tan rápido como pudo encontrar un comprador y luego se fue de casa con todo su dinero.

Se alejó mucho de casa y derrochó su dinero en una vida desenfrenada. Después de gastar todo su dinero, ocurrió una sequía severa. La comida se volvió escasa y cara, y él no tenía dinero. Sus amigos lo abandonaron cuando se quedó sin un centavo. Finalmente consiguió un trabajo cuidando cerdos *(el peor trabajo para un judío)*. Su salario era tan bajo que no podía comprar suficiente comida, y consideraba comer de la pocilga de los cerdos.

Finalmente, recuperó el sentido y se dio cuenta de que los siervos contratados de su padre estaban mucho mejor que él, así que se dijo a sí mismo: 'Regresaré a casa para disculparme con mi padre. Le pediré perdón y diré: 'No soy digno de ser tu hijo. Por favor, acéptame como uno de tus siervos contratados.'

Él dejó su trabajo y comenzó a caminar a casa. Cuando aún estaba a una milla de casa, su padre *(que lo buscaba diariamente)* lo vio venir. La alegría saltó en el pecho del padre, y la compasión energizó sus piernas mientras corría por el camino para abrazar y besar a su hijo descarriado.

'Papá', dijo el hijo. 'He pecado contra el Señor Dios y contra ti. No soy digno de ser tu hijo—'

Su padre lo interrumpió y le dijo a uno de los dos sirvientes que lo habían seguido por el camino: 'Apúrense a la casa, traigan la mejor túnica del armario, un anillo para su dedo y sandalias para sus pies.' Al otro sirviente, le dijo: 'Ve a buscar el ternero engordado, mátalo y prepara un festín. Vamos a celebrar.'

Cuando el hermano mayor entró del campo, escuchó música y baile y olfateó carne cocinándose. Le preguntó a uno de los sirvientes: "¿Qué está pasando?"

"Oh, tu padre está organizando una fiesta. Tu hermano menor ha regresado a casa sano y salvo."

El hermano mayor se enojó y se puso muy celoso. Se negó a entrar a la casa. Su padre salió a él y le suplicó que entrara a celebrar, pero su hijo mayor actuó como un niño celoso e inmaduro. "Te he servido durante años, y nunca me diste ni un cabrito para poder celebrar con mis amigos. Ahora tu hijo inútil, que devoró tu riqueza con prostitutas, regresa a casa, y tú has matado el ternero gordo por él."

Su padre dijo: "Hijo, siempre has estado conmigo y todo lo que es mío es tuyo. Debemos alegrarnos y celebrar a tu hermano, que estaba como muerto pero ahora está vivo de nuevo. Estaba perdido y ha sido encontrado." (reescritura del autor).

*Preguntas*

1. ¿A quién representa el padre en esta parábola?
2. Which of the two sons most represents you?
3. ¿Qué mensaje, si es que hay alguno, puede tener esta parábola para ti?
4. ¿Considerarías orar para preguntar a Dios si está buscando tu atención sobre algo?

## 9. Perdón (Mateo 18:21-35, reescritura del autor)

Pedro tenía una pregunta sobre el perdón a las personas. Le preguntó a Jesús: "¿Cuántas veces debo perdonar a un hermano *(no limitado a un hermano de sangre)* que a menudo peca contra mí (es decir, que se aprovecha de mí, me traiciona y me roba)? ¿Debo perdonarlo hasta siete veces (*pensando que eso sería muy generoso)?*"

La respuesta de Jesús sorprendió a Pedro. "No, no hasta siete veces, sino hasta setenta veces siete *(perdón ilimitado)*". *Su respuesta también puede sorprendernos, pero si pedimos a Dios que perdone nuestros pecados, ¿serían suficientes siete veces? No. Para muchos de nosotros, setenta veces siete no sería suficiente.*

*Si nos negamos a perdonar a alguien, incluso si no merece nuestro perdón, nos hacemos daño a nosotros mismos, no a la persona que nos dañó.* La Palabra de Dios nos advierte:

*Da gracia a los demás así como Dios nos da gracia.*
De lo contrario, una raíz de amargura puede brotar
en nuestro corazón y causarnos muchos problemas.

(Hebreos 12:15, reescritura del autor)

*El rencor puede convertirnos en personas resentidas y descontentas, que ya no son agradables para estar cerca.*

*Jesús continuó y le contó a Pedro una parábola.* "El reino de los cielos se puede comparar a un rey que decidió ajustar cuentas con sus siervos. Descubrió que uno de sus siervos le debía una enorme suma de diez mil talentos *(quince años de salario del siervo). No había forma de que pudiera devolver esa cantidad de dinero,* así que el rey decidió vender a su siervo y a su familia. *Al menos podría recuperar una fracción de su pérdida.*

Sin embargo, su siervo se postró en el suelo y pidió misericordia. "Ten paciencia conmigo y eventualmente pagaré todo." *Era una promesa imposible de cumplir para el siervo;* sin embargo, su amo sintió compasión por él y perdonó su deuda total y le dijo que volviera a trabajar.

El siervo perdonado salió y se encontró con un consiervo que le debía cien denarios *(equivalentes a cien días de salario para un trabajador)*. El sirviente perdonado agarró al hombre y comenzó a estrangularlo, exigiendo el pago inmediato de esa deuda. Su amigo también suplicó clemencia y suplicó paciencia, pero el siervo perdonado no tuvo compasión. En cambio, lo arrojó a la prisión de deudores hasta que recibió el dinero que se le debía.

Cuando el rey se enteró de lo que había hecho el siervo perdonado, dijo: "Eres un siervo malvado. Perdoné tu enorme deuda porque me suplicaste. Debiste haber mostrado misericordia a tu consiervo, pero te negaste. Por lo tanto, ahora exijo que su deuda de diez mil talentos sea pagada en su totalidad. Vas a ir a la cárcel y no serás liberado hasta que me pagues en su totalidad.

*Jesús terminó Su parábola diciendo:* "Lo mismo te sucederá si te niegas a perdonar a tu hermano de corazón." Mi Padre se encargará de eso. (Mateo 18:35, reescritura del autor)

# HISTORIA 22

## Todo En Un Día De Trabajo
## (Marco 4:35-5:43,
## Reescritura Del Autor)

Un día, Jesús les dijo a sus apóstoles: "Crucemos al otro lado del Mar de Galilea."

Así que se subieron a una barca y zarparon, dejando la multitud atrás. *Jesús aprovechó el suave vaivén de la barca en aguas* tranquilas para tomar una siesta. *A mitad de camino a través del gran lago, sopló un fuerte vendaval.* Las olas se hicieron tan grandes que comenzaron a romperse sobre los costados de la barca, y la barca comenzó a inundarse.

Jesús estaba durmiendo sobre cojines en la popa (parte trasera de la barca), *el lugar más suave de la barca.* A medida que la barca comenzaba a llenarse de agua, los discípulos, algunos de los cuales eran pescadores y estaban acostumbrados a las tormentas, se preocuparon por el hundimiento. Agitaron a Jesús para despertarlo y gritaron sobre la tormenta: "¡Maestro! ¡Estamos en peligro de hundirnos!"

Jesús se levantó, *se estiró lentamente* y habló suavemente al viento y al mar: "Cállate, estate quieto", y el viento le respondió de inmediato. Se calmó y las enormes olas se aquietaron, y todo se volvió tranquilo, y continuaron navegando.

Jesús preguntó a sus discípulos: "¿Por qué tienen miedo? ¿Dónde está su fe?"

Ellos estaban asombrados y aterrorizados por Jesús y se preguntaban unos a otros: "¿Quién es Jesús que puede ordenar al viento y a las olas, y le obedecen?"

*Finalmente llegaron al lado oriental del mar, la tierra de los gadarenos, un lugar cerca de lo que hoy se conoce como los Altos del Golán.* Cuando Jesús salió de la barca, un hombre poseído por demonios lo encontró. Vivía en el cementerio. Nadie podía controlarlo. Incluso si lo ataban con cadenas, él podía romperlas. Tenía una fuerza sobrehumana y nadie era lo suficientemente fuerte para someterlo. Día y noche gritaba y se hacía cortes con piedras afiladas.

Al ver a Jesús de lejos, el hombre corrió hacia Él y se inclinó ante Él *en reconocimiento de un poder superior. Los demonios* en él gritaron: "¿Qué negocio tenemos juntos, Jesús, Hijo del Dios Altísimo? ¡Por favor, no nos atormentes!"

Jesús preguntó: "¿Cuál es tu nombre?"

Él respondió: *"Soy Legión. Somos muchos."*

Legión comenzó a suplicar a Jesús que no los enviara lejos, pero Jesús ordenó a los demonios: "Sal de él."

Había un gran grupo de dos mil cerdos alimentándose en una colina cercana. Los demonios suplicaron a Jesús que los enviara a esos cerdos.

"Adelante", dijo Jesús.

Los demonios abandonaron al hombre y entraron en los cerdos. Cuando los demonios entraron en los cerdos, toda la manada de cerdos corrió colina abajo hacia el mar y se ahogaron.

Sus pastores huyeron y reportaron lo que sucedió a los dueños. Muchas personas fueron a ver qué estaba pasando. Vinieron a Jesús y se asombraron al ver al hombre que había estado poseído por demonios, ahora sentado tranquilamente, vestido y en su sano juicio. El miedo de la gente se trasladó del poder del hombre que antes estaba poseído por demonios al poder de Aquel que lo había sometido y dominado. Los lugareños le suplicaron a Jesús que se fuera de su área. *Tenían miedo y se sentían más a gusto con la oscuridad que con la luz.*

*¿Cómo respondemos a la oscuridad que nos rodea? ¿Cuál es nuestro papel en disipar la oscuridad? Prueba este simple experimento: Cuando llega la noche, apaga todas las luces de tu casa y luego enciende una pequeña vela de cumpleaños (o simplemente una cerilla) y sosténla en alto. ¿Te sorprende que una luz tan pequeña pueda dar tanta claridad en una habitación oscura? Ese experimento debería convencernos de que no debemos avergonzarnos de nuestra vela (nuestras habilidades y nuestro simple testimonio de Cristo). Sin embargo, se nos ordena dar testimonio sobre Jesús. Podemos contar a las personas lo que Jesús ha hecho en nosotros y por nosotros. El Señor (a través del Espíritu Santo), no nosotros, es el responsable de convertir a las personas y atraerlas hacia Él. (Juan 6:44-45)*

Cuando Jesús estaba volviendo a la barca, el hombre sanado se acercó a Él y humildemente le pidió: "Señor, por favor, permíteme ir contigo."

Con una voz cortés, Jesús dijo: *"No, vete a casa con tus amigos y diles la compasión del Señor sobre ti y las grandes cosas que ha hecho por ti"* (Marcos 5:18-20 KJV). El hombre obedeció a Jesús y viajó a casa, diciendo a todos a lo largo de Decápolis (región de diez ciudades) lo que Jesús había hecho por él, y todos quedaron asombrados.

Cuando Jesús regresó al lado oeste del Mar de Galilea, una multitud se reunió a su alrededor. Se quedó junto a la orilla, enseñándoles; pero *Jairo, uno de los oficiales de la sinagoga,* vino y le rogó a Jesús que fuera a su casa y sanara a su joven hija, que estaba cerca de la muerte. Jesús rápidamente se fue con él, y una multitud los acompañó y se agolpó sobre él.

*Una mujer que había sufrido una hemorragia de sangre* durante doce años comenzó a abrirse paso lentamente entre la multitud hacia Jesús. Ella había oído hablar de Él y pensó: *Si tan solo pudiera tocar Sus vestiduras,* seré sanada. Había gastado todo su dinero yendo de un médico a otro, pero ninguno fue capaz de ayudarla. Gastó todo su dinero, pero había empeorado. El flujo de sangre la hacía impura; por lo tanto, no podía adorar en la sinagoga ni siquiera visitar a sus amigos en sus casas.

Cuando se acercó a Jesús por detrás, extendió la mano y tocó el borde de Su manto. Su flujo de sangre se detuvo inmediatamente, y sintió sanación en su cuerpo. Jesús percibió que una fuerza salía de Él, y se dio la vuelta y preguntó: "¿Quién tocó Mis vestiduras?"

Sus discípulos minimizaban la situación, diciendo: "Estamos en una multitud, y muchos nos están presionando. ¿Por qué preguntas, '¿Quién Me tocó?'"

La mujer estaba asustada y se arrodilló ante Jesús y le contó su historia.

Él dijo,

Hija, tu fe te ha sanado; ve en paz y sé sanada de tu aflicción.

(Marcos 5:34 nasb)

Mientras Jesús aún hablaba, *llegaron mensajeros de la casa de Jairo diciendo: "Tu hija ha muerto.* No hay nada que Jesús pueda hacer ahora."

Jesús escuchó lo que se dijo y le dijo a Jairo: *"No temas. Confía en Mí como lo hiciste cuando viniste a Mí."* Jesús le dijo a sus discípulos que esperaran allí por Él mientras Él llevaba a Pedro, Santiago y Juan con Él a la casa. La casa estaba llena de conmoción.

La gente estaba llorando y lamentándose en voz alta. *(Eso era común; la gente contrataba lloronas profesionales antes de la muerte.)*

Jesús dijo: "¿Por qué hacen conmoción y lloran? La niña no está muerta. Solo está dormida."

Los profesionales del lamento se rieron de Jesús, pero Él les pidió a todos que salieran de la casa. Cuando quedó en silencio, Jesús tomó a los padres de la niña y a Sus discípulos y entró en la habitación donde estaba el cuerpo de la niña. Tomó a la niña de la mano y dijo: "¡Talitha kum!" ("¡Niña, levántate!") Inmediatamente, la niña de doce años se levantó y comenzó a caminar.

Los padres, así como Sus tres discípulos, quedaron asombrados. Jesús les dio órdenes estrictas de no contarle a nadie sobre lo que había hecho. Luego les dijo a sus padres: "Dédenle algo de comer."

## Mini-epílogo

A menudo, después de que Jesús realizaba milagros, les decía a las personas: "No se lo digan a otros". *Sus sanaciones eran actos de amor, no anuncios. No quería que su ministerio distrajera a las personas de su misión de salvar a la humanidad del resultado de nuestro pecado.*

# HISTORIA 23

## Viñetas De "Señales" Y "Yo Soy" En El Evangelio De Juan

*Introducción*

¿Cómo se describió a sí mismo Jesús? ¿Quién dice que es? *Tenía muchos dichos que comenzaban con 'Yo Soy' ('ego eimi', griego koiné o común antiguo), que se puede traducir como 'Yo Mismo Soy.'* Antes de mirar algunos de los dichos 'Yo Soy' de Jesús, volvamos a la revelación de Dios de Su nombre personal o memorial a Moisés en la zarza ardiente. Dios dijo: 'Mi nombre es Yo Soy' (Éxodo 3:14 NASB).

*¿Recuerdas lo que significa 'Yo Soy'? Dios le dijo a Moisés: 'Mi nombre es Yahvé ('Yo Soy'). 'Yo Soy quien Soy', el Eterno, Sin Principio, Sin Fin, el Único Ser Autosuficiente. 'Yahvé' (hebreo antiguo) y 'ego eimi' (griego antiguo) tienen el mismo significado básico: 'Yo Soy.'*

En la zarza ardiente (Éxodo 3:1-17), Dios reveló que Su nombre es "Yo Soy." Jesús también utilizó dichos de "Yo Soy" para describirse a sí mismo y para afirmar que es Dios. Luego dio un ejemplo (es decir, "Yo Soy el Pan de Vida," etc.) para revelar Su carácter/características. Cada uno de los dichos de "Yo Soy" de Jesús se hace exclusivo al usar el artículo exclusivo "el." Se podría afirmar, "Yo Soy el único." Varias veces en el evangelio de Juan, combina un "signo" (un milagro) con un dicho de "Yo Soy" como evidencia de que Él es quien afirma ser. Nuestros primeros dos ejemplos son combinaciones.

### 1. *Yo soy el pan de vida (Juan 6:35 y 48)*

Al principio del capítulo 6 de Juan, Jesús y sus discípulos estaban en el lado este del mar de Galilea. Una multitud de personas seguía a Jesús caminando alrededor del extremo norte del lago. Querían escuchar a Jesús enseñar. Esa tarde, las personas se cansaron y tenían hambre. *Por compasión,* Jesús alimentó a cinco mil personas con el almuerzo de un niño que consistía en cinco pequeños panes de cebada y dos pequeños pescados fritos. Después de que todos comieron y quedaron satisfechos, la comida que sobró superó la cantidad de comida con la que empezaron. (Juan 6:1-13).

Después de que la gente vio la señal (milagro), Jesús alimentándolos a todos a partir de casi nada, quisieron usar la fuerza de la multitud para hacerlo rey. Jesús envió a sus discípulos en una barca y luego subió a las montañas para evitar a la gente. Al día siguiente, la multitud regresó a Capernaum, buscando a Jesús. Cuando lo encontraron, Jesús les dijo que solo lo buscaban porque había llenado sus estómagos de comida el día anterior y luego les advirtió que no confiaran en la comida que perece, sino que buscaran la comida que perdura para la vida eterna. Eso es lo que el Hijo del Hombre dará si creemos en Él, a quien el Padre Celestial envió.

*"¡De acuerdo entonces!"* gritaron. *"¡Muéstranos una señal!*" Moisés dio a nuestros antepasados maná del cielo mientras estaban en el desierto. ¿Qué vas a hacer por nosotros?"

Jesús respondió: "No fue Moisés quien les dio pan del cielo. Mi Padre da el verdadero pan del cielo. El pan de Dios es Aquel que desciende del cielo y da vida al mundo" (en otras palabras, "Yo mismo soy ese pan del cielo").

La gente respondió: "Queremos pan como el que nos diste ayer para no tener hambre."

Jesús dijo: "Yo soy el pan de vida. Las personas que vienen a Mí nunca tendrán hambre, y las personas que creen en Mí nunca tendrán sed." Jesús puede satisfacer el hambre y la sed del hombre por una vida significativa. Sin embargo, la multitud solo quería un regalo de comida física.

Dirigidos por los líderes religiosos, la gente dudaba de lo que Jesús decía sobre sí mismo. "Él dice que es el pan que descendió del cielo, pero eso no es cierto. Conocemos a sus padres."

Jesús respondió,

Nadie puede venir a mí a menos que el Padre que me envió lo atraiga; y yo mismo lo resucitaré en el último día.

(Juan 6:44 NASB)

Está escrito en los profetas: "Serán enseñados por Dios."

(Isaías 54:13, Jeremías 31:34 y Juan 16:12-15)

*Ese es el caso porque la humanidad está esclavizada por el pecado. No podemos conocer a Dios a través de nuestros propios esfuerzos, pero Dios se revela a todos los que escuchan con corazones y mentes abiertas a Él.*

Jesús continuó: "En el último día, resucitaré a todos los que escuchan a Dios y le obedecen. Todos (sin excepciones) los que han oído y aprendido del Padre vienen a mí (Juan 6:45). Nadie ha visto al Padre excepto el que es de Dios; él ha visto al Padre. El que cree tiene vida eterna. Yo soy el pan de vida (sostengo la vida). Sus antepasados comieron el maná en el desierto y murieron. *Yo soy el pan vivo.*"

## 2. Yo soy la luz del mundo (Juan 8:12)

Yo soy la Luz del mundo. Todos los que me siguen vivirán en la luz en lugar de en la oscuridad.

Jesús pasó varias semanas/meses de su ministerio temprano en Judea, donde se encontraba Jerusalén. *Durante ese tiempo,* Jesús limpió el templo (expulsó a los vendedores y cambistas del templo). *También limpió el templo una segunda vez,* solo días antes de ser crucificado, como se registra en Mateo 21:12-17, Marcos 11:15-18 y Lucas 19:45-48.

*Muchos estudiosos creen que Jesús limpió el templo solo una vez. Sostienen que Juan eligió colocar ese evento antes que los otros tres escritores del evangelio. Este autor no es un estudioso, pero defiende la idea de dos limpiezas del templo por parte de Jesús. Siente que esta es una de las razones por las que los fariseos estaban en contra de Jesús desde el principio. Juan puede no haber querido duplicar el evento del templo; otros ya lo habían hecho. El autor sabe que podría estar equivocado al respecto, pero no lo cree.*

*Solo Juan revela el ministerio temprano de Jesús en Judea (no cubierto en los evangelios sinópticos),* incluyendo la primera purificación del templo (Juan 2), la conversación de Jesús con Nicodemo (Juan 3) y la historia de Jesús y la mujer samaritana en el pozo (Juan 4) durante el regreso de Jesús a Galilea desde Judea. *Los otros tres evangelios no incluyen esas historias.*

*Los tres evangelios sinópticos generalmente cubren material similar, principalmente del ministerio de Jesús en Galilea. Ninguno de los cuatro escritores del evangelio incluye todos los mismos eventos y enseñanzas de Jesús. Cada escritor fue guiado por el Espíritu de Dios para dar su testimonio por diferentes razones y desde diferentes perspectivas.*

*Mateo fue escrito (alrededor del año 67 d.C.) especialmente para los judíos, Marcos (Juan Marcos) escribió el evangelio más antiguo especialmente para los romanos (alrededor del año 60-65), Lucas escribió para una audiencia más universal (alrededor del año 68), y Juan (escrito entre los años 90-95) escribió para revelar quién es Jesús más que concentrarse en lo que Jesús hizo. Juntos, los cuatro evangelios dan un verdadero testimonio de Jesús: (1) Quién es Él, (2) Su ministerio de predicación, enseñanza y sanación, y (3) Su misión de salvar a una humanidad perdida.*

Jesús fue de Galilea de regreso a Jerusalén nuevamente (Juan 7) para la Fiesta de los Tabernáculos. Dado que era un tiempo de festividad, Jesús enseñó abiertamente dentro y alrededor del templo durante el día, a pesar de que los líderes religiosos querían matarlo. Se escapó de Jerusalén antes de la noche. Estaba a salvo durante el día gracias a las multitudes. Los líderes religiosos tenían miedo de capturar a Jesús frente al pueblo, porque muchos lo favorecían.

Durante varios días, los líderes religiosos debatieron con Jesús sobre sus enseñanzas. Estaban asombrados por Jesús, pero no creían en él. Se preguntaban unos a otros: '¿Cómo ha llegado este hombre a ser tan sabio sin haber sido educado?'

Jesús sabía lo que estaban pensando y dijo: 'Mi enseñanza no es mía. Es la enseñanza de Mi Padre, quien me envió. Aquellos que buscan hacer la voluntad de Dios saben que Mi enseñanza es de Dios' (Juan 7:16-17, reescritura del autor).

Acusaron a Jesús de quebrantar la ley de Moisés al sanar a las personas en el Sábado (sábado, el día reservado solo para la adoración). Él respondió: "Eso es extraño. Ustedes defienden la ley de Moisés, sin embargo, no obedecen la ley de Moisés. Circuncidan a las personas en el Sábado, sin embargo, quieren matarme por sanar a un hombre en el Sábado" (Juan 7:19-23, reescritura del autor).

Las multitudes sabían que los líderes religiosos odiaban a Jesús y estaban asombrados de que Él pudiera enseñar a las personas abiertamente frente a los fariseos. Algunos decían: "Jesús es el profeta Elías." Otros decían: "Él es el Cristo." Otros decían: "No puede ser el Cristo porque es de Galilea y el Cristo vendrá de Belén, la ciudad de David." No se dieron cuenta de que Jesús nació en Belén. La gente estaba dividida sobre quién es Jesús.

Durante las festividades, las menorás judías, un candelabro con siete o nueve candelabros, se encendían en los hogares y alrededor del área del templo durante el festival de ocho días de Janucá. *Quizás, como enseñó Jesús, Él señaló una menorá y* dijo,

> Yo soy la Luz del mundo. Si me sigues, te daré la Luz de la vida y así escaparás de la oscuridad de este mundo.

> (Juan 8:12, reescritura del autor)

También lee Juan 1:4-5, 9-10 y 1 Juan 1:5 y 7 y 1 Juan 2:8.

Los fariseos le dijeron a Jesús: "Te estás jactando de ti mismo, así que tu testimonio no es verdadero."

Jesús respondió: "Sí, estoy testificando sobre mí mismo. Sin embargo, el Padre, que me envió, también testifica acerca de mí."

El debate continuó a lo largo de Juan 8.

Los líderes judíos mencionaron a Abraham, y Jesús dijo: "*Antes de que existiera Abraham, Yo Soy* (yo pre-existía a Abraham)."

(Juan 8:58, reescritura del autor)

Mientras los fariseos recogían piedras para apedrearlo, Jesús se fue por el día. Juan luego emparejó el "signo" (milagro) de Jesús dando sight a un hombre nacido ciego (Juan 9:1-41) con "Yo soy la Luz del mundo" (Juan 8:12). Mientras Jesús y sus discípulos caminaban por Jerusalén, vieron a un hombre que había nacido ciego.

Los discípulos le preguntaron: "Maestro, ¿quién pecó, este hombre o sus padres, para que naciera ciego (de quién fue la culpa)?"

*Todos son pecadores y viven en un mundo arruinado por el pecado en general, así como por los propios pecados de cada persona.* Jesús respondió: "No fue culpa del hombre o de sus padres. Fue por el plan de Dios para glorificarse a sí mismo."

¿Podemos manejar la respuesta de Jesús? Algunos dirán: "*Eso no es justo. Si Dios hace cosas así, no es bueno.*" ¿Quiénes somos nosotros para juzgar a nuestro Creador? Solo Dios conoce todas las cosas. *La gente alabó a Dios cuando Jesús curó la ceguera del hombre. El mismo hombre fue salvado para la eternidad cuando aceptó a Jesús como Salvador. Muchas otras personas serían salvadas por el testimonio del anterior ciego sobre Jesús.* Eso es todo bueno.

A menudo, lo bueno surge de un mal trato. *Recuerda a José. Dios permitió que lo vendieran como esclavo, luego Dios usó a José para salvar a su nación* (Génesis 50:20). Lo mismo se puede decir de Job y del asesinato de Jesús. Vemos el pasado y el presente, pero rara vez entendemos ninguno de los dos. Dios ve la eternidad pasada, el presente y la eternidad futura y los comprende a todos. *Dios planea para nuestra eternidad así como para nuestro presente.*

Los fariseos oyeron que un hombre ciego había sido sanado en el Sábado, así que investigaron el asunto. Eran reaccionarios religiosos que buscaban preservar el pasado, ya fuera en cuestiones de cultura o de religión. Ellos y los escribas eran adversarios fuertes de Jesús. Los fariseos acosaron al hombre que nació ciego pero fue sanado por Jesús. *Lo acosaron tanto que lo llevaron a Jesús.*

*El hombre ciego pudo ver la verdad y fue perdonado, mientras que los fariseos (líderes religiosos) podían ver con los ojos pero estaban ciegos a la verdad y morirían en sus pecados. Una tragedia: la Luz del Mundo vino a la tierra, y la mayoría de los fariseos lo rechazaron.*

*3 y 4: Doble "Yo Soy": Puerta de las Ovejas y Buen Pastor (Juan 10:7-18)*

Jesús tomó dos ejemplos de la ganadería para describirse a sí mismo y su carácter.

*Primero, "Yo soy la puerta verdadera de las ovejas." La puerta era para permitir que los pastores, no las ovejas, entraran. La puerta de las ovejas mantenía a las ovejas seguras dentro del redil y* mantenía a los ladrones afuera. Jesús dijo: "Ha habido muchos pastores falsos. Eran ladrones, pero mis ovejas no siguieron a esos pastores falsos." La puerta de las ovejas permitía a los verdaderos pastores entrar y llamar a sus ovejas por su nombre. Las ovejas conocen y siguen a su pastor. *Jesús estaba diciendo que Él es la Puerta de más que solo las ovejas. También es la puerta del redil espiritual de Dios.* Él dijo: "Aquellos que entren por mí serán salvos y podrán encontrar buena hierba para sus ovejas."

*Segundo,* "El buen pastor da su vida por las ovejas." *Cuando era adolescente, David fue pastor de las ovejas de su padre. David se preocupaba por las necesidades de su rebaño y, a veces, arriesgaba su propia vida protegiendo a las ovejas de leones y osos.*

*Antes de que David se convirtiera en el rey de Israel, fue un pastor, músico y poeta. El Salmo 23, el Salmo más conocido, fue escrito por David. Él testificó que el Señor (Yahveh / Yo Soy)* era su Pastor. El Señor se ocupó de las necesidades de David en cuanto a comida y protección del daño y lo guió hacia *el plan de Dios para él.* Dios le dio paz en la presencia de enemigos y lo llevó a través del valle de la sombra de la muerte. La abundancia de Dios desbordó, y Su gracia prometió una morada con Dios para siempre. Jesús testifica que Él, el Buen Pastor, es soberano y está en control. Él es nuestro Señor y nuestro Salvador. No arriesga simplemente Su vida por Sus ovejas; *Él entrega Su vida por Sus ovejas (Sus seguidores).* No hizo un sacrificio por el pecado de las personas, como los sacerdotes de antaño; *Jesús es el sacrificio por nuestros pecados. Jesús, el Cordero de Dios inocente y sin mancha (sin pecado), murió vicariamente por nosotros, los culpables. Jesús es nuestra expiación por* el pecado para que podamos ser perdonados. Él resucitó de entre los muertos *y, por lo tanto, conquistó el pecado y la muerte. Él da a los creyentes una nueva vida y una comunión eterna con Dios.*

*Las Escrituras revelan que "todos los que viven en pecado son esclavos del pecado" (Juan 8:34) y "todos han pecado y están destituidos de la gloria de Dios" (Romanos 3:23). Jesús es el Redentor. Él pagó el precio para redimirnos de la esclavitud al pecado. El costo*

de nuestra redención, de la esclavitud al pecado, es la muerte de 
Jesús, el Sin Pecado.

Dios hizo a Jesús, que era perfecto y sin pecado, 
para que se convirtiera en pecado al asumir nuestro 
pecado en nuestro nombre, para que pudiéramos ser 
justos a través de Él *[no por nuestra propia justicia]*.

(2 Corintios 5:21)

Jesús tomó nuestro pecado sobre Él mismo para 
que Dios pueda perdonarnos y establecer una nueva 
relación eterna con nosotros. Dios recrea a los 
creyentes a la semejanza de Jesús resucitado

(Romanos 8:29).

*Jesús reveló que tenía otras ovejas de un rebaño diferente 
(Juan 10:16). Sin embargo, reunirá los dos rebaños y se convertirán 
en un solo rebaño. Jesús es su Pastor* (revisión del autor).

*Los judíos creyentes fueron el primer rebaño al que se refirió 
Jesús. El otro rebaño estaría formado por gentiles creyentes (no 
judíos) como el autor de este libro y la mayoría de sus lectores. Esa 
es otra clave del plan eterno de Dios. Solo hay un Buen Pastor que 
da Su vida por nosotros (sus ovejas). Jesús, el gran Yo Soy, es Su 
nombre.*

*5. Yo soy la resurrección y la vida (Juan 11:25)*

*Jesús tenía tres amigos cercanos en el pueblo de Betania, que se 
encuentra a unas dos millas de Jerusalén. Jesús y Sus discípulos a*

*veces se quedaban en la casa de Lázaro y sus hermanas,* María y Marta. A medida que se acercaba la semana de la Pascua, Lázaro se enfermó. Sus hermanas enviaron un mensajero para encontrar a Jesús y pedirle que viniera rápidamente porque Lázaro estaba cerca de la muerte.

Cuando Jesús recibió el mensaje, les dijo a Sus discípulos que la enfermedad de Lázaro *no era por la muerte, sino para que Él, el Hijo de Dios, fuera glorificado por ella.* Jesús estaba cerca de Lázaro y sus hermanas y los amaba mucho, sin embargo, Jesús tardó varios días antes de decir a sus discípulos: 'Volvamos a Judea.'

Ellos fueron reacios y le recordaron: 'Ir a Judea sería peligroso porque los líderes religiosos en Jerusalén quieren matarte.'

Jesús dijo: "Quiero ver a nuestro amigo Lázaro porque ha caído en un sueño."

*Si Lázaro está durmiendo, debe estar mejorando, pensaron,* así que Jesús les dijo claramente: "Lázaro está muerto, y por su bien, no estuve allí para que crean. Vamos ahora a Betania."

Tomás, llamado Didymus, dijo: "Vayamos con Él para morir con Él." *Tomás a menudo es llamado Tomás el incrédulo, pero aquí lo vemos dispuesto a morir con Jesús si es necesario.*

Cuando Jesús y sus discípulos llegaron a Betania, Lázaro había estado en la tumba durante cuatro días. *En esos días, el entierro a menudo era el mismo día de la muerte (eso aún se practica en gran parte del mundo).* Muchos invitados, incluidos algunos líderes religiosos, seguían viniendo días después del entierro para consolar a Marta y María (eso también se practica aún en gran parte del mundo hoy en día).

Cuando Marta oyó que Jesús venía, salió a su encuentro. Marta *estaba decepcionada de que Jesús no había venido antes de la muerte de su hermano. Tuvo un momento privado con* Jesús y dijo: "Señor, si hubieras estado aquí, Lázaro aún estaría vivo".

Jesús *respondió rápidamente,* "Lázaro resucitará".

Marta respondió, "Sé que resucitará en el día de la resurrección".

Jesús respondió, "*Tengo el poder de devolver la vida a los muertos.* Todos los que creen en Mí vivirán aunque mueran, y todos los que viven y creen en Mí nunca morirán. ¿Crees esto, Marta?"

Ella respondió *enfáticamente,* "Sí, Señor, creo porque Tú eres el Cristo (Mesías), el Hijo de Dios."

Qué testimonio de fe—*una fe expresada a través de las profundidades de la desesperación por la pérdida de su hermano. También habló a través del dolor y la decepción de que Jesús llegó demasiado tarde para sanar a su hermano enfermo.* Marta experimentó decepción y dolor sin amargura ni ira; su confianza en Jesús permaneció inquebrantable.

No olvides que Jesús había retrasado deliberadamente su respuesta a la súplica de María y Marta de "Ven rápido, Lázaro está enfermo." *Jesús no solo estaba cerca de los tres hermanos; Él los conocía y confiaba en que soportarían la experiencia de la muerte para glorificar a Dios (Juan 11:4),* una situación no muy diferente a la del hombre nacido ciego "para que las obras de Dios pudieran ser manifestadas en él" *(Juan 9:3).*

*Esos son solo dos ejemplos de Dios actuando en incógnito. Muestra hasta qué punto Él se esfuerza por atraer a las personas hacia Él, no solo a los que sufren, sino también a los muchos que son testigos de Dios actuando en quienes sufren (Juan 11:45). Dios extiende Su gracia de perdón y vida eterna a todos los que le responden con fe y obediencia (la fe y la obediencia son dos caras de la misma moneda). ¿Qué nos revela esto (tanto al escritor como al lector) sobre nuestro Creador? ¿Sacude nuestra fe o la amplía? Ahora regresemos a la historia.*

Después de su corta conversación con Jesús, Marta volvió a la casa a buscar a María. Le susurró a María: "El Maestro está aquí y te ha llamado." María salió rápidamente a encontrar a Jesús, que esperaba un poco más abajo en el camino. *Algunos, incluidos líderes religiosos, siguieron a María, mostrando así un papel protector para una dama en duelo.*

Al llegar a Jesús, María cayó a sus pies y, al igual que su hermana, habló con una voz triste *pero no acusatoria:* "Señor, si hubieras estado aquí, Lázaro no habría muerto."

Al ver a su amiga María y a los que estaban con ella llorando, Jesús también se conmovió. Le preguntó a María: "¿Dónde lo han enterrado?"

"Ven y ve", dijo ella.

Mientras se acercaban al lugar de la sepultura, Marta se unió a ellos. Al ver la tumba, *la humanidad de Jesús se mostró al* emocionarse hasta las lágrimas. Algunos transeúntes quedaron impresionados por la muestra de amor de Jesús hacia Lázaro; otros se burlaron diciendo: "Si realmente amaba a Lázaro, podría haber venido antes y sanarlo."

Jesús ignoró a la multitud y se acercó más a la tumba, una pequeña cueva cerrada por una gran piedra. Con los ojos abiertos, Jesús miró al cielo con las manos en alto *(una posición judía de oración).*

Padre, gracias por escucharme. Siempre lo haces, pero pido esto públicamente para que la multitud pueda oír y llegar a creer que eres Tú quien me envió.

(Juan 11:41-42, reescritura del autor)

Entonces *Jesús sorprendió a todos gritando: "¡Lázaro! ¡Sal de tu tumba!"* Jesús habló con autoridad y le dijo a los hombres: "Quiten la piedra. ¡Abre la tumba!"

*En una voz ligeramente impaciente,* Marta susurró: "Señor, han pasado cuatro días. Habrá un olor a muerte en la tumba."

Jesús respondió con *suavidad*: "Marta, no olvides que te dije que creyeras, y verás la gloria de Dios."

*Martha asintió rápidamente, y los hombres abrieron la tumba.*

*La quietud se apoderó de la multitud. Ojos interrogantes estaban fijos en la entrada de la tumba. Unos pocos segundos se sintieron como muchos minutos. De repente, el hombre muerto estaba vivo y salió de la cueva,* aún envuelto en las mortajas.

"Desátenlo!" dijo Jesús.

*La multitud asombrada de repente zumbaba de charla.* Muchos creyeron y decidieron seguir a Jesús como su Señor. Para algunos, ver no era creer, y algunos de ellos corrieron de regreso a Jerusalén para informar a los fariseos que Jesús dio vida a un hombre muerto.

*Después de escuchar la noticia* de que Jesús había resucitado a Lázaro de entre los muertos, los sumos sacerdotes y fariseos convocaron una reunión de emergencia del consejo (el Sanedrín). *Con miedo en sus voces, preguntaron:* "¿Qué vamos a hacer? Este hombre, Jesús, está realizando muchos milagros. Ahora está resucitando a personas de la tumba. Si lo dejamos continuar, todos creerán en Él. Eso molestará a los romanos, y ellos vendrán y destruirán nuestra ciudad."

Caifás, el sumo sacerdote, reprendió al consejo: "No saben nada. *¿Acaso no han considerado que sería mejor que un hombre (Jesús) muera en lugar de que nuestra nación sea destruida por los romanos a causa de un hombre (Jesús)?"*

*La Escritura nos dice que Caifás no dijo esto por su propia iniciativa. Dios le permitió profetizar que Jesús iba a morir por la nación—no solo por la nación judía, sino para reunir a todas las naciones en uno, los hijos de Dios. El consejo estuvo de acuerdo en que era un momento oportuno para deshacerse de Jesús.* Planearon juntos matar a Jesús. Así, después de afirmar: "Yo soy la resurrección y la vida" (Juan 11:25), Jesús dio "una señal" de esa verdad al resucitar a Lázaro de entre los muertos. *Fue su combinación más dramática* (Juan 11:40-53, reescritura del autor).

*6. Yo soy la verdadera vid (Juan 15:1)*

> Yo soy la verdadera vid, y Mi Padre es el viñador. Él corta toda rama [creyente] que no lleva fruto y poda toda rama que sigue dando fruto, para que todas las vides den aún más fruto.

> Ya han sido podados debido a las enseñanzas que les he dado. Deben permanecer unidos a Mí, y Yo permaneceré unido a ustedes. Así como una rama no puede dar fruto por sí misma, sin estar unida a la vid, ninguna persona puede dar fruto espiritual a menos que permanezca unida a Mí. Yo soy la vid. Ustedes (creyentes) son las ramas *sobre las cuales exhibiré Mi fruto.* Quien permanezca en unión conmigo y yo en unión con él/ella dará abundante fruto, pero no pueden hacer nada desconectados de la unión conmigo.

> I am the vine, you are the branches; he who abides in Me and I in him, will bear much fruit, but apart from Me you cannot do anything.

> (John 15:5 NASB)

Every branch [believer] in Me that does not bear 
fruit, the Father prunes [cuts].

(John 15:2)

Yo soy la vid, ustedes son las ramas; el que permanece 
en Mí y Yo en él, ese da mucho fruto; porque 
separados de Mí nada pueden hacer.

(Juan 15:5 RVR)

Cada rama [creyente] en Mí que no da fruto, el 
Padre la corta.

(Juan 15:2 RVR)

*Esto no significa que los creyentes pierdan su salvación. Se 
refiere a dar fruto, no a la salvación.*

*Nuestros egos tienden a ofenderse por la segunda mitad del 
versículo 5. Muchos de nosotros no nos gusta que nos digan que 
no podemos hacer nada espiritual por nuestra cuenta. No importa 
cuán espirituales pensemos que somos, nuestros egos todavía están 
controlados por nuestra naturaleza pecaminosa. "Sin Mí, no pueden 
hacer nada espiritual" son las palabras de Jesús, no las del autor.*

*Mejor aún, Jesús, el creador y sostenedor de nuestro mundo, 
reveló que no hace nada por su propia iniciativa, sino que se somete 
al Padre. Hay un dicho común sobre los problemas del ego que 
muchos de nosotros necesitamos considerar: "¡Supéralo!"*

Nosotros los creyentes tenemos una tendencia sutil a 
creer en el principio de la gracia con nuestra mente,

mientras vivimos en el principio del mérito con nuestro corazón. El reconocimiento de tal tendencia es en sí mismo un *comienzo en la dirección de la madurez espiritual.*

(Dr. Nat Tracy en una carta a la Misión
Bautista de Indonesia, ca. 1972)

*Este dicho de "Yo Soy" de Jesús muestra cómo una vid es central en la vida de un creyente en la tierra. Sus consecuencias positivas y negativas son asombrosas. Consecuencias positivas:* Todo creyente que permanezca en Jesús dará mucho fruto espiritual. Eso incluye el *"fruto del Espíritu:* amor, gozo, paz, paciencia, bondad, eficacia, fidelidad, mansedumbre, dominio propio" (Gálatas 5:22-23 NASB). *También incluye cualquier buena obra que glorifique a Dios. Consecuencias negativas: Todo creyente que descuida permanecer continuamente en Jesús no puede producir fruto espiritual, sino que en cambio será tentado a producir algunos de "los hechos de la carne (el hombre natural, la naturaleza pecaminosa)* que son inmoralidad, impureza, sensualidad, idolatría, hechicería, enemistades *(hostilidad),* contienda, celos, estallidos de ira, disputas, disensiones, facciones, envidia, borracheras, orgías y cosas semejantes" (Gálatas 5:19-21 NASB).

*Parece haber poca diferencia entre el estilo de vida del creyente que no permanece en Jesús y el estilo de vida del incrédulo promedio.* El apóstol Pablo dice algo similar en 1 Corintios 2 y 3. Primero: Pablo describe al *"hombre natural" (incrédulo, impulsado por su propio ego)* que "no puede aceptar las cosas del Espíritu de Dios, porque para él son necedad" (1 Corintios 2:14). Jesús dijo: "Los incrédulos no pueden oír ni entender las palabras de Dios porque los no creyentes no son de Dios, y Sus palabras les parecen necedad" (Juan 8:47). *Segundo:* Pablo describe al *"hombre espiritual" (un creyente que permanece en Jesús y es impulsado por el Espíritu de Dios en lugar de su propio ego)* que es espiritual y puede evaluar todas las cosas" (Juan 8:47). Jesús dijo: "El que es de Dios oye y entiende la palabra de Dios." *Tercero:* Pablo describe a los *"creyentes carnales" (creyente carnal impulsado por el ego)* como creyentes inmaduros (niños espirituales). Ahora, después de creer en Jesús durante años, todavía son inmaduros, infantes espirituales que aún deben ser alimentados con comida para bebés preparada para infantes espirituales porque todavía son "carnales" y solo pueden manejar comida para bebés y no pueden manejar comida espiritual para adultos espirituales en Cristo" (1 Corintios 3:1-3).

Pablo da ejemplos de un "creyente carnal" de la siguiente manera: "No podía hablarles como lo hago con las personas espirituales, sino como a personas carnales (impulsadas por el ego, no por el Espíritu Santo), como infantes en Cristo *(creyentes espiritualmente inmaduros)*. También tuve que darles leche espiritual para beber porque aún no pueden digerir alimento espiritual sólido."

"Ustedes todavía son espiritualmente inmaduros, pues continúan permitiendo que su ego dirija sus pensamientos y acciones. *Un ejemplo, entre muchos* de su inmadurez espiritual, es los celos y conflictos entre ustedes. Cuando discuten entre sí, uno diciendo: 'Yo sigo a Pablo' y otro diciendo 'Yo sigo a Apolos', etc., lo cual evidencia que están siendo guiados por la carne (su ego) en lugar de por el Señor. Están actuando como meros hombres (más como incrédulos que como creyentes)" (1 Corintios 3:5, reescritura del autor).

*El apóstol Pablo recuerda a los creyentes que* "somos llamados a la libertad (*no a leyes de 'no hacer'*) sin embargo, no conviertan la libertad en una oportunidad para vivir en la carne (naturaleza pecaminosa del mundo). Más bien, a través del amor, sírvanse mutuamente. Vivan por el Espíritu de Dios, y no caerán en los deseos de su *naturaleza pecaminosa*" (Gálatas 5:13-16, reescritura del autor).

*En conclusión,* Jesús dijo: "Yo soy la vid. Ustedes son las ramas. *Como la vid, soy la fuente de su vida y su capacidad para producir fruto espiritual.* No intenten vivir o ser productivos por su cuenta. No funciona."

*7, 8, 9 "Triple I Soy:" Yo soy el Camino, la Verdad y la Vida."*

Jesús decía: *"Yo soy* el único Camino, la única Verdad y la única Fuente de Vida. Nadie viene al Padre sino por Mí" (Juan 14:6). Todos los dichos de "Yo soy" de Jesús son exclusivos, pero este parece provocar más angustia y errar desde la cultura secular (filósofos postmodernos, organizaciones de cambio radical tanto de la izquierda como de la derecha, aquellos que creen que "el fin siempre justifica los medios", etc.).

*Las afirmaciones exclusivas no son aceptadas por aquellos que están atados al escepticismo y rechazan la fe y las tradiciones morales. Ellos eligen creer que todo es relativo, sin absolutos. No parecen reconocer que "sin absolutos" es una afirmación absoluta.*

*Jesús habla en el contexto de la humanidad siendo una raza caída. "Todos han pecado." Todos significa todos nosotros. El pecado destruye la relación de la humanidad con nuestro Creador, distorsiona nuestra comprensión de lo que es la verdad y nos engaña haciéndonos creer que la vida es meramente física.*

Jesús decía: "Yo solo soy el Camino", la única manera de traer a *las personas a una relación vital y permanente con Dios.* "Yo solo soy la Verdad", *la única verdad absoluta sobre Dios, la humanidad y los planes eternos de Dios para la humanidad.* "Yo solo soy la Vida", *la única fuente de vida física, espiritual y eterna ahora para cada creyente, así como para todos los creyentes juntos con Dios por la eternidad.*

*10. John tiene un décimo dicho 'Yo soy' que a veces pasa desapercibido.*

Mientras hablaba con algunos fariseos en los terrenos del templo, Jesús fue muy exclusivo cuando dijo,

> Morirás en tus pecados, sin esperanza de cielo, a menos que creas que Yo Soy Él, y por lo tanto, Me obedezcas.

> (Juan 8:24, reescritura del autor)

> Cuando claven al Hijo del Hombre en la cruz, entonces comenzarán a darse cuenta de que Yo Soy Él.

> (Juan 8:28, reescritura del autor)

> También Mateo 26:64, Marcos 13:6 y Lucas 22:70. Además, Jesús dijo,

> Cuando levantéis al Hijo del Hombre [*refiriéndose a Su inminente crucifixión*], sabréis que *"Yo soy Él."* No hago nada por mi propia iniciativa. Hablo estas cosas como el Padre me enseñó y el que me envió está conmigo. No me ha dejado solo, porque siempre hago lo que le agrada.

Mientras Jesús hablaba esas cosas a los fariseos, muchos espectadores llegaron a creer en Él (Juan 8:30).

*Dos días después, Jesús fue arrestado por la policía religiosa y fue juzgado por el consejo religioso judío (el Sanedrín). El juicio fue dirigido por Caifás, el sumo sacerdote. Mateo escribió: "El Sumo Sacerdote dijo a Jesús: 'Te ordeno por el Dios vivo que nos digas si tú eres el Cristo, el Hijo de Dios'".*

*Jesús dijo: "Tú mismo lo has dicho* (que significa *"Yo soy Él"*, en cursiva por el autor). Pero os digo que desde ahora veréis al Hijo del Hombre sentado a la diestra del Poder, y viniendo sobre las nubes del cielo."

*El Sumo Sacerdote se enfureció,* rasgó sus vestiduras y dijo: "¡Jesús ha blasfemado! ¿Qué otra necesidad tenemos de testigos? He aquí, ustedes *(todo el concilio)* han escuchado la blasfemia. ¿Qué piensas?"

Ellos respondieron: "¡Merece la muerte!" Luego le escupieron en la cara y lo golpearon con los puños, y otros lo abofetearon y dijeron: "Profetiza para nosotros, Cristo. ¿Quién es el que te golpeó?" (Mateo 26:63-68).

*Nota: Cuando la mujer en el pozo* mencionó la venida del Salvador, Jesús se presentó diciendo: *"Yo soy el que os habla"* (Juan 4:26). *Ella creyó y se lo dijo a otras personas para que ellos también pudieran creer* (historia 24, Viñetas de las enseñanzas de Jesús).

*El autor ve esta décima declaración "Yo Soy" de Jesús como tanto "igual a" como "diferente de" las primeras nueve "Yo Soy". Lo más importante de esta última declaración "Yo Soy" es que revela que el Sanedrín consideraba las afirmaciones de Jesús de ser "el Hijo del Hombre", "el Cristo" o "el Hijo de Dios" como afirmaciones de Jesús de ser Deidad (Dios). Jesús fue crucificado porque afirmó ser Dios. La crucifixión de Jesús revela la verdadera esencia del pecado de la humanidad no arrepentida como un rechazo total de Dios y un esfuerzo por destruir el mismo concepto de Dios en lugar de adorarlo.*

*Los creyentes del primer siglo enfrentaron fuerzas malignas y pensamientos sin Dios, no muy diferentes a los que enfrentamos hoy en día, sin embargo, lograron atraer a multitudes hacia Cristo a través de su amor mutuo y su estilo de vida piadoso. Los creyentes de hoy podrían aprender mucho de nuestros hermanos y hermanas del primer siglo en Cristo.*

*Los creyentes siempre se ven desafiados por aquellos que buscan marginar a Dios y a sus seguidores. La "visión del mundo incrédula" siempre libra una guerra espiritual contra los creyentes y la iglesia (el cuerpo de Cristo). A menos que un creyente se rinda al enemigo mientras vive en la tierra, estará eternamente involucrado en la guerra espiritual. La rendición no ayudará al creyente. Debemos recordar, la victoria en las batallas espirituales pertenece a Dios, no a nosotros. (1 Samuel 17:47).*

*Nuestro enemigo no son las personas que se oponen a nosotros.* Nuestro enemigo es principalmente el pecado y la muerte, el resultado del pecado, y en segundo lugar, Satanás. *Nuestra guerra espiritual no es para matar y destruir, sino, como la iglesia del primer siglo, para llevar a las masas al Salvador. Jesús es el único que puede liberar a las personas y darles vida verdadera.* Nuestras armas en la guerra espiritual son el amor y la oración. Nuestra fortaleza y defensa están en las Escrituras y en el Espíritu de Dios que habita en nosotros.

Amado, no creáis a todo espíritu, sino probad los espíritus para ver si son de Dios, porque muchos falsos profetas han salido al mundo. En esto conocéis el Espíritu de Dios: *todo espíritu que confiesa que Jesucristo ha venido en carne, es de Dios.*

(1 Juan 4:1-6 NASB)

*Sin embargo, todo espíritu que no confiesa a Jesús, no es de Dios; este es el espíritu del anticristo,* del cual habéis oído que viene, y que ahora ya está en el mundo. Vosotros sois de Dios y los habéis vencido; *porque mayor es el que está en vosotros, que el que está en el mundo.* (vv. 1-2)

Ellos son del mundo; por eso hablan como del mundo, y el mundo los escucha. Nosotros somos de Dios; el que conoce a Dios, nos escucha; el que no es de Dios, no nos escucha. En esto conocemos el espíritu de la verdad y el espíritu del error. (vv. 3-4)

*Buscamos honrar a Dios y convertir a aquellos que se hacen nuestros enemigos en amigos en su lugar.* (vv. 5-6)

# HISTORIA 24

## Muestras De Las Enseñanzas De Jesús

*Introducción*

*Tratar de seleccionar qué incluir (y, por una cuestión de brevedad, qué dejar fuera) es un esfuerzo desalentador. Al autor le encantan los cuatro evangelios, pero el Evangelio según Juan es su favorito personal.* Esta sección incluirá muchas selecciones de los evangelios sinópticos (similares) (Mateo, Marcos y Lucas) así como historias independientes que se encuentran solo en Juan.

Hemos visto varios aspectos del ministerio tríptico de Jesús de predicar, enseñar y sanar todo tipo de enfermedades, incluso resucitar a personas de entre los muertos. Además de Su poder, Su ministerio reveló Su compasión por las personas, especialmente por los pobres y los oprimidos. Lucas revela el respeto y la preocupación de Jesús por las mujeres. A Jesús le encantaba enseñar sobre Dios y lo que Dios desea para la humanidad.

Sin embargo, *la razón principal* por la que Jesús vino a la tierra no fue para enseñar, predicar y sanar. Jesús dijo,

> *He venido a buscar y a salvar lo que se había perdido*
> *[una humanidad perdida].*

(Lucas 19:10 NASB)

## 1. El Sermón del Monte (Mateo 5:1–7:29)

Este fue el sermón registrado más largo de Jesús. *Algunos piensan que podría ser una compilación de varias enseñanzas de Jesús recopiladas por Mateo. Las religiones tienden a volverse muy legalistas, con una obediencia forzada a las reglas, pero Dios busca un amor y obediencia espontáneos y sinceros hacia Él.* En este sermón, Jesús enseña la diferencia entre la obediencia sincera y el legalismo. Más que eso, *Jesús describe el corazón y el nuevo carácter de un verdadero seguidor de Dios. Por favor, lea todo el sermón en su Biblia. Sin embargo, solo cubriremos las Bienaventuranzas* (Mateo 5:1-12) y la enseñanza inicial de Jesús sobre la oración (Mateo 6:5-15).

## Las Bienaventuranzas (Mateo 5:1-12)

Jesús se conmovió por las grandes multitudes que lo seguían. *Un día, caminó hasta la cima de una colina cubierta de hierba y se sentó al sol, lo que le permitió ver los rostros de las personas en la gran multitud que se sentó en la hierba a su alrededor y descendió colina abajo. Mientras esperaba que todos se acomodaran, Jesús conversó con los que estaban sentados cerca, especialmente con los niños. Entonces Jesús se levantó, alzó la voz y comenzó a enseñar a la multitud.*

*Todo el mundo quiere ser feliz, pero la felicidad va y viene con cada situación cambiante. La "vida bendita" es realmente una vida gozosa. Podríamos decir que una vida alegre es la bendición que Dios ofrece a todos, pero no todos lo aceptan. La alegría es diferente de la felicidad: la alegría es constante, sin importar la situación. Jesús le dijo a la multitud: "Déjenme hablarles de algunas personas alegres".*

Las nueve bienaventuranzas a continuación son de NASB, las interpretaciones son del autor.

*(1) Bienaventurados los pobres en espíritu, porque de ellos es el reino de los cielos (Mateo 5:3 NASB)*

*Las personas que son pobres en espíritu son personas alegres. Todos ustedes conocen a algunas personas humildes que realmente se respetan a sí mismas sin ser orgullosas o altivas. Son humildes ante Dios. No piensan que Dios les debe algo. Se dan cuenta de que no pueden glorificar a Dios con su propio esfuerzo; dependen de Dios y están agradecidos por Él.*

*Jesús es un ejemplo de humildad, y todos los creyentes deberían tener esta característica. Dios da alegría a los pobres en espíritu, y ellos comienzan a disfrutar de las bendiciones del reino de los cielos mientras todavía están aquí en la tierra, incluso mientras esperan el regreso del Señor.*

*(2) "Bienaventurados los que lloran, porque ellos serán consolados" (Mateo 5:4 NASB)*

*Los que lloran son personas alegres. ¿Te sorprende esto? Jesús no hablaba de llorones, especialmente de aquellos que se quejan de que siempre les va mal. Hablaba de personas que aman a los demás y están con el corazón roto por aquellos que no conocen a Dios y, por lo tanto, no tienen una relación con Él.*

*Jesús es un ejemplo de luto por los demás. Los que lloran oran por otros, y Dios responde a sus oraciones desinteresadas. Dios da alegría a aquellos que lloran de esa manera, y también consuela a quienes lloran por los demás.*

*(3) Bienaventurados los mansos, porque ellos heredarán la tierra (Mateo 5:5 NASB)*

*Los mansos son personas alegres. Jesús no estaba hablando de personas débiles que permiten que otros las pisoteen. Las personas verdaderamente mansas son fuertes pero pacientes. Un caballo poderoso puede ser controlado por un niño si le ponemos un freno en la cabeza y un bocado en la boca. Dios no controla a los creyentes poniéndonos un bocado en la boca. Nos da un conjunto de nueve dones espirituales (Gálatas 5:22-23). El dominio propio es uno de esos dones espirituales. El Espíritu de Dios nos capacita para controlarnos a nosotros mismos y ser mansos sin un bocado. Jesús es el mejor ejemplo de mansedumbre.*

(4) "Bienaventurados los que tienen hambre y sed de justicia, porque ellos serán saciados" (Mateo 5:6 NASB)

*Los que tienen hambre y sed de justicia son personas alegres. El salmista escribe,*

Como el ciervo anhela por las aguas, así mi alma te anhela a ti, oh Dios.

(Salmo 42:1 NASB)

Busca al Señor tu Dios y lo hallarás, si lo buscas de todo tu corazón y de toda tu alma.

(Deuteronomio 4:29 NASB)

*La justicia proviene de Dios, no de nosotros mismos. A medida que buscamos a Dios y nos rendimos a Su voluntad, Él cambia nuestro corazón y mente para desear Su voluntad más que nuestra propia voluntad egoísta. Jesús se glorifica a Sí mismo en y a través de nosotros. Nos llena con Su justicia, y la alegría inunda nuestra alma.*

(5) *"Bienaventurados los misericordiosos, porque ellos recibirán misericordia" (Mateo 5:7 NASB)*

*Aquellos que muestran misericordia hacia los demás son personas alegres. La misericordia implica compasión que se convierte en ayuda para otros: personas en necesidad, víctimas e incluso delincuentes. Dios es misericordioso; si no lo fuera, todos moriríamos en nuestro pecado. Cuanto más amamos a Dios, más queremos ser como Él. Cuanto más nos transforma Dios, mayor es nuestra alegría porque nos damos cuenta de Su continua misericordia hacia nosotros.*

(6) *"Bienaventurados los limpios de corazón, porque ellos verán a Dios" (Mateo 5:8 NASB)*

*Los que son puros de corazón son personas alegres. Puro de corazón tiene dos significados. Significa ser moralmente puro, hasta lo más profundo de nuestro corazón (sin hipocresías). Puro de corazón también significa tener una mentalidad única, no un yo dividido, siendo siempre sincero, nunca engañoso. Los puros de corazón son honestos con Dios, honestos consigo mismos y honestos con los demás. Los puros de corazón reconocen a Dios trabajando diariamente y estarán con Él en la eternidad.*

*(7) Bienaventurados los pacificadores, porque ellos serán llamados hijos de Dios" (Mateo 5:9 NASB)*

*Los pacificadores son personas alegres. La ausencia de guerra no necesariamente trae paz. En lugar de paz, muchas personas tienden a estar llenas de ansiedades, enojos, conflictos, miedos, incertidumbres, etc. La verdadera paz no es una situación; la verdadera paz es una persona, y el Señor Dios es su nombre.*

*La paz es parte del carácter de Dios, y por lo tanto, es una característica latente en todos los creyentes renacidos. La paz también está en el conjunto del fruto del Espíritu dado a todos los creyentes (Gálatas 5:22-23), también conocidos como los hijos de Dios. Nosotros, los creyentes, solo somos reconocidos como tales si mostramos el fruto del Espíritu: amor, alegría, paz, paciencia, amabilidad, bondad, fidelidad, mansedumbre y autocontrol. Como personas de paz, los creyentes llevan la paz a aquellos que la necesitan a través de Jesús, el Príncipe de Paz.*

*(8) "Bienaventurados los perseguidos por causa de la justicia, porque de ellos es el reino de los cielos" (Mateo 5:10 NASB)*

*Aquellos que son perseguidos por Cristo son personas alegres. Eso suena incorrecto, pero después de ser golpeado y crucificado, antes de morir, Jesús perdonó a aquellos que lo golpearon y lo mataron (Lucas 23:34). Está escrito,*

Por el gozo que le fue propuesto, Jesús padeció la cruz, menospreciando la vergüenza, y se sentó a la derecha del trono de Dios.

(Hebreos 12:2 *NASB*)

*Esteban, el primer mártir cristiano, al igual que Jesús, perdonó a sus asesinos incluso mientras lo apedreaban hasta morir por dar testimonio de Jesús* (Hechos 7:59-60).

*Hay muchos otros. Esto es lo que Pedro, que él mismo fue perseguido, tuvo que decir:*

En esto ustedes [plural] se regocijan grandemente, aunque por un poco de tiempo, si es necesario, han sido afligidos por diversas pruebas, para que la prueba de su fe, aunque sea probada por fuego, resulte en alabanza, gloria y honra en la revelación de Jesucristo.

(1 Pedro 1:6-7 NASB)

Jesús dijo: "Un esclavo no es mayor que su amo. Si a Mí me han perseguido, *también* a ustedes los perseguirán."

(Juan 15:20 y Mateo 10:24-25 NASB)

*(9) "Bienaventurados seréis cuando os insulten y os persigan, y digan falsamente toda clase de mal contra vosotros por causa de mí"* (Mateo 11 NASB)

"Regocíjate y alégrate, pues mantiene el significado de la vida en la tierra y lleva una gran recompensa en el cielo; porque de la misma manera, persiguieron a los profetas antes que a ti." *Esta última bienaventuranza es similar a la anterior. Jesús parece conectar las persecuciones en el Nuevo Testamento con las persecuciones en el Antiguo Testamento; quizás Él quiere que sepamos que la persecución juega un papel importante en el plan eterno de Dios para la mayoría de los creyentes.*

*(10) La oración y el modelo de oración (a menudo llamada la Oración del Señor)*

Jesús dijo: "No practiquen su justicia [es decir, ayudar a los pobres, etc.] delante de los hombres para ser vistos por ellos. *Eso no les dará ningún punto extra con nuestro Padre celestial.* Hagan sus buenas obras en secreto, Dios aún verá lo que hacen y los recompensará."

(Mateo 6:1-4, reescritura del autor)

Cuando oren, entren en su habitación privada, cierren la puerta y hablen con su Padre celestial y *escuchen lo que Él quiere decirles.* Al orar, no hablen sin parar con palabras inútiles y repeticiones como los incrédulos. Hablen de manera directa, el Padre celestial ya sabe lo que necesitan."

(Mateo 6:5-8, reescritura del autor)

Por ejemplo, así es cómo orar (en lugar de qué orar):
Padre Celestial,

*Que tu nombre siempre sea honrado y santificado en nuestro corazón, en nuestros labios y por nuestra vida diaria.* Que tu reino y tu plan soberano se lleve a cabo en la tierra, especialmente entre tu pueblo, así como en el cielo. Ayúdanos a *aprender a depender de Ti para todo, incluyendo nuestras simples necesidades diarias, sin importar nuestro estatus o ingresos.* Por favor, provee nuestra necesidad diaria de alimento y salud para nuestro cuerpo, mente y alma. Por favor, perdona nuestras faltas y pecados hacia los demás, así como Tú nos guías a perdonar las faltas y pecados de otros hacia nosotros. *También guíanos lejos de la tentación de pecar, librándonos de las trampas tentadoras de Satanás.*

Nota: Dios nos *prueba* para hacernos fuertes y ayudarnos a tener éxito. Nunca nos tienta a pecar o a fallar. Satanás nos *tienta* para debilitarnos, de modo que peguemos y fracasemos. *La verdadera 'Oración del Señor' es Juan 17:*

Porque tuyo es el reino, y el poder, y la gloria para siempre. Amén (que así sea, Señor).

*Esta oración no se encuentra en los manuscritos más antiguos, por lo que puede que Jesús no la haya dicho (?), pero es buena, no está mal. (Mateo 6:9-13, reescritura del autor).* Mateo coloca otra enseñanza de Jesús después de la 'oración modelo'"

Si perdonas las faltas y pecados de los demás, tu
Padre celestial también te perdonará a ti. Pero si
no perdonas a los demás, tu Padre celestial no te
perdonará a ti.

(Mateo 6:14-15, reescritura del autor)

*2. Jesús fue rechazado en su ciudad natal (Lucas 4:16–31)*

*Algún tiempo después de Su bautismo y tentación, pero posiblemente
antes de seleccionar a todos Sus discípulos,* Jesús regresó a Nazaret,
Su ciudad natal. Asistió a un culto en una sinagoga, como era Su
costumbre (piedad/reverencia judía). Había *llegado a oídos de la
gente sobre Jesús desde Capernaúm.* Así, el líder de la sinagoga
llamó a Jesús al frente y le entregó el rollo que contenía la profecía
escrita a mano de Isaías.

*No sabemos si se le indicó a Jesús qué leer o si Él seleccionó la
lectura por sí mismo.* Jesús comenzó a desenrollar el rollo *(no había
libros encuadernados en esa época).* Pasaron catorce siglos antes de
la invención de la imprenta y quince siglos antes de la división de las
Escrituras en capítulos y versículos.

Al encontrar la lectura deseada, Jesús se puso de pie y
comenzó a leer:

El Espíritu del Señor [Yahweh] está sobre mí, porque
me ungió para dar buenas nuevas a los pobres. Me
ha enviado a proclamar la liberación de los cautivos,
y la recuperación de la vista a los ciegos, a poner
en libertad a los oprimidos, y a proclamar el año
favorable del Señor.

## (Lucas 4:18-19 NASB, de Isaías 61:1-2)

*Isaías había escrito esas palabras de aliento a los israelitas llevados cautivos por los babilonios seiscientos años antes del nacimiento de Jesús. Esos versículos tenían implicaciones mesiánicas. Después de leer, Jesús enrolló el rollo, se lo devolvió al líder, quien lo volvió a poner en el armario de almacenamiento, y Jesús se sentó. Cuando se le pedía a alguien que leyera las Escrituras, también se le pedía que hablara palabras de interpretación. Los oradores de la sinagoga se pusieron de pie para leer las Escrituras y se sentaron a enseñar.*

*Todos los ojos estaban fijos en Jesús cuando comenzó a hablar:* "Hoy se ha cumplido esta Escritura que habéis oído".

Mientras Jesús hablaba, la gente estaba asombrada y susurraba entre sí: "¿No es este el hijo de José? ¿Dónde aprendió a enseñar así?"

*Jesús fue ungido para proclamar las "buenas noticias" a Israel y a las naciones. Las naciones se referían a los gentiles, las naciones no hebreas. Dios había elegido a Israel para presentar las naciones a Dios, pero los israelitas tendían a verse solo a sí mismos como los favoritos de Dios,* como la nación de Dios (quizás como los estadounidenses hoy en día). Algunos gentiles que temían a Dios podían adorar en el templo, pero estaban separados de los adoradores hebreos. Los hebreos hicieron poco esfuerzo por dar testimonio a los gentiles y llevarlos a Dios (esto también suena como nosotros hoy). Dios ama a todas las naciones, no solo a Israel (no solo a América).

Jesús dio dos ejemplos que muestran la preocupación de Dios por los gentiles:

*En los días de Elías, había muchas viudas en Israel, pero Dios no usó a ninguna de ellas para ocultar a Elías del malvado rey Acab. En cambio, Dios envió a Elías a una viuda en Sarepta, en Sidón, Fenicia para protección. Dios también bendijo a esa viuda a través de Elías (1 Reyes 17:9-24) y 'En los días de Eliseo, había muchos leprosos en Israel, pero Dios no los sanó. En cambio, Dios sanó a Naamán, el sirio, a través de Eliseo' (2 Reyes 5:1-14). Estudiamos esas dos historias en la historia 16, los profetas.*

*Aunque esos ejemplos eran de las Escrituras,* la gente en la sinagoga se llenó de rabia al escuchar sobre la preocupación de Dios por los gentiles (no judíos*). Se levantaron y forcieron a Jesús a salir de la ciudad. Lo agarraron por los brazos y lo llevaron a la cima de la colina de la ciudad. Su intención era empujarlo por el acantilado para matarlo,* pero Jesús liberó sus brazos, los miró desafiantemente y caminó a través de la multitud y siguió su camino. (Lucas 4:28-30)

## Mini-epílogo

*Mateo 13:54-58 y Marcos 6:1-6 también registran una visita a Nazaret por parte de Jesús. Muchos intérpretes ven esas dos historias como una segunda visita a Nazaret. El autor piensa, pero no sabe, que solo hubo una visita a Nazaret, no dos, y eligió usar la versión de Lucas porque trata sobre el propósito de Dios para las naciones gentiles. El libro de los Salmos revela más sobre la preocupación de Dios por las naciones (las naciones no judías) que cualquier otro libro en la Biblia (es decir, Salmo 18:49; 46:10; 57:9; 67:1–7; 72:11 y 17; 86:9; 96:3; 102:15; y 117:1–2).*

## 3. El joven rico (Mateo 19:16-26)

Un joven se acercó a Jesús y le preguntó: "Maestro, ¿qué buena obra debo hacer para obtener la vida eterna?"

Jesús respondió con una pregunta: "¿Por qué me preguntas acerca de lo que es bueno? *Solo Dios* es bueno. Si deseas tener vida eterna, guarda los mandamientos."

"¿Qué mandamientos?" preguntó él.

Entonces Jesús mencionó algunos: "No matarás, no cometerás adulterio, no robarás, no darás falso testimonio, honra a tu padre y a tu madre, y ama a tu prójimo como a ti mismo."

El joven respondió: *"He guardado todos esos. ¿Qué me falta aún?"*

*Jesús no desafió su orgullosa* afirmación de haber guardado todos esos mandamientos perfectamente porque el hombre confesó que no tenía vida eterna. *En cambio, Jesús señaló el problema del joven.*

*Si quieres ser completo, vende todas tus posesiones y da tu dinero a los pobres. Eso pondrá tu tesoro en el cielo, en lugar de en la tierra* [donde esté tu tesoro, allí estará también tu corazón].

(Mateo 6:21 NASB, reescrito por el autor)

"Después de dar tu dinero a los pobres, *ya no estarás agobiado por las riquezas,* entonces podrás venir a seguirme."

*Cuando el joven oyó esto, se fue triste y aún perdido porque tenía muchas propiedades. Las riquezas dominaban su corazón, y Dios nunca acepta el segundo lugar de nadie ni de nada. Recuerda* la historia de Abraham; a veces ponía a Dios primero; otras veces Abraham ponía su propia voluntad primero. Dios puso a Abraham en una posición de 'hazlo o cállate' cuando le dijo que sacrificara a su hijo, Isaac, para Él. Abraham obedeció a Dios y estaba a punto de hundir un puñal en el corazón de Isaac cuando Dios lo detuvo.

Dios le dijo a Abraham: "Ahora sabes lo que ya sabía. Soy más importante para ti que cualquier cosa o persona, incluso tu hijo Isaac."

*Jesús explicó el problema de las riquezas a sus discípulos: "Es difícil para un hombre rico entrar en el cielo.* De hecho, es más fácil que un camello pase por el ojo de una aguja que para un hombre rico entrar en el cielo."

Cuando los discípulos oyeron esto, se quedaron asombrados y le preguntaron a Jesús: "¿Entonces quién puede ser salvo?"

Jesús respondió: "Para los hombres esto es imposible, pero para Dios todas las cosas son posibles."

*Así como sus discípulos habían pensado erróneamente (como la mayoría de los demás) que el hombre nacido ciego estaba ciego por el pecado, pensaron erróneamente que las personas ricas son ricas porque Dios las recompensa por ser buenas.*

*4. Jesús y Nicodemo (Juan 3:1-21)*

Un fariseo judío llamado Nicodemo, miembro del poderoso Sanedrín judío, vino a hablar con Jesús una noche. Nicodemo no era el típico fariseo porque se acercó a Jesús con respeto y lo llamó "Rabí" (Maestro). También reconoció que Jesús venía de Dios. Nicodemo basó sus suposiciones sobre Jesús en los "signos" (milagros) que Él hacía.

*Jesús no le preguntó a Nicodemo por qué había venido, sino que, más bien, fue directo al grano con una afirmación audaz de la nada.* "Nicodemo, necesitas entender una verdad básica. Debes nacer de nuevo, o nunca verás el reino de Dios."

*Nicodemo se sorprendió por esa afirmación directa. Le tomó un tiempo reunir sus pensamientos antes de responder.* "Señor, no entiendo. ¿Cómo puede uno, y menos un hombre como yo, nacer de nuevo?" Ciertamente no podría volver a encajar en el vientre de su madre para renacer. *¿Qué me estoy perdiendo?*

Jesús respondió: "A menos que una persona nazca de agua (nacimiento natural) y del Espíritu (nuevo nacimiento espiritual), no puede entrar en el reino de Dios."

*Nicodemo estaba asombrado,* pero Jesús continuó: "Lo que nace de la carne es *carne (pecador impulsado por el ego, hombre natural),* y lo que nace del Espíritu es espíritu *(perdonado, nueva vida espiritual, impulsada por el Espíritu Santo).* No te sorprendas de lo que he dicho. Debes nacer de nuevo (una nueva creación espiritual por Dios)."

"¿Cómo pueden ser estas cosas?" preguntó.

Jesús respondió: "¿Eres un maestro religioso de Israel y no entiendes estas cosas básicas? Yo testifico de las cosas que he visto y oído (de Dios), pero no me crees. Si te digo cosas terrenales y no crees, ¿cómo creerás si te digo cosas celestiales? Nadie ha ascendido al cielo excepto el Hijo del hombre que descendió del cielo."

"Nicodemo, ¿recuerdas por qué Moisés levantó la serpiente de bronce en un palo de madera (Números 21:1-9)? Su pueblo estaba siendo mordido por serpientes venenosas y moría. Dios les dijo que miraran esa serpiente de bronce *en obediencia a Él, y no morirían. Era la única manera que Dios proveía para que evitaran la muerte, después de ser mordidos por esas serpientes venenosas."*

*Con esa imagen bíblica en la mente de Nicodemo, Jesús dijo: "De la misma manera, es necesario que el Hijo del Hombre (la Palabra eterna de Dios, que también se hizo hombre, Jesús mismo) sea levantado en una cruz de madera (su muerte para expiar nuestros pecados); para que todo aquel que cree en Él (recibe y obedece a Él como Señor) tenga vida eterna. Esa es la única manera que Dios proporcionó para que la humanidad evite la muerte eterna y tenga vida eterna (la clase de vida de Dios) con Él en su lugar.* Así, Dios no envió a Su Hijo al mundo para condenar al mundo, sino para que el mundo (la humanidad pecadora) sea salvo por medio de Él."

*Jesús aclaró: "Es casi incomprensible para el entendimiento humano,* pero Dios ama tanto a la humanidad pecadora que dio a Su Hijo unigénito, para que todo aquel que cree en Él (el Salvador de Dios para nosotros) sea perdonado de su pecado y se le dé vida eterna, la clase de vida de Dios, en lugar de muerte eterna" (Juan 3:16 RV).

Jesús continuó: "*Toda la humanidad son pecadores* y ya han sido juzgados por Dios, pero Dios es misericordioso. Si reconocemos Su bondad y soberanía y le obedecemos y le pedimos que nos perdone y nos renueve, Él lo hará. Este es el juicio: la Luz (verdad eterna) ha venido al mundo, pero las personas aman la oscuridad (antiverdad) más que la luz porque sus obras son malas" (Juan 3:1-21, reescritura del autor).

Nicodemo se fue sin confiar su vida a Jesús, pero sí quería saber más sobre Él. Más tarde, Nicodemo sí puso su fe en Jesús. También ayudó a preparar el cuerpo de Jesús para el entierro después de la crucifixión, y también ayudó a enterrarlo" (Juan 19:39-41, reescritura del autor).

## *5. La mujer en el pozo de Jacob (Juan 4:3-42)*

Jesús dejó la provincia de Judea y regresó a la provincia de Galilea. La ruta normal para los judíos era cruzar al lado este del río Jordán para evitar pasar por la provincia de Samaria. *(Una provincia generalmente se compara con un condado en los EE. UU., pero en algunos lugares se compara con un pequeño estado).* Como Jesús no tenía prejuicios hacia los samaritanos, Él y sus discípulos caminaron a través de Samaria. Llegaron a las afueras de la ciudad de Sicar justo antes del mediodía y se detuvieron en un antiguo pozo excavado por Jacob casi dos mil años antes. Jesús envió a sus discípulos al pueblo a comprar ingredientes para el almuerzo mientras Él se sentaba a descansar.

Una mujer samaritana fue al pozo a sacar agua. Jesús supo de inmediato que la mujer era unaMarginada entre las mujeres. Las mujeres iban a los pozos temprano en la mañana para lavar ropa, bañarse y llevar agua a casa para beber y cocinar. *Ellas o su hija regresarían tarde en la tarde por más agua, pero al mediodía hacía demasiado calor para un largo camino para obtener agua y llevarla de regreso a casa.*

*Normalmente, un hombre extraño no hablaría con una mujer y viceversa,* pero Jesús tenía sed y dijo: "Por favor, dame de beber."

*La mujer tenía un resentimiento* y respondió: "Tú eres judío y yo soy una mujer samaritana. ¿Cómo puedes pedirme de beber?" La intolerancia no se limita a ninguna etnicidad.

Jesús respondió: "Si supieras el don de Dios y quién te está pidiendo de beber, tú le pedirías a Él, y Él te daría agua viva."

La mujer dijo: "Me pediste un trago porque no tienes forma de sacar agua. No tienes una cuerda ni un balde, así que, ¿de dónde sacas esa agua viva de la que hablas? Nuestro ancestro Jacob nos dio este pozo. ¿Afirmas ser mayor que él?"

Jesús respondió: "¿No te has dado cuenta de que después de beber de este pozo, tienes sed nuevamente? Pero el que beba del agua que yo daré, nunca tendrá sed otra vez. *El agua que yo doy se convierte en un manantial de agua que brota hacia la vida eterna.*"

*"Dame esta agua",* dijo ella. *"Así no tendré sed ni tendré que venir aquí a sacar agua"* (Juan 4:13-16 NASB).

Jesús dijo: "Pedí un trago de agua, *pero esto se ha convertido en una conversación entre nosotros,* y eso no es apropiado. Ve a casa y trae a tu esposo y tráelo contigo. Entonces podremos continuar esta conversación."

Ella respondió: "No tengo marido."

"Sé que no tienes," dijo Jesús. "Has tenido cinco maridos, y no estás casada con el hombre con el que vives ahora."

La mujer estaba en apuros y quería desviar la conversación de ella, *así que hizo una pregunta religiosa:* "Percibo que eres un profeta, nuestros antepasados adoraban en esta montaña (el Monte Gerizim), pero ustedes los judíos dicen que Jerusalén es el verdadero lugar de culto. ¿Quién tiene razón?"

Jesús respondió: *"El lugar de adoración no es importante. Lo importante es cómo adoramos.* Los verdaderos adoradores adoran al Padre Celestial en espíritu y en verdad. Eso es lo que Dios exige de nosotros. Él es un Ser espiritual, y sus adoradores deben adorarlo en espíritu y en verdad. *Nuestro espíritu adora a Su Espíritu con integridad. De lo contrario, las personas solo pretenden adorar, lo cual es solo hacer la finta de adorar."*

(Juan 4:21-24, reescritura del autor)

De repente, hizo clic, y la mujer dijo: *"Sé que el Salvador está viniendo* (Él que es llamado el Cristo). *Cuando venga, nos dirá todo."*

Jesús respondió *educadamente, de manera simple y sucinta:* "Yo soy Él."

En ese momento, los discípulos de Jesús regresaron con el almuerzo. La mujer dejó su cubo de agua para que ellos lo usaran mientras regresaba a Sicar para contar a sus vecinos: "Vengan a conocer a un hombre que sabe todo sobre mí, lo bueno y lo malo. ¿Podría ser Él el Cristo que esperamos?"

*De vuelta en el pozo,* los discípulos se sorprendieron al encontrar a Jesús hablando con una mujer extraña, pero no preguntaron nada. Después de que ella se fue, le instaron a Jesús que comiera algo, pero Él dijo: "Tengo comida que comer que ustedes no conocen. Mi comida es hacer la voluntad de Aquel que me envió y terminar Su obra."

*Algunos lectores entenderán por qué Jesús ya no tenía hambre.*

Jesús dijo: "Ustedes dicen, la cosecha de trigo está a cuatro meses de distancia. Yo digo, ¡Abrir los ojos! Los campos están listos para ser cosechados ahora, *la gente está lista para creer ahora.*" (Juan 4:35, reescritura del autor)

*Mientras tanto, en Sychar,* muchos creyeron en Jesús por el sorprendente testimonio de la mujer. La gente de Sychar invitó a Jesús a quedarse unos días. Él se quedó dos días con ellos, y muchos más creyeron, diciendo: "Hemos visto y oído a Él, y ahora sabemos que Él es el Cristo."

*Cuando las personas se acercan a Jesús con una mente y un corazón abiertos, creen; pero cuando vienen con una mente y un corazón cerrados, no lo aceptarán.*

## 6. La mujer adúltera (Juan 8:1-11)

*Jesús pasó la noche acampando en el Monte de los Olivos, con vista al templo en Jerusalén.* Temprano en la mañana, regresó al templo, y grupos de personas vinieron a escucharle enseñar. Algunos escribas y fariseos interrumpieron su enseñanza.

Traían a una mujer y *la empujaron groseramente al suelo* entre Jesús y las personas a las que enseñaba. El autor asume que aquellos que estaban escuchando a *Jesús se dispersaron cuando los escribas y fariseos llegaron con la mujer.*

"Maestro", dijeron en voz alta. *"Atrapamos a esta mujer en el mismo acto de adulterio.* La Ley nos ordena apedrear a tales mujeres. ¿Qué dices tú?" Lo estaban probando para tener motivos para acusarle. *Jesús los ignoró,* se agachó y comenzó a escribir en la arena con su dedo.

Continuaron preguntándole, así que Jesús se puso de pie y dijo: *"¿Quién de ustedes no tiene pecado? Este* hombre puede ser el primero en lanzar una piedra contra ella."

Se inclinó de nuevo y siguió escribiendo en la arena. Cuando los escribas y fariseos escucharon lo que Jesús dijo, *fueron convictos* y comenzaron a irse lentamente, empezando por sus líderes mayores.

Pronto Jesús quedó solo con la mujer, que aún estaba sentada en el centro del tribunal. Jesús se acercó y preguntó suavemente: "Mujer, ¿dónde están tus acusadores? ¿Nadie te condenó?"

Ella respondió: "Nadie, Señor."

Jesús respondió: *"Yo tampoco te condeno. Puedes irte, pero de ahora en adelante, no peques más (arrepiéntete/obedece)."*

*Mini-epílogo*

Jesús le dijo a la mujer que Él tampoco la condenaría. Eso no significaba que Él aprobara el adulterio. *Ciertamente que no, pero Jesús dijo una vez: "Dios envió a Su Hijo al mundo para que el pueblo del mundo pueda ser salvo" (Juan 3:17). El juicio vendrá más tarde (ver Mateo 25:31-46).*

*Los líderes religiosos habían utilizado a la mujer como una pieza en su juego* de tratar de engañar a Jesús. Esperaban presentar un cargo contra Él, *pero Él los engañó en su lugar.* La mayoría de las personas entienden que se necesitan dos para bailar un tango. Dado que la mujer fue atrapada en el acto de adulterio, ¿dónde estaba el hombre que también estaba involucrado? Fue una trampa a expensas de la mujer. Incluso hoy en día, hay un dicho malvado: 'El fin justifica los medios.' Sin embargo, cualquier cosa menos que la verdad es pecado.

## 7. La familia, la primera institución fundada por Dios (Génesis 2)

Dios creó a Adán y Eva *(hombre y mujer),* las primeras dos personas en la tierra, y los unió en matrimonio. Ellos se convirtieron en una familia, y Dios dijo que eso era bueno. Dios les dijo que tuvieran hijos, y la familia se amplió. Las familias se amplían aún más cuando vienen los nietos (Génesis capítulos 1-4).

*La familia es la unidad más importante en la tierra. Así como van las familias, así van las naciones y las iglesias. Estamos viviendo en un tiempo peligroso para las familias en nuestro país. El tiempo en familia ha estado erosionándose durante muchos años. Los padres están trabajando más horas, y los gustos personales de los papás roban aún más horas de la familia. Muchas madres trabajan fuera de casa y regresan a casa exhaustas y aún cocinan, limpian, etc.*

*Las familias que se sientan a comer juntas son cada vez más raras. Así, las conversaciones familiares vitales alrededor de la mesa se han vuelto escasas, si es que ocurren. Una buena conversación en la mesa fomenta una buena convivencia entre padres e hijos y jóvenes. La charla familiar conduce a momentos más íntimos de mentoría, juegos juntos, etc.*

*Durante la Segunda Guerra Mundial, el gobierno nazi sembró discordias entre los jóvenes y sus padres para destruir las familias. Ganaron a la juventud alemana para el socialismo nazi y, por lo tanto, marginaron el efecto de padres más conservadores. Estamos viendo esfuerzos similares en América hoy en día.*

*Por supuesto, hay muchas otras razones para la descomposición familiar: egoísmo, falta de autocontrol, alcohol, drogas, promiscuidad, juegos de azar, salidas perpetuas de fin de semana, que destruyen lentamente el interés familiar en Dios y la iglesia mientras nos atraen a nuestros propios deseos egoístas.*

*El apóstol Pablo habló sobre las buenas relaciones familiares* en Efesios 5:20-6:4. Dad gracias por las bendiciones de Dios en el nombre de nuestro Señor Jesucristo. *La gratitud es como un fertilizante para cultivar una buena familia y crea una actitud de aprecio hacia los demás.* También nos recuerda que Dios es el Proveedor Maestro y el Habilitador Maestro. Los niños necesitan aprender la honesta gratitud de sus padres.

Pablo continúa, todos necesitamos "sujetar nuestras vidas unos a otros *en el temor/asombro de Dios" (Efesios 5:21 KJV). Someterse unos a otros es clave para convertirse en una buena familia y en buenos individuos también. Someterse unos a otros (lo que es mutuo para todos los adultos—masculinos y femeninos—tanto como para los niños) elimina el aguijón de las siguientes palabras de Pablo dirigidas a las mujeres.*

Las esposas sométanse a sus maridos, como al Señor.

(Efesios 5:22 RVR)

*Pablo no está sugiriendo la esclavitud. Se dirige primero a las esposas como Dios lo hizo en Génesis 3:16 (búscalo). Después de que el pecado se convirtió en parte de la humanidad, Dios hizo que el esposo fuera la cabeza del hogar, así como Jesús también es la cabeza de la iglesia. Esa es parte del plan de Dios para las esposas, aunque a menudo las esposas son más inteligentes, sabias y pueden trabajar más que su esposo.*

*Luego Pablo se dirige a los esposos, como lo hizo Dios* en Génesis 3:17-19 *(búscalo; son tres versículos en lugar de solo uno). La sujeción del esposo a su esposa:*

Maridos, *ama a vuestra mujer,* así como Cristo amó
a la iglesia y se entregó a sí mismo por ella.

(Efesios 5:25 RVR)

Así, la esposa se somete a su marido, y el marido pone a su esposa antes que a sí mismo. *Un marido debe amar a su esposa como ama a su propio cuerpo. "El que ama a su esposa se ama a sí mismo."*

*Cristo y su Iglesia son un gran misterio, al igual que un matrimonio piadoso en el que tanto el esposo como la esposa se someten el uno al otro bajo la voluntad y el liderazgo de Dios. El plan de Dios va en contra de los deseos de nuestro ego. El plan de Dios produce un matrimonio espiritual que bendice a toda la familia y glorifica a Dios,* un matrimonio que crece en gracia, gozo y unidad en lugar de discordia, egoísmo y quebrantamiento. *Sin embargo, cada marido debe amar a su mujer como a sí mismo, y la mujer debe cuidar de respetar a su marido"* (Efesios 5:32-33). A las esposas no se les ordena "amar" a su esposo, sino *"respetar"* su posición. *Otro misterio: hombres, debemos ganarnos el amor y el respeto de nuestra esposa a través de nuestro propio amor por ella. Si una esposa no respeta o sigue la dirección de su esposo, puede ser culpa del esposo. Hombres, releamos el deber del marido para con su esposa:*

A husband should submit himself to his wife, even
as his wife should submit herself to her husband
["being subject to one another in the fear of Christ"].

(Ephesians 5:21)

A husband should love his wife as Christ loves the church and gave Himself for it.

(Ephesians 5:2)

El marido debe someterse a su esposa, así como su esposa debe someterse a su marido [siendo mutuamente sujetos en el temor de Cristo].

(Efesios 5:21)

El marido debe amar a su esposa como Cristo ama a la iglesia y se dio a sí mismo por ella.

(Efesios 5:2)

Y

Ama a su mujer como a sí mismo.

(Efesios 5:33)

Paul también se dirigió a los niños y sus padres:

*Los hijos [y jóvenes] obedeced a vuestros padres en el Señor, porque esto es justo.* Honra [respeta] a tu padre y a tu madre [el mandamiento con una promesa; para que tus días se alarguen en la tierra que el Señor te da].

(Éxodo 20:12 y Deuteronomio 5:12 NASB)

Padres, no provoquéis a ira a vuestros hijos, sino criadlos en la disciplina y amonestación del Señor.

(Efesios 6:4 NASB)

"*Men,* mature your children in the discipline and instruction of the Lord, without provoking them to anger." *That is a major challenge. "The secret to that challenge is that we, fathers, must allow God to mature us in the process. We are not to become our child's boss but their loving parent, their guiding example, and their protector to keep them safe. A godly family is a joyful family and becomes a witness and example to families who do not follow God's plan.*

"*Hombres,* maduren a sus hijos en la disciplina y la instrucción del Señor, sin provocarlos a ira." *Ese es un gran desafío. "El secreto de ese desafío es que nosotros, los padres, debemos permitir que Dios nos madure en el proceso. No debemos convertirnos en el jefe de nuestro hijo, sino en su padre amoroso, su ejemplo orientador y su protector para mantenerlo a salvo. Una familia piadosa es una familia alegre y se convierte en un testimonio y ejemplo para las familias que no siguen el plan de Dios."*

*Pablo respondió a las preguntas de la iglesia en Corinto sobre la inmoralidad:*

Tu cuerpo no está hecho para la inmoralidad, sino para la gloria del Señor. *La inmoralidad, incluyendo el adulterio y otros pecados sexuales, es un problema real entre muchos creyentes hoy y conduce a muchos divorcios. Las drogas, el alcohol y la pornografía a* menudo se utilizan para suavizar a *los creyentes hacia la inmoralidad.*

(1 Corintios 6:13, 15, 18-20)

"*Amense los unos a los otros*" es un mandato del Señor para todos los creyentes, pero debemos tener "amor ágape" (el tipo de amor de Dios), no "amor eros" (amor erótico), que despierta deseos sexuales antes y más allá del matrimonio. Debemos huir de la inmoralidad.

*8. ¿Quién es el Espíritu Santo y cuál es su papel?*

*Los capítulos 14-16 de Juan contienen más enseñanzas sobre el papel del Espíritu Santo en la vida diaria de los creyentes que cualquier otro lugar en la Biblia. Todas esas enseñanzas provienen del mismo Jesús y ayudan a prevenir que nos estanquemos en algunas enseñanzas verdaderas pero menos cruciales sobre el Espíritu Santo.* Las claras enseñanzas de Jesús sobre el Espíritu Santo se dieron en el contexto de decirles a sus discípulos que Él se iba para preparar un lugar para ellos/nosotros. Les aseguró que regresaría por los creyentes.

Jesús dijo: "Yo pediré al Padre, y él les dará otro Consolador [otro del mismo tipo]. Él estará con ustedes para ayudarles o consolarlos, para que él esté con ustedes para siempre. Me refiero al Espíritu de Dios, el Espíritu de la verdad."

(Juan 14:16-17 NASB)

El mundo *(la humanidad natural/sinfula/egocéntrica)* rechaza el Espíritu de la Verdad porque no pueden verlo ni *tocarlo*.

"Los creyentes lo conocen porque Él habita con nosotros y vive en nosotros." Jesús continuó: "Les dije que me voy, pero no han preguntado a dónde voy. Están preocupados por esto; sin embargo, mi partida es para su beneficio, porque si no me voy, el Ayudador no vendrá. Si me voy, se lo enviaré a ustedes."

(Juan 16:5-7 NASB)

¿Por qué sería una ventaja para los discípulos de Jesús (incluyéndonos) su partida? *La Palabra de Dios (espíritu) se hizo hombre también (espíritu y cuerpo); su nombre se convirtió en Jesús (Yeshua). Jesús tuvo un cuerpo como el nuestro. No podía estar en dos lugares al mismo tiempo. El Espíritu Santo es espíritu sin cuerpo; puede estar en todas partes al mismo tiempo. Los apóstoles habían estado con Jesús veinticuatro horas los siete días de la semana durante casi tres años; pronto cada apóstol recibiría asignaciones de ministerio del Señor. El Espíritu Santo podría estar con cada uno, en diferentes lugares, al mismo tiempo. Esto se aplica a todos los creyentes en todas partes, no solo a los apóstoles. También se aplica a creyentes como tú y yo hoy y a futuros creyentes también.*

*Jesús continuó,* "He hablado estas cosas mientras aún estoy con vosotros. *El Espíritu Santo* es el Ayudador, que el Padre enviará en Mi nombre. *Él les enseñará lo que necesitan saber basado en la palabra de Dios y les recordará todo lo que ya les he enseñado.* Dado

que les doy Mi paz, no dejen que su corazón se turbe,
ni tengan miedo."

(Juan 14:26-27 NASB)

*Cuando venga el Espíritu de Dios, convencerá a las
personas de tres verdades básicas: pecado, justicia y
juicio.* Convencerá a *las personas* de pecado porque
no creen en Mí [Jesús]; convencerá a las personas de
justicia porque Yo [Jesús] voy al Padre [solo los justos
pueden estar en la presencia de Dios]; convencerá a las
personas de juicio porque Satanás, el príncipe de este
mundo, ha sido juzgado *[esperando confinamiento].*

(Juan 16:8-11 NASB)

El apóstol Pedro estuvo presente cuando Jesús pronunció
esas palabras. Pedro escribió,

Ninguna profecía de la Escritura es de interpretación
privada, porque nunca fue hecha por un acto de
voluntad humana, sino que los hombres, movidos
por el Espíritu Santo, hablaron de parte de Dios.

(2 Pedro 1:20-21 NASB)

Pedro también escribió sobre "el trabajo santificador
del Espíritu Santo en los creyentes para obedecer a
Jesús"

(1 Pedro 1:2 NASB).

Pablo escribió,

Toda Escritura es inspirada por Dios [soplada por Dios] y útil para enseñar, para reprensión, para corrección, para instrucción en justicia; para que el hombre [o mujer] de Dios esté capacitado, equipado para toda buena obra.

(2 Timoteo 3:16-17 NASB)

Jesús continuó: "Tengo muchas más cosas que deciros, pero no podéis sobrellevarlas ahora. Cuando venga el Espíritu de verdad, *Él os guiará a toda la verdad.* Todo lo que Él os diga será *del Padre y Él me glorificará,* porque tomará de lo mío y os lo hará saber."

(Juan 16:12-15, reescritura del autor)

## 9. El pecado imperdonable

*Existen muchas especulaciones sobre qué pecado o qué pecados son imperdonables. Muchos creen que el pecado imperdonable es el suicidio porque después de quitarse la vida, no hay oportunidad de arrepentirse o pedir perdón. Sin embargo, cuando las Escrituras tienen una respuesta, debemos prestar atención y no especular. Jesús dijo,*

*El que no está conmigo, está contra mí;* y el que no recoge conmigo, desparrama. Cualquier pecado y blasfemia [discurso abusivo contra Dios] *puede ser perdonado, excepto el discurso abusivo contra el Espíritu Santo no será perdonado.* Aquel que hable una palabra contra el Hijo del Hombre [Jesús] puede ser perdonado. Pero la blasfemia contra el Espíritu Santo *no será perdonada,* ni en este mundo ni en el venidero.

(Mateo 12:30-32 RVR)

*¿Por qué es ese el pecado imperdonable?* Porque el Espíritu Santo es quien interpreta la palabra (verdad) y la voluntad de Dios a nuestra mente y corazón. *Si rechazamos el testimonio del Espíritu Santo y creemos que es una falsedad en lugar de la verdad, mientras consideramos la falsedad anti-Dios como verdad absoluta, nos volvemos inalcanzables porque consideramos la verdad como no verdad y la no verdad como verdad.*

*Muchos se han acercado a ese patrón mientras todavía intentan entender la verdad y la no verdad, pero si uno se fija en cemento rechazando la verdad de Dios, se vuelve imperdonable. Algunos que se llaman a sí mismos agnósticos o ateos pueden no estar aún fijados en cemento y pueden seguir siendo alcanzables por el Espíritu de Dios, pero están en peligro.* Los creyentes no deben juzgar a los demás; debemos ser continuamente un ejemplo humilde y amoroso y un testigo viviente.

*10. "¿Quién soy yo?" y la profecía de la muerte de Jesús (Mateo 16:13 y siguientes, Marcos 8:27 y siguientes, y Lucas 9:18 y siguientes)*

La pregunta "¿Quién soy yo?" es diferente de la afirmación "Yo soy" que descubrimos en la historia 22. Mientras Jesús y sus discípulos estaban en un retiro en las estribaciones del Monte Hermón (Siria actual), *Él preguntó a sus discípulos: "¿Quién dicen los hombres que es el Hijo del Hombre?"* (Mateo 16:13). *El Hijo del Hombre era la alusión favorita de Jesús hacia sí mismo. Provenía de Daniel 7:13-14. Jesús se llamó a sí mismo "Hijo del Hombre" ochenta y una veces.*

Las respuestas eran variadas. Algunos dicen: "Eres Juan el Bautista que ha vuelto a la vida." Otros dicen: "Eres Elías que ha vuelto a la vida." Otros más dicen: "Eres Jeremías" o "uno de los otros profetas." *En esa etapa, muchas personas que gustaban de Jesús no entendían quién era Él o de qué se trataba. Así, decían: "Él no es como un hombre normal. Quizás sea uno de los profetas famosos que ha vuelto a la vida." Esas respuestas no eran ciertas, pero en este punto, Jesús podía manejar eso por parte de la gente en general.*

*Más importante aún, después de que Sus discípulos lo siguieron durante casi dos años, ¿saben quién es Jesús y de qué se trata? ¿Quién dirían que es?* Así que Jesús les hizo la misma pregunta: "¿Quién dicen que soy?"

Como de costumbre, Pedro soltó su respuesta antes que nadie. *"Tú eres el Cristo, el Hijo del Dios viviente."*

(Mateo 16:16 RV)

Jesús respondió: "Bienaventurado eres, Pedro, porque no te lo reveló carne ni sangre, sino mi Padre que está en los cielos. Y yo también te digo que tú eres Pedro *['Petros', sustantivo masculino = una piedra]*, y sobre esta *roca ['petra', sustantivo femenino = un peñasco, acantilado o borde]* edificaré mi iglesia ['ekklesia', sustantivo femenino que se refiere al pueblo llamado o asamblea], y las puertas del infierno no prevalecerán contra ella."

(Mateo 16:17-18, reescritura del autor)

*Los traductores expertos no pueden ponerse de acuerdo sobre el significado de Mateo 16:17-18. La comprensión del autor (que no es un traductor experto) es que Jesús estaba diciendo: "Yo edificaré Mi iglesia," no sobre Pedro, sino "sobre la revelación de Mi Padre de quién soy yo." El Señor sigue edificando Su iglesia sobre la revelación de Dios de quién es Jesús, ahora revelada en las Escrituras a través del Espíritu Santo a verdaderos creyentes como lo fue Pedro. La iglesia continuará atacando las puertas del infierno (no al revés). El infierno puede herir a la iglesia en ocasiones, pero no prevalecerá contra la iglesia (Mateo 16:13-20). Las llaves del reino, Mateo 16:19, son las palabras de Dios en la Escritura.*

Después de que esos discípulos cercanos expresaron su fe en Cristo, Jesús les dijo *(por ahora)* que no debían decirle a nadie más que Él es el Cristo. Luego, Jesús comenzó a revelar a sus discípulos que debía ir a Jerusalén y padecer muchas cosas por parte de los líderes religiosos. Finalmente sería asesinado, pero resucitaría al tercer día.

Pedro tomó a Jesús a parte y comenzó a reprenderlo, diciendo: "¡No lo permitas, Señor! Esto nunca te sucederá." Jesús se volvió hacia Pedro y le dijo: "¡Apártate de mí, Satanás! Eres un tropiezo para mí porque ahora estás hablando en contra de la voluntad de Dios y *de su plan eterno.*"

(Mateo 16:21-23)

*Es asombroso cuán rápidamente nosotros, los Homo sapiens, podemos alternar entre agradar a Dios y agradar a Satanás sin tener ni idea de lo que estamos haciendo.*

*Jesús habló nuevamente sobre su muerte.* Cuando los discípulos regresaron a Galilea, Jesús dijo,

> El Hijo del Hombre está a punto de ser entregado a los hombres, quienes lo matarán; pero tres días más tarde resucitará.

Sus discípulos se entristecieron profundamente.

*La muerte y resurrección predicha por tercera vez (Mateo 20:17-19)*

Cuando Jesús estaba a punto de ir a Jerusalén, les dijo a Sus discípulos: "Vamos a Jerusalén, y el Hijo del Hombre será arrestado por los líderes religiosos y condenado a muerte. Será burlado y golpeado antes de que los romanos lo crucifiquen, pero Dios lo levantará de nuevo a la vida después de tres días." *Lucas añadió: "Los discípulos no entendieron nada de estas cosas."* Dios ocultó el significado de la crucifixión de Jesús, su muerte, sepultura y resurrección ante sus apóstoles. Por lo tanto, los discípulos no pudieron comprender lo que Jesús dijo al respecto (Lucas 18:34).

*Los discípulos eran hombres inteligentes, pero los detalles del plan eterno de Dios (Jesús haciendo expiación por nuestro pecado a través de Su muerte) aún les escapaban. Después de Su resurrección, Jesús abrió sus mentes para entender las Escrituras" (Lucas 24:45).*

> Cualquiera que quiera seguirme debe negarse a sí mismo, tomar su cruz cada día y seguirme. Quien desee salvar su vida la perderá, pero quien renuncie

a su vida *egoísta* o *física* por mi causa encontrará la vida eterna con Dios. Negarse a sí mismo significa rechazar nuestra voluntad egoísta diariamente. Tomar nuestra cruz significa morir cada día a la voluntad egoísta y vivir diariamente para la voluntad de Dios. ¿De qué servirá ganar el mundo entero, si se pierde la vida eterna con Dios?

(Lucas 9:23-25, reescritura del autor)

## 11. ¿Quién es el mayor? (Marcos 10:35-45)

*Santiago y Juan, los hijos de Zebedeo, se acercaron a Jesús en privado pidiéndole favores.*

"¿Qué quieren que haga?" preguntó.

*Ellos respondieron: "Cuando entres en tu gloria, permítenos sentarnos a tu derecha y a tu izquierda." Ellos, como muchos de nosotros, eran ambiciosos de manera egoísta, incluso en lo que respecta a asuntos espirituales.*

Jesús dijo con firmeza: "No saben lo que piden. ¿Pueden beber la copa que yo bebo o ser bautizados con el bautismo con el que yo soy bautizado?"

Sin darse cuenta del costo, respondieron despreocupadamente: "Podemos."

Jesús dijo: "Ustedes beberán la copa que yo debo beber, y serán bautizados con el bautismo con el que yo soy bautizado *(compartir los sufrimientos de Jesús), pero sentarse a mi derecha o a mi izquierda no es mío para dar, sino para quienes ha sido preparado."*

*Al oír esto, los otros diez discípulos se dieron cuenta de lo que estaba sucediendo y se enojaron con Santiago y Juan. Cada uno de ellos codiciaba esos lugares de honor para sí mismos. Jesús les pidió que se sentaran con Él y les dijo: "Ustedes saben cómo son los incrédulos. Sus líderes ejercen el poder sobre la gente y continuamente ejercen autoridad sobre ellos.*

*No debe ser así entre ustedes, los creyentes. Quien quiera ser el primero entre ustedes debe ser servidor de todos. El Hijo del Hombre (Jesús) no vino para ser servido, sino para servir y dar su vida en rescate por muchos.'" (Jesús reveló su declaración de misión en Marcos 10:35-45). "El servicio", aprender a servir voluntariamente a los demás, es difícil de aceptar. Jesús hablaba a menudo con sus discípulos sobre servir a los demás en lugar de mandar a otros.*

Una vez, los discípulos le preguntaron a Jesús: "¿Quién es el más grande en el reino de los cielos?"

> Jesús llamó a un niño de la multitud y hizo que el niño se pusiera de pie frente a Sus discípulos y dijo: "Les aseguro que a menos que cambien y se vuelvan *como* niños, *nunca* entrarán en el reino de los cielos. El mayor en el reino de los cielos es aquel que se humilla y se convierte en como este niño. Cualquiera que reciba a un niño en Mi nombre Me recibe a Mí, pero si alguien hace tropezar a uno de estos pequeños, sería mejor para él que le colgaran una pesada piedra de molino al cuello y lo hundieran en lo profundo del mar."

> (Mateo 18:1-6 NBLA)

Jesús enseñó verbalmente a sus discípulos sobre el servicio por última vez después de que tuvieran otra discusión entre ellos sobre quién de ellos era el más grande. Lo más triste de esto fue que sucedió casi inmediatamente después de que Jesús hizo dos cosas: Primero, Jesús les había lavado los pies *porque cada uno de ellos era demasiado orgulloso para hacerlo,* y segundo, Jesús acababa de instituir la "Cena del Señor" para reemplazar la Pascua judía porque Jesús, el Cordero de Dios (no animales), pronto sería crucificado por la expiación de nuestro pecado.

*Sacudimos la cabeza y nos preguntamos por qué Jesús los eligió. Luego miramos en el espejo y de repente nos quedamos en silencio. Lo bueno fue que las actitudes egoístas de los discípulos pronto cambiarían. Jesús les recordó: "Los reyes se llaman a sí mismos Benefactores del Pueblo, pero tienen el poder total sobre la gente."* Eso no debe ser su manera. El mayor entre ustedes debe volverse humilde, como el más joven, y el líder como un servidor.

*Jesús dijo: "Yo estoy entre ustedes como el que sirve."* Ustedes han permanecido a mi lado en todas mis pruebas, y así como el Padre me ha concedido un reino, yo les concedo que coman y beban en mi mesa en mi reino. Ustedes (apóstoles) se sentarán en tronos juzgando a las doce tribus de Israel" (Lucas 22:24-30).

## 12. Los verdaderos líderes espirituales son líderes servidores.

Jesús dijo a las multitudes y a sus discípulos: "Los escribas y los fariseos son líderes religiosos que interpretan la ley de Moisés. Hagan lo que ellos les digan, pero no hagan lo que ellos hacen. *Nunca practican lo que predican.* Ponen cargas religiosas pesadas sobre las espaldas del pueblo, pero ellos mismos no cargan esas cargas. *Todo lo que hacen es para lucirse, para ganar atención.*

Aman los mejores lugares en los banquetes y los asientos reservados en la sinagoga. Les gusta que los saluden con respeto dondequiera que vayan. No se conviertan en como ellos. *No eleven a sus líderes con nombres de poder, pues todos ustedes son hermanos.*

*El mayor entre ustedes debe ser su servidor. Quien se engrandece será humillado, y quien se humilla será engrandecido"* (Mateo 23:1-12). *¿Alguna vez los apóstoles lo hicieron bien? ¡Sí!*

*Pedro lo entendió bien.* Escribió a los *ancianos* (otro título para los pastores): '*Apacenten* (pastor) el rebaño de Dios que está entre ustedes, *ejerciendo supervisión* (obispo, otro rol de los pastores), no por obligación sino voluntariamente de acuerdo con la voluntad de Dios. No se conviertan en líderes para enriquecerse o para convertirse en figuras prominentes. Sirvan a su pueblo con entusiasmo, y no sean soberbios con aquellos que están a su cargo. Sean ejemplos (líderes servidores) para el rebaño. Entonces, cuando *el Sumo Pastor (Jesús)* regrese, recibirán la corona de gloria incorruptible.

Hombres jóvenes, sigan el ejemplo de sus ancianos, y todos ustedes deben vestirse de humildad unos hacia otros. Dios se opone a los orgullosos, pero da gracia a los humildes. Por tanto, *humíllense bajo la poderosa mano de Dios, para que Él los exalte a su debido tiempo'* (1 Pedro 5:2-6).

*Paul lo hizo bien:* él escribió,

Haz lo que me ves hacer, porque yo seguiré *el ejemplo de Jesús.*

(1 Corintios 11:1)

Lo que me oyes enseñar en presencia de muchos testigos, debes confiar esas enseñanzas a otros hombres/mujeres fieles, que también podrán enseñar a otras personas fieles.

(2 Timoteo 2:2)

*Eso es lo opuesto de lo que hicieron los fariseos.* En el capítulo 4 de Efesios, Pablo escribió,

*"El papel de los pastores es equipar a los santos [todos los creyentes] para la obra del ministerio."* El ministerio es el llamado de *todos los creyentes,* incluidos los pastores. *Los pastores tienen un llamado especial* "para equipar" *[a un líder servidor]* a los santos [todos los creyentes] para su ministerio. Los pastores equipan a los creyentes "para que los miembros [no solo los pastores] puedan edificar el cuerpo de Cristo". *¿Es solo un juego de números?* ¡No! Cuando los santos ministran y edifican el cuerpo de Cristo, *incluye la madurez,* así como los números, "hasta que todos lleguemos a la unidad de la fe y del conocimiento del Hijo de Dios, a un hombre maduro, a la medida de la estatura que pertenece a la plenitud de Cristo."

(Efesios 4:11-13)

*¿Y luego qué? "Como resultado de lo anterior, los miembros* no serán más como niños [llevados por cada nueva doctrina, esquema o cambio de opinión]. Los miembros espiritualmente maduros pueden hablar la verdad en amor. Comienzan a crecer en

todos los aspectos de Cristo, quien es nuestra cabeza. A medida que trabajamos juntos para el bienestar del cuerpo de Cristo, la voluntad y el plan de Dios obran en nosotros a través del Espíritu Santo. El Espíritu Santo trabaja en nosotros de manera individual y colectiva para traer crecimiento y madurez espiritual al cuerpo de Cristo [la iglesia] para edificarse a sí mismo en amor."

(Efesios 4:14-16, reescritura del autor)

*Los otros apóstoles finalmente lo entendieron también y dieron sus vidas por el plan de Dios. Estos versículos aluden a los creyentes individuales y a todos los creyentes juntos (el cuerpo de Cristo) creciendo en una semejanza de Cristo aquí en la tierra. Ese es un paso importante hacia el plan eterno de Dios para nosotros.*

*13. El Juicio (Mateo 16:24-27, Mateo 24, 1 Corintios 3:10-1, y 2 Corintios 5:10)*

Jesús dijo a Sus discípulos: "El que quiera seguirme debe negarse a sí mismo *(rechazar su propio deseo egoísta)* y tomar su cruz *(morir a su propia voluntad)* y seguirme *(elegir la voluntad de Dios, incluso si eso significa sufrir por Cristo).* El que desee mantener su vida egoísta, al final la perderá. El que renuncie a su vida egoísta por mi causa (por la causa de Jesús) encontrará y experimentará la vida eterna en su lugar."

*Era tarde cuando Jesús y Sus discípulos salieron del templo y comenzaron a subir la colina camino al Monte de los Olivos para pasar la noche. Sus discípulos miraron hacia atrás y le señalaron la belleza del complejo del templo, pero Jesús les recordó el mal hecho por los líderes religiosos de quienes había hablado (Mateo capítulo 23). Jesús dijo: "Debido a su maldad y su oposición a Él, el templo será completamente destruido."*

Al llegar al Monte de los Olivos, Su discípulo se le acercó y le preguntó: "¿Cuándo será destruido el templo? ¿Cuáles serán el tiempo y las señales de Tu venida y del fin de la era?" *Mateo 24 es un poco difícil de entender porque contiene una mezcla de la caída de Jerusalén y la venida del Señor y el juicio.*

*Jesús no dio la fecha de la destrucción del templo, pero se refirió al castigo de Jerusalén por rechazarlo. Eso sucedió en el año 70 d.C. cuando los orgullosos hebreos se rebelaron contra Roma y los poderosos ejércitos romanos destruyeron Jerusalén y el templo.*

*Jesús dijo que cuando viniera* el asedio romano, "Los que estén en Judea deben huir a las montañas. Quien esté en la azotea de su casa no debe bajar para *salvar artículos en su casa,* y los que estén trabajando en el campo no deben regresar a casa." Jesús dijo: "Sería especialmente difícil para las mujeres embarazadas y las madres que amamantan. También les dijo que oraran para que el asedio romano no comenzara en invierno ni en un día de sábado" (Mateo 24:15-20).

*En cuanto al fin de la era:* Jesús no dio una fecha pero dijo,

No dejes que nadie te engañe. *Muchos charlatanes afirmarán ser el Cristo y engañarán a muchas personas crédulas. Habrá guerras en curso aquí y allá en todo el mundo, así como escasez de alimentos generalizada. Los desastres naturales como terremotos, tormentas e inundaciones se convertirán en eventos casi constantes. Sin embargo, esas cosas no indican que el fin del mundo esté cerca. Son simplemente los dolores de parto de un mal aún mayor por venir.*

(Mateo 24:4-8, reescritura del autor)

El mundo incrédulo comenzará a ponerte bajo un gran sufrimiento y miseria. Matarán a los creyentes. Ustedes [incluso los estadounidenses] serán odiados por todas las naciones [incluido Estados Unidos] porque Me siguen. En ese momento, muchos falsos creyentes se apartarán del Señor y traicionarán a sus familias y amigos a gobiernos malvados sin Dios o a un gobierno mundial sin Dios y malvado.

(Mateo 24:9-10, reescritura del autor)

Aunque Jesús no dijo cuándo sucedería Su regreso (ver Hechos 1:6-7), *sí pareció mencionar lo que podría apresurar Su regreso.*

Este evangelio del reino será predicado en todo el mundo para testimonio a todas las naciones; y entonces vendrá el fin.

(Mateo 24:14 KJV, también ver
Hechos 1:8 y Mateo 28:18-20)

*Estén listos para el regreso de Jesús por nosotros.* Estén en alerta, porque nadie (excepto Dios) sabe qué día vendrá nuestro Señor. Si el hombre de la casa hubiera sabido a qué hora de la noche venía un ladrón, se habría preparado para evitar que el ladrón entrara en la casa. De la misma manera, debemos estar listos para el regreso de Jesús.

(Mateo 24:42-44, reescritura del autor)

La señal del regreso de Jesús en Su gloria será cuando lo veamos venir en las nubes del cielo [sin advertencia] con poder y gran gloria.

(Mateo 24:30-31 NASB)

Las palabras más claras de Jesús sobre su segunda venida se encuentran en Mateo 25:31-46 (reescritura del autor):

*Cuando el Hijo del Hombre venga en su gloria, acompañado de ángeles. Él se sentará en su trono glorioso y todas las naciones serán reunidas ante Él. El Señor entonces separará a las personas de cada nación, como un pastor separa las ovejas de las cabras. Pondrá las ovejas a su derecha y las cabras a su izquierda.*

*Cuando todas las naciones hayan sido juzgadas, el Rey [Jesús] dirá a la gente a su derecha: "Vengan, ustedes que son benditos de mi Padre. Han puesto su confianza en mí y me han obedecido. Por eso heredan el reino preparado para ustedes desde la fundación del mundo [en la creación]. Tuve hambre* y me diste de comer. Tuve sed y me diste de beber. Era un extraño y me invitaste a entrar. Estuve sin ropa y me vestiste. Estuve enfermo y me visitaste. Estuve en prisión y viniste a visitarme."

*Los justos estarán sorprendidos y responderán humildemente: "Señor, nunca te vimos en esas condiciones de necesidad, mucho menos te encontramos en alguna de tus necesidades." El Rey [Jesús] sonrió y respondió rápidamente: "En la medida en que atendiste las necesidades de uno de estos [hermanos espirituales] míos, incluso del más pequeño de ellos, lo hiciste por mí." Dios te ha transformado de pecadores egoístas en hijos de Dios semejantes a Cristo [lo opuesto de la hipocresía].*

*Entonces el Rey [Jesús] dirá a las personas a su izquierda: "Apártense de mí. Ustedes son maldecidos porque confiaron en sí mismos, no en Dios. Entren en el fuego eterno que ha sido preparado para el diablo y sus ángeles porque lo siguieron a él en lugar de a mí. Tuve hambre, tuve sed, fui un extraño, estuve sin ropa, estuve enfermo y estuve en prisión y ignoraste mis necesidades."*

*Entonces los injustos [los que vivieron para su ego y rechazaron a Dios] se sorprendieron y respondieron con enojo: "Nunca te vimos en esas condiciones de necesidad, ni nos negamos a satisfacer tus necesidades." Jesús respondió con tristeza: "Ignoraste las necesidades de los pobres y viviste tu vida egoísta.*

*Las veces que ayudaste a otros, fue para llamar la atención sobre ti mismo con orgullo."*

*Jesús terminó diciendo: "Los impíos irán a castigo eterno con el diablo [esa es su propia elección, no la elección de Dios por ellos]. Los amantes de Dios entrarán en vida eterna con Dios, porque creen en la crucifixión y resurrección de Jesús por su pecado, por lo tanto aceptaron a Jesús como su Señor y Salvador personal y creyeron y obedecieron a Dios."*

El autor añade una viñeta más importante sobre el juicio de Dios. Jesús reveló *un segundo juicio de los creyentes* en Apocalipsis 22:12:

He aquí, vengo pronto; y mi recompensa está conmigo, para dar a cada *creyente* según sus obras. (KJV)

Pablo explica ese segundo juicio en 1 Corintios 3:10-15:

Según la gracia de Dios, que me ha sido dada, puse el fundamento, que es Cristo. Cada *creyente* debe construir con cuidado sobre ese fundamento de Cristo, ya que ningún otro fundamento es aceptable para Dios.

(1 Corintios 3:10-11, reescritura del autor)

Cada uno de nosotros elige los materiales de construcción que utilizamos, es decir, oro, plata, piedras preciosas, ladrillo, madera, paja, etc. *(algo así como la historia de los tres cerditos, aunque muy diferente)*. Todos los *creyentes* comparecerán ante *el tribunal de Cristo* para que cada uno de nosotros reciba recompensa por nuestras obras. Seremos juzgados de acuerdo a lo que hayamos hecho, ya sea bueno o malo.

(2 Corintios 5:10 NASB)

*La obra de cada creyente* se hará evidente, porque *será probada por fuego.* Ese fuego revelará la calidad de la obra de cada creyente. Si la obra de alguna persona sobrevive la prueba del fuego, él o ella recibirá una recompensa en el cielo. Sin embargo, si la obra de algún creyente es quemada, *ese creyente* sufrirá pérdida *[sin recompensa]; pero él o ella serán salvos, aunque así a través del fuego.*

(1 Corintios 3:12-15 NASB)

*Algunos creyentes recibirán recompensas; algunos no lo harán.*

# HISTORIA 25

## Transfiguración De Jesús (Mateo 17:1-13, Marcos 9:2F Y Lucas 9:28F)

La historia de la transfiguración es el comienzo del clímax de la historia, que comienza unas semanas o meses después de la transfiguración.

*Introducción*

*Los doce apóstoles suelen estar todos juntos con Jesús. Algunos académicos piensan que Jesús los formó en tres grupos de cuatro para un entrenamiento especial y para enviarlos en grupos. Pedro, Santiago y Juan parecían ser los líderes de esos grupos, o al menos un círculo interno entre los doce. En Mateo 10:5-10, Jesús esbozó los ministerios iniciales de los apóstoles.*

*En una ocasión, Jesús llevó a Pedro, Santiago y Juan con él para pasar la noche en una montaña alta y dejó a los otros nueve abajo. Se ha asumido tradicionalmente que el Monte Tabor es la montaña donde tuvo lugar la transfiguración. Sin embargo, solo tiene 1,886 pies de altura, no es una montaña alta. También está en el sur de Galilea, lejos de donde Jesús y sus discípulos estaban cuando Pedro confesó su fe en Jesús.*

*El Monte Hermón, en la frontera entre la Siria moderna y el Líbano, podría ser la montaña ya que está cerca del lugar donde Pedro confesó fe en Jesús. Sin embargo, a 2,814 metros de altitud, sería un lugar frío para pasar la noche. Una tercera posibilidad es el Monte Merón, a 1,204 metros de altitud, ubicado en el norte de Galilea, algo en la proximidad general de donde Pedro confesó fe en Jesús. Dado que la Biblia no nombró la montaña, quizás sea mejor que nosotros tampoco la nombremos.*

*Historia*

Durante la noche, mientras Jesús oraba, fue transfigurado (lo que significa [1] cambio de apariencia, [2] exaltado, glorificado). Los tres apóstoles estaban dormidos cerca del fuego, pero se despertaron y vieron a Jesús en Su gloria. Su rostro resplandecía como el sol, Sus vestiduras eran de un blanco radiante, y Su gloria iluminaba la oscuridad. De repente, Moisés y Elías aparecieron y hablaron con Jesús.

Pedro le dijo a Jesús que era bueno que estuvieran allí para ver esto y preguntó si Jesús quería que él construyera tres refugios memoriales para Él, Moisés y Elías. Mientras Pedro hablaba, una nube brillante pasó sobre ellos, y la voz de Dios habló desde dentro de la nube: 'Este es Mi Hijo amado, y estoy complacido en Él. Escuchen lo que Él les dice.'

Cuando los tres apóstoles oyeron a Dios hablar, se aterraron y cayeron rostro en tierra. Jesús se acercó a ellos y los tocó, diciendo:

"Levántense, y no tengan miedo." Cuando se levantaron, Moisés y Elías ya se habían ido, dejando a los tres con Jesús en la montaña.

A la mañana siguiente, mientras descendían de la montaña, Jesús les dijo a los tres: "No le digan a nadie, *ni siquiera a sus compañeros apóstoles,* lo que vieron y oyeron anoche. Esperen hasta que el Hijo del Hombre haya resucitado de los muertos. Solo entonces podrán divulgar lo que vieron y oyeron."

Aunque Jesús ha comenzado a hablar con todos sus apóstoles acerca de su próxima muerte y resurrección, no podían comprender lo que decía; estaba oculto de ellos por Dios (Lucas 18:34). Mientras pensaban en lo que vieron y oyeron la noche anterior, le preguntaron a Jesús: "¿Por qué dicen los escribas que Elías debe venir primero antes del Mesías? Elías regresó anoche, pero tú ya estabas aquí primero."

Jesús respondió: "La venida de Elías restaurará todas las cosas *(el arrepentimiento, la verdadera adoración y la justicia),* pero Elías ya ha venido, y los escribas y otros líderes religiosos no lo reconocieron. Ignoraron sus enseñanzas y se negaron a arrepentirse y cambiar. No se opusieron al encarcelamiento de Herodes de él."

Jesús continuó: "El Hijo del Hombre también sufrirá a manos de los líderes religiosos." Entonces los tres se dieron cuenta de que Jesús hablaba de Juan el Bautista, quien había sido decapitado por Herodes Antipas. Él había sido el Elías prometido *(uno como Elías).*

*Preguntas*

1. ¿Por qué algunos llaman a Pedro, Santiago y Juan el círculo interno?
2. ¿Por qué Dios Padre envió a Moisés y Elías para estar con Jesús en su transfiguración?
3. ¿Te dice algo personalmente la transfiguración de Jesús?

*Mini-epílogo*

Pedro, Santiago y Juan obedecieron a Jesús y no le contaron a nadie lo que sucedió en la montaña hasta después de que Jesús resucitó de entre los muertos. Pedro habló de este evento en 2 Pedro 1:16-21 (especialmente en el versículo 18). Más tarde, en Apocalipsis 1:13-16, Juan tuvo una visión de Jesús algo similar a lo que él, Pedro y Santiago vieron cuando Jesús fue transfigurado en la montaña.

# HISTORIA 26

## La Última Semana

*Introducción*

Acerca de una semana antes del comienzo de esta historia, Jesús resucitó a su amigo Lázaro de la muerte después de que Lázaro había estado muerto durante cuatro días. *Tratamos eso en la historia 23, "Señales y Yo Soy", en la sección llamada "Yo Soy la Resurrección y la Vida".*

Después de que Jesús resucitó a Lázaro de entre los muertos, el Sanedrín judío/consejo decidió que Jesús debía ser condenado a muerte pronto. Al tanto de ese complot, Jesús iba a Jerusalén cada día pero se iba antes de la noche. Pudo hacer esto porque era popular entre la gente común, y los líderes religiosos tenían miedo de arrestar a Jesús durante el día cuando la gente estaba en masa, ya que se acercaba la temporada de Pascua.

*1. El sábado por la tarde, una semana antes de la Pascua, María de Betania ungió a Jesús (Juan 12:1-11)*

El sábado por la noche, una semana antes de la Pascua, Jesús y sus apóstoles fueron a Betania, hogar de Lázaro, quien fue resucitado de entre los muertos por Jesús, y sus hermanas, Marta y María, para una cena temprana. Según las costumbres de la época, las dos damas hicieron preparativos y sirvieron la cena mientras Lázaro comía con los invitados. Después de la comida, María tomó un pound de un costoso perfume de nardo puro y ungió los pies de Jesús. Sus pies habrían sido lavados a su llegada. Luego, ella secó sus pies con su cabello. Toda la casa se llenó con la fragancia del perfume.

Judas, el discípulo que pensaba en traicionar a Jesús, se quejó porque tanto nardo valía trescientos denarios. Se podría haber vendido y el dinero dado a trescientos pobres para comprar comida para el día.

Juan añadió que Judas en realidad no estaba preocupado por los pobres. Era su tesorero y un ladrón, que a menudo robaba de su tesorería (Juan 12:6). Jesús se volvió hacia Judas y dijo: "Deja a María en paz. Ella me ha ungido para la sepultura. Si te preocupan tanto los pobres, podrías tener muchas oportunidades para satisfacer su necesidad, pero no siempre estaré entre ustedes."

*Una multitud de líderes judíos se enteró de que Jesús estaba en la casa de Lázaro.* Aparentemente, su curiosidad pudo más que ellos. Querían ver a Jesús con sus propios ojos y ver a Lázaro, el hombre que había resucitado de entre los muertos.

*Cuando el Nuevo Testamento menciona "los judíos",* generalmente se refiere a los líderes religiosos judíos, no al pueblo judío en general. Debido a que Lázaro estaba vivo y ya no muerto, muchos sacerdotes judíos se habían convertido en creyentes, lo que enfureció a sus líderes.

*2. Domingo de Ramos (Mateo 21:1-11, Marcos 11:1 en adelante, y Lucas 19:29 en adelante)*

A la mañana siguiente, en ruta hacia Jerusalén nuevamente, se acercaron a Betfagé, en el Monte de los Olivos. La ciudad de Jerusalén era visible al otro lado del valle ante ellos. Jesús pidió a dos de sus discípulos que entraran en la aldea."

Al entrar en la aldea, verán un asno atado allí con su potrillo. Desátenlos y tráiganmelos. Si alguien les pregunta, díganles: 'El Señor los necesita', y él aceptará de inmediato."

Esto ocurrió para cumplir lo que fue dicho por los profetas (Isaías 62:11 y Zacarías 9:9):

Di a la hija de Sion: ¡He aquí, tu Rey viene a ti,
humilde y montado en una asna, en un pollino, cría
de una bestia de carga!

Los discípulos fueron y hicieron como Jesús les dijo, luego pusieron sus mantos sobre el burro. Jesús montó el burro y comenzó a andar. La carretera empezaba a llenarse de peregrinos que iban a Jerusalén para la celebración de la Pascua. De repente, Jesús y sus discípulos estaban en una multitud que se movía como un torrente lento que se dirigía hacia Jerusalén.

La gente reconoció a Jesús y comenzó a extender sus mantos y capas sobre el camino delante de Él. Otros cortaron ramas de los árboles y las pusieron en el camino. La multitud que seguía a Jesús gritaba en adoración: "¡Hosanna (oh salva) al Hijo de David! ¡Bendito el que viene en el nombre del Señor! ¡Hosanna en las alturas!"

Cuando el desfile finalmente entró en Jerusalén, las multitudes allí se dejaron llevar por la emoción. "¿Quién es este?" gritaban.

La respuesta fue gritada de vuelta a la bulliciosa multitud: "Es Jesús, un profeta de Nazaret de Galilea. Algunos dicen que es el Mesías."

### 3. Segunda purificación del templo (Mateo 21:12)

Jesús entró en el atrio de los gentiles del templo el lunes por la mañana y encontró a personas profanando la casa de Dios. Así, el único lugar donde los adoradores gentiles (no judíos) podían entrar para adorar también era el área designada para vender ovejas y aves para ser sacrificadas y para cambiar dinero común por dinero del templo. Por lo tanto, el único área de adoración gentil se convirtió en un lugar ruidoso, maloliente y sucio que era inapropiado para la adoración.

Jesús dijo: "Está escrito en las Escrituras: 'Esta casa que se llama por mi nombre, se ha convertido en una cueva de ladrones'" (Jeremías 7:11 KJV). Entonces, Jesús echó a los vendedores de ovejas y volcó las cajas de dinero, pero no liberó a las aves. Así, ninguno de los comerciantes realmente perdió nada. Todos los comerciantes abandonaron el área para que pudiera ser limpia para la adoración.

### 4. La señal de que "la hora de Jesús había llegado" (Juan 12:20-28)

A lo largo de Su ministerio, Dios había permitido que Jesús escapara del peligro (es decir, estaban buscando apoderarse de Él, y ningún hombre le puso la mano a Jesús "porque Su hora aún no había llegado" [Juan 7:30]).

Había algunos griegos (gentiles) entre aquellos que viajaban a Jerusalén para adorar durante la temporada de la Pascua. Se acercaron a Felipe y dijeron: "Señor, queremos ver a Jesús". Esto se convirtió en una señal para Jesús de que Su hora había llegado. Había proclamado Su mensaje en toda Israel. Había hecho algunos viajes cortos fuera de Israel para predicar y sanar a las personas.

Ahora, griegos de lejos habían venido en busca de Jesús, lo que indica que el conocimiento de Jesús comenzaba a difundirse más allá de Israel. *Sus discípulos pronto podrían continuar difundiendo el evangelio sin la presencia física de Jesús, pero con Su presencia espiritual a través del Espíritu de Dios.*

Jesús dijo,

Jesús les dijo a sus apóstoles: "Ha llegado la hora de que el Hijo del Hombre sea glorificado. *A menos que un grano de trigo caiga en la tierra y muera, permanece solo; pero si muere, da mucho fruto. Dios entrega a través de la muerte, no de la muerte. El que ama su vida egoísta la pierde,* pero el que odia su vida egoísta en este mundo encontrará una vida al estilo de Dios junto con una vida eterna en el cielo con Dios."

> Si alguno me sirve, sígame; y donde yo estoy, allí estará también mi servidor; si alguno me sirve, el Padre lo honrará.

> (Juan 12:26 RVR)

*5. ¿Bajo qué autoridad? (Marcos 11:27-28)*

Al día siguiente (martes), Jesús volvió al templo, y un grupo de líderes religiosos (sacerdotes, escribas y ancianos) lo confrontó por haber limpiado el templo el día anterior. Le preguntaron a Jesús: "¿Con qué autoridad echaste a esos vendedores del templo?"

Jesús respondió diciendo: "Les haré una pregunta. Si responden a mi pregunta, entonces les diré con qué autoridad limpié el templo. Mi pregunta para ustedes es: '¿Era el bautismo de Juan el Bautista del cielo o de los hombres?'"

Los líderes religiosos hablaron entre ellos. "Si decimos que el bautismo de Juan era del cielo, nos preguntará por qué no creímos en Juan; pero si decimos que el bautismo de Juan era de los hombres, la gente se alzará contra nosotros."

Decidieron decir: "No sabemos", así que Jesús respondió: "Como no Me respondieron, Yo tampoco les responderé."

Luego Jesús les contó la parábola de los viñadores (ver historia 22, Muestra de las Parábolas de Jesús número 7, o leer Marcos 12:1-12). Los líderes religiosos se dieron cuenta de que Jesús hablaba esa parábola contra ellos. Querían arrestarlo, pero tenían miedo de la gente (Marcos 12:12).

## 6. El miércoles

Jesús nuevamente debatió con los escribas y fariseos sobre la resurrección al final de los tiempos y las cosas venideras, incluyendo el retorno de Cristo (Lucas 20 y 21).

Judas Iscariote, uno de los doce, fue a ver a los sumos sacerdotes para entregarles a Jesús. Los sumos sacerdotes (dos de ellos) estaban muy contentos. Prometieron a Judas dinero y acordaron coordinar la arresto con Judas en cuanto al tiempo y lugar.

## 7. Jueves por la mañana

Jesús envió a Pedro y Juan a preparar una habitación para la Fiesta de los Panes Sin Levadura (la cena de la Pascua) para Él y los doce esa noche (Lucas 22:1-13). Jesús dio instrucciones: "Cuando entren en la ciudad, un hombre que lleva un cántaro de agua los encontrará (los hombres no solían llevar cántaros de agua). Síganlo a la casa en la que entre. Díganle al dueño de la casa: 'El Maestro pregunta por la sala de huéspedes donde comerá la Pascua con Sus discípulos.' Él les mostrará una gran sala de huéspedes. Preparar la Pascua allí."

*Esa tarde,* después de que se había establecido su programa para la noche, Satanás entró en Judas, que había regresado a los sumos sacerdotes y les había contado el mejor momento y lugar para capturar a Jesús esa misma noche. El plan fue acordado, y Judas fue pagado con treinta piezas de plata por los sumos sacerdotes encantados.

## 8. Jueves por la noche: Cena de Pascua primero, luego se instituyó la Cena del Señor (Mateo 26:20-35)

*Introducción (ver Éxodo 12:1-13:16)*

La Pascua judía marca la liberación de los esclavos hebreos en Egipto y el establecimiento de la nación hebrea. Fue el evento más recordado en el Antiguo Testamento. Conmemora que Dios pasó por encima de los hogares hebreos, porque demostraron su fe y obediencia hacia Él al colocar la sangre de un cordero sacrificial en los dinteles y en las jambas de sus puertas. Esa misma noche, mientras el hebreo creyente comía la comida original de la Pascua (comida del seder), Dios se detuvo en cada hogar egipcio y tomó la vida de sus hijos primogénitos.

Los hebreos estuvieron despiertos toda la noche mientras comían la comida de la Pascua, completamente vestidos y listos para salir de Egipto. Al mismo tiempo, cada familia egipcia se despertó con sus hijos muertos. Cuando la luz del día llegó a Egipto, los esclavos hebreos fueron liberados y se les dijo que dejaran Egipto y conmemoran a Dios liberando a los esclavos hebreos en Egipto.

*Historia*

Los doce apóstoles estaban listos para comer la cena de Pascua de cordero asado, pan sin levadura (matzá), hierbas amargas y vino tinto (las hierbas amargas eran un recordatorio de la amargura de la esclavitud).

En lugar de comenzar la comida, Jesús se levantó de donde estaba sentado. Se quitó la prenda exterior, se ató una toalla a la cintura, llenó una palangana con agua y lavó los pies de cada uno de sus discípulos (incluso los de Judas). Secó sus pies con la toalla.

Lavar los pies de un huésped era el deber del sirviente más bajo de la casa, pero no había sirvientes domésticos para cumplir con esa necesidad. Cualquiera de los discípulos podría haberse humillado y lavarle los pies a otro discípulo, pero ninguno lo hizo. Después de lavarles los pies, Jesús regresó a su lugar en la mesa y dijo: 'He deseado comer esta Pascua con ustedes antes de que sufra. No la comeré de nuevo hasta que se cumpla en el reino de Dios.'

*Un momento de enseñanza: Ninguno de los discípulos estaba dispuesto a humillarse; al contrario, cada uno pensaba que era mejor que los demás (muchos de nosotros también lo hubiéramos hecho). A menudo discutían entre ellos sobre quién era el más importante entre ellos (Lucas 22:24). Jesús simplemente demostró lo que ya les había enseñado. El que quiere ser el mayor debe ser el servidor de todos. Cada apóstol pensaba que lavar los pies de otra persona estaba por debajo de su propia dignidad. Pensaban que servir a los demás los hacía parecer inferiores.*

Sin embargo, *el valor y la dignidad de una persona no se encuentran en él mismo, sino que es Dios quien da valor y dignidad a todos.* Así, Jesús, el Hijo de Dios, el Señor de todos, el Salvador, el Rey de reyes, no se sintió avergonzado ni incómodo por lavar sus pies. Lo que los discípulos presenciaron Jesús demostrar esa noche pronto se grabaría en sus cabezas y corazones.

## *La Cena del Señor*

Después de comer la cena de Pascua, Jesús tomó dos elementos de esa comida, pan sin levadura y vino tinto, y estableció la Cena del Señor (un memorial, recuerdo de Él), que a partir de entonces reemplazaría la cena de Pascua para todos los que lo siguen.

*La Pascua marca la liberación de los esclavos hebreos en Egipto y el establecimiento de la nación hebrea, el evento principal en el Antiguo Testamento. La Cena del Señor marca la libertad de la esclavitud al pecado y el regalo de la vida eterna (el tipo de vida de Dios) para todos los que se arrepienten, creen y obedecen* el evento principal (la muerte y resurrección de Jesús) en el Nuevo Testamento.

Jesús tomó un poco del pan sin levadura, lo rompió y se lo pasó a sus discípulos, diciendo: *"Tomad y comed. Esto representa Mi cuerpo sacrificado por vuestro pecado."* Luego tomó la copa y, después de dar gracias, se la dio, diciendo: "Bebed de ella, todos vosotros, porque esto representa Mi sangre *del nuevo pacto, que es derramada por muchos, para el perdón de los pecados."*

*¿Por qué un nuevo pacto?* Porque el antiguo pacto fracasó. Israel no cumplió sus promesas a Dios aunque Dios mantuvo Sus promesas a Israel. Jeremías, un profeta del Antiguo Testamento de Dios, entregó un mensaje de Dios:

> "He aquí, vienen días [un periodo de tiempo]," dice
> el Señor [Yahvé], "haré un nuevo pacto con la casa
> de Israel y la casa de Judá. Este es el pacto que haré
> después de esos días," dice el Señor [Yahvé], *"pondré
> mi ley dentro de ellos y la escribiré en su corazón;
> seré su Dios [Elohim], y ellos serán mi pueblo."*

> (Jeremías 31:31–34)

El libro de Hebreos cita esas palabras de Dios en Jeremías, pero añade: "Cuando dijo 'un nuevo pacto', ha hecho obsoleto el primer pacto"

(Hebreos 8:10-12).

No por la sangre de machos cabríos ni de becerros, sino por su propia sangre, Cristo entró una vez para siempre en el Lugar Santo, obteniendo redención eterna para nosotros.

(Hebreos 9:12)

"Porque la Ley (el antiguo pacto) ya que es solo una sombra de las cosas buenas por venir… es imposible que la sangre de toros y machos cabríos quite los pecados" (Hebreos 10:1 y 4) *"pero Cristo, habiendo ofrecido un sacrificio por los pecados para siempre, se sentó a la diestra de Dios, esperando desde ese momento en adelante hasta que sus enemigos sean puestos por estrado de sus pies. Porque con una sola ofrenda de sí mismo, ha perfeccionado para siempre a los que están siendo santificados"*

(Hebreos 10:12-14).

*La santificación viene después de la justificación (perdón del pecado). La santificación es el proceso de preparar al creyente para vivir con Dios para siempre (semejanza a Dios). El Espíritu Santo está muy activo en nuestra santificación.*

En ese momento, Sus discípulos no podían entender ni apreciar el significado de lo que simboliza la Cena del Señor. Ese entendimiento y aprecio no se realizarían hasta después de la crucifixión, resurrección, ascensión de Jesús y la venida del Espíritu Santo en Pentecostés (cincuenta días después de la Pascua).

*Bajo el Antiguo Pacto, los sacrificios de sangre de animales no podían obtener el perdón y la salvación, sino que, en cambio, apuntaban, con fe, a su esperanza en el Salvador venidero. Bajo el Nuevo Pacto, los creyentes dan diferentes sacrificios que se remontan al Salvador, quien se entregó a sí mismo y alcanzó nuestro perdón y salvación:* (1) Presentad vuestros cuerpos en sacrificio vivo y santo, agradable a Dios, que es vuestro servicio espiritual de adoración" (Romanos 12:1). (2) "En Cristo, ofrecemos sacrificios de alabanza a Dios, es decir, el fruto de los labios que dan gracias a su nombre. La validación de las alabanzas a Dios es gozo por hacer el bien y gozo por compartir con los necesitados.

Entonces Jesús les dijo a sus discípulos,

Esta noche, todos ustedes me abandonarán. Casi
quinientos años antes de eso, fue profetizado: 'Herir
al pastor y las ovejas serán esparcidas.'

(Zacarías 13:7)

Como de costumbre, Pedro habló primero: "Otros pueden caer, pero yo nunca te abandonaré."

Jesús respondió rápidamente: "No te conoces a ti mismo, Pedro. Esta misma noche, me negarás tres veces antes de que el gallo cante dos veces."

"De ninguna manera," dijo Pedro. "¡Preferiría morir contigo antes que negarte!"

Los otros discípulos añadieron: "Nosotros también."

Ya sea pública o privadamente, Jesús le dijo a Pedro, el líder reconocido entre los apóstoles, que…

Satan había pedido y obtenido permiso para zarandear a Pedro como a trigo, pero yo he orado por ti [intercesión] para que tu fe no falle; y después de tu retorno [de tu negación de Jesús], fortalecerás a tus hermanos apóstoles.

La afirmación sobre Satanás pidiendo permiso para probar a Pedro es inusual pero no única. Satanás obtuvo permiso de Dios para probar a Job dos veces (Job 1:12 y 2:6). Dios convierte los planes malignos de Satanás en nuestro bien y en Su gloria.

*9. La noche del jueves, la oración sacerdotal de Jesús seguida de su agonía en el jardín de Getsemaní (Mateo 26 y Juan 17)*

Jesús oró una oración de intercesión por Sus discípulos e incluyó a aquellos que lo seguirían en el futuro (incluyéndonos a nosotros). *No está claro si estaba orando en la sala utilizada para la Última Cena o en algún lugar entre allí y el jardín de Getsemaní.* Su oración está registrada en Juan 17:1-26.

Versión abreviada de la oración de Jesús:

Padre, ha llegado mi hora [la razón por la que vine a la tierra]; glorifícame, Tu Hijo, para que pueda devolverte la gloria. Me has dado autoridad sobre toda la humanidad, para proporcionar perdón y vida eterna [el tipo de vida de Dios] a todos los que Tú has traído a mí. La vida eterna es conocerte a

Ti, el único Dios verdadero [eterno y soberano] y conocerme a mí, Jesús el Cristo, a quien Tú enviaste para redimirlos del pecado.

(Juan 17:3)

*La palabra conocer aquí significa una relación íntima* (no sexual).

Padre, me complace haber terminado el trabajo que me enviaste a hacer [se terminará mañana, cuando yo me convierta en el sacrificio por el pecado]. *Apenas puedo esperar para regresar a casa al cielo y estar contigo, para que las cosas puedan ser como antes de que creáramos la tierra y antes de que yo también me convirtiera en hombre.*

(Juan 17:4-5, reescritura del autor similar a los pensamientos no publicados del Dr. Nat Tracy en clase en la Universidad Howard Payne, 1959)

He dado tu mensaje a aquellos que me siguen. El *mundo* [la humanidad sin Dios] odia a los creyentes porque los creyentes ya no son del mundo *[porque te obedecen a ti, en lugar de las filosofías del hombre].* Así como me enviaste al mundo *[la humanidad sin Dios]*, también he enviado a los creyentes al mundo [la humanidad sin Dios]. Oro para que los creyentes puedan estar todos unificados en amor, así como tú, Padre, estás en mí y yo en ti, para que ellos estén en nosotros, para que el mundo *[la humanidad sin Dios]* pueda creer que tú me enviaste, *para que puedan conocerte.*

(Juan 17:14-16, reescritura del autor)

De nuevo, *"conocer" significa una relación íntima* (sin sexo).

Después de su oración, Jesús y once de sus discípulos (Judas ya no estaba con ellos) salieron de Jerusalén, bajaron al Valle de Kidrón al este de la ciudad y cruzaron el río Kidrón, que generalmente estaba seco excepto durante tormentas de invierno y lluvias de primavera. Al salir del valle, se dirigieron cuesta arriba al jardín de Getsemaní (prensa de vino) justo debajo del Monte de los Olivos. Probablemente planeaban acampar por la noche como antes, tal vez en una de las varias cuevas de la zona. Sin embargo, eso no iba a ser.

## 10. La noche del jueves, en el jardín de Getsemaní

Al llegar, Jesús dijo a sus discípulos: "Oren para que no caigan en tentación." Tomó a Pedro, Santiago y Juan a un tiro de piedra, y comenzó a sentirse angustiado y afligido. *¿Qué ocurrió en el breve tiempo entre su alegría previa en la oración y su ahora tristeza y angustia?*

Les dijo a los tres: *"Mi espíritu está profundamente afligido hasta la muerte. Quédense aquí y mantenganse en vigilia conmigo."* Jesús se fue más allá, se cayó de cara y oró: "Padre mío, si es posible, que pase de mí esta copa, pero no mi voluntad. Hágase Tu voluntad (sumisión)."

Jesús regresó a los tres y los encontró dormidos. Despertó a Pedro y le preguntó: "¿No pueden estar en vigilia *(orar)* conmigo por una hora?"

Él se fue de nuevo a orar. Jesús estaba en tal agonía que el sudor en su frente se mezclaba con sangre (extravasación) y goteaba en el suelo (Lucas 22:44). *Muchos suponen que Jesús estaba experimentando ansiedad porque sabía que enfrentaría un asesinato por crucifixión mañana. Otros piensan que su ansiedad se debía al hecho de que Él, el Sin Pecado, llevaría el pecado de todo el mundo mañana.*

*Esas ideas parecen razonables para muchos, pero no son razonables cuando miramos el ministerio de Jesús. Llevó un estilo de vida peligroso, pero eso no le causó tristeza. Durante casi dos años, los líderes religiosos judíos habían estado intentando matarlo, pero Jesús no titubeó. Una y otra vez, Jesús dijo que sería condenado a muerte, pero no se echó atrás. Su muerte por el pecado de la humanidad fue planeada antes de que el mundo fuera creado. Él reconoció que esa es la razón por la cual vino al mundo (Juan 18:37). Entonces, ¿por qué la agonía y por qué pedir ser perdonado?*

*Más temprano en Su oración, Jesús le dijo a Su Padre celestial:* "Estoy listo para volver a casa y estar contigo para que las cosas puedan ser como eran antes de que creáramos el mundo" (Juan 17:4-5). *Algún tiempo después de la oración sacerdotal de Jesús, el autor piensa que Jesús comenzó a recordar que antes* de la creación del hombre, la Deidad (Dios el Padre, Dios la Palabra y Dios el Espíritu) tenía un plan para crear a la humanidad y salvar a la humanidad después de que pecáramos.

El plan involucraba que Dios la Palabra se convirtiera también en hombre, y Jesús sería el redentor del hombre. El plan fue acordado por la Deidad (Padre, Palabra y Espíritu Santo). Cuando la Palabra también se convirtió en hombre (Jesús), Él se vació (kenosis) a Sí mismo, incluyendo Su memoria eterna.

*Sin embargo, su memoria eterna volvió (perosis) lentamente a lo largo de los años. En opinión de este autor, la última memoria en regresar fue la memoria de que la Palabra de Dios, que también se hizo hombre, sacrificó eternamente su igualdad con el Padre (Filipenses 2:4).*

*Jesús sigue siendo Dios, pero también sigue siendo hombre. Este autor piensa que la comprensión fue lo que Jesús como hombre estaba enfrentando en Getsemaní, y le causó una gran agonía. Jesús el hombre estaba luchando bajo una poderosa guerra espiritual en su contra.*

*El temporalmente desconcertado Jesús oró: "Padre, si es posible, aparta de mí esta copa."*

*Satanás estaba allí y pensó que veía debilidad, una oportunidad para lanzar un golpe decisivo. Era como el "Thriller en Manila." Satanás lanzó su mejor golpe, pero Jesús anticipó la táctica de Satanás y pudo deshacerse del feroz golpe de Satanás.*

*Jesús siguió con una lluvia de jabs a la zona media de Satanás antes de lanzar su propio golpe decisivo en la mandíbula. Satanás cayó al lienzo y quedó fuera de combate.*

*Por favor, perdona la ligereza, pero la guerra espiritual más seria en la historia estaba ocurriendo esa noche. El plan eterno de Dios y nuestra salvación eterna podrían haber estado en riesgo. Al final, Jesús elige de nuevo aquello sobre lo que había acordado antes de que la humanidad fuera creada* (otro recuerdo de las lecciones de clase no publicadas del Dr. Nat Tracy en la Universidad de Howard Payne).

"Sí," dijo el Padre. "Pronto estarás conmigo, pero no será como antes. Estarás eternamente conectado con la humanidad. Nunca será como antes."

*"Sí, Padre, lo sé, y eso ya no es una crisis. Mi memoria eterna ha vuelto por completo. Le dije a Nicodemo que diste (no prestaste) a Tu Hijo para salvar a la humanidad"* (Juan 3:16). *Hablaste a través de Pablo,* diciendo: "Hay un solo Dios y un solo mediador entre Dios

y los hombres: el hombre Cristo Jesús" (1 Timoteo 2:5). *Recuerdo completamente nuestro plan eterno, y sigo comprometido.*

*Mini-epílogo*

*Dios (la Palabra) se hizo hombre también, y no hubo vuelta atrás. El plan eterno de Dios para nosotros se está volviendo más claro, aunque aún no es claro. Comenzamos a ver que fue más costoso para Dios de lo que podemos imaginar. Comenzamos a ver que Su plan para nosotros implica el empobrecimiento eterno de la Deidad, aunque eso puede estar más allá de nuestra comprensión. Apenas comenzamos a comprender ese tipo de amor—el amor de Dios. Algunos lectores pueden no haber pensado en que Dios ama a todos los humanos tanto que Jesús renunció para siempre a Su igualdad con Dios el Padre y el Espíritu Santo (Filipenses 2:6-8) y aceptó para siempre el papel de siervo que sufre (Isaías 53:1-12) para redimir y transformar (2 Corintios 3:18) a todos los que aceptan Su amor eterno de Dios (agape). Si esto es lo que el amor de Dios por nosotros parece, ¿cómo debería verse nuestro amor por Dios? Recibimos nuestra primera comprensión clara de cómo debería ser nuestro amor por Dios en el Shema. Lee nuevamente Deuteronomio 6:4-6. ¿Necesitamos orar sobre el Shema?*

# HISTORIA 27

## CUMBRE DE LA HISTORIA MUNDIAL

*La arresto, juicio y crucifixión de Jesús (Juan 18 y 19)*

Después de orar una tercera vez, Jesús volvió a Pedro, Santiago y Juan y dijo: "Vamos. Mi hora ha llegado; estoy siendo traicionado en manos de pecadores." Mientras hablaba, Judas apareció con una gran multitud que llevaba antorchas, espadas y porras.

Habían venido a arrestar a Jesús. Judas se acercó a Jesús, pero *Jesús fue el primero en hablar. "Amigo, haz lo que crees que debes hacer."* Fue una reprensión suave, pronunciada con un genuino dolor compasivo. Judas apartó la mirada en un intento de ocultar su culpa y luego rápidamente besó a Jesús en la mejilla, se alejó y se perdió entre la turba enojada. Judas sabía lo que estaba haciendo; le habían pagado, y su beso era una señal preestablecida para el sumo sacerdote. El beso decía: "¡Este es el hombre que buscan! ¡Llévenlo!"

*Una vez más, Jesús también fue el primero en hablar a la multitud. Les preguntó: "¿A quién buscáis?"*

Ellos respondieron: "A Jesús el Nazareno."

"Yo soy," dijo Jesús.

Los que estaban más cerca de Jesús se sobresaltaron por su serena y segura conducta y retrocedieron. Jesús preguntó una segunda vez: "¿A quién buscáis?"

Ellos respondieron: "Estamos buscando a Jesús el Nazareno."

*Jesús dijo: "Ya os he dicho que soy yo. Soy a quien buscáis. ¡Dejad que estos otros se vayan!" Jesús protegió a sus discípulos, que aún no se habían convertido en objetivos también.*

Cuando aprehendieron a Jesús, Pedro respondió rápidamente. Sacó su espada corta y le cortó la oreja derecha a Malco, un sirviente del sumo sacerdote. *Aunque más tarde Pedro negaría conocer a Jesús, su defensa de Jesús en el jardín reveló que era más que mera fanfarronada cuando antes dijo que moriría con Jesús.* Jesús le dijo rápidamente a Pedro que guardara su espada mientras recogía la oreja desprendida, la volvía a colocar y sanaba la herida (Lucas 22:50-51).

Jesús se dirigió a aquellos enviados por el sumo sacerdote para capturarlo: "¿Han venido a arrestarme con espadas y garrotes como lo harían contra un ladrón? He estado en el templo todos los días de esta semana, pero ninguno de ustedes se atrevió a ponerme una mano encima frente a la multitud, pero la hora y el poder de la oscuridad cubren la cobardía de su siniestro plan para matarme."

No dieron respuesta, pero Jesús habló de nuevo. "Si elijo apelar a Mi Padre celestial, Él pondría a mi disposición una legión de ángeles (seis mil) en mi contra." *Pero si hiciera eso, la razón de Mi venida se desharía y las Escrituras no se cumplirían. Me someto gustosamente al plan eterno de Mi Padre celestial.*

Mientras ataban a Jesús para llevarlo, sus discípulos lo abandonaron y huyeron. Un joven había seguido en secreto a Jesús y a los discípulos hasta el jardín de Getsemaní. Evidentemente, se había levantado de la cama cuando la casa se quedó en silencio. Estaba "desnudo" pero se había envuelto en una sábana de lino. Lo agarraron, pero pudo soltarse de la sábana de lino y escapó desnudo

(Marcos 14:51-52*). Eso podría significar en ropa interior; podría significar su cuerpo desnudo. Cuando Pedro se dio cuenta de que no lo perseguían, dejó de correr y observó hacia dónde llevaban a Jesús.* Mientras llevaban a Jesús, Pedro lo siguió de lejos.

*Corte de Ilegítima (Lucas 22:54-71)*

Jesús fue llevado primero a la casa de Anás, el antiguo sumo sacerdote, que estuvo en funciones del 6 al 15 d.C. Aún podía ejercer poder tras bastidores. Juan es el único escritor del evangelio que nos dice que la preliminar del juicio se llevó a cabo en el hogar de Anás. También era el suegro de Caifás, quien era el sumo sacerdote ese año, en realidad desde el 18 hasta el 36 d.C. (Juan 18:13). Juan nos recuerda que Caifás fue quien, después de que Lázaro fue resucitado de entre los muertos por Jesús, dijo que era conveniente que un hombre (Jesús) muera en favor del pueblo (Juan 11:50). *Ese recordatorio es una alerta para nosotros de que el juicio de Jesús fue un montaje; el resultado ya estaba decidido.*

Anás cuestionó a Jesús sobre sus discípulos y sus enseñanzas. Las preguntas de Anás eran innecesarias, ya que había muchos testigos que podían dar detalles de lo que Jesús enseñó en el templo durante los últimos días. Jesús le respondió con severidad: "He hablado abiertamente en sinagogas y aquí en Jerusalén. He enseñado en el templo todos los días de esta semana. He debatido con tus subordinados. No he dicho nada en secreto. ¿Por qué me cuestionas? Pregunta a aquellos que me oyeron. Ellos saben lo que dije."

Uno de los oficiales que estaba cerca de Jesús le dio una bofetada en la cara, diciendo: "¿Es esa forma de hablar a el sumo sacerdote?"

Jesús respondió: "Si no he hablado la verdad, demuéstrame que estoy equivocado, pero dado que hablo la verdad, ¿por qué me golpeas?"

*Ellos no estaban llegando a ningún lado, así que Annas envió a Jesús atado con cadenas (esposas) a Caifás, el sumo sacerdote.* Pedro los siguió de lejos. Otro discípulo, que conocía al sumo sacerdote, acompañó a Pedro a la casa de Caifás y entró en la casa con Jesús (Juan 18:15). Ese discípulo probablemente era Juan, quien nunca mencionó su propio nombre en su evangelio.

Muchos líderes religiosos se reunieron, esperando que se juntara todo el consejo (Sanedrín) para el juicio. Mientras tanto, testigo tras testigo habló, pero no hubo dos que fueran consistentes en sus acusaciones contra Él. A Jesús se le negó agua toda la noche, fue interrogado por muchos, soportó falso testimonio en su contra, soportó golpes y burlas, como ser abofeteado en la cara mientras estaba vendado y luego preguntado: '¿Quién te golpeó?'

*Mientras tanto, Pedro estaba afuera junto con otros, calentándose cerca de una hoguera de carbón en el centro del patio.* Fue allí donde Pedro negó a Jesús tres veces. Primero, una de las sirvientas dijo: "Este hombre estaba con Jesús." Asustado por la acusación, Pedro lo negó rápidamente: '¡No lo conozco!' Luego, otra persona dijo: 'Tú también eres uno de ellos,' pero Pedro respondió: '¡No lo soy!'

Antes del amanecer, un Jesús aún esposado fue llevado a las cámaras del consejo del Sanedrín. Mientras pasaban por el patio de Caifás con Jesús, otro hombre le dijo a Pedro: "Debes ser amigo de Jesús. Tu acento es de Galilea."

Pedro empezó a maldecir y a jurar: '¡No conozco al hombre!' y de inmediato cantó un gallo.

Por un momento los ojos de Jesús y Pedro se encontraron, luego recordó lo que Jesús le había dicho más temprano esa noche: "Antes de que el gallo cante, me negarás tres veces." Pedro salió del patio y lloró amargamente.

(Lucas 22:59-62)

Una vez dentro de las salas del consejo, varios hicieron preguntas a las que Jesús no respondió. Él simplemente se quedó en silencio. Finalmente, Caifás se adelantó y le cuestionó, diciendo: "No respondes a tus acusadores. ¿Qué es lo que todos esos hombres testificaron en tu contra?" Jesús no respondió al sumo sacerdote. Jesús fue falsamente acusado de muchas cosas. *Sabía que iba a ser crucificado, pero quería ser crucificado por la razón correcta (es decir, por afirmar ser Dios encarnado, quien vino a ser el sacrificio que expía nuestro pecado).*

*Jesús esperó pacientemente la pregunta correcta, y Caifás estaba a punto de hacerla. "¿Eres tú el Cristo (el ungido/el Mesías), el Hijo del Bendito (el Hijo de Dios)?"*

*Jesús dijo: " Yo soy,* y veréis al Hijo del Hombre sentado a la derecha del Poder y viniendo en las nubes del cielo" (Marcos 14:61 y Daniel 7:13).

Caiaphas se enfureció y rasgó sus vestiduras y dijo al Sanedrín: "¡Ha blasfemado, afirmando ser Dios! ¡No necesitamos más pruebas. ¡Él merece la muerte!" Then they all spit in His face and hit Him with their fists. Era el momento de llevarlo ante Pilato.

*Según la ley judía, la blasfemia era castigada con la muerte; pero bajo el dominio romano, el Sanedrín no podía llevar a cabo la pena de muerte. Solo Roma podía ejecutar a un criminal condenado. Los romanos permitían el judaísmo pero no eran pacientes con argumentos religiosos a menos que los intereses de Roma estuvieran involucrados.*

Así, el Sanedrín necesitaría cambiar los cargos contra Jesús cuando lo entregaran a Pilato. Querían la condena a muerte. Querían que Roma crucificara a Jesús porque los escritos de Moisés decían: "Cualquiera que sea colgado en un madero está bajo la maldición de Dios" (Deuteronomio 21:23, NIV).

### 13. El remordimiento de Judas Iscariote (Mateo 27:1-5)

El consejo (Sanedrín) condenó a Jesús a morir, luego lo ató y lo entregó a Pilato, el gobernador romano, para que lo crucificara.

Judas Iscariote, quien traicionó a Jesús, sintió remordimiento y devolvió las treinta piezas de plata a los sumos sacerdotes y ancianos del judaísmo, diciendo: "He pecado al traicionar a un hombre inocente."

Los líderes religiosos simplemente se rieron y preguntaron: "¿Y eso qué tiene que ver con nosotros? Ese es tu problema, no el nuestro."

Judas arrojó las monedas de plata dentro del templo, se fue y se ahorcó.

Quizás Judas no sabía cómo hacer un nudo de ahorcado adecuado. Aunque logró matarse, el nudo se soltó, y el cuerpo hinchado de Judas cayó sobre las rocas debajo del árbol de ahorcado y se abrió.

(Hechos 1:18)

*Algunos defienden a Judas como una persona que tenía buenas intenciones,* pero Jesús dijo: "Yo elegí a los doce de ustedes (apóstoles), y sin embargo, uno de ustedes es un diablo" (Juan 6:70).

Juan llamó a Judas un ladrón (Juan 12:6). Jesús dijo: "Les estoy diciendo (plural) que uno de ustedes me traicionará. ¡Ay de aquel hombre que traiciona al Hijo del Hombre (Jesús)! Sería mejor que no hubiera nacido."

Judas, que lo estaba traicionando, dijo: "¿Acaso no te refieres a mí, Maestro?"

Jesús respondió: "Tú lo has dicho."

Mateo 27:3 establece que después de que Judas traicionó a Jesús, sintió remordimiento. *El remordimiento significa arrepentimiento por un mal hecho o angustia por la culpa de una conducta inapropiada, pero eso no significa arrepentimiento (aunque sí devolvió el 'dinero de sangre' a los sumos sacerdotes). Judas no buscó el perdón de Dios sino que buscó escapar de su culpa quitándose la vida.*

*Juicio romano de Jesús (Mateo 27:11-32; Marcos 15:1-21; Lucas 23:1-25; Juan 18:28-19:16)*

El Sanedrín condujo a Jesús atado ante Pilato, el gobernador romano de Judea.

"¿Por qué me han traído a este hombre?" preguntó Pilato.

*"Lo hemos encontrado culpable de engañar a nuestra nación. Dice cosas como que la gente no necesita pagar impuestos a Roma. También afirma ser un rey, lo que lo convierte en una amenaza para Roma."*

Pilato le preguntó a Jesús: "¿Eres tú el rey de los judíos?"

Jesús simplemente dijo: "Tú lo has dicho."

Los sumos sacerdotes y ancianos gritaron otras acusaciones contra Jesús.

Pilato le preguntó a Jesús: "¿Oyes cuántas cosas te acusan?" pero Jesús no le respondió.

Pilato se enteró de que Jesús era de Galilea y pensó que podría librarse de esto enviando a Jesús a Herodes, quien también estaba en Jerusalén para la Pascua. Herodes Antipas había matado a Juan el Bautista; era uno de los tres hijos de Herodes el Grande, quien trató de matar al niño Jesús.

Herodes estaba muy contento de ver a Jesús porque había oído mucho sobre Él y esperaba que Jesús hiciera un truco mágico (un milagro) para él. El sumo sacerdote y los escribas siguieron a los soldados romanos, que escoltaron a Jesús ante Herodes. Hicieron acusaciones sobre Jesús a Herodes. Herodes le interrogó extensamente, pero Jesús no respondió nada. Después de que Herodes y sus soldados se burlaran de Jesús y lo trataran con desprecio, finalmente lo enviaron de vuelta a Pilato, vistiendo un manto real, en broma.

Pilato no estaba feliz de ver a Jesús volver a él. Decidió poner fin a este drama religioso liberando a Jesús. Pilato llamó al sumo sacerdote y a su secuaz y les dijo: *"He examinado al hombre Jesús y no he encontrado culpa en Él, tampoco Herodes. Me lo envió de regreso, diciendo que no encontró razón para ejecutar a este hombre. Así que lo castigaré y luego lo soltaré."*

Durante la Pascua, el gobernador estaba acostumbrado a liberar a un prisionero para el pueblo. El sumo sacerdote incitó al pueblo contra Jesús y los convenció de pedir a Pilato que liberara a un criminal llamado Barrabás en lugar de a Jesús. Pilato quería liberar a Jesús, pero se le presionó para que liberara a Barrabás. "

¿Qué debo hacer con Jesús?" preguntó.

"¡Crucifícalo! ¡Crucifícalo!" gritaron.

Pilato temía que la gente se amotinara si no crucificaba a Jesús. Un motín podría hacer que perdiera su nombramiento como gobernador, *por lo que decidió dejar que la mafia se saliera con la suya en lugar de arriesgar su carrera haciendo lo que sabía que era correcto.* Por lo tanto, Pilato hizo azotar a Jesús y también ordenó su crucifixión.

La flagelación era una paliza terrible; *era el peor tipo de azotes. Las tres o más correas de cuero estaban incrustadas con fragmentos de metal y huesos para lacerar la espalda desde los hombros hasta los lomos; el propósito era infligir el máximo dolor y humillación.*

Después de la flagelación, los soldados romanos se burlaron de Jesús. Lo desnudaron, le pusieron una túnica escarlata, le pusieron una corona de espinas en la cabeza, le pusieron un bastón de caña en la mano, luego se arrodillaron, burlándose de Él, diciendo: "¡Salve, Rey de los Judíos!" Luego le escupieron y le quitaron el bastón de la mano y comenzaron a golpearlo en la cabeza con él. Después de burlarse de Jesús, le quitaron la túnica y le pusieron de nuevo su propia túnica. Después lo llevaron, cargando su propia cruz en la que iba a ser crucificado.

*A lo largo del camino, Jesús, aún débil por la golpiza, la pérdida de sangre y la falta de agua, cayó bajo el peso de la cruz.* Un hombre llamado Simón de Cirene (en la actual Libia) fue obligado a cargar la cruz el resto del camino (Lucas 23:26). *Simón era el padre de Alejandro y Rufo, quienes posiblemente se convirtieron en creyentes que vivían en Roma (Romanos 16:13).*

Llegaron al lugar fuera de la ciudad llamado *Gólgota (que en hebreo significa el lugar de la calavera). "Cruz" proviene de la palabra latina "calva" (cráneo).* Antes de crucificar a Jesús, le ofrecieron un trago de vino mezclado con mirra (Marcos 15:2) como un narcótico para adormecer el dolor, pero Jesús lo rechazó.

*Las primeras tres horas en la cruz (9:00 a.m. hasta el mediodía)*

Los soldados crucificaron a Jesús claviéndolo a una cruz de madera a las 9:00 a.m. Dos criminales fueron crucificados con él, uno a cada lado, con Jesús en el medio (Juan 19:18). Jesús oró en voz alta,

Padre, perdónalos; no saben lo que hacen.

(Lucas 23:34)

Pilato tenía una inscripción en hebreo, latín y griego colocada sobre la cabeza de Jesús: "Jesús de Nazaret, el Rey de los Judíos."

*Además del dolor y la muerte, la crucifixión infligía una humillación extrema mientras colgaban allí vivos y desnudos, a la vista de todos, hasta que finalmente morían horas o días después.* Los soldados romanos echaron suertes (como dados) por las prendas de Jesús, tal como fue profetizado por el rey David mil años antes (Salmo 22:18). David también describió la crucifixión (Salmo 22) *cientos de años antes de su invención.*

Una multitud de personas se agrupaba alrededor, observando todo. Algunos de los líderes religiosos se burlaban de Jesús, diciendo: "Él salvó a otros. Que Él se salve a sí mismo. Si este es el Elegido de Dios, que baje de la cruz."

Los soldados se burlaron de Él ofreciéndole vino agrio y diciendo: "Si eres el Rey de los Judíos, sálvate a ti mismo."

Uno de los criminales crucificados con Jesús se burló de Él, diciendo: "Tú afirmas ser el Cristo. Sálvate a ti mismo y también a nosotros."

Pero su amigo criminal le reprendió: "¿No temes a Dios? Nosotros merecemos la crucifixión, pero Jesús no ha hecho nada malo."

Luego se volvió hacia Jesús y dijo: "Jesús, por favor, recuérdame cuando vengas en tu reino." Jesús respondió: "Te lo aseguro, hoy estarás conmigo en el paraíso."

Cuatro mujeres estaban de pie cerca de la cruz de Jesús: Su madre, la hermana de Su madre (posiblemente Salomé, madre de Santiago y Juan), María, la esposa de Cleofás, y María Magdalena. Cuando Jesús vio a Su madre y al discípulo a quien amaba (Juan el

Apóstol) de pie cerca, le dijo a Su madre: "Mujer, ¡he ahí tu hijo!" y a Juan, "¡He ahí tu madre!" Desde ese momento, Juan tomó a María en su casa como si fuera su propia madre.

*Tres horas de oscuridad, desde el mediodía hasta las 3:00 p.m.*

Al mediodía, la oscuridad cubrió toda la tierra. *Dios simplemente apagó la luz, bloqueó los rayos del sol para que la gente no pudiera contemplar el sufrimiento extremo de Su Hijo bajo el peso del pecado de toda la humanidad.* La agonía de Jesús iba mucho más allá del mero dolor de la crucifixión, aunque eso fue atroz.

> Dios hizo que Jesús, que no tenía pecado, se convirtiera en el portador del pecado de toda la humanidad, para que nosotros, los pecadores, podamos convertirnos en la justicia de Dios, a través de Jesús, nuestro Salvador.
>
> (2 Corintios 5:21)

En la oscuridad del medio día, *el estrés de cargar con mi pecado y el tuyo hizo que Jesús se sintiera como si estuviera completamente solo.* Clamó a Su Padre celestial: "Dios mío, Dios mío, ¿por qué me has desamparado? *¡Es en este momento cuando más te necesito! ¿Dónde estás, Padre?"*

*Su Padre celestial no lo desamparó, aunque a Jesús le sintió así.*

> Dios estaba en Cristo reconciliando al mundo consigo mismo, no contando sus pecados contra ellos.
>
> (2 Corintios 5:19)

Todos nosotros, como ovejas, nos hemos descarriado;
cada uno se apartó por su propia camino; pero el
Señor (Yahveh) hizo que la iniquidad de todos
nosotros cayera sobre Él.

(Isaías 53:6)

Después de todo eso, Jesús, *sabiendo que había cumplido
la expiación por todos quienes aceptan el regalo de gracia de Dios y
había cumplido las Escrituras,* dijo: "Tengo sed" (Juan 19:28). Allí
había una jarra de vino agrio, y un soldado sumergió una esponja en
el vinagre y la levantó en un palo hacia Jesús. Después de recibir el
vinagre, Jesús dijo: "Consumado es", y clamó con gran voz: "Padre,
en tus manos encomiendo mi espíritu" (Lucas 23:46). Jesús inclinó
la cabeza y entregó su *espíritu (un acto intencional). Él estaba en
control incluso en la muerte* (Juan 19:30). Se nos recuerda las
palabras de Jesús a una multitud mixta de creyentes y no creyentes:

Yo pongo mi vida para volverla a tomar. Nadie me la
quita, sino que yo la pongo de mi propia iniciativa.
Tengo autoridad para ponerla y tengo autoridad
para volverla a tomar.

(Juan 10:17-18)

En el momento en que Jesús murió, el velo que colgaba en el
templo y que separaba el lugar santo del santo de los santos se rasgó
en dos, de arriba hacia abajo, *por Dios mismo, dando acceso a todas
las personas a Él, no solo al sumo sacerdote.* Muchos sepulcros se
abrieron y muchos creyentes fueron resucitados.

## *Preparación y entierro del cuerpo de Jesús*

Jesús fue crucificado el viernes, pero a las 6:00 p.m., el día cambió al sábado, el día de reposo. Los cuerpos no podían permanecer en cruces en el sábado. Ese sábado en particular también era el día anual de la Pascua, por lo que los líderes religiosos judíos pidieron a los soldados que aceleraran la muerte de los crucificados. Los soldados rompieron las piernas de los dos criminales *(no podían empujar hacia arriba con las piernas y, por lo tanto, no podían respirar y morirían asfixiados).*

Cuando los soldados se acercaron para romperle las piernas a Jesús, descubrieron que ya estaba muerto. No le rompieron las piernas, pero uno de los soldados le clavó una lanza en el costado, y brotó sangre y agua. Esto sucedió para que se cumpliera la Escritura:

No se le quebrará ningún hueso de su cuerpo.

(Salmo 34:20)

Y otra vez, otra Escritura dijo,

Mirarán a Aquel a quien traspasaron, y llorarán por Él, como se llora por un unigénito.

(Zacarías 12:10)

José de Arimatea, un miembro del Sanedrín, fue a Pilato en busca de un permiso por escrito para quitar el cuerpo de Jesús y enterrarlo. José era un buen hombre, que buscaba el reino de Dios. Se había convertido en un creyente secreto de Jesús. Era un creyente secreto por miedo a sus compañeros líderes religiosos. Nicodemo, quien anteriormente había ido a ver a Jesús de noche, fue a comprar una mezcla de mirra y áloe. Luego, los dos hombres tomaron el cuerpo de Jesús de la cruz y lo envolvieron en lienzos con especias, de acuerdo con la costumbre judía de preparar un cuerpo para el entierro.

Había un jardín cerca del lugar de la crucifixión. José ya había comprado una tumba nueva y sin usar para su propio entierro cuando llegara el momento. La tumba estaba tallada en la roca. Lucharon para llevar el cuerpo inerte de Jesús a la tumba y luego lo colocaron cuidadosamente dentro y rodaron una enorme piedra frente a la entrada de la tumba justo antes de la fecha límite de las 6:00 p.m.

*José dijo: "Gracias, Nic, no podría haber hecho nada, mucho menos rodar esa pesada piedra para cerrar la entrada de la tumba sin tu ayuda."*

Nicodemo sonrió y dijo: "Hicimos bien en finalmente reconocer que somos seguidores de Jesús."

*Cada uno se fue a su casa.*

*Resurrección y apariciones de Jesús*

*Introducción*

Cuando llegó la plenitud de los tiempos, Dios envió a su Hijo, nacido de mujer, nacido bajo la ley, para redimir a los que estaban bajo la ley, para que recibiéramos la adopción como hijos. Debido a que ustedes son hijos, Dios ha enviado el Espíritu de Su Hijo a nuestros corazones, clamando: "Abbal, Padre".

(Gálatas 4:4-5)

Jesús fue clavado a una cruz de madera a las 9:00 a.m. del viernes y fue declarado muerto poco después de las 3:00 p.m. del mismo día. Cuando Jesús murió, Dios mismo rasgó el velo del templo de arriba a abajo. Ese velo había separado el lugar santísimo del santo. Al rasgar el velo en dos, *Dios proclamó que debido al sacrificio perfecto de Jesús, ya no tenemos que ir a través de un sacerdote; sino que cada uno de nosotros puede, por la fe en Jesús, acercarse a Dios personalmente.*

Ahora sois linaje escogido, real sacerdocio, nación santa, pueblo adquirido por Dios, para que anunciéis las virtudes de Aquel que os llamó de las tinieblas a su luz admirable.

(1 Pedro 2:9)

María Magdalena, María, madre de Santiago, y Salomé miraban desde lejos mientras José y Nicodemo preparaban el cuerpo de Jesús para el entierro. También siguieron desde lejos para ver dónde los hombres enterraron a Jesús. *María Magdalena no podía imaginar que los hombres fueran capaces de preparar adecuadamente el cuerpo en tan poco tiempo.* Le dijo a la otra María: "Mañana por la tarde, después de que haya pasado el sábado (6:00 p.m.), compraremos especias, luego el domingo por la mañana regresaremos a la tumba y daremos al cuerpo del Maestro una unción adecuada" (Marcos 16:1).

*El sábado, el Día de Sábado,* los sumos sacerdotes y los fariseos rompieron sus leyes religiosas y fueron a ver a Pilato.

"Señor," dijeron. "Recordamos que Jesús, ese engañador que afirmó ser el Mesías, dijo: 'Después de tres días, resucitaré.' Estamos preocupados de que sus discípulos roben el cuerpo y afirmen que Él ha resucitado de entre los muertos. Por lo tanto, para prevenir un fraude definitivo, solicitamos que usted coloque guardias en la tumba" (Mateo 27:62f).

"Muy bien," dijo Pilato. "Ustedes tienen sus propios guardias del templo. Pueden ver que la tumba está segura. También pueden colocar mi sello en ella."

*Temprano en la mañana del domingo,* poco antes del amanecer, un ángel de Dios descendió del cielo y rodó la piedra de la entrada de la tumba. *No fue para dejar salir a Jesús, sino para permitir que otros vieran que Él había resucitado.* El rostro del ángel brillaba como un relámpago y su vestimenta era tan blanca como la nieve. Al ver al ángel, los guardias temblaron de miedo y cayeron como hombres muertos. Más tarde, se levantaron y se apresuraron a la ciudad y reportaron lo que había sucedido a los sumos sacerdotes.

Cuando los principales sacerdotes oyeron su informe, dijeron a los guardias que dijeran a la gente: "Los discípulos de Jesús vinieron de noche y robaron su cuerpo mientras estábamos dormidos" (Mateo 28:11-15).

## *Las mujeres fueron las primeras en ser informadas*

Luego, después del amanecer de la misma mañana del domingo, varias mujeres, incluida María Magdalena, se dirigieron hacia la tumba. Llevaban especias para ungir el cuerpo de Jesús. De repente, se dieron cuenta de que no podrían mover la piedra de la entrada de la tumba.

Entonces, dos ángeles con vestiduras deslumbrantes se les aparecieron. Las mujeres aterrorizadas inclinaron sus rostros hacia el suelo, pero los ángeles dijeron: *"¿Por qué buscan entre los muertos a Uno que está vivo?* Sabemos que buscan a Jesús, quien fue crucificado. No está aquí. ¿Por qué están asombradas? Ha resucitado de entre los muertos, como prometió que lo haría."

## *Los discípulos informados de la resurrección*

Al principio, las mujeres tenían miedo de contarle a alguien lo que habían visto y oído, pero luego decidieron apresurarse a donde se alojaban los apóstoles para decírselo. Sin embargo, no creyeron a las mujeres; la noticia de la resurrección les parecía una locura. Sin embargo, Pedro y Juan abandonaron el grupo y corrieron al lugar donde había sido enterrado Jesús. Juan era más joven y más rápido que Pedro. Llegó primero a la tumba vacía, pero se detuvo en la puerta abierta y no entró. Pedro llegó y se apresuró a entrar. Juan lo siguió. Encontraron las vendas de lino caídas sobre sí mismas, pero no había cadáver. Juan fue el primero en creer que Jesús había resucitado.

## *Primera aparición de Jesús*

Cuando María Magdalena vio a Pedro y Juan salir del grupo, los siguió a un ritmo mucho más lento. Para cuando llegó a la tumba, Pedro y Juan ya se habían ido. María Magdalena aún no podía comprender el significado de la resurrección, así que se quedó junto a la tumba abierta y lloró. Mientras lloraba, miró dentro de la tumba y vio a dos ángeles.

Ellos preguntaron: "¿Por qué lloras, María?"

Ella respondió: "Porque han llevado a mi Señor, y no sé dónde le han llevado."

María se dio la vuelta y a través de sus ojos llenos de lágrimas vio a alguien de pie allí, pero supuso que era un cuidador. Entonces Jesús preguntó: 'Mujer, ¿por qué lloras? ¿A quién buscas?'

"Señor," exclamó. "Si has llevado Su cuerpo, por favor, dime dónde lo has llevado."

*Jesús la llamó por su nombre, "¡María!"*

*Ella inmediatamente cayó a Sus pies y exclamó, "¡Maestro! Eres Tú. ¡Estás vivo!" Al mismo tiempo, se aferró a Sus pies en adoración.*

*"María,"* dijo Él. "*Deja de aferrarte a Mí. Ya no debes depender de Mi presencia.* Debo irme y ascender a Mi Padre. Sin embargo, no los dejaré a ti y a los demás solos." Entonces Jesús desapareció, y María corrió de regreso al grupo de discípulos, diciendo, "¡Jesús está vivo! Le he visto. ¡Él resucitó tal como prometió!" Así, una mujer fue la primera en ver al Señor resucitado.

*Aparición en el camino a Emmaús (Lucas 24:13-35)*

Antes de que María regresara al grupo, dos creyentes del grupo se fueron a casa a Emmaús, un pueblo a unas siete millas de Jerusalén. Mientras caminaban, hablaban sobre lo que había sucedido. Jesús se les acercó, pero no pudieron reconocerlo.

Él preguntó: "¿De qué hablaban antes, antes de que me uniera a ustedes en el camino?"

Cleopas, uno de los hombres, respondió: "¿Eres el único que visita Jerusalén que no sabe lo que ha sucedido allí en los últimos días?"

"¿Qué cosas?" preguntó Jesús.

"Las cosas sobre Jesús", respondió Cleopas. "Jesús fue un profeta, que hizo poderosas obras y predicó un mensaje de esperanza. Nosotros y muchos otros esperábamos que Él fuera el Mesías prometido, que redimiría a Israel, pero nuestros sumos sacerdotes y líderes religiosos convencieron a los romanos para crucificarlo."

El otro hombre añadió rápidamente: "Más temprano hoy, nos sorprendieron algunas mujeres. Habían ido a la tumba de Jesús, pero estaba abierta, y Su cuerpo no estaba allí. Afirmaron haber visto ángeles, que les dijeron que Jesús está vivo. Dos de los hombres con nosotros fueron a la tumba y la encontraron vacía, tal como habían dicho las mujeres, pero no vieron a Jesús."

Entonces *Jesús dijo: "¡Oh hombres necios y lentos de corazón para creer en todo lo que los profetas han hablado! ¿No era necesario que el Cristo padeciera estas cosas y entrara en su gloria?"* Así que Jesús comenzó con Moisés y luego los otros profetas a explicar las cosas que se enseñaban sobre Él en las Escrituras.

Al acercarse a Emaús, le rogaron: "Señor, por favor, detente y come con nosotros. Puedes descansar antes de continuar tu viaje."

Jesús aceptó, y cuando llegó el momento de comer, tomó pan, lo bendijo, lo partió y se lo dio. Inmediatamente, sus ojos fueron abiertos y lo reconocieron. Entonces Jesús desapareció de su vista.

¡Exclamaron emocionados! "¡Mientras Él nos explicaba las Escrituras en el camino, nuestros corazones ardían dentro de nosotros!"

¡Sí! Ahora debemos apresurarnos a regresar a Jerusalén y contarles a los apóstoles y a los demás: "¡Jesús ha resucitado! ¡Él está vivo! Lo hemos visto y hablado con Él."

Cuando llegaron a Jerusalén con su noticia, el grupo dijo: "Sí, lo sabemos. Jesús también se apareció a Pedro."

*Primera aparición en el aposento alto a los apóstoles*

Ese mismo domingo por la noche del Día de la Resurrección, diez de los once apóstoles estaban juntos en una habitación cerrada. Tenían miedo de ser arrestados y asesinados como Jesús. De repente, Jesús se paró en medio de ellos. Después de calmar sus temores, Jesús les mostró las marcas de los clavos en sus manos. Todos creyeron y se regocijaron de que Jesús estuviera con ellos nuevamente. Sin embargo, Thomas no estaba con ellos. Cuando escuchó que habían visto a Jesús, Tomás se burló: "No creeré, si no meto mi dedo en los agujeros de sus manos y costado" (Juan 20:19-25).

*Segunda aparición en el aposento alto*

Una semana después, todos los apóstoles, incluido Tomás, estaban juntos, y Jesús se apareció entre ellos nuevamente. Jesús miró a Tomás a los ojos y le dijo: "Tomás, pon tu fe en Mí. Mira mis manos, extiende tu mano y pon tu dedo en los agujeros de mis manos y en Mi costado." Pero Tomás no necesitaba tocar las heridas de los clavos. En cambio, cayó de rostro y proclamó: "Jesús, Tú eres mi Señor y mi Dios." Jesús le preguntó: "Crees porque me has visto. Bienaventurados son aquellos (como nosotros) que creen sin ver" (Juan 20:26-29).

Jesús había preparado a sus discípulos para su muerte, resurrección y partida hacia el Padre. Sin embargo, tenían un bloqueo espiritual y no podían entender cómo Jesús aparecía de repente y desaparecía de repente. ¿Cómo podía Él atravesar muros sólidos? No podían entender por qué no se quedaba con ellos como antes. Ellos, al igual que María Magdalena, querían aferrarse a Él, como antes, y no podían soltarlo.

Jesús les dijo: "Actúan como si yo fuera un espíritu, incluso después de que Me han visto y tocado. Los espíritus no tienen cuerpo. ¿Por qué aún están perturbados? ¿Por qué las dudas aún llenan sus corazones? No soy un fantasma. Tengo carne y hueso.

Puedo comer. ¿Tienen algo aquí que pueda comer?" Le dieron un pez asado y lo vieron comerlo (Lucas 24:36-43).

*Cuando Jesús resucitó a las personas de entre los muertos: el hijo de la viuda (Lucas 7:12-15), la hija de Jairo (Lucas 8:49-56) y el amigo de Jesús, Lázaro (Juan 11:43-44), sus cuerpos eran los mismos que antes de morir. Esa gente aún tenía un cuerpo totalmente físico, con las limitaciones de un cuerpo físico. Sus cuerpos seguían siendo temporales; un día, morirían de nuevo.*

*El cuerpo resucitado de Jesús era similar a su cuerpo antes de la muerte, pero también era obviamente diferente. Era un cuerpo glorificado (como su cuerpo en la transfiguración; ver historia 25). No tenía las limitaciones de un cuerpo físico; es un cuerpo eterno.* Los creyentes tendrán un día un cuerpo de resurrección como el de Jesús.

Todos seremos transformados, en un momento, en un abrir y cerrar de ojos, a la última trompeta; porque la trompeta sonará y los muertos en Cristo resucitarán con cuerpos que no estarán sujetos a la muerte, y nosotros seremos transformados. Nuestro cuerpo mortal debe ser cambiado por un cuerpo que nunca morirá.

(1 Corintios 15:51-54; también 1 Tesalonicenses 4:13-18 y 1 Corintios 15:35-49)

*De hecho,* todas las personas resucitarán, no solo los creyentes. Jesús dijo,

No te maravilles de esto; porque viene la hora en que todos los que están en los sepulcros oirán su voz y

saldrán; los que hicieron el bien, a una resurrección 
de vida. Y los que hicieron el mal, a una resurrección 
de juicio.

(Juan 5:28-29)

La parábola de Jesús del rico y Lázaro ilustra esa 
situación

(Lucas 16:19-21).

Jesús recordó a sus discípulos: "Antes de mi crucifixión, les 
dije todo lo que estaba escrito sobre mí en la ley de Moisés, los 
profetas y los Salmos. Todas esas cosas debían cumplirse y ahora se 
han cumplido." Luego les abrió la mente para que entendieran las 
Escrituras. Dijo:

"Está escrito, que el Cristo debe sufrir la muerte y resucitar 
de entre los muertos al tercer día. Ahora, el arrepentimiento para 
el perdón de los pecados debe ser proclamado a todas las naciones, 
incluidos los gentiles." (Lucas 24:44-47)

*Durante un período de cuarenta días, Jesús se apareció a 
muchos otros.*

En 1 Corintios 15:3-8, el apóstol Pablo da una lista parcial 
de personas a las que Jesús se apareció después de su resurrección: 
Jesús se apareció a Cefas (Pedro), a los doce, a más de quinientos 
creyentes a la vez, a Santiago (uno de los hermanastros de Jesús), a 
Pablo en el camino a Damasco (Hechos 9:3-8).

*Juan 21 registra la aparición de Jesús a siete discípulos, que 
eran pescadores, en el mar de Galilea. Pedro todavía estaba tratando 
de entender todo lo que había sucedido en las últimas semanas,*

*comenzando con la crucifixión de Jesús. Todavía estaba en el modo "qué ahora".*

Una noche, Peter levantó los brazos y dijo: "Voy a pescar. ¿Alguien quiere ir conmigo?" Tuvo seis tomadores, incluidos otros cuatro apóstoles: Tomás, Natanael, Santiago y Juan y otros dos, que eran discípulos de Jesús. Como dice la canción infantil: "Pescaron toda la noche y no pescaron".

Al amanecer, Jesús apareció en la orilla, pero estaba demasiado lejos para ser reconocido. Juntó sus manos y gritó a través del agua: "Hijos, ¿han pescado algo?"

Ellos gritaron de vuelta: "No."

Jesús gritó: "Echen la red del lado de estribor (derecho) del barco, y encontrarán pesca."

Ellos echaron la red del lado derecho, y la cantidad de peces era tan grande que no pudieron levantar la captura.

Inmediatamente, Juan le susurró a Pedro: "Es el Señor."

Algo similar había sucedido dos años antes (ver Lucas 5:4-11). Sin decir una palabra, Pedro, que estaba trabajando en ropa interior, rápidamente se puso su manto exterior, saltó al agua y nadó *cien yardas* hasta la orilla. Los otros discípulos llegaron en la barca, arrastrando la red llena de peces.

Cuando llegaron, Pedro les ayudó a sacar la red a la orilla. Contaron 150 peces grandes. Jesús les llamó: "El desayuno está casi listo. Limpien algunos de sus peces para que todos podamos repetir." Unos minutos después, dijo: "Los peces y el pan están listos. Pongan los peces que han limpiado al fuego, y podemos empezar a comer."

Después del desayuno, continuaron sentados, conversando. Jesús le preguntó a Simón Pedro, el que lo había negado tres veces: "Simón, hijo de Juan, ¿me amas más que estas cosas *(barcos, redes y peces)*? ¿Me amas ('agape') con el amor de Dios, un amor que pone al amado antes que a ti mismo?"

Un Pedro humillado respondió: "Sí, Señor. Sabes que te amo *('phileo')* como a un hermano."

Jesús respondió: "Entonces cuida de mis corderos."

Jesús preguntó por segunda vez: "Simón, hijo de Juan, ¿me amas ('agape') con el amor de Dios que pone al amado antes que a ti mismo?"

Pedro respondió de nuevo: "Sí, Señor. Sabes que te amo ('phileo') como a un hermano."

Jesús respondió: "Pastorea mis ovejas."

Luego Jesús le preguntó a Pedro por tercera vez: "Simón, hijo de Juan, ¿estás seguro de que al menos me amas ('phileo') como a un hermano?"

Pedro se entristeció porque esta vez Jesús estaba preguntando: "Dado que aún no eres capaz de amarme (agape) como Dios ama, poniéndome antes que a ti mismo, ¿estás seguro de que me amas (phileo) como a un hermano?"

Pedro respondió: "Sí, Señor, estoy seguro, como ya sabes, te amo (phileo) como a un hermano."

*Jesús le respondió a Pedro con una suave y amorosa sonrisa: "Eres un Pedro más humilde que antes. Ahora estás siendo honesto contigo mismo y conmigo. Puedo aceptar tu amor fraternal (phileo) menor por ahora. Sé que crecerá hasta convertirse en el amor de Dios (agape), y que me pondrás a mí y a los demás antes que a ti mismo, así que pastorea mis ovejas, Pedro."*

*Los otros discípulos se sentaron en silencio, sabiendo plenamente que Jesús estaba hablando con ellos así como con Pedro.* Pedro había negado a Jesús públicamente. Aunque no habían negado a Jesús públicamente, también lo habían abandonado por miedo. *Jesús escaneó el círculo de discípulos con su mirada, deteniéndose brevemente en cada uno de los hombres, y cada uno entendió la aplicación para él.*

*Jesús se volvió nuevamente hacia Pedro y le dijo: "¡Presta atención! Cuando eras más joven, hacías tus propios planes e ibas a donde querías. A medida que envejezcas, extenderás tus manos, y alguien más determinará lo que haces y te llevará a donde no quieres ir." Jesús estaba significando el tipo de muerte con la que Pedro glorificaría a Dios.*

*Entonces Jesús miró a los ojos de Pedro y dijo: "Sigue Me" (un mandato en tiempo activo). Tú y yo no vemos a Jesús mirándonos a los ojos, pero nuestros corazones sienten Su mandato hacia nosotros: "Sigue Me."*

## 19. Conclusión del "Pinnacle of World History"

Jesús realizó muchas otras señales en presencia de sus discípulos que no están registradas en el Evangelio según Juan, pero estas cosas han sido escritas para que podáis creer (la creencia incluye tanto la fe como la obediencia) que Jesús es el Cristo, el Hijo de Dios, y que al creer, podáis tener vida eterna (el tipo de vida de Dios) en su nombre (Juan 20:30-31).

### Preguntas

1. ¿Ha estado el Espíritu de Dios hablando a tu corazón y mente mientras leías esta larga historia del "Pinnacle of World History"? Ora sobre esto, toma un cuaderno y escribe brevemente lo que Dios parece estar diciéndote.

2. ¿Con quién deberías compartir tus notas escritas? Ora sobre eso, luego comparte lo que Dios parece estar diciéndote con tu cónyuge, un amigo cercano o un incrédulo que Dios ha puesto en tu mente.

3.  ¿Deberías compartir tus pensamientos con alguien más? Ora sobre eso y comparte con todos aquellos que Dios traiga a tus pensamientos.

4.  ¿Tienes personalmente un amigo o amigos en tu ciudad o pueblo que no son seguidores de Jesús? ¿Cuáles son sus nombres? Escribe sus nombres en el cuaderno y comprométete a comenzar a orar para que el Espíritu de Dios cultive cada uno de sus corazones. También pide al Espíritu Santo que te muestre formas de acercarte a cada uno de ellos. Esto es importante para todos nosotros que seguimos a Jesús.

Otra emocionante oportunidad de testificar es orar para que el Señor te guíe hacia las personas que Él ha preparado para tu testimonio. Quizás sean personas que conoces, pero posiblemente sean personas que aún no has conocido. Incluso podría involucrar un encuentro casual. ¿Estás realmente listo para seguir la guía de Dios? Eso también es parte de lo que significa seguir a Jesús.

Recuerda *que testificar simplemente significa contar a otros (tanto creyentes como no creyentes) lo que Jesús ha hecho en ti y por ti. Puedes practicar dando tu testimonio a amigos cristianos.* Eso bendecirá a esos amigos cristianos y te ayudará a desarrollar confianza para testificar a los no creyentes. El Espíritu Santo usará tu testimonio sobre Jesús para convencer a los no creyentes de pecado, justicia y juicio (Juan 16:7-11). Eso no significa automáticamente que esos no creyentes se convertirán en creyentes. Dios les ha dado libertad de elección. Si no vienen a Jesús, no has fracasado. Han escuchado el evangelio. Pueden venir a Jesús más tarde.

# HISTORIA 28

## Ascensión Y Pentecostés

*Ahora entramos en el libro de los Hechos (los hechos de los apóstoles) escrito alrededor del año 70 a 75 d.C. El autor fue Lucas el Evangelista. Anteriormente había escrito el Evangelio según Lucas. También era médico. Lucas, al igual que el apóstol Juan, no se nombra a sí mismo en sus escritos (la única excepción para Juan fue en el libro del Apocalipsis).*

*Introducción (Hechos 1:1-8)*

En el cuadragésimo día después de la resurrección de Jesús de entre los muertos, Jesús habló a sus discípulos sobre el reino de Dios. Les dijo que no salieran de Jerusalén, sino que esperaran lo que el Padre había prometido. Jesús dijo: "Les dije que Juan el Bautista bautizaba con agua, pero ustedes (plural) serán bautizados con el Espíritu Santo (Espíritu de Dios) en unos pocos días más."

Los discípulos comenzaron a preguntarle: "Señor, ¿restaurarás el reino de Israel pronto?"

Jesús les dijo: "No les toca a ustedes saber los tiempos y las épocas que el Padre ha determinado por su propia autoridad. Sin embargo, ustedes (plural) recibirán poder cuando el Espíritu Santo haya venido sobre ustedes, y serán mis testigos en Jerusalén, en toda Judea, Samaria y hasta los confines más remotos de la tierra porque el evangelio está en movimiento."

Jesús también les recordó: 'El Padre Dios me ha dado toda autoridad en el cielo y en la tierra. A medida que vivan su vida, hagan discípulos de todas las naciones (literalmente 'panta ta ethne [griego koiné] todas las tribus, culturas, etnias), bautizándolos en el nombre del Padre, del Hijo y del Espíritu Santo, enseñándoles a observar (a conformar sus acciones a) todo lo que les he mandado.' Jesús también prometió: 'Yo (a través del Espíritu Santo) estoy con ustedes siempre, incluso hasta el fin de la edad' (Mateo 28:18-20).

*Jesús asciende al cielo (Hechos 1:9-11)*

Después de decir estas cosas, Jesús comenzó a elevarse corporalmente en el aire. *Era como si estuviera de pie en un helicóptero invisible y sin sonido. Mientras lo observaban, continuó subiendo más y más hasta que pasó a través de una nube y ya no pudieron verlo.*

Los discípulos continuaron mirando fijamente al cielo donde Jesús había desaparecido cuando de repente dos hombres con vestiduras blancas (ángeles) estaban allí con ellos. Le preguntaron a los discípulos: "Hombres de Galilea, ¿por qué están allí mirando al cielo con la boca abierta? Este mismo Jesús, que ha sido llevado de ustedes al cielo, volverá de la misma manera que lo han visto ir al cielo."

*El aposento alto (Hechos 1:12-26)*

Después de la ascensión de Jesús al cielo, sus discípulos regresaron a la ciudad de Jerusalén y fueron al "aposento alto" donde a menudo se habían reunido con Jesús. En ese momento, los once apóstoles: Pedro, Juan, Santiago, Andrés, Felipe, Tomás, Bartolomé, Mateo, Santiago, hijo de Alfeo, Simón el Zelote y Judas, hijo de Santiago, estaban todos en ese "aposento alto".

Durante nueve días, después de la ascensión de Jesús, un grupo de unos 120 creyentes, incluyendo a los once discípulos y las mujeres que siguieron a Jesús, María la madre de Jesús y sus hermanos (Santiago, José, Judas y Simón [Marcos 6:3]) estuvieron juntos en el aposento alto. Todos ellos estaban de un mismo sentir y se dedicaban continuamente a la oración por el evento venidero prometido por Jesús.

Pedro habló al grupo sobre Judas Iscariote, quien había entregado a Jesús a sus enemigos y luego se suicidó. Pedro señaló que el Rey David había profetizado eso y escribió: "Que otro hombre tome su (de Judas) cargo" (Salmo 109:8). Eligieron a Matías, quien había seguido a Jesús desde su bautismo hasta su muerte, resurrección y ascensión al cielo. Así, el número de apóstoles volvió a ser doce.

*El día de Pentecostés (Hechos 2:1-41)*

Cuando llegó Pentecostés, estaban todos juntos, esperando y orando, como lo habían hecho durante los nueve días anteriores. Sin que ellos lo supieran, su espera había terminado. De repente, vino un sonido fuerte como un viento violento que soplaba del cielo y llenó toda la habitación donde estaban sentados, y aparecieron a ellos lenguas (llamas) como de fuego distribuidas por toda la habitación, posándose sobre cada persona allí, y todos fueron llenos del Espíritu Santo (el Espíritu de Dios) y comenzaron a hablar en otras lenguas conocidas (glosa) a medida que el Espíritu Santo les daba el poder (la habilidad de hablar otro idioma sin haberlo aprendido).

*Las grandes ciudades del mundo tienden a estar pobladas por personas de todas partes del mundo.* En ese momento, había judíos devotos de todo el mundo viviendo en Jerusalén y esperando la venida del Mesías. Los judíos de otros países hablaban el idioma local donde vivían. También había muchos judíos visitando Jerusalén para celebrar Pentecostés (una festividad de un día / Fiesta de las Primicias). Se celebraba cincuenta días después de la Pascua (la Fiesta de los Panes Sin Levadura, que duró siete días).

El fuerte ruido que escucharon los creyentes en el aposento alto también se oyó por toda la ciudad. Muchas personas de toda la ciudad salieron rápidamente y se dirigieron hacia el área de donde provenía el sonido. Una gran multitud se formó rápidamente al aire libre en la proximidad del aposento alto. El Espíritu Santo llevó a los creyentes a salir, mezclarse con la multitud y dar testimonio del Señor resucitado Jesús.

Las personas en la multitud estaban asombradas y desconcertadas; oyeron el evangelio proclamado en su lengua nativa. "¿Cómo es posible que estas personas simples de Galilea hablen todas nuestras lenguas nativas (dialectos)? Partos, medos, elanitas y residentes de Mesopotamia, Judea, Capadocia, Ponto, Asia, Frigia, Panfilia, Egipto, los distritos de Libia alrededor de Cirene y visitantes de Roma, tanto judíos como prosélitos, cretenses y árabes, todos los oímos hablar de las grandes obras de Dios."

Su desconcierto se convirtió en perplejidad, y eso los llevó a preguntar: "¿Qué significa esto?", aunque algunas personas escépticas comenzaron a burlarse de los creyentes, diciendo: "Están llenos de vino dulce." Pedro pudo hablarle a la multitud masiva porque el Espíritu Santo permitió que todos escucharan su voz (sin altavoces) y cada uno escuchó en su propio idioma nativo: "Hombres de Judea y todos ustedes que viven en Jerusalén, incluidos los visitantes aquí para Pentecostés, por favor escuchen mis palabras."

"Estos hombres no están ebrios, como algunos suponen, porque son solo las 9:00 a.m., sino que esto es lo que el profeta Joel profetizó: Dios (Elohim) dice: 'En los últimos días, derramaré Mi Espíritu sobre toda humanidad; y vuestros hijos e hijas profetizarán, y vuestros jóvenes verán visiones, y vuestros ancianos soñarán sueños; incluso sobre mis siervos, tanto hombres como mujeres, derramaré Mi Espíritu, y profetizarán antes de que venga el Día del Señor... y será que todo aquel que invoque el nombre del Señor (Yahweh) será salvo" (Joel 2:28-32).

"Hombres de Israel, ustedes saben que Dios hizo milagros y señales a través de Jesús el Nazareno. Muchos de ustedes lo saben de primera mano, mientras que otros de ustedes oyeron acerca de las cosas que Jesús dijo e hizo. Como también saben, sus líderes religiosos entregaron a Jesús para que lo crucificaran los romanos paganos. De hecho, eso fue por el plan predeterminado y el conocimiento anticipado de Dios."

"Nosotros los judíos hemos ignorado lo que Dios dijo y hemos retorcido Sus palabras para satisfacer nuestros propios deseos vanos. Por ejemplo, hemos intentado convertir al Mesías tan esperado en un rey militar como David, que hará nuestra voluntad y expulsará a los romanos de Israel y devolverá el reino de Israel a sus días de gloria."

El rey David también fue un profeta y sabía que Dios le había jurado con un juramento que pondría a uno de sus descendientes (aparte de Salomón y sus descendientes) en Su trono. David también miró hacia adelante y habló de la resurrección del Cristo, diciendo: "Dios no abandonó al Mesías en el lugar de los muertos, ni la carne del Mesías sufrirá descomposición" (Salmo 16:8-11).

"Dios levantó a Jesús de entre los muertos, y por eso estamos dando testimonio de Jesús. Por lo tanto, dado que Jesús está ahora exaltado a la diestra de Dios, Él ha enviado el Espíritu de Dios como prometió. Lo que han visto y oído hoy es el resultado de eso. No fue David quien ascendió al cielo, sino que David escribió: 'El Señor (Yahvé) dijo a mi Señor (soberano), siéntate a mi diestra, hasta que ponga a tus enemigos por estrado de tus pies'" (Salmo 110:1).

"Por lo tanto," dijo Pedro. "Dejen que toda la casa de Israel sepa con certeza que este Jesús, a quien ustedes crucificaron, Dios lo ha hecho tanto Señor como Mesías." El Espíritu Santo los convenció de su pecado como Jesús había dicho (Juan 16:8). La gente fue herida en el corazón y comenzó a preguntar: "Dado que Jesús es Señor, ¿qué debemos hacer?"

Pedro les dijo: "Arrepiéntanse de su pecado de incredulidad y muestren su fe en Jesús al ser bautizados en Su nombre. Si ustedes obedecen a Dios al arrepentirse y aceptar a Jesús como Señor, Dios perdonará su pecado y pondrá Su Espíritu Santo en su corazón, renovándolos espiritualmente. Esa es la promesa de Dios para ustedes, para sus hijos y para todos los que lo llamen en fe y obediencia."

Como Jesús había prometido, el Espíritu Santo guió al pueblo hacia la verdad de Dios (Juan 16:13), y alrededor de tres mil personas aceptaron a Jesús como su Salvador ese día y fueron bautizadas. *La iglesia (la familia de Dios) nació en ese día de Pentecostés.*

### Mini-epílogo

Si queremos obedecer al Señor y hacer discípulos de todas las naciones/pueblos, es importante para todos nosotros, especialmente para los anglosajones estadounidenses de habla inglesa, entender que todas las personas no son iguales. Las personas tienen muchos idiomas, culturas, patrones de pensamiento, etc. Esos factores son esenciales para comunicar el evangelio, ya sea aquí o en otros países. De lo contrario, el evangelio será visto como extranjero por aquellos a quienes buscamos evangelizar. Algunos de nosotros usamos una simple ilustración de panqueques y gofres para ayudarnos a entender lo anterior.

Muchos dicen que la evangelización y el discipulado no son difíciles; es como poner mantequilla y jarabe en un panqueque. Solo necesitamos difundir el evangelio: radio, televisión, Internet, la página impresa, puerta a puerta, etc. Simplemente difunde el evangelio y la gente creerá y crecerá como discípulos. Eso es cierto hasta cierto punto, se ha hecho, y ha resultado en millones de personas y un sinfín de edificios de iglesias que lo prueban.

El problema es qué pasa con las otras personas, las que aún no creen, incluidas otras culturas. Podemos untar mantequilla en un panqueque, verter el jarabe y comerlo más rápido de lo que podemos preparar un waffle para comer. Los waffles son muy diferentes a los panqueques. Los waffles tienen muchos cuadraditos pequeños con profundas hendiduras, lo que hace que aplicar mantequilla y jarabe sea más difícil. La gente de nuestra propia cultura es como los panqueques, por lo tanto, es más fácil evangelizarlos; pero América, al igual que el resto del mundo, tiene muchos diferentes idiomas, culturas, creencias, cosmovisiones, etc. Eso hace que nuestra situación se asemeje más a un waffle que a un panqueque, y por lo tanto, sea más difícil evangelizar y plantar nuevas congregaciones.

El idioma, la cultura, los patrones de pensamiento, las cosmovisiones, las relaciones, etc. son importantes también para la gente del panqueque, pero a menudo no son esenciales. Sin embargo, con la gente del waffle, esas cosas son esenciales. Los panqueques tienen pocos guardianes; solo untas la mantequilla y viertes el jarabe en el medio, y este se extiende de manera uniforme por todo el panqueque.

Sin embargo, cada pequeño cuadrado en un gofre es un guardián que mantiene la mantequilla y el jarabe separados de su cuadrado vecino. Si quieres jarabe en cada cuadrado de un gofre, debes poner jarabe intencionalmente en cada cuadrado. Por supuesto, esta ilustración de panqueques y gofres simplifica en exceso el problema de alcanzar a todas las personas, pero es un concepto valioso para recordar.

El mundo tiene muchas personas (en plural), pero el mundo y la mayoría de los países tienen muchos grupos de personas diferentes; así, un plural de plurales. La mayor parte del mundo (incluyendo a muchos en los EE.UU. hoy) se parece mucho más a un gofre que a un panqueque en lo que respecta a compartir/recibir el evangelio. Sin embargo, este efecto de gofre no solo es un desafío para la evangelización; también desafía la educación, la economía, las relaciones raciales y la igualdad en general. Los seguidores de Cristo también están preocupados por todas esas cosas.

# HISTORIA 29

## Persecución Y Crecimiento Rápido
## (Hechos 3:1-28:31)

Después de Pentecostés, los creyentes se dedicaron continuamente a la enseñanza de los apóstoles, a la comunión unos con otros, a la Cena del Señor y a la oración. Vivían con un sentido de asombro hacia Dios y su amor por Él. También estaban agradecidos por Su sacrificio por la humanidad. Durante la temprana difusión del evangelio por todo el mundo, Dios permitió a los apóstoles realizar muchos signos y milagros.

Los primeros creyentes a menudo se reunían y compartían lo que tenían unos con otros. Muchos incluso vendían lo que tenían para compartir con los creyentes necesitados y alababan constantemente a Dios por Su gracia. Era evidente que los primeros creyentes amaban a Dios con todo su ser (según Deuteronomio 6:4-6). También se amaban y respetaban unos a otros, así como se amaban y respetaban a sí mismos (según Levítico 19:18).

Se amaban unos a otros con el amor de Dios (agape) y ponían al amado antes que a sí mismos. *Como dice el himno,*

*"Sabrán que somos cristianos por nuestro amor" (agape), el amor de Dios. También era evidente para sus vecinos incrédulos que sus vecinos creyentes vivían vidas transformadas y se amaban entre sí.*

A medida que los incrédulos comenzaban a entender que el amor entre creyentes era real y no falso, empezaban a querer ser como aquellos que seguían a Jesús. A medida que los creyentes ganaban el favor de sus vecinos, el Espíritu de Dios conducía a más y más incrédulos a seguir a Jesús.

Así, el Señor añadía diariamente a su iglesia (su pueblo) a los que habían de ser salvos.

(Hechos 2:47)

*Nota*

*A mediados de la década de 1950, cuando el autor se graduó de la escuela secundaria, la mayoría de nuestra población afirmaba tener fe en Dios. Eso no significaba que todos fueran verdaderos seguidores de Jesús, muy por el contrario, sin embargo, la iglesia era vista como un elemento positivo en la sociedad. Asistir a la iglesia incluso se consideraba "bueno para los negocios", pero la percepción positiva de la iglesia y el cristianismo comenzó a desvanecerse. Hoy en día, multitudes piensan que los cristianos y las iglesias son un elemento negativo o incluso peligroso para nuestra sociedad en general. ¿Cómo llegó a ser esto? Dos realidades posibles han jugado un papel en ello.*

Primero: Aquellos que afirmamos ser creyentes podemos ser parte del problema. *Muchos de nosotros ponemos más fe en nuestra religión que en nuestro Dios (como los hebreos de antaño). Para muchos, los llamados cristianos, asistir y donar a la iglesia de manera algo regular, así como ser una persona generalmente buena, parecen convertirse en los elementos más importantes de la fe.* Podemos hacer eso sin una relación obediente y vital con Dios, sin amar a los demás como nos amamos a nosotros mismos, etc. *Los no creyentes ven a través de esa fachada.*

Segundo: Cada vez menos personas creen en Dios, o si creen en Dios, no quieren ser gobernadas por Él. *Esto también puede ser en parte nuestra culpa. Sin embargo, el ateísmo ha crecido y tiene un poder creciente. Ellos buscan constantemente desacreditar la Biblia, especialmente entre los estudiantes.*

*De regreso al primer siglo d.C. en Jerusalén*

*En ese tiempo, los seguidores de Jesús se consideraban judíos fieles, que encontraban en Jesús al Cristo, el mesías prometido. Continuaban adorando en el templo judío y en sinagogas, pero también adoraban juntos en hogares. En ese tiempo, la palabra cristiano no se había inventado y no había edificios de iglesias. La palabra original para iglesia (ecclesia) significa "el pueblo llamado", no un edificio o una organización religiosa. Un significado simple de "el pueblo llamado" son aquellos que eligen seguir a Jesús como Señor. Fueron llamados por Dios a dejar su estilo de vida de vivir para sí mismos, para abrazar un nuevo estilo de vida de vivir para Dios y para los demás sin descuidar a sí mismos.*

*Lo mismo es cierto hoy en día, aunque muchos piensan que la iglesia se refiere a un edificio religioso o a una organización religiosa.* El verdadero cristianismo no es una religión, sino una relación personal con el verdadero y vivo Dios Todopoderoso. Comienza con el amor y la gracia de Dios hacia nosotros y nuestro compromiso de amor y obediencia a Dios y Su propósito para nosotros. El plan de Dios es recrear a los pecadores arrepentidos que se convierten en creyentes en una imagen viva del Jesucristo resucitado. *La verdadera fe implica obediencia a Dios y una relación en crecimiento con Él y Su pueblo (ninguno de nosotros es perfecto aún).* En este punto, nos estamos acercando a conocer y comenzar a entender el propósito eterno de Dios para nosotros.

*La mayoría de los creyentes no parecen entender* que el plan de Dios implica el compromiso total de Dios con los creyentes: Primero, *amándonos a pesar de nuestra rebeldía contra Él y Su plan eterno; segundo, dando a Su Hijo como la expiación por nuestro pecado y restaurando nuestra relación amorosa con Él; tercero, enviando a Su Espíritu Santo para habitar en los corazones de todos los creyentes (entre otras cosas) para terminar la obra de santificación (preparando espiritualmente a los creyentes para vivir con Dios para siempre en el cielo); cuarto, planificando y preparando una eternidad activa significativa con Él; y quinto, hay más:*

> Está escrito: cosas que ojo no vio, ni oído oyó, ni han subido en corazón de hombre, son las que Dios ha preparado para los que le aman.
>
> (1 Corintios 2:9 NVI; de Isaías 64:4 e Isaías 65:17)

*Pedro y Juan visitan el templo (Hechos 3:1-10)*

*Entre el pueblo judío, la tarde y el nuevo día comenzaban a las 6:00 p.m. de nuestro tiempo hoy. La novena hora significaba las 6:00 a.m. más nueve horas, lo que equivale a las 3:00 p.m. de nuestro tiempo.* Un día, Pedro y Juan fueron al templo para la hora de oración de la novena hora (3:00 p.m. de nuestro tiempo). Antes, un hombre que había nacido cojo había sido llevado al templo por sus amigos. Cada tarde, él pedía limosna en la puerta llamada Hermosa.

Cuando el hombre cojo vio a Pedro y a Juan a punto de entrar en el templo, comenzó a pedirles limosna (dinero para los pobres). *No había trabajos para personas con discapacidad; mendigar era una cuestión de supervivencia para ellos. Muchas personas nunca miran a los mendigos a los ojos.* Sin embargo, Pedro y Juan miraron en sus ojos y dijeron: "¡Míranos!" Un hombre sombrío *comenzó a sonreír,* esperando dinero *de ellos.*

Pedro le dijo al mendigo: "No tengo dinero, pero tengo algo mucho mejor para ti. En el nombre de Jesús, ¡levántate y anda!" Pedro lo tomó de la mano derecha y lo ayudó a ponerse de pie, y sus pies y tobillos fueron fortalecidos inmediatamente. Con un salto, se puso de pie y comenzó a caminar. Entró al templo con Pedro y Juan, caminando, saltando de alegría y alabando a Dios. Los adoradores lo escucharon alabando a Dios. Cuando se dieron cuenta de que era el mendigo que siempre pedía en la Puerta Hermosa, se sorprendieron de que pudiera caminar.

Pedro y Juan comenzaron a predicar:

Ustedes deben *arrepentirse de su pecado.* Dios resucitó a Jesús de entre los muertos y lo envió para bendecirlos, apartándolos de sus malas acciones y dándoles una nueva vida a través de Jesús el Cristo.

(Hechos 3:11-26, reescritura del autor)

*Pedro y Juan arrestados (Hechos 4:1-4)*

Mientras predicaban al pueblo, los sacerdotes, acompañados por el capitán de la guardia del templo y los saduceos, se acercaron a ellos. Estaban molestos porque Pedro y Juan estaban enseñando a la gente sobre Jesús—peor aún, enseñando que Jesús había resucitado de entre los muertos. Los saduceos no creían en la resurrección. *(Los fariseos sí creían, pero no había fariseos presentes)*, así que arrestaron a Pedro, Juan y al mendigo curado y los pusieron en la cárcel hasta el día siguiente, porque ya era de noche (después de las 6:00 p.m.).

En el día de Pentecostés, tres mil personas habían venido a Cristo, y más creían cada día. Después de que Pedro y Juan predicaron en el templo, muchos más llegaron a la fe. Eso llevó el total de nuevos creyentes a alrededor de cinco mil hombres. No contaban a las mujeres en ese entonces, pero se *estima que un gran número de mujeres también se convirtió en creyente. En ese momento, casi todos los seguidores de Jesús eran personas hebreas (judíos).*

*El tercer sermón de Pedro (Hechos 4:5-12)*

Al día siguiente, se congregaron los líderes religiosos judíos, incluyendo a Caifás, el sumo sacerdote. Después de traer a Pedro, Juan y el mendigo de la cárcel, comenzaron a interrogarlos. "¿Qué poder usaste para sanar a este mendigo lisiado?"

Pedro, lleno del Espíritu Santo, respondió: "Gobernantes y ancianos de nosotros los judíos, parece que Juan y yo estamos en juicio por sanar a este hombre que antes estaba lisiado. Dado que ustedes no fueron testigos de esa sanación, quieren saber cómo se recuperó. Me alegra decirles que este hombre está en buena salud en el nombre y la autoridad de Jesucristo de Nazaret.

Ustedes crucificaron a Jesús para deshacerse de Él, pero fracasaron porque Dios resucitó a Jesús de entre los muertos. Jesús es la piedra mencionada en el Salmo 118:22:

La piedra que desecharon, se ha convertido en la piedra angular. Jesús es el Salvador y Él es el único camino para ser salvo.

### *Amenazados y luego liberados (Hechos 4:13-22)*

Los líderes judíos estaban asombrados al observar la confianza y el valor de Pedro y Juan. Eran pescadores sin educación que habían estado con Jesús. El hombre que había sido sanado estaba allí de pie con ellos; así, los líderes angustiados solo podían amenazarlos y ordenarles que nunca hablasen ni enseñaran sobre Jesús nuevamente. Pedro y Juan se enfrentaron a ellos, diciendo: "Somos hombres simples, así que dejamos que ustedes juzguen. ¿Acaso Dios espera que obedezcamos a ustedes en lugar de a Él? *Sin embargo, pase lo que pase, no podemos dejar de compartir lo que hemos visto y oído de Jesús.*"

### *El informe de Pedro y Juan a sus amigos (Hechos 4:23-31)*

Después de ser liberados, fueron a sus compañeros y relataron su experiencia con los líderes judíos. Cuando sus compañeros escucharon cómo Dios estaba actuando, se sintieron *fortalecidos y levantaron sus voces en alabanza, diciendo:* "Señor, Tú creaste todas las cosas y conoces todas las amenazas que los líderes religiosos han hecho contra Tu pueblo. Por favor, permítenos hablar Tu palabra con confianza y valentía. Por favor, continúa sanando y realizando señales y maravillas en el nombre del Señor Jesús." Después de orar, la casa donde se reunieron fue sacudida, y todos fueron llenos del Espíritu Santo y empezaron a compartir el evangelio con valentía (Hechos 4:1-31, reescrito por el autor).

*Durante ese tiempo, Jerusalén tenía algunos compañeros extraños. Personas que se odiaban entre sí: israelitas y romanos, fariseos y saduceos, Pontio Pilato y Herodes, unidos contra Jesús. Fue su elección malvada, pero Dios es Dios, y Él usó sus actos malvados para llevar a cabo su plan y propósito para la salvación de muchos.*

*Los creyentes compartieron lo que tenían (Hechos 4:32-37)*

Aquellos que creían y seguían a Jesús estaban unidos de corazón y alma. Ninguno de ellos reclamaba egoístamente que sus pertenencias eran estrictamente suyas. En cambio, sus pertenencias se consideraban propiedad común. Después de Pentecostés, los nuevos creyentes pasaban gran parte de su tiempo juntos y compartían entre ellos. Su compañerismo y su compartir continuaron creciendo. Muchos propietarios entre ellos vendieron casas o tierras y entregaron las ganancias de esas ventas a los apóstoles para ser distribuidas entre todos los que tenían necesidades. A pesar de que había muchos pobres entre ellos, sus necesidades fueron satisfechas, y parecía no haber diferencias de clase entre ellos (Hechos 4:32-35, reescritura del autor).

*Ese estilo de vida no fue ordenado por Dios; fue un resultado voluntario del amor y la convivencia entre ellos. También satisfizo grandes necesidades de muchos de ellos. Hoy en día hay mucha caridad tanto de cristianos como de no cristianos, pero rara vez al nivel de aquellos creyentes del primer siglo. Hoy tenemos un sentido de propiedad más fuerte; por lo tanto, nuestra caridad tiende a ser de nuestro excedente y rara vez, si es que alguna vez, involucra todo lo que poseemos o tenemos.*

Uno de los creyentes que vendió propiedades y dio los ingresos a los apóstoles para que fueran distribuidos fue José, un levita (de la tribu sacerdotal judía). Nació en Chipre (una zona griega). Los apóstoles le dieron a José un apodo, "Bernabé (hijo de la exhortación)" (Hechos 4:36-37).

*Ananías y Safira (Hechos 5:1-16)*

Una pareja que seguía a Cristo también vendió un terreno. Se quedaron con una parte de las ganancias de la venta y dieron el resto de las ganancias a los apóstoles para que lo distribuyeran entre los creyentes pobres. Afirmaron haber dado todas las ganancias de la venta a los apóstoles. El apóstol Pedro, con la revelación de Dios, le preguntó a Ananías por qué había permitido que Satanás llenara su corazón de mentiras hacia el Espíritu Santo. Era propiedad de Ananías, para ser usada como él quisiera. Después de venderla, el dinero era suyo para hacer lo que quisiera. La pregunta era ¿por qué quería engañar a la gente sobre su generosidad? Pedro le dijo a Ananías que había mentido a Dios, no a las personas. Ananías murió de inmediato, y un gran temor se apoderó de todos los que oyeron sobre esto.

Los jóvenes envolvieron el cuerpo de Ananías en una sábana y lo enterraron. Safira, sin saber lo que había pasado con su esposo, se acercó a Pedro.

Él le preguntó: "¿Venderon su tierra por tal y cual precio?"

Ella respondió: "Sí, ese fue el precio."

Pedro le preguntó: "¿Por qué tú y Ananías acordaron poner a prueba al Espíritu Santo? Los jóvenes que enterraron a tu esposo ahora harán lo mismo contigo."

Saphira también murió inmediatamente, y los jóvenes la llevaron y la enterraron junto a su esposo. Después de que el pecado canceroso de Ananías y Saphira fue removido de la iglesia de Jerusalén, el poder de Dios se hizo evidente nuevamente. Multitudes de hombres y mujeres comenzaron a tener fe en Jesús y a unirse a los creyentes.

*Dios parece rara vez usar ejemplos de disciplina tan drásticos dentro de Su iglesia hoy. Sin embargo, nosotros, los creyentes, hemos sido puestos en alerta. El pecado y la mundanalidad dentro de la iglesia de Dios nunca se pasan por alto,* especialmente la hipocresía espiritual. *De una forma u otra, la punición llegará.*

*La falta de disciplina divina dentro de las congregaciones puede ser una de las razones por las que muchas iglesias son tan débiles hoy en día. También puede explicar por qué las iglesias no son tomadas en serio por los incrédulos, pero cuidado: el propósito de la disciplina en y por una congregación es la restauración espiritual, no el castigo. Debe ser utilizada solo de manera amorosa buscando la renovación (ver Mateo 18:15-18).*

Hoy en día, Dios a menudo castiga entregándonos a nosotros y a las naciones a nuestra propia corrupción, pasiones y degradación, lo que se convierte en nuestro propio castigo por nuestro pecado. *Satanás, el enemigo de Dios, que intentó tentar a Jesús a pecar pero fracasó, aún busca desviarnos de Dios. El Espíritu de Dios nos capacita para resistir, pero debemos decidir seguir la guía del Espíritu, no sea que caigamos en la tentación de Satanás.*

*Apóstoles encarcelados y liberados (Hechos 5:17-42)*

El sumo sacerdote y sus asociados saduceos estaban celosos de los apóstoles, por lo que los llevaron a la cárcel. Sin embargo, durante la noche, Dios envió a un ángel para abrir las puertas de la prisión y los envió al templo para dar testimonio de Jesús. A la mañana siguiente, el sumo sacerdote convocó al consejo (Sanedrín) y dio órdenes de que los apóstoles fueran llevados ante ellos.

Pero no pudieron encontrar a los apóstoles en la prisión. Finalmente, alguien vino a decirle al sumo sacerdote que esos hombres estaban en el templo, enseñando sobre Jesús. Se enviaron oficiales para traer de vuelta a los apóstoles, pero sin violencia. Cuando los apóstoles llegaron, el sumo sacerdote dijo: "Les dimos órdenes estrictas de no seguir enseñando sobre Jesús, sin embargo, han llenado Jerusalén con enseñanzas acerca de Él."

Pedro y los otros explicaron que deben obedecer a Dios en lugar de a los hombres. También recordaron al sumo sacerdote que él había mandado a crucificar a Jesús. Sin embargo, el Dios de Abraham levantó a Jesús de entre los muertos. Dios también ha exaltado a Jesús a su diestra para conceder arrepentimiento a Israel y perdón de pecados. "Nosotros somos testigos de estas cosas, y también lo es el Espíritu Santo, a quien Dios ha dado a todos los que le obedecen."

Los líderes religiosos fueron cortados en seco por las palabras de Pedro, y querían matar a todos los apóstoles. Sin embargo, Gamaliel, un fariseo y respetado maestro de la ley de Moisés, pidió que los apóstoles fueran retirados temporalmente de la habitación. Cuando los apóstoles fueron escoltados, Gamaliel advirtió al concilio que tuviera cuidado. Mencionó a otros hombres, que falsamente afirmaban ser el Mesías; pero cuando murieron, sus seguidores se dispersaron. En este caso, deja en paz a estos seguidores de Jesús. Jesús ha sido crucificado. Si Él fuera un charlatán, Su movimiento sería derrocado como los seguidores de esos otros falsos mesías. Sin embargo, *"si el movimiento de Jesús es de Dios, no podrás detenerlo, además de que podrías encontrarte luchando contra Dios"*.

El consejo siguió el consejo de Gamaliel. Los apóstoles fueron llevados de vuelta a la habitación, y cada uno de ellos fue golpeado severamente con látigos. Se les ordenó nuevamente que dejaran de enseñar acerca de Jesús y luego fueron liberados. Los apóstoles salieron *sin intimidarse y se regocijaron* de haber sido considerados dignos de sufrir por Jesús. Continuaron enseñando sobre Jesús diariamente en el templo y en las casas. *El número de creyentes crecía diariamente (Hechos 5:17-42, reescritura del autor).*

## *Un problema entre los creyentes (Hechos 6:1-7)*

Un problema grave surgió entre los creyentes. Los judíos helenísticos que hablaban griego se quejaron de que a sus viudas pobres se les estaba pasando por alto en la distribución diaria de alimentos. Los apóstoles convocaron una gran reunión de creyentes para encontrar una solución al problema. Se decidió que todas las viudas pobres debían ser atendidas por igual.

Los apóstoles estuvieron de acuerdo, pero también declararon que necesitaban ayuda. "Si nosotros, los apóstoles, distribuimos alimentos, no tendremos tiempo para enseñar y predicar la Palabra de Dios. Sugerimos que ustedes, la congregación de creyentes, elijan a siete hombres de buena reputación que también estén llenos del Espíritu Santo para encargarse de esta tarea. La sugerencia de los apóstoles fue aprobada por la congregación, y eligieron a Esteban, Felipe, Procoro, Nicandro, Timón, Parmenas y Nicolás, un prosélito de Antioquía (todos ellos tenían nombres helenísticos, y estaban llenos de sabiduría y del Espíritu Santo).

Los apóstoles oraron, impusieron manos sobre los siete y los comisionaron para un ministerio a las viudas judías helenísticas. La imposición de manos ante la congregación es parte de la inauguración de nuevos líderes espirituales (Números 27:18-20). Muchos llaman a los siete los primeros diáconos. No eran administradores, sino diáconos en el verdadero sentido de la palabra diácono (diakonos = servir o atender).

*Algunos piensan que la fractura había sido más que una mera cuestión de equidad en la alimentación de las viudas helenísticas. Podría haber sido un pequeño pero creciente choque de diferentes culturas y grupos de idiomas. Si ese fue el caso, parece que el acuerdo en nombre de las viudas logró cerrar toda la brecha.*

*Las divisiones pueden surgir hoy entre creyentes de diferentes culturas, idiomas, etc. La acción de los apóstoles y la congregación de Jerusalén revela que, sea cual sea la magnitud de un problema, un esfuerzo justo y rápido para resolver problemas es un beneficio para la iglesia en su conjunto. Debemos ser solucionadores de problemas, no extensores de problemas.*

Después de que se resolvió el problema, la Palabra de Dios se difundió incluso más rápido que antes. Muchos nuevos creyentes más se unieron a la iglesia. Muchos sacerdotes judíos comunes (no los sacerdotes anticristianos de la alta sociedad) también se hicieron obedientes a la fe.

## Corte de canguro, juicio ilegal (Hechos 6:8-7:60)

Dios usó a Esteban, uno de los siete, para hacer muchos milagros y señales entre el pueblo. También tenía una mente brillante y era un orador poderoso. Algunos de los hombres judíos helenísticos discutieron contra Esteban, pero no pudieron lidiar con la sabiduría con la que hablaba. Indujeron a algunos hombres a mentir sobre Esteban, afirmando que lo oyeron hablar palabras blasfemas (irrespetuosas) contra Dios. Agitaron al pueblo, a los ancianos anti-Jesús y a los escribas, y llevaron a Esteban ante el consejo.

Algunos falsos testigos afirmaron que Esteban hablaba continuamente contra el templo. Otros afirmaron que dijo que Jesús destruiría el templo y cambiaría las costumbres judías. Los miembros del consejo estaban asombrados porque Esteban se mantenía valiente, seguro y tranquilo. Estaba bajo el control del Espíritu de Dios y tenía una presencia cautivadora.

## La defensa de Esteban (Hechos 7:1-53)

El sumo sacerdote preguntó: "¿Son ciertas las acusaciones en tu contra de estos testigos?"

Esteban respondió en defensa: "El Dios de gloria se apareció al padre Abraham cuando aún estaba en Mesopotamia." Esteban continuó a través de la historia espiritual de Israel desde Abraham hasta David. Habló de las intervenciones de Dios en la vida de Israel—intervenciones que llevaban hacia la redención.

Esteban también reveló a través de las Escrituras cómo muchos de los líderes espirituales judíos llevaban a cabo los rituales de la fe, pero se negaban a obedecer a Dios. Aunque estaban físicamente circuncidados, estaban incircuncisos de corazón y oídos (escuchar). Perseguían a los profetas y mataban a aquellos que hablaban sobre la venida del Justo (el Mesías). "Entonces vino el Justo de Israel (Jesús), y ustedes lo asesinaron, así como sus padres asesinaron a los profetas antes que él."

Mientras los líderes religiosos escuchaban a Esteban, se sintieron *profundamente conmovidos y se pusieron furiosos. El Espíritu Santo llenó a Esteban para un nuevo desafío, ya que el juicio de Jesús no había sido justo, tampoco lo sería el de Esteban.* Esteban levantó sus ojos hacia el cielo y vio la gloria de Dios, con Jesús de pie a su derecha, listo para recibirlo. Esteban apuntó hacia arriba y dijo: "Veo los cielos abiertos y al Hijo del Hombre de pie a la derecha de Dios."

*Esteban apedreado hasta la muerte (Hechos 7:54-60)*

Al escuchar a Esteban, el pueblo *estalló como un volcán.* Se taparon los oídos (negando el testimonio de Esteban de Jesús) y obligaron a Esteban a salir de la ciudad para apedrearlo hasta la muerte. Comenzaron a arrojarle grandes piedras. Aquellos que habían sido testigos contra Esteban tendrían que participar en la ejecución, por lo que se quitaron sus túnicas exteriores y las pusieron a los pies de un joven fariseo llamado Saulo (Saulos = deseado), que tenía un asiento de primera fila para la lapidación.

Aunque Saúl en realidad no arrojó piedras, estuvo totalmente de acuerdo con dar muerte a Esteban. Mientras apedreaban a Esteban, él gritó: "¡Señor Jesús, recibe mi espíritu!" *Comenzó a desvanecerse a medida que las heridas graves se multiplicaban por su cuerpo, cabeza y rostro.* Esteban se puso de rodillas y gritó una vez más: "Señor, no les tomes en cuenta este pecado". Después de decir eso, cayó al suelo y murió. Esteban fue el primer mártir de Cristo. *La mayoría se sorprendería al descubrir que el martirio por Cristo es mucho más prevalente hoy en día que en los primeros días de la fe.*

*Persecución de los creyentes en Jerusalén (Hechos 8:1-3)*

En el día en que Esteban fue apedreado hasta la muerte, estalló una severa persecución contra la asamblea (ecclesia) de creyentes en Jerusalén. *Judíos de habla griega helenística que se habían convertido en seguidores de Jesús durante Pentecostés* huyeron para salvar sus vidas. Se dispersaron por Judea y Samaria. Sin embargo, los apóstoles permanecieron en Jerusalén junto con la asamblea de creyentes de Jerusalén.

*Saulo se radicalizó por el asesinato de Esteban.* Había sostenido las capas de aquellos que apedrearon a Esteban. Comenzó a arrastrar a los creyentes, tanto hombres como mujeres, fuera de sus hogares y llevarlos a la cárcel. *Dos posibles razones para el cambio de Saulo: Primero, era como si se volviera sediento de sangre después de ver derramarse la sangre de Esteban. Segundo, le molestaba lo que veía y oía a través de Esteban.*

*Saúl había escuchado historias sobre Jesús en la cruz, pidiendo a Dios que perdonara a aquellos que lo crucificaron. Saúl no creía en esas historias, pero mientras observaba el asesinato de Esteban y escuchaba a Esteban pidiendo a Dios que perdonara a sus verdugos, Saúl se sintió amenazado. ¿Cómo podía alguien orar por sus perseguidores? Comenzó a darse cuenta de que Jesús y Esteban tenían algo que él no tenía. Ellos podían estar en paz y estaban más preocupados por sus perseguidores que por ellos mismos. ¿Podrían tener una verdad que él no tenía? Eso molestó a Saúl, y reaccionó volviéndose más fanático y buscando aplastar a esos odiados seguidores de Jesús, que ahora estaban amenazando sus propias creencias.*

*Felipe en Samaria (Hechos 8:4-24)*

Los creyentes esparcidos iban proclamando la Palabra de Dios. Esteban había sido un poderoso predicador, apologista y defensor de la asamblea de creyentes. Felipe era un evangelista. Huyó a Samaria y comenzó a proclamar a Cristo, el Mesías, a los despreciados samaritanos. Atraía multitudes de ellos, y Dios validó los sermones de Felipe permitiéndole realizar milagros. Espíritus inmundos fueron echados fuera de muchos mientras muchos que estaban paralizados y cojos fueron sanados. Hubo regocijo en todas las ciudades, y muchos hombres y mujeres creyeron y fueron bautizados.

Cuando los apóstoles en Jerusalén oyeron del éxito de Felipe en Samaria, enviaron a Pedro y Juan para evaluar la situación. Fueron a Samaria y oraron para que los nuevos creyentes recibieran el Espíritu Santo, porque el Espíritu de Dios no había descendido sobre los samaritanos creyentes. Eso cambió cuando los apóstoles comenzaron a imponerles las manos y fueron llenos del Espíritu de Dios. Fue como un Pentecostés samaritano. Felipe y sus amigos continuaron testificando por Jesús y predicando el evangelio por toda la ciudad de Samaria. Más tarde, al regresar a Jerusalén, predicaron el evangelio en aldeas a lo largo del camino.

*Un etíope recibe a Jesús (Hechos 8:25-40)*

Un ángel del Señor habló a Felipe, diciéndole: "Ve hacia el sur por el camino del desierto entre Jerusalén y Gaza." Cuando siguió las instrucciones del ángel, Felipe vio a un eunuco etíope, un oficial de la corte de la reina de Etiopía *(posiblemente Nubia, en el actual Sudán del Norte).* Estaba a cargo del tesoro de su reina y había viajado a Jerusalén para adorar. El pueblo judío llamaba gentiles como él "temedores de Dios". Estaba regresando a casa en su carro y leía del profeta Isaías. *Mientras estaba en Jerusalén, evidentemente compró un caro rollo manuscrito de las Escrituras, que ahora llamamos el libro de Isaías.*

*El Espíritu Santo le dijo a Felipe:* "Alcanza ese carro y da testimonio al etíope."

Felipe corrió y alcanzó el carro tirado por caballos. Felipe podía oírlo leyendo Isaías (en hebreo) y le preguntó: "¿Entiendes lo que estás leyendo?" Él respondió: "¿Cómo puedo entenderlo a menos que alguien me guíe?"

Invité a Felipe a unirse a él en el carro. El pasaje que estaba leyendo era

Como un cordero fue llevado a ser sacrificado. Fue humillado y se le negó la justicia. Su vida es apartada de la tierra.

(Isaías 53:7-8)

El eunuco preguntó: "Por favor, dime, ¿de quién habla el profeta?"

Felipe empezó con esa escritura y proclamó a Jesús a él. Mientras iban por el camino, llegaron a un oasis.

El eunuco dijo: "¡Mira! Hay un estanque de agua. ¿Me bautizarás?"

Felipe dijo: "Si crees en la gracia del Señor con todo tu corazón, te bautizaré."

El eunuco respondió: "Creo que Jesús es el Hijo de Dios."

Él ordenó al conductor que detuviera el carro. Él y Felipe caminaron hacia el agua, y Felipe lo bautizó. Cuando salieron del agua, el Espíritu del Señor llevó a Felipe. El eunuco ya no lo vio, pero siguió gozoso. Mientras tanto, Felipe se encontró en Azot (Ashdod) en la costa al norte de la moderna Gaza. Desde allí, Felipe caminó por la costa, proclamando el evangelio en todas las ciudades y pueblos costeros, hasta que llegó a casa en Cesarea, cincuenta y cinco millas al norte de Azot.

*La conversión de Saulo (Hechos 9:1-31)*

Como se mencionó anteriormente, muchos judíos creyentes (pero no los apóstoles) huyeron por sus vidas cuando comenzó la persecución después del asesinato de Esteban. Algunos llegaron hasta Damasco (en la Siria moderna), a doscientos millas al norte de Jerusalén. Saulo fue al sumo sacerdote y recibió una carta de autoridad para ir a Damasco y arrestar a los seguidores de Jesús y llevarlos encadenados de regreso a Jerusalén.

Cuando Saulo se acercaba a Damasco, fue cegado por una luz brillante del cielo. Cayó al suelo cuando oyó una voz del cielo, que preguntaba: "Saulo, ¿por qué Me persigues?"

Saulo preguntó: "¿Quién eres Tú, Señor?"

La voz respondió: "Yo soy Jesús a quien persigues. *Si persigues a mi pueblo, me persigues a mí.* Levántate y ve a la ciudad, allí se te dirá qué hacer."

Los hombres que viajaban con Saulo estaban mudos. Oyeron la voz, pero no vieron a nadie. Saulo se levantó del suelo con los ojos abiertos, pero no podía ver. Uno de los hombres lo llevó de la mano a Damasco, donde se sentó solo en una habitación durante tres días. Aún no podía ver y se negó a comer o beber nada durante tres días. Saulo ayunó porque estaba buscando la guía de Dios.

Él estaba en una encrucijada por Jesús hablando con él. Se preguntó: "¿Cómo puede ser eso? Jesús está muerto. *Pensé que era un charlatán,* pero Esteban había dicho que Jesús ha resucitado de entre los muertos y ha cambiado su vida." Saulo había visto a Esteban orar por aquellos que lo estaban matando. Esteban incluso le pidió a Dios que los perdonara. Otros le habían dicho a Saulo que escucharon a Jesús orando esa misma oración desde la cruz. Jesús también le pidió a Dios que perdonara a aquellos que lo estaban matando. Ahora Jesús le había hablado diciéndole: "Saulo, ¿por qué me persigues?"

Mientras tanto, Jesús habló a Ananías, uno de sus discípulos en Damasco. "Ve a la Calle Derecha y pregunta por un hombre llamado Saulo de Tarso. Él se está quedando en la casa de Judas. Saulo está orando porque tuvo una visión de ti viniendo a ponerle las manos para que recupere la vista."

Ananías tuvo miedo y dijo: "Señor, he oído cosas terribles sobre ese hombre. Ha hecho mucho daño a Tus seguidores en Jerusalén. Ha venido aquí con autoridad para arrestar y encarcelar a todos los que Te siguen."

El Señor respondió: "Lo sé. Ve y haz como te digo. *Lo he elegido para llevar Mi mensaje a los gentiles así como a los reyes y a los hijos de Israel. Le mostraré que debe sufrir mucho por Mi nombre.*"

Ananías obedeció rápidamente. Encontró dónde se hospedaba Saulo, le impuso las manos y dijo: "Hermano Saulo, el Señor Jesús, que se te apareció en el camino, me envió para que recobres la vista y seas lleno de Su Espíritu." La vista de Saulo regresó, *y pidió ser bautizado como seguidor de Jesús.*

Después de comer, Saulo recuperó su fortaleza. Se quedó muchos días con los discípulos en Damasco. Durante ese tiempo, Saulo predicó en las sinagogas de toda la ciudad, proclamando que Jesús había resucitado de entre los muertos y es el Hijo de Dios. Aquellos que oyeron a Saulo, tanto hebreos creyentes como no creyentes, se asombraron del poder de su predicación. La gente en Damasco se volvió confundida, preguntándose unos a otros: "¿No es él Saulo, el mismo que persiguió a los seguidores de Jesús en Jerusalén? Vino aquí para aniquilar a los seguidores de Jesús. ¡Ahora él mismo es uno de ellos! *¿Qué sucedió?*"

Saulo no se tomó el tiempo para defender sus acciones. Siguió predicando a Cristo y se volvió cada vez más audaz en su testimonio. Proclamó a Jesús como el Cristo, el Mesías prometido. Después de muchos días, los judíos ("los judíos" se refería a los líderes religiosos, no al pueblo judío en su conjunto) tramaron juntos para matar a Saulo, pero Saulo se enteró de su complot contra él. Los líderes religiosos judíos vigilaban las puertas de la ciudad día y noche para atraparlo si intentaba escapar, pero los nuevos amigos de Saulo lo bajaron por la muralla de la ciudad durante la noche, y él escapó (Hechos 9:25).

*La educación teológica de tres años de Saulo (Gálatas 1:17-18)*

Pablo mismo dijo: "Después de escapar de Damasco, no regresó a Jerusalén. En cambio, Dios lo llevó muy lejos a Arabia durante tres años." *El Espíritu Santo le enseñó personalmente a Pablo sobre el Mesías prometido en las Escrituras del Antiguo Testamento y también le enseñó a Saulo sobre la vida y enseñanzas de Jesús.*

*Para entonces, Pablo sabía tanto sobre Jesús como los apóstoles que habían pasado tres años con Jesús.* Después de su educación en el desierto por el Espíritu Santo, Saulo fue devuelto a Jerusalén. Se había convertido en un teólogo entrenado de Jesús, así como en un misionero capacitado para los gentiles en nombre de Jesús. Más tarde, escribiría cartas inspiradas por el Espíritu Santo a las iglesias que fundó durante sus viajes misioneros (es decir, Romanos, Gálatas, Efesios, Colosenses, Filipenses, 1 y 2 Corintios, y 1 y 2 Tesalonicenses) para abordar problemas y responder preguntas de esas iglesias; 1 y 2 Timoteo y Tito fueron escritos a dos de los colaboradores de Pablo para instruirlos y alentarlos. Filemón es una carta personal con instrucciones a un amigo.

Leer los Evangelios de Lucas y Juan, luego Hechos y Romanos en ese orden cada año es una buena tarea de lectura del Nuevos Testamento que abre el corazón y los ojos para todos los creyentes. Por supuesto, también deberíamos leer la Biblia entera periódicamente.

## Saulo regresó a Jerusalén (Hechos 9:26)

Después de tres años en Arabia, Saulo regresó a Jerusalén y trató de hacerse amigo de los seguidores judíos de Jesús, pero tenían miedo de que fuera un plan para encontrarlos y arrestarlos. Sin embargo, Bernabé (lo conocimos en Hechos 4:36; él era el animador) llevó a Saulo a los apóstoles y les contó su historia sobre su encuentro con Jesús en el camino a Damasco. Los apóstoles se hicieron amigos de Saulo, y él se volvió cada vez más poderoso al proclamar el evangelio. Debateó con los judíos helenistas de habla griega, y ellos hicieron planes para matar a Saulo. Cuando se descubrió ese plan, los creyentes lo llevaron a Cesarea y lo enviaron a Tarso, su ciudad natal. Mientras tanto, la congregación de creyentes tuvo paz y creció en número.

*Más del ministerio de Pedro (Hechos 9:32-11:18)*

Pedro viajaba a menudo por las diferentes regiones de Israel. Se detuvo en Lida, a unas veinticinco millas al noroeste de Jerusalén, en la casa de un hombre llamado Eneas (el laudable), que había estado paralizado durante ocho años. Pedro dijo: "Eneas, Jesucristo te sana. Levántate y haz tu cama." Se levantó inmediatamente, y cuando los ciudadanos de Lida lo vieron caminar, muchos confiaron en Jesús.

En Jope, en la costa a diez millas al noroeste de Lida, había una discípula de Jesús llamada Tabita (Dorcas), que había hecho constantemente actos de bondad y caridad. Se enfermó y murió. Cuando la gente se enteró de que Pedro estaba en una ciudad cercana, enviaron a dos hombres a Pedro para pedirle que se apresurara a Jope. Pedro fue a Jope con los hombres y habló con la difunta, "Tabita, levántate." Se levantó viva. Se hizo conocido en toda Jope, y muchos más creyeron en el Señor. Pedro se quedó allí un tiempo con un curtidor llamado Simón.

*La visión de Cornelio (Hechos 10:1-8)*

Cornelio, un centurión romano del batallón italiano, vivía en Cesarea, ubicada en la costa del Mediterráneo, a treinta y cuatro millas al norte de Joppa. Cornelio era un hombre devoto que temía a Dios, al igual que su familia. A menudo daba donaciones a personas judías pobres. También era un hombre de oración.

Un día, un ángel de Dios se le apareció a Cornelio, quien preguntó: "¿Qué deseas, Señor?"

El ángel respondió: "Dios conoce tus oraciones y tu caridad entre Su pueblo. Envía a algunos hombres a la casa de Simón el curtidor en Joppa. Hay un hombre llamado Pedro que se queda con Simón. Pídele a Pedro que venga a tu casa."

Cornelio envió de inmediato a dos siervos y a un soldado devoto para buscar a Pedro.

*La Visión de Pedro (Hechos 10:9-23)*

Los hombres de Cornelio llegaron a Joppa al día siguiente. Al mediodía, Pedro estaba en la azotea de la casa de Simón. Tenía hambre y cayó en trance. Vio una gran sábana que descendía con todo tipo de animales de cuatro patas, criaturas que se arrastran y aves. Entonces oyó una voz que decía: "Levántate, Pedro. Sacrifica y come."

Pedro se *sorprendió*. "De ninguna manera, Señor. Nunca he comido un animal profano o impuro."

La voz vino por segunda vez: "No consideres impuro lo que Dios ha hecho limpio." Eso sucedió tres veces, luego la sábana fue levantada de nuevo al cielo. Un confundido Pedro trató de entender lo que significaba la visión.

En ese momento, hubo un golpe en la puerta. Los hombres que Cornelio había enviado para encontrar a Pedro habían llegado a la casa de Simón. Esos hombres eran gentiles, y los gentiles eran considerados impuros por los hebreos. Ningún judío devoto comería con un gentil o incluso entraría en la casa de un gentil. Los hombres que buscaban a Pedro estaban en una misión ordenada por un ángel de Dios. Estaban allí para invitar a Pedro a visitar la casa de Cornelio, un gentil.

*Ahora entiendo la visión, pensó Pedro. Dios me informó que toda la comida es limpia y se puede comer. ¡Ahora puedo comer tocino! Dios también reveló que los gentiles ya no deben ser considerados impuros. Nosotros los judíos podemos visitar sus hogares y ellos pueden visitar los hogares judíos. También podemos sentarnos a comer juntos.*

Así, Dios preparó a Pedro para recibir a esos visitantes gentiles, y fueron invitados a la casa de Simón para comer y dormir. A la mañana siguiente, Pedro y algunos otros creyentes acompañaron a los tres hombres de regreso a la casa de Cornelio. Él estaba esperando junto con familiares y amigos cercanos para escuchar un mensaje de Dios.

*Los gentiles reciben las buenas nuevas (Hechos 10:24-48)*

Cuando Pedro entró en la casa, Cornelio se inclinó en reverencia porque un ángel de Dios había recomendado a Pedro. Pedro rápidamente se inclinó y tomó a Cornelio de la mano, diciendo: "Por favor, ponte de pie. Soy solo un hombre como tú." Cornelio llevó a Pedro a una gran sala interior donde muchos estaban esperando su llegada. Habló con franqueza: "Cada uno de ustedes conoce la ley judía que prohíbe a un judío asociarse con un extranjero. Sin embargo, ayer, Dios me mostró que no debo llamar a ninguna persona profana o impura. Por eso vine a verte. ¿Por qué me invitaste a venir?"

Cornelio habló, "Hace cuatro días, estaba orando, y de repente, un ángel con vestiduras resplandecientes se presentó ante mí y dijo: 'Dios ha oído tus oraciones y ha visto tu caridad hacia los judíos. Envía a buscar a Pedro,' y me dijo dónde te estabas quedando. Ahora que has venido, queremos escuchar un mensaje de y sobre el Señor."

Pedro dijo: "Ahora *sé que Dios no hace distinción de personas. Él acoge a personas de todas las naciones.*" Pedro continuó para contar brevemente las buenas nuevas de Jesús y lo que Jesús ha hecho por todos nosotros. "Jesús es el Salvador anunciado en las

Escrituras, y todos los que creen y le obedecen reciben el perdón de los pecados y la vida eterna."

Antes de que Pedro pudiera terminar su sermón, el Espíritu Santo descendió sobre aquellos gentiles mientras escuchaban el mensaje del evangelio. Los creyentes judíos que vinieron con Pedro estaban sorprendidos porque el don del Espíritu Santo también fue dado a los gentiles. El Espíritu Santo capacitó a los creyentes gentiles para hablar en lenguas y exaltar a Dios, así como lo había hecho con los creyentes judíos y samaritanos.

Pedro dijo: "Es evidente que ustedes se han arrepentido y han recibido a Jesús como su Salvador porque han recibido el don del Espíritu de Dios. Nadie puede negarles el bautismo." Después del bautismo de los nuevos creyentes gentiles, Cornelio le pidió a Pedro que se quedara unos días más para enseñarles más sobre cómo crecer en Cristo. Pedro se quedó, pero sus amigos creyentes judíos regresaron a su casa en Jaffa. *Podríamos llamar a este evento un "Pentecostés Gentil."*

## Pedro informa a la iglesia de Jerusalén (Hechos 11:1–18)

La inesperada noticia de que los gentiles recibían el Espíritu Santo y eran bautizados se esparció rápidamente incluso antes de que Pedro regresara a Jerusalén. Las reacciones fueron mixas. Algunos creyentes judíos pensaban que los gentiles debían convertirse en judíos (circuncidados y vivir bajo las leyes judías) *antes de creer en Jesús y ser bautizados* (Hechos 11:1-3). Lucas llamó a la oposición "los circuncidados". Ellos le objetaron a Pedro por ir a los "gentiles incircuncisos" y comer con ellos. Más tarde serían llamados judaizantes, cuando se opusieron al apóstol Pablo (Hechos 15:1-2).

Pedro explicó cómo Dios lo llevó a los gentiles a través de la visión que le permitió darse cuenta de que Dios ama a todas las personas. Dios planea salvar a personas de todas las naciones, tal como se lo dijo a Abraham siglos antes (Génesis 12:3). La comprensión de Pedro demostró ser precisa porque el Espíritu de Dios descendió sobre los gentiles creyentes así como lo había hecho con los creyentes judíos.

Después de escuchar la historia de Pedro, la mayoría de los creyentes judíos glorificaron a Dios, diciendo: "Dios ha permitido que los gentiles se arrepientan y reciban la vida eterna" (Hechos 11:18). Pedro siguió siendo el apóstol más poderoso y conocido entre los judíos. Escribió los libros del Nuevo Testamento de 1 y 2 Pedro y probablemente fue el principal recurso humano para el evangelio de Marcos.

*Nacimiento de una iglesia gentil en Antioquía de Siria (Hechos 11:19-30)*

Después del martirio de Esteban (Hechos 7:59-60), una terrible persecución comenzó contra la iglesia en Jerusalén (Hechos 8:1-3). Muchos creyentes se dispersaron, buscando seguridad. Algunos huyeron hasta Chipre, Fenicia y Antioquía de Siria debido a la persecución tras el martirio de Esteban. Más tarde aprenderemos sobre otra Antioquía. La mayoría de esos inmigrantes creyentes de Jerusalén solo predicaron a los ciudadanos judíos locales de Antioquía, pero algunos de ellos de Jerusalén comenzaron a testificar a los ciudadanos griegos de Antioquía. Predicar el evangelio a los griegos produjo un gran número de nuevos seguidores de Jesús.

*Las noticias del establecimiento y rápido crecimiento de una iglesia gentil en Antioquía llegaron a la iglesia (asamblea) en Jerusalén,* a unas doscientas millas al sur de Antioquía. Barnabas fue enviado a Antioquía para verificar el crecimiento de la iglesia gentil allí. Después de llegar a Antioquía y ver la situación de primera mano,

Barnabas se dio cuenta de que su tarea era demasiado para un solo hombre. Recordó a Saulo y caminó ochenta y seis millas al noroeste desde Antioquía hasta Tarso (Turquía moderna) para encontrar a Saulo. Saulo lo acompañó con gusto de regreso a Antioquía siria. Los dos hombres enseñaron la vida y las enseñanzas de Jesús a un gran número de nuevos creyentes gentiles. Además de enseñar a los nuevos creyentes, Barnabas y Saulo también reflejaron una total obediencia a Cristo. Así, esos nuevos creyentes compartieron el evangelio con otros en Antioquía. Los nuevos seguidores de Jesús en Antioquía fueron las primeras personas en ser llamadas cristianos.

Agabo y algunos otros profetas de Jerusalén visitaron Antioquía. Agabo, inspirado por el Espíritu de Dios, profetizó una hambruna que vendría sobre todo el mundo romano. *(Esa hambruna tuvo lugar durante el reinado del emperador Claudio. José, un historiador judío, habló de una hambruna en Palestina del 45 al 47 d.C.).*

*La congregación gentil de Antioquía decidió enviar contribuciones para el alivio de sus hermanos cristianos judíos en Judea.* Cada uno dio en proporción a lo que tenía. Después de que las contribuciones fueron entregadas a los creyentes por Bernabé y Saulo, llevaron a Juan Marcos con ellos cuando regresaron a Antioquía (Hechos 12:25).

Pedro encarcelado y llevado (Hechos 12:1-20)

En ese tiempo, el rey Herodes Agripa de Judea arrestó a algunos de los líderes de la iglesia de Jerusalén para maltratarlos. Hizo matar al apóstol Santiago, hermano del apóstol Juan, a espada. Cuando vio que esto agradaba a los líderes judíos, arrestó a Pedro *con la intención de matarlo también.*

Sin embargo, era durante la Pascua, así que apresó a Pedro y lo tuvo fuertemente custodiado, para esperar el final de la Pascua. La iglesia oró fervientemente por él. La noche antes de que Herodes iba a juzgar *y asesinar a* Pedro, el apóstol dormía encadenado entre dos soldados en la celda. También había guardias apostados fuera de la celda. Un ángel del Señor apareció y despertó a Pedro, pero no a los guardias. Sus cadenas cayeron y se puso las sandalias, su capa y ajustó su cinturón. Luego siguió al ángel a través de la prisión; cada puerta se abría automáticamente para ellos. Caminaron por el patio de la prisión y la puerta principal se les abrió. Cuando llegaron a la calle, el ángel desapareció. Pedro pensó que estaba soñando, pero luego se dio cuenta de que el Señor había enviado a Su ángel para rescatarlo de Herodes.

Pedro caminó hacia la casa de María, madre de Juan Marcos, donde muchos se habían reunido para orar por él. Pedro llamó a la puerta, y Rhoda, una sirvienta, fue a responder; pero al reconocer la voz de Pedro, estaba tan emocionada que no logró abrir la puerta, sino que corrió alegremente a contar a los demás.

Le dijeron: "¡Chica, estás loca! No puede ser Pedro."

Pedro siguió llamando a la puerta hasta que finalmente la abrieron y se sorprendieron al ver a Pedro de pie allí. Pedro les indicó que guardaran silencio mientras les contaba la historia de cómo salió de la prisión. Les pidió que se lo dijeran a Santiago, el medio hermano de Jesús, y a otros creyentes. Luego, Pedro se fue a un lugar seguro. *A veces oramos como esos primeros creyentes, ¿y cuando Dios responde nuestra oración, fallamos en creer?*

Luego, Pedro se fue a un lugar seguro. Cuando llegó la mañana, había caos en la prisión. ¿Dónde estaba Pedro? ¿Cómo pudo haberse escapado? Herodes estaba tan molesto que hizo ejecutar a los guardias por permitir la fuga de Pedro.

## *La muerte de Herodes Antipas (Hechos 12:20-24)*

Herodes estaba enojado con el pueblo de Tiro y Sidón. Ganaron el favor del camarlengo del rey y se presentaron ante Herodes pidiendo paz. Eso era necesario porque dependían del rey para su suministro de alimentos. Herodes los recibió vestido con sus ropas reales y les dio un discurso. La gente halagó al rey gritando, "Él habla con la voz de Dios." El rey se sintió emocionado por sus cumplidos, pero un ángel del Señor lo hirió inmediatamente con una enfermedad porque se atribuyó la gloria que pertenece a Dios. Herodes murió una muerte horrible.

*¿Qué predicaron Pedro, Pablo y los otros apóstoles?* "Sus sermones en los Hechos revelan que sus explicaciones del evangelio se convirtieron en creencias básicas, es decir, (1) Dios está trabajando por nuestra salvación en la muerte y resurrección de Jesús. (2) Después de su resurrección, Jesús ocupó su lugar legítimo como el Señor entronizado, que se sienta a la derecha de Dios. (3) Jesús derramó su Espíritu sobre todos sus seguidores. (4) Aquellos que se arrepienten, aceptan el evangelio y declaran a Jesús como Señor serán salvos. (5) Los seguidores de Jesús son el verdadero Israel, el pueblo de Dios. (6) Jesús vendrá otra vez por sus seguidores y para juzgar al mundo. (7) Todo el plan de salvación de Dios (la historia de Jesús) había sido profetizado por los profetas" (es decir, Isaías 7:14 nacido de una virgen, Isaías 53:3-5 el siervo sufriente llevó nuestros pecados, Salmos 22:1, 7-8, 16b y 18, cada uno forma imágenes en palabras de la crucifixión de Jesús, etc.)

"Los apóstoles ciertamente predicaron más que eso, pero estos siete puntos resumen sus creencias básicas" (de la memoria del autor de un sermón del domingo por la noche del pastor del autor, Dr. Howard Batson PhD, todos los derechos reservados, citado aquí con el amable permiso del Dr. Batson).

# HISTORIA 30

## El Evangelio Se Propaga
## A Las Naciones

*El primer viaje misionero de Pablo, 46-48 d.C.*

*(Hechos 13:1-14:28)*

Los líderes de la iglesia de Antioquía ministraron y continuaron ayunando y orando, buscando el liderazgo del Señor. El Espíritu Santo habló a sus corazones y mentes, diciendo: "Aparten a Bernabé y a Saulo para la obra a la que los he llamado." *La iglesia gentil de Antioquía respondió a la ocasión; pusieron manos sobre los elegidos de Dios (ungidos y designados) y luego los enviaron como misioneros.*

Pablo mencionó que Santiago, medio hermano de Jesús, Pedro y Juan, los principales líderes de la iglesia en Jerusalén, acordaron que así como ellos fueron llamados a los circuncidados (los judíos), Pablo y Bernabé fueron llamados a evangelizar a los incircuncisos (los gentiles). Extendieron la mano de la comunión a Pablo y Bernabé. Su única petición fue que recordaran a los pobres, lo cual Pablo y Bernabé ya querían hacer.

Bernabé y Saulo, junto con Juan Marcos, su ayudante, zarparon a Salamina, en la isla de Chipre. Bernabé era de Chipre; *quizás por eso Dios guió a los misioneros allí primero (Hechos 13:4f)*. Al llegar, Bernabé y Saulo comenzaron a proclamar la Palabra de Dios en las sinagogas judías. La mayoría de la gente en Chipre eran griegos, pero también había muchas personas judías. Recorrían toda la isla, evangelizando hasta Pafos. Fue allí donde el procónsul romano, Sergio Pablo, escuchó la Palabra de Dios y se convirtió en seguidor de Jesús.

Luego, Saulo y sus compañeros (Bernabé y Juan Marcos) dejaron Chipre y navegaron a Perga en Panfilia (Suroeste de Turquía). Ocurrieron cuatro cambios: *Primero,* Bernabé había sido el líder del equipo misionero; ahora Saulo se convirtió en el líder. *Segundo:* el nombre judío de Saulo fue cambiado a Pablo (su nombre romano) para *facilitar su ministerio entre los gentiles. Tercero:* la preocupación principal de Pablo cambió de los judíos a los gentiles, aunque en cada ciudad, Pablo primero iba a los judíos. Luego, en unas pocas semanas, sería expulsado de una sinagoga, lo que abrió la oportunidad para que Pablo llevara nuevos seguidores de Jesús de entre los judíos con él para evangelizar a los gentiles locales. Cuarto: en Perga, Juan Marcos abandonó al equipo y regresó a casa a Jerusalén. Mientras tanto, Pablo y Bernabé continuaron hacia *Antioquía de Pisidia*, a unas setenta y cinco millas al norte de Perga.

*El sermón de Pablo en la sinagoga de Antioquía Pisidia (Hechos 13:16 en adelante)*

No confundir Antioquía Siria, donde se encontraba su iglesia misionera, con Antioquía Pisidia. En el Sabbat (sábado), asistieron al culto en la sinagoga. Después de las lecturas de la Ley y los profetas, los funcionarios de la sinagoga permitieron a Pablo dar un breve resumen de la historia del pueblo judío desde Abraham hasta David, rey de Israel (un hombre conforme al corazón de Dios).

Pablo les recordó que Dios prometió que enviaría al Salvador de los descendientes de David. Pablo dijo: 'He venido a decirles que el Salvador ha llegado.' Luego, Pablo cambió a la vida y enseñanza de Jesús y que fue crucificado, pero Dios levantó a Jesús de la tumba, y el Jesús resucitado fue visto por más de quinientas personas durante un período de cuarenta días. Luego, Jesús ascendió al cielo y ahora se sienta a la diestra de Dios. En conclusión, Pablo dijo,

> Ahora, has escuchado la buena noticia, que a través de Jesús, los pecados de todos los que creen serán perdonados. A través de Jesús, los creyentes son liberados de cosas de las que la ley de Moisés era demasiado débil para proveer.

> (Hechos 13:38, reescritura del autor)

*Pablo se vuelve hacia los gentiles (Hechos 13:44-52)*

Al salir Pablo y Bernabé de la sinagoga después del culto, la gente les suplicó que regresaran el próximo sábado y contaran más sobre las enseñanzas de Jesús. La noticia sobre Pablo y Bernabé se difundió, así que el siguiente sábado, la mayoría de la población judía se presentó para escuchar la Palabra del Señor. Sin embargo, cuando los líderes religiosos judíos vieron las multitudes, se pusieron celosos y contradijeron a los apóstoles. Pablo y Bernabé hablaron con valentía a los líderes religiosos:

> Era necesario que primero os diéramos la palabra de Dios. Pero como la rechazasteis, nos dirigiremos a los gentiles. El Señor nos dijo: "También te haré luz de las naciones [gentiles] para que la salvación llegue hasta los confines de la tierra."
>
> (Hechos 13:47 e Isaías 49:6 KJV)

Cuando los gentiles que adoraban en la sinagoga judía oyeron esto, se regocijaron y glorificaron la palabra de Dios. Muchos gentiles creyeron, y la palabra de Dios se esparció por toda la región. Sin embargo, los líderes judíos incitaron a algunas personas judías ásperas e instigaron una persecución contra Pablo y Bernabé. Eso los obligó a abandonar la zona. Los apóstoles se fueron a Iconio, a unas setenta y cinco millas al suroeste de Antioquía de Pisidia.

*Aceptación y oposición (Hechos 14:1-28)*

En Icónio, Pablo y Bernabé predicaron a Cristo en la sinagoga de los judíos, y muchos judíos y griegos creyeron; pero una vez más, al igual que en Antioquía de Pisidia, los líderes judíos incrédulos incitaron a la gente contra los apóstoles. Sin embargo, pudieron quedarse en Icónio mucho más tiempo. Continuaron hablando con valentía, confiando en Dios y realizando señales y maravillas. La ciudad eventualmente se dividió debido a los apóstoles, y se hicieron algunos intentos de hacerles daño. Pasaron a las ciudades de Licia, Listra, Derbe y áreas circundantes. Continuaron predicando el evangelio.

En Listra, los lugareños querían adorar a Pablo y a Bernabé después de que sanaron a un hombre que había nacido cojo. La gente pensaba que Pablo y Bernabé eran los dioses griegos Zeus y Hermes, pero los misioneros dijeron: "¡No! Somos humanos como ustedes. Hemos venido a traer buenas noticias para que puedan rechazar creencias necias y aceptar al Dios vivo, que creó el cielo y la tierra."

Los líderes religiosos judíos de Antioquía de Pisidia e Iconio incitaron a la multitud en contra de los apóstoles. *Apedrearon a Pablo en Listra y lo arrastraron fuera de la ciudad, suponiendo que estaba muerto.* Los seguidores de Jesús se quedaron alrededor de Pablo hasta que finalmente se levantó y todos regresaron a la ciudad (Hechos 14:19-20). En la segunda carta de Pablo a la iglesia en Corinto, advirtió a los nuevos seguidores de Jesús que algunos son falsos apóstoles que no son de Cristo. Son siervos del maligno que se disfrazan como siervos de la justicia así como Satanás se disfraza de ángel de luz. Dios juzgará a todos ellos de acuerdo a sus malas obras (2 Corintios 11:13-15, reescritura del autor).

Pablo dijo que se le dio un aguijón en la carne (un mensajero de Satanás, alguna enfermedad desconocida) para atormentarlo. Pablo le pidió a Dios tres veces que le quitara ese aguijón, pero el Señor le dijo a Pablo,

No, la espina permanece, debes confiar en Mi gracia.
Mi gracia es más de lo que necesitas, porque Mi poder se perfecciona en tu debilidad.

(2 Corintios 12:7-10; también
ver Filipenses 4:11-13)

*A partir de ahí, la actitud de Pablo hacia el aguijón cambió. Estaba contento mientras soportaba debilidad,* persecución, insultos, angustia y otras dificultades por amor a Cristo. Pudo decir,

Estoy contento con la debilidad por amor a Cristo, porque cuando soy débil, Dios se convierte en mi fuerza. Dependo totalmente de Él.

(2 Corintios 12:9-10, reescritura del autor)

*Que tú y yo también lleguemos a depender de Dios en todo lo que hacemos y en todo lo que sufrimos.*

Al día siguiente (Hechos 14:20-23), Pablo y Bernabé fueron a Derbe, a unas cincuenta millas al este de Listra. Predicaron el evangelio allí, y muchas personas se convirtieron en seguidores de Jesús. Desde allí, hicieron planes para regresar a las ciudades que habían evangelizado en orden inverso. Desde Derbe, regresaron a Listra (donde Pablo había sido apedreado), a Iconio y a Antioquía de Pisidia. En esas ciudades, los apóstoles ayudaron a las iglesias a preparar e instalar pastores *de cada congregación* como líderes espirituales.

Después de predicar en Perga, viajaron al sur a Atalia y al Gran Mar (Mar Mediterráneo). Desde allí, abordaron un barco con destino a Antioquía de Siria. Al llegar, *dieron un informe completo a la congregación de Antioquía, que los había enviado. La congregación se llenó de alegría al escuchar que Dios había abierto una amplia puerta de fe para los gentiles (Hechos 14:25-28).*

*El final del primer viaje misionero de Pablo*

Pablo y Bernabé permanecieron en Antioquía durante varios meses. Nota: *Los hebreos (judíos) estaban compuestos por doce tribus, que formaban un solo grupo de pueblo. Todos los otros grupos de personas son gentiles (no judíos), excepto posiblemente las tribus árabes, que se consideran primos de los judíos. Los árabes son descendientes por sangre de Abraham a través de Ismael, pero los árabes no son judíos, y no hay una paz real entre ellos. La mayoría de los lectores de este libro, al igual que el autor, son probablemente descendientes de grupos de personas gentiles. Dios ama a todas las personas. Cristo murió por todas las personas: judíos, árabes y gentiles.* En Cristo, todos los creyentes se convierten en el pueblo eterno de Dios.

### *El concilio en Jerusalén (Hechos 15:1-12)*

Algunos hombres de Judá fueron a Antioquía Siria y comenzaron a enseñar a la congregación que no podían ser salvos sin ser circuncidados y seguir las costumbres judías de Moisés. Pablo y Bernabé debatieron con los visitantes de Jerusalén. Así, la congregación (los miembros gentiles de la iglesia de Antioquía) tomó la decisión de llevar el debate a Jerusalén para que los apóstoles y ancianos (pastores) pudieran ayudar a resolver este problema.

La delegación de Antioquía viajó (a pie) a través de Fenicia *(el Líbano actual)* y Samaria para llegar a Jerusalén. A medida que viajaban, contaban a la gente en el camino sobre la conversión de muchos gentiles paganos. Eso trajo gran alegría a los creyentes a lo largo del camino. Al llegar a Jerusalén, la delegación de Antioquía fue bien recibida por los creyentes judíos, incluidos apóstoles y ancianos (pastores). Los delegados de Antioquía informaron todo lo que Dios había hecho en ellos y a través de ellos.

Algunos miembros del partido de los fariseos de Jerusalén se habían convertido en creyentes. Algunos los llamaban judaizantes.

Insistían en que era necesario circuncidar a los creyentes gentiles y dirigirlos a observar la ley de Moisés. *Eso era un ejemplo del orgullo judío que reemplazaba el plan eterno de Dios de llevar a todas las naciones a la salvación y adorarlo. El orgullo americano puede ser culpable de lo mismo. El orgullo personal puede (consciente o inconscientemente) utilizarse también en contra del plan eterno de Dios.*

*El debate no estaba llevando al consejo a ningún lado,* así que Pedro se levantó y explicó lo que Dios hizo entre los gentiles en Cesarea.

Después de escuchar el evangelio, los gentiles creyeron/obedecieron a Jesús. Dios conocía el corazón de esos creyentes gentiles, y validó su arrepentimiento y fe en Cristo al darles el Espíritu Santo, tal como lo había hecho con los creyentes judíos. Dios no hace distinción entre judío y gentil cuando se convierten en seguidores de Jesús.

Pedro recordó al grupo: "Creemos que los creyentes judíos son salvos por la gracia del Señor Jesús. Los creyentes gentiles también son salvos por la gracia del Señor Jesús." *Así, Pedro dio la vuelta al argumento.* Los creyentes judíos son salvos por gracia, no por obras religiosas, al igual que los creyentes no judíos. *Las buenas obras no generan salvación por obras, pero la salvación por gracia sí genera buenas obras* (ver Efesios 2:8-10).

Si la circuncisión y el cumplimiento de la ley de Moisés son necesarios para la salvación, ¿por qué vino Jesús a la tierra y murió por nuestro pecado? La ley de Moisés no puede salvar. En cambio, señala nuestro pecado y nuestra necesidad de un Salvador. Solo Jesús es el Salvador (Romanos 3:19-26).

Pedro parecía haber puesto fin al debate. *Luego se permitió que Pablo y Bernabé hablaran. Un silencio cayó sobre la multitud* mientras Bernabé (mejor conocido en Jerusalén que Pablo) y Pablo contaban sobre los signos y maravillas que Dios realizó entre los gentiles.

*La solución de Santiago (Hechos 15:13-35)*

Después de que se detuviera toda la conversación, Santiago (un medio hermano de Jesús y líder de la congregación de Jerusalén) resumió lo que se había dicho y propuso una solución al problema. Santiago dijo: "*Escuchen mi evaluación. Simón Pedro explicó cómo Dios ha tomado a los gentiles como pueblo para Su nombre. Eso está en consonancia con las palabras del profeta Amós.*" Después de estas cosas, el Señor declaró,

> Volveré y reconstruiré el Tabernáculo de David que
> ha caído. Restauraré las ruinas y lo restableceré, para
> que el resto de la humanidad busque al Señor y todos
> los gentiles que son llamados por Mi Nombre.
>
> (Amós 9:11-12, reinterpretación del autor)

Santiago concluyó,

> Por lo tanto, es mi juicio *que no deberíamos molestar
> más a los gentiles que se están volviendo a Dios.
> Escribamos a ellos pidiéndoles que se abstengan de
> cosas contaminadas por ídolos, de la promiscuidad
> sexual y de comer lo que ha sido estrangulado y de
> comer sangre.*

(Hechos 15:19-20 NASB)

Judas (apodado Barsabas) y Silas fueron elegidos para acompañar a Pablo y Bernabé y entregar una carta explicando todo eso a la congregación en Antioquía.

Cuando la carta fue leída y explicada en Siria Antioquía, *la congregación gentil de creyentes gentiles se regocijó con la carta de ánimo, afirmando que no necesitaban hacerse judíos para seguir a Jesús.* Después de muchos días en Antioquía, Judas volvió a Jerusalén, pero Silas decidió quedarse y ayudar a Pablo y Bernabé a enseñar la Palabra de Dios porque muchos se habían convertido en seguidores de Jesús.

*Santiago,* el medio hermano de Jesús y líder de la congregación en Jerusalén, escribió el libro del Nuevo Testamento de Santiago alrededor del año 51 d.C. Escribió sobre las relaciones sociales y otros aspectos prácticos de la fe basados en las enseñanzas de Jesús. Judas, otro medio hermano de Jesús y hermano completo de Santiago, escribió la carta de Judas alrededor del año 70 d.C. Escribió para advertir contra los falsos maestros en la iglesia.

*El segundo viaje misionero de Pablo, 49-52 d.C. (Hechos 15:36-18:23)*

Después de un tiempo, Pablo le dijo a Bernabé: "Debemos regresar a los nuevos creyentes en cada ciudad donde proclamamos el evangelio. Debemos asegurar su fidelidad espiritual a Jesús y su crecimiento espiritual" (reescritura del autor).

Bernabé dijo: "Debemos darle a Juan Marcos otra oportunidad."

Pablo argumentó que no necesitaban llevar a Marcos porque los había abandonado durante el primer viaje misionero.

Dado *que su desacuerdo sobre Marcos fue agudo,* decidieron separarse (una solución). Bernabé llevaría a Marcos con él y navegaría a Chipre, donde comenzaron durante su primer viaje. Pablo llevaría a Silas (Silvano) con él, y irían por tierra a través de Siria y Cilicia (el sur de Turquía moderno).

Pablo y Silas pasaron por Tarso, la ciudad natal de Pablo, y continuaron hacia las cuatro ciudades de Derbe, Listra, Iconio y Antioquía de Pisidia, donde Pablo y Bernabé habían evangelizado a muchos y plantado nuevas iglesias durante su primer viaje misionero. Pablo y Silas se quedaron muchos días en cada ciudad para fortalecer a las iglesias, a sus líderes y para agregar nuevos creyentes.

*En Listra, conocen a Timoteo,* quien era hijo de una madre judía que se había convertido en creyente. Aunque Timoteo, también creyente, había crecido en la cultura judía, no había sido circuncidado porque su padre era griego (gentil). Timoteo fue muy recomendado por los miembros de las iglesias en Listra e Iconio. Pablo quería que Timoteo se uniera a su equipo misionero y tomó lo que puede parecer una decisión extraña. Pablo pidió a Timoteo que se circuncidara, y Timoteo aceptó. Eso fue extraño porque antes, en Antioquía de Siria y en Jerusalén, Pablo había insistido en que la circuncisión no era necesaria para la salvación. No había cambiado su opinión. La circuncisión de Timoteo era puramente una necesidad cultural, no una necesidad religiosa. Un judío no circuncidado en el equipo de Pablo no sería bien recibido por las comunidades judías. Por lo tanto, Pablo pidió a Timoteo que se circuncidara.

Desde Antioquía de Pisidia, Pablo quería dirigirse hacia el norte y evangelizar Bitinia. Sin embargo, el Espíritu de Jesús no lo permitió, sino que los llevó hacia el oeste. *(Las historias del Antiguo Testamento deberían enseñarnos a todos que Dios trabaja de acuerdo a su propio calendario. Al parecer, no era el momento de Bitinia.* Más tarde, Dios envió a Pedro a esa área. La carta de 1 Pedro fue el seguimiento de Pedro a los conversos judíos en esa región). El equipo misionero de Pablo finalmente llegó a la ciudad portuaria de Troas, en la costa este del mar Egeo. Habían llegado al final de Asia. ¿Y ahora qué, Señor?

Encontramos a Lucas en el equipo misionero de Pablo en Troas durante el segundo viaje misionero de Pablo. *No se nos dice cuándo se unió Lucas al equipo. Posiblemente era un judío griego de Antioquía de Siria y se convirtió en el cuarto miembro del equipo de Pablo en Antioquía de Pisidia o en Troas.*

*Esa noche, Pablo tuvo una visión* de un hombre en Macedonia que le pedía que "cruzara las aguas y viniera a ayudarnos aquí." *Macedonia fue nombrada así por Filipo de Macedonia, padre de Alejandro Magno.* Lucas reveló que el equipo estaba de acuerdo en que Dios los estaba llamando a predicar el evangelio allí. "Abordamos un barco que iba a Filipos, la ciudad principal de la región de Macedonia, una colonia romana."

## Primera conversión en Europa (Hechos 16:14-21)

No había sinagoga en Filipos porque se requerían diez hombres, de treinta años o más, como el número mínimo para iniciar una nueva sinagoga. Allí vivían menos de diez hombres judíos. En el Día de Sábado, Pablo y su equipo salieron de la ciudad hacia un río cercano. Esperaban encontrar un "lugar de oración" allí.

Junto al río, se sentaron y hablaron con las mujeres que se habían reunido. Una de las damas, Lidia, era una comerciante adinerada de telas costosas. Ella, al igual que Cornelio (Hechos 10), era una temerosa de Dios (un gentil que adoraba a Dios). El Señor abrió el corazón de Lidia para responder al evangelio de la gracia. Basados en su fe en Cristo, ella y su familia pidieron el bautismo de los creyentes. Lidia fue la primera europea en convertirse en seguidora de Jesús. También invitó a Pablo y su equipo a hacer de su gran casa su base en Filipos.

Un día, cuando Pablo y el equipo se dirigían al lugar de oración, una esclava con espíritu de adivinación se encontró con ellos en el camino. Ganó mucho dinero para sus dueños adivinando la fortuna. La niña siguió a Pablo y al equipo y gritó: "Estos hombres son siervos del Dios Altísimo. Han venido a indicaros el camino de la salvación". Todos los días, continuó siguiendo al equipo, gritando quiénes eran y por qué habían venido. *Eso puede sonar bien, pero en realidad estaba alejando a la gente antes de que pudieran escuchar el evangelio.*

Finalmente, Pablo se volvió y le habló al espíritu de la esclava: "En el nombre de Jesús, te mando que salgas de la muchacha". El espíritu maligno obedeció a Pablo e inmediatamente dejó a la niña. Los dueños de la esclava se dieron cuenta de que su esperanza de obtener ganancias continuas a través de ella se había ido. Pablo y Silas fueron apresados y llevados ante los principales magistrados, diciendo: "Estos judíos están causando confusión en nuestra ciudad al imponer costumbres que van en contra de nuestras leyes romanas".

*Pablo y Silas encarcelados (Hechos 16:22-30)*

La multitud local también se volvió contra Pablo y Silas, por lo que los magistrados principales les arrancaron las túnicas y ordenaron que los golpearan con palos. Después de golpearlos, los metieron en prisión y ordenaron al carcelero que los custodiara con seguridad. El carcelero los puso en una celda segura y les encerró los pies en el cepo.

Alrededor de la medianoche, Pablo y Silas estaban orando y cantando himnos de alabanza a Dios mientras otros prisioneros escuchaban. De repente, un terremoto sacudió los cimientos de la prisión. Todas las puertas se abrieron y las cadenas de todos se cayeron. El carcelero se despertó. Vio las puertas de la prisión abiertas y asumió que todos los prisioneros habían escapado. Si los prisioneros se hubieran escapado, el carcelero sería encarcelado en su lugar, así que sacó su espada para suicidarse, pero Pablo le gritó: "Todos nosotros todavía estamos aquí. No te hagas daño". El carcelero tomó una lámpara y contó cabezas. Estaba asombrado de que ningún prisionero hubiera tenido la oportunidad de huir.

Después de sacar a Pablo y Silas de la cárcel, el carcelero cayó temblando a sus pies. Les preguntó: "Señores, ¿qué debo hacer para ser salvo?"

La respuesta fue clara: "Cree en el Señor Jesús, y serás salvo, *y lo mismo para tu hogar."*

Pablo y Silas explicaron el evangelio al carcelero y a toda su familia.

Después de escuchar el evangelio, inmediatamente llevó a Pablo y Silas y lavó sus heridas en el área de baño detrás de su casa. Allí, todos fueron bautizados *(Él y toda su familia habían escuchado el evangelio; todos habían creído y todos fueron bautizados). Por eso se le llama bautismo de creyentes.* Después del bautismo, el carcelero llevó a Pablo y Silas a su casa y les dio de comer. Hubo gran regocijo porque él y su familia habían creído.

Pablo y Silas habían sido golpeados con palos antes de ser encarcelados más temprano ese día. Sus espaldas estaban ensangrentadas, pero sus heridas fueron ignoradas. No les dieron cena. Sin embargo, después de que el carcelero fue salvo, se convirtió en un hombre cambiado. Se encargó de sus heridas y les dio una comida de su propia casa. *La verdadera salvación siempre va acompañada de un cambio en el carácter.*

Al día siguiente, los magistrados principales enviaron a sus policías, diciendo: "Liberen a Pablo y Silas." El carcelero le informó eso a Pablo, diciendo: "Ustedes son libres de ir en paz", pero Pablo dijo: "Somos ciudadanos romanos, sin embargo, nos golpearon en público sin un juicio, nos arrojaron a prisión y ahora quieren enviarnos lejos en secreto como si todo estuviera bien. Dile al magistrado principal y a sus policías que vengan aquí y se nos disculpen antes de liberarnos de la prisión." *Pablo no quería que se repitieran los golpes romanos.*

La policía informó de esas palabras a los magistrados principales, que se asustaron porque habían maltratado a ciudadanos romanos. Fueron a la cárcel y suplicaron a Pablo y a Silas que salieran y les rogaron que abandonaran la ciudad sin causarles problemas. Lucas escribe que salieron de la prisión y fueron a la casa de Lidia para animar a la pequeña congregación en Filipos. Más tarde caminaron hasta Tesalónica (a unas sesenta millas al sureste de Filipos), donde había una sinagoga de los judíos. *Nota: En el libro de los Hechos, del cual Lucas fue el autor, el "nosotros" y el "ellos" de Lucas es un código para indicar si Lucas está con Pablo o si Lucas no está con Pablo. Por lo tanto, ese código indica dónde estaba Luke. Por ejemplo: "Nosotros", Hechos 16:11-12. Por lo tanto, zarpando de Troas, navegamos a Samotracia, luego a Neápolis y luego a Filipos", lo que significa que Lucas navegó con Pablo y otros. Sin embargo, cuando Lucas escribió: "Cuando" habían viajado a través de Amfípolis y Apolonia, llegaron a Tesalónica. "Ellos" (Pablo, Silas y Timoteo) fueron a Tesalónica, pero Lucas se quedó en Filipos solo.*

*De hecho, Lucas permaneció en Filipos durante seis años para ayudar a la iglesia a crecer y madurar. Dejar a Lucas solo indicaba la confianza de Pablo en su capacidad para manejar situaciones con la ayuda de Dios. Lucas permaneció en Filipos hasta que Pablo regresó durante su tercer viaje misionero.*

*Pablo, Silas y Timoteo en Tesalónica (Hechos 17:1-9)*

De acuerdo con la costumbre de Pablo, asistió a la sinagoga durante tres sábados, enseñándoles acerca de Jesús. "Las Escrituras enseñan que el Cristo debe sufrir muerte y luego resucitar de entre los muertos. Este Jesús que les proclamo es el Cristo (Mesías)." Algunos judíos fueron persuadidos y se unieron a Pablo y Silas junto con un gran número de griegos temerosos de Dios y varias mujeres prominentes.

Los líderes de la sinagoga se pusieron celosos de Pablo e contrataron a unos hombres malvados del mercado para formar una turba y alborotar la ciudad. Atacaron la casa de Jasón para sacar a Pablo y Silas. Los atacantes no pudieron encontrarlos, así que llevaron a Jasón y a otros nuevos creyentes ante las autoridades de la ciudad y se quejaron: "Jasón y estos otros han dado la bienvenida a indeseables en nuestra ciudad. Esos indeseables actúan en contra de los decretos de César. Afirman que hay otro rey, cuyo nombre es Jesús. *Han perturbar el mundo y ahora vienen aquí para hacer lo mismo.*" Los líderes de la sinagoga incitaron a la multitud, y las autoridades de la ciudad fallaron en contra de Jasón. Después de que Jasón y otros pagaron fianzas, fueron liberados.

Pablo y su equipo fueron a Berea (Hechos 17:10-15)

Los nuevos creyentes en Tesalónica se dieron cuenta del peligro y enviaron a Pablo y a Silas esa misma noche. Fueron a Berea, a unas cuarenta millas al oeste de Tesalónica. Al llegar, entraron en la sinagoga judía como de costumbre. Los líderes allí eran más nobles que los de Tesalónica. Recibieron el evangelio con entusiasmo, examinando las Escrituras a diario para asegurarse de que la enseñanza de Pablo era fiel a la palabra de Dios. Muchos de los judíos y varios griegos prominentes, tanto hombres como mujeres, recibieron a Jesús.

Cuando los líderes judíos en Tesalónica se enteraron de que el evangelio se estaba predicando en Berea, fueron allí y comenzaron a agitar la situación y a incitar a las multitudes. *Los creyentes allí entendieron lo que estaba sucediendo, así que enviaron a Pablo, de alto perfil, fuera de la ciudad mientras que Silas y Timoteo, de perfil más bajo, permanecieron en Berea.* Algunos de los nuevos creyentes acompañaron a Pablo a Atenas (a unas 180 millas al sur de Berea). Los escoltas regresaron a Berea con un mensaje de Pablo, pidiendo a Silas y Timoteo que se unieran a él pronto.

*Pablo en Atenas (Hechos 17)*

Mientras esperaba en Atenas, Pablo observó la ciudad y aprendió todo lo que pudo sobre la gente. Se sintió provocado por una ciudad llena de altares *repulsivos* y muchos ídolos. Iba a la sinagoga judía todos los días y razonaba con el pueblo judío y con los gentiles temerosos de Dios. También hablaba diariamente con los griegos en el área *del mercado de la ciudad baja,* así como con epicúreos (que disfrutaban de la sensación) y estoicos (filósofos no emocionales) en la acrópolis, *la parte alta de la ciudad.* Algunos de ellos pensaban que Pablo era un hablador ocioso; otros pensaban que parecía proclamar deidades extrañas porque predicaba a Jesús y su resurrección.

A los atenienses les gustaba escuchar hablar sobre cosas nuevas, así que a Pablo le dieron la oportunidad de hablar ante una multitud. Pablo comenzó diciéndoles que sabía que eran muy religiosos por todos los altares e ídolos en toda su ciudad. Incluso había visto un altar dedicado "a un Dios desconocido." Pablo les dijo que había venido a hablarles sobre el Dios desconocido que adoran en ignorancia. *Ese es un buen ejemplo y una aguda percepción para nosotros. Cuando damos testimonio a las personas, debemos comenzar con lo que saben sobre Jesús y luego guiarlos hacia lo que no saben sobre Jesús y la gracia de Dios.*

Pablo comenzó a contarles sobre el Dios que creó el mundo y todas las cosas en él. Él es Señor del cielo y de la tierra. No vive en templos hechos por manos humanas, ni es servido por manos humanas como si necesitara algo de nosotros. Es Él quien nos da la vida y todo lo que necesitamos.

Después de que Dios creó el mundo, *creó a un hombre y a una mujer.* De esas primeras personas vino todos y todas las naciones de la humanidad que viven sobre la faz de la tierra. El plan de Dios es que todos nosotros lo conozcamos. Cuando lo buscamos con todo nuestro corazón, Él se dará a conocer a nosotros.

Aunque quizás no lo sepamos, en Dios vivimos, nos movemos y existimos. Incluso algunos de sus propios poetas han dicho: "Porque somos sus hijos". Dado que somos hijos de Dios, no debemos pensar que su naturaleza es como el oro, la plata, la piedra o algo labrado por el arte o el pensamiento humano. Dios, que nos ha creado, declaró que toda la humanidad en todas partes debe arrepentirse de su pecado.

Dios ha establecido un tiempo en el cual juzgará al mundo con justicia a través de un Hombre a quien ha designado. Él ha provisto prueba a todos los hombres al resucitar a ese hombre (Jesús) de entre los muertos. Cuando Pablo habló de la resurrección de Jesús, algunos se burlaron. Otros dijeron que lo escucharían en otra ocasión. Sin embargo, algunos se unieron a Pablo y creyeron, entre los cuales estaban Dionisio y una mujer llamada Damaris y otros con ellos (Hechos 17:16-34, reescritura del autor).

*Pablo en Corinto (Hechos 18:1-17)*

Pablo dejó Atenas y fue a Corinto. Conoció a una pareja judía llamada Aquila y Priscila. Eran seguidores de Jesús que se mudaron de Italia después de que el emperador Claudio ordenara a todos los judíos abandonar Roma. Se ganaban la vida haciendo tiendas. Dado que Pablo había sido un fabricante de tiendas, lo invitaron a quedarse con ellos y unirse a su trabajo. *Así, Dios proveyó una manera para que Pablo se sostuviera temporalmente y aún así pasara cada sábado (el Sabbath) testificando a los judíos y a los temerosos de Dios griegos, buscando persuadirles para que se convirtieran en seguidores de Jesús.*

*Finalmente, Silas y Timoteo llegaron a Corinto para entregar un regalo de dinero a Pablo de la iglesia en Filipos.* Ese regalo le permitió a Pablo dejar de hacer tiendas de campaña y comenzar a trabajar a tiempo completo difundiendo el evangelio de Dios sobre Jesús. Cuando la gente de la sinagoga comenzó a resistir, Pablo se volvió hacia los gentiles y se mudó a la casa de Justo, un gentil temeroso de Dios. Crispo, el líder de la sinagoga, y su familia se hicieron creyentes, junto con muchos otros corintios, y fueron bautizados.

*Evidentemente, Pablo había estado bajo un estrés no mencionado porque una noche,* el Señor le habló a Pablo en una visión, diciendo: "No tengas más miedo. Continúa hablando de Jesús y no te quedes callado. Nadie te atacará, porque tengo mucha gente en Corinto. Así que Pablo se instaló y pasó dieciocho meses enseñando la Palabra de Dios allí.

Además de entregar el regalo de dinero de la iglesia de Filipos, *Timoteo también trajo la noticia de que algunos creyentes en Tesalónica* estaban confundidos acerca de la segunda venida de Jesús. Sabían que Jesús regresaría a la tierra y se llevaría a los creyentes vivos con Él, pero pensaron que los creyentes muertos serían excluidos. Pablo les escribió una carta (1 Tesalonicenses) para corregir ese malentendido.

Su carta explicaba que *cuando el Señor regrese, traerá a los muertos en Cristo con Él, y sus cuerpos resucitarán primero.* Para el entendimiento de los lectores, varios años después, Pablo explicó que cuando los creyentes mueren *"estar ausente del cuerpo es estar presente con el Señor"* (2 Corintios 5:8). Entonces los creyentes que aún están vivos serán arrebatados con ellos en las nubes para encontrarse con el Señor en el aire.

En 1 Corintios 15:51, Pablo *se refiere* a un misterio:

Los creyentes no todos dormirán [morirán], pero todos los creyentes serán transformados. Todos los creyentes estarán para siempre con el Señor.

(1 Tesalonicenses 4:13-18)

En el año 51 d.C., Timoteo llevó la carta de Pablo a la iglesia de Tesalónica.

Unos meses más tarde, Pablo escribió una segunda carta a los tesalonicenses porque algunos malinterpretaron la primera carta de Pablo como si insinuara que Jesús regresaría rápidamente, por lo que dejaron de trabajar. Simplemente se quedaron sentados esperando y se convirtieron en una carga para sus amigos. Pablo explicó que el regreso de Cristo es inminente, pero no será pronto. Todos deben continuar trabajando para cuidar de sus familias y tener fondos para ayudar a otros que están en necesidad (2 Tesalonicenses 3:7-13). Timoteo también llevó esa carta.

Mientras tanto, *los líderes religiosos judíos de Corinto buscaron juicio contra Pablo por persuadir a la gente a adorar a Dios en contravención de la ley judía.* Llevaron a Pablo ante Galión, el procónsul romano de Acaya (una provincia romana que abarca gran parte de lo que es la Grecia moderna). Pablo estaba a punto de hablar en su propia defensa, pero Galión interrumpió a Pablo y habló directamente a los líderes judíos: "Si su acusación implicara un crimen, sería razonable que los escuchara, pero si esperan que juzgue a Pablo en sus asuntos religiosos judíos, *están ladrando al árbol equivocado.*"

*¿Te sorprende que Dios usara a un funcionario gubernamental incrédulo para proteger a Pablo de líderes religiosos radicales incrédulos que querían deshacerse de él de una manera u otra? Por otro lado, Dios había utilizado a líderes religiosos radicales incrédulos para convencer a Poncio Pilato de crucificar a Jesús y, de este modo, lograr la salvación para los creyentes. Dios es asombroso y a menudo nos sorprende.*

Siglos antes, los hermanos de José lo vendieron como esclavo, pero él los perdonó. Años más tarde, *José les dijo a sus hermanos,*

*Ustedes pensaron en hacerme mal, pero Dios lo pensó para bien,* a fin de preservar la vida de muchos judíos y egipcios.

(Génesis 50:20)

El apóstol Pablo escribió,

Dios hace que todas las cosas cooperen para bien de quienes aman a Dios, de quienes son llamados fuera del mundo del ego según el propósito de Dios.

(Romanos 8:28)

Pablo no dijo: "Dios causa todas las cosas" sino que "Él causa que todas las cosas *(buenas o malas) trabajen para el bien (es decir, Dios puede usar nuestro dolor, enfermedad, pobreza, etc., para traer lo bueno para nosotros).* Romanos 8:29 nos dice que nuestro bien no es estar sanos, ricos y sabios, sino *"convertirse en conformados a la imagen del Jesús resucitado."*

*Además de ser un apóstol trabajador y productivo, Pablo fue un gran teólogo que escribió más de la mitad de los libros del Nuevo Testamento.* Se mantuvo en contacto con las personas y las iglesias a través de visitas personales, cartas circulares y \enviando asistentes de confianza en su lugar.

*Pablo también era un maestro en reclutar a otros para el ministerio* (es decir, Silas, Timoteo, Lucas, Gayo, Tito, Aristarco y muchos otros). Pablo ofreció a esos nuevos asistentes capacitación en el trabajo bajo su tutoría personal. *Tenía expectativas hacia los demás, pero no se llenó de orgullo. Era lo suficientemente humilde como para reconocer que alguna vez persiguió a la iglesia, sin embargo, se volvió totalmente dependiente de Dios y de Su asombrosa gracia capacitadora.*

La iglesia en Corinto necesitaba más del tiempo y las oraciones de Pablo que la mayoría. *Esa congregación estaba llena de problemas y potencial. Pablo nunca se rindió con ellos. Sus cartas, 1 y 2 Corintios, abordan muchas necesidades y problemas que también enfrentan las iglesias modernas. Por ejemplo, vea los subtítulos de los capítulos de 1 Corintios (de* NASB*): capítulo 1, "Apelación a la Unidad" y "La Sabiduría de Dios"; capítulo 2, "Dependencia del Espíritu de Dios"; capítulo 3, "Fundamentos para Vivir"; capítulo 4, "Siervos de Cristo"; capítulo 5, "Inmoralidad Reprimida"; capítulo 6, "Demandas Desalentadas"; capítulo 7, "Enseñanzas sobre el Matrimonio"; capítulo 8, "Cuida tu Libertad"; capítulo 9, "El Uso de la Libertad de Pablo"; capítulo 10, "Evitar el Error de Israel"; capítulo 11, "Orden Cristiano" y "La Cena del Señor"; capítulo 12, "El Uso de los Dones Espirituales"; capítulo 13, "La Excelencia del Amor Agape"; capítulo 14, "Profecía: Un Don*

*Espiritual Superior"; capítulo 15, "El Misterio de la Resurrección"; y capítulo 16, "Instrucciones y saludos."*

*Después de dieciocho meses en Corinto y de establecer una iglesia allí, Pablo terminó su segundo viaje misionero en Cencrea (cerca de Atenas en la Grecia moderna).* Abordó un barco hacia Siria. Primero navegó a Éfeso, la ciudad más importante de esa región (situada en la costa occidental de la actual Turquía). Priscila y Aquila viajaron con él hasta Éfeso, donde desembarcaron.

Dado que el barco estaría en el puerto durante varias horas antes de zarpar, Pablo aprovechó la oportunidad para visitar la sinagoga local y razonar con los judíos sobre Jesús el Mesías. Querían escuchar más sobre Jesús y le pidieron que se quedara más tiempo. Pablo les agradeció pero tuvo que rechazar su oferta. Prometió volver más tarde si Dios lo quería. Navegó solo hacia Cesarea, donde desembarcó. Después de visitar la congregación local, *Pablo regresó a su iglesia de envío en Antioquía de Siria y reportó sobre su segundo viaje misionero.*

*El tercer viaje misionero de Pablo, 53-57 d.C. (Hechos 18:23-21:14)*

*Después de un tiempo en su base en Antioquía de Siria, Pablo partió en su tercer viaje misionero. Evidentemente, viajó solo a pie durante 1,500 millas por tierra hasta Éfeso.* Como de costumbre, Pablo pasó tiempo fortaleciendo a los creyentes en cuestiones de fe y ministerio a lo largo del camino (es decir, Antioquía de Pisidia, Iconio, Listra y Derbe).

*Pablo finalmente llegó a Éfeso, la capital de la provincia romana de Asia. Tenía una población de alrededor de 225,000, lo que se consideraba una ciudad muy grande en ese momento.* El templo de la diosa Diana, ubicado en Éfeso, era considerado una de las siete maravillas del mundo antiguo. El culto a Diana incluía la prostitución. *Pablo permaneció en Éfeso casi tres años (circa 53/54 d.C. a 56/57 d.C.) y realizó parte de su mejor trabajo allí.* Mantuvo su promesa anterior de regresar a la sinagoga en Éfeso y enseñó sobre Jesús durante tres meses.

Él se trasladó al Aula de Tirano y enseñó allí durante dos años y también habló a la gente en lugares públicos así como de casa en casa. Formó a líderes, y muchas nuevas congregaciones se iniciaron en toda la ciudad y en todas las direcciones, *posiblemente hasta cien millas de Éfeso. Bajo el ministerio de Pablo, el crecimiento de la iglesia se expandió por todo Éfeso y más allá. Así, Éfeso se convirtió en un importante centro cristiano.* Escribió 1 Corintios en el año 57 d.C. y Gálatas en el año 54 o 55 d.C. desde Éfeso.

*Pablo dejó Éfeso en el verano para Grecia.* Navegó hacia Filipos, en Macedonia, y se quedó durante unos meses. *Mientras estaba en Filipos, escribió 2 Corintios.* Desde allí, regresó a Corinto durante varios meses y *escribió Romanos mientras estaba allí (c. 57 d.C.). Febe, de la cercana Cenchrea, entregó la carta a Roma.* Según Romanos 15:19, Pablo visitó Ilírico (Dalmacia, otra provincia romana). En ese quincuagésimo capítulo de Romanos, Pablo dijo que era su ambición enseñar y predicar el evangelio en lugares donde Jesús nunca había sido proclamado *(el llamado de un misionero).*

*Pablo regresó a Filipos desde Corinto. Después de un tiempo allí, Pablo se dirigió hacia Siria Antioquía. Lucas dejó Filipos con Pablo* después de los días de la Pascua y navegó cinco días hasta Troas. La parada en Troas duró una semana. Pablo y sus amigos encontraron creyentes y supieron dónde adoraban.

Se reunieron el primer día de la semana (domingo) para partir el pan (celebrar la Cena del Señor, también conocida como Comunión). Había muchas lámparas de aceite en la habitación del tercer piso donde se reunieron. Un joven llamado Eutico estaba sentado en una ventana abierta. *Pablo predicó y discutió las*

*Escrituras hasta tarde en la noche. Eutico se durmió y cayó de la ventana hasta su muerte.* Pablo bajó corriendo, envolvió sus brazos alrededor del joven y trajo a Eutico de vuelta a la vida. Todos alabaron al Señor y regresaron al piso de arriba, participaron de la Cena del Señor, seguidos de una comida juntos. Luego Pablo predicó hasta el amanecer. Navegaron en un barco costero de

*Troas a Mileto, justo más allá de Éfeso,* en cuatro días. Pablo no quería detenerse en Éfeso porque tenía prisa por llegar a Jerusalén, a tiempo para Pentecostés (cincuenta días después de la Pascua).

*La despedida de Pablo a los ancianos efesios (pastores) (Hechos 20:17-38)*

Su embarcación atracó en Mileto durante un par de días para descargar y cargar mercancía y para dar a la tripulación un permiso en tierra. *Pablo envió mensajeros a los pastores de las iglesias locales en y alrededor de Éfeso. Les pidió que vinieran a verlo en Mileto. Muchos de los pastores vinieron a ver a Pablo. Les recordó cómo trabajó para evangelizar, discipular creyentes, entrenar líderes y plantar iglesias con el fin de lograr el tremendo crecimiento de la iglesia en Éfeso y en toda esa área. Hechos 20:17-38 es una guía valiosa para las congregaciones y los plantadores de iglesias.* Pablo concluyó diciendo: "Debes ayudar a los débiles y recordar las palabras del Señor Jesús: 'Más bienaventurado es dar que recibir.'"

*Las despedidas finales son difíciles pero muy importantes para todos los involucrados. Todos se emocionaron mucho cuando Pablo se arrodilló y oró con ellos. Los ancianos comenzaron a llorar en voz alta y lo abrazaron y le besaron repetidamente en la mejilla. Lloraron porque* Pablo dijo que no se volverían a ver, y luego todos lo acompañaron al barco.

*Viaje a Tiro y por tierra a Jerusalén (Hechos 21:1-17)*

Continuaron en un barco costero hacia Patara (actual Turquía del sur), donde desembarcaron y abordaron un barco de alta mar hacia Tiro (actual Israel), donde se descargó la carga y la tripulación tomó permiso en tierra. Pablo y su grupo se quedaron con los creyentes en Tiro durante siete días, y se le advirtió que no fuera a Jerusalén. Pablo volvió a embarcarse en el barco, que continuó hacia el sur hasta Ptolemaida (veinticinco millas de Tiro), descargó carga y pasó la noche, y Pablo se reunió nuevamente con los creyentes. El barco continuó treinta y dos millas hacia el sur hasta Cesarea, el final del viaje para Pablo y su equipo. En Cesarea, Pablo y su equipo se quedaron varios días con Felipe el evangelista (uno de los siete, Hechos 7). Felipe había ayudado a evangelizar Samaria, evangelizó al eunuco etíope y su propia área costera entre Azoto y Cesarea (Hechos 6:1-7; 8:1-17 y 8:25-40). Felipe tenía cuatro hijas vírgenes, que eran profetisas.

Mientras Pablo estaba allí, llegó un profeta llamado Agabo de Judea. Usó el cinturón de Pablo y ató sus propios pies y manos e indicó que los judíos en Jerusalén atarían a Pablo y lo entregarían a los romanos. El equipo de Pablo le rogó que no fuera a Jerusalén, pero Pablo dijo,

> Estoy listo no solo para ser atado, sino también para
> morir en Jerusalén por el nombre del Señor Jesús.
>
> (Hechos 21:13 RVA)

Después de varios días más, Paul y su equipo se prepararon y se fueron a Jerusalén.

## *Pablo arrestado en Jerusalén (Hechos 21:15 a Hechos 23:11)*

Al llegar a Jerusalén, Lucas informó que "los hermanos *(líderes entre los creyentes)* nos recibieron con alegría." Pablo se presentó a Santiago, el medio hermano del Señor y líder de la congregación de Jerusalén, y a los otros ancianos. Estaban emocionados de escuchar que miles de gentiles habían llegado a la fe en Jesús a través del ministerio de Pablo. También advirtieron a Pablo sobre un posible problema. Judíos de Asia habían llegado a Jerusalén y habían agitado a la ciudad al afirmar que Pablo hablaba contra la ley de Moisés, diciendo a la gente que no circuncidara a sus hijos. Los ancianos sugirieron un plan para demostrar que Pablo no era anti-Moisés. Él aceptó unirse a otros cuatro hombres para purificarse, rasurarse la cabeza y hacer sacrificios.

Cuando casi habían pasado los siete días, algunos judíos asiáticos vieron a Pablo en el templo, lo apresaron y causaron un alboroto. Se reunió una multitud y los judíos asiáticos afirmaron que Pablo hablaba contra sus costumbres y que había llevado griegos al templo, profanando así su lugar sagrado. Anteriormente, lo habían visto fuera del templo con Trófimo, el efesio, y asumieron incorrectamente que Pablo había llevado a ese gentil al templo.

Pablo fue arrastrado fuera del templo por la multitud, y comenzaron a golpearlo con la intención de matarlo. Alguien informó esto al comandante de la cohorte romana, diciendo: "Jerusalén está en fermento." El comandante tomó centuriones y se apresuró hacia el templo. Cuando los atacantes vieron venir al ejército, dejaron de golpear a Pablo.

*El comandante ordenó que a Pablo lo ataran con cadenas* (como grilletes). Luego interrogó a la gente: "¿Quién es este hombre y qué ha hecho?"

La gente en la multitud gritaba una cosa, pero otros gritaban otra. No había acuerdo entre ellos. *El comandante ordenó que a Pablo lo llevaran a los cuarteles y lo azotaran.* Mientras los soldados se preparaban para azotarlo con látigos, Pablo les hizo saber que estaban a punto de golpear a un ciudadano romano. Era ilegal azotar a un ciudadano romano que aún no había sido juzgado y condenado. Asustados, los soldados lo encerraron tras las rejas sin golpearlo ni encadenarlo. Esa noche, el Señor le dijo a Pablo que mantuviera su valor. Él había dado testimonio del Señor en Jerusalén; también debía dar testimonio en Roma (Hechos 23:11).

Por la seguridad de Pablo, el comandante lo trasladó de Jerusalén a Cesarea, en la costa del Gran Mar (Mediterráneo), a casi sesenta millas de distancia. *Pablo estuvo confinado en prisión en Cesarea durante aproximadamente dos años* (AD 58-60) bajo la autoridad del gobernador Félix y más tarde bajo Festus (AD 60). Pablo dio testimonio ante cada uno de esos corruptos gobernadores romanos. No querían liberar a Pablo porque se negó a darles un soborno. En lugar de ser entregado a los líderes judíos, lo que le llevaría a su muerte, Pablo apeló a César, por lo que sería enviado a Roma para ser juzgado por el emperador.

*El rey Agripa* y su esposa, Bernice, visitaron al gobernador Festo antes de la partida de Pablo a Roma. Este Agripa era Herodes Agripa II, hijo de Herodes Agripa I, que dieciséis años antes mató al apóstol Santiago (Hechos 12:2). Era el nieto de Herodes Antipas, quien mató a Juan el Bautista (Mateo 14:1-12) y se burló de Jesús (Lucas 23:8-12). Era el bisnieto de Herodes el Grande, quien asesinó a los niños de Belén después de que nació Jesús (Mateo 2:13-23). Agripa habló con Pablo, y Pablo dio testimonio sobre Jesús ante él. Agripa permitió a Pablo contar su historia sobre su arresto. Ni Félix, ni Festo, ni Agripa ayudarían a Pablo.

## *Viaje de seis meses (con problemas) a Italia*

Pablo estaba bajo la custodia de un amable centurión llamado Julio. Navegaron en condiciones climáticas adversas y experimentaron un naufragio. Dios aseguró a Pablo que no debía temer; él y los que navegaban con él estarían a salvo. Dios también dijo: "Pablo debe comparecer ante César en Roma". Después de tres meses más, tomaron otro barco y finalmente llegaron a Roma, la capital del Imperio Romano y centro del mundo conocido en ese entonces.

Después de llegar a Roma, *a Pablo se le permitió alquilar un lugar, pero estuvo bajo arresto domiciliario en ese lugar durante dos años completos.* Pablo pudo recibir visitantes, predicar el reino de Dios y enseñar abiertamente sobre Jesús, aunque estaba encadenado a los guardias en su alojamiento (Hechos 28:30-31). Testificó con éxito a todos los soldados que lo custodiaban. Mientras estaba cautivo en Roma, *la carta de Pablo a la iglesia en Galacia revela cómo continuó animando a los creyentes a obedecer al Señor.*

Los seguidores de Jesús han sido liberados de la esclavitud al pecado y a la ley de Moisés, pero no debemos utilizar nuestra libertad para satisfacer la carne *(nuestra naturaleza pecaminosa).* Debemos servirnos unos a otros mediante el amor *(amor ágape, el tipo de amor de Dios).* En Cristo, toda la ley de Moisés se cumple en la afirmación

> Amarás a tu prójimo como a ti mismo. *Si pensamos que la libertad significa que podemos atacarnos unos a otros, estamos equivocados y podríamos terminar destruyéndonos espiritualmente.*

> (Gálatas 5:13-15, reescritura del autor)

Si caminamos con el Espíritu Santo, no seguiremos los deseos de nuestro ego. Nuestro ego carnal trabaja contra el Espíritu de Dios, y el Espíritu de Dios trabaja contra nuestra naturaleza pecaminosa. Si obedecemos al Espíritu de Dios, la ley de Moisés no es necesaria.

(Gálatas 5:16-18, reescritura del autor)

*El ansia de nuestra naturaleza pecaminosa es evidente en todas partes;* la inmoralidad, la impureza, la sensualidad, la idolatría, la brujería, la hostilidad, las disputas, los celos, las explosiones de ira, los desacuerdos, las disensiones, las facciones, la envidia, la embriaguez, las orgías y cosas como esas son serias y continuar practicándolas prohibirá a uno entrar en el reino de Dios.

(Gálatas 5:19-21 NASB)

*El fruto del Espíritu es evidencia en un seguidor de Dios:* "amor ágape, gozo, paz, paciencia, bondad, generosidad, fidelidad, amabilidad, dominio propio" (Gálatas 5:22-23 NASB). *La palabra fruto puede ser singular o plural. Esto indica que "el fruto del Espíritu" es un fruto en racimo. Cada una de esas nueve características (amor, gozo, paz, etc.) se da a cada verdadero creyente. Algunas de esas características serán más fuertes que otras, pero cada creyente tiene todas ellas. Si somos débiles en alguna de ellas, solo necesitamos pedir a Dios que nos fortalezca y luego someternos a Su liderazgo.*

Aquellos que verdaderamente se han sometido a Cristo Jesús y lo obedecen, han crucificado la carne [la naturaleza egoísta pecaminosa] con sus pasiones y deseos. Si vivimos por el Espíritu, también caminemos por el Espíritu. No nos volvamos orgullosos, desafiándonos unos a otros ni envidiándonos unos a otros.

(Gálatas 5:24-26, Reescritura del autor)

Pablo continuó animando a compañeros de trabajo y a iglesias a través de epístolas (cartas)—es decir, Efesios (AD 62 o 63), Filipenses (AD 62), Colosenses (AD 62), 2 Timoteo (AD 64) y Tito (AD 64). Sus dos cartas a Timoteo y una carta a Tito fueron escritas tanto para animarlos como para asesorarlos en el ministerio. Escribió a su amigo Filemón (AD 62) para que cambiara su actitud hacia su siervo fugitivo, Onésimo, a quien Pablo había llevado recientemente a Cristo. Aunque el nuevo creyente se había vuelto de gran ayuda para Pablo, él accedió a regresar para enfrentar a Filemón. Llevaba una carta de Pablo, pidiendo a Filemón que recibiera de nuevo a su siervo infiel.

*Mini-epílogo*

Muchos creen que Pablo fue absuelto de las acusaciones judías y fue liberado de la prisión (?), que fue a Filipos antes de desear un cuarto viaje misionero para evangelizar España (?). *Después de que Roma se quemó, el emperador Nerón culpó falsamente a los cristianos y comenzó una nueva persecución. Se pensó que Pablo había sido arrestado en Nicópolis, parte de la actual Grecia (AD 64). El libro de los Hechos concluyó con Pablo aún encarcelado. La leyenda dice que Pablo fue decapitado en Roma, AD 64, aproximadamente al mismo tiempo que Pedro fue crucificado cabeza abajo.*

# HISTORIA 31

## LAS PIEZAS DEL ROMPECABEZAS
## SE JUNTAN

*Introducción*

A lo largo de nuestras historias, Dios nos ha dado piezas del rompecabezas que, al juntarse, revelan Su plan eterno para la humanidad. Algunos piensan que ya ven la mayor parte de la imagen. Otros ven piezas, pero aún no han podido unirlas todas. Permitémosles a los demás comenzar a juntar las piezas ahora para que todos podamos ver la imagen y no solo piezas dispersas. *Sin embargo, hasta que Jesús regrese, nadie en la tierra podrá comprender todo lo que Dios tiene reservado para nosotros en la eternidad con Él.*

*El plan de Dios para nosotros comenzó antes de su creación del cosmos,* incluida la tierra y la humanidad. Dios nos creó a su imagen. Este es un buen momento para revisar brevemente la historia 2. *Dios tiene libertad de elección* dentro del perímetro de su carácter. *Dios decidió no violar su carácter; por lo tanto, Dios no puede pecar por elección. Dios creó al hombre con libertad de elección,* sin ningún perímetro. Dios sabía que rechazaríamos su voluntad y buscaríamos la nuestra. Nuestro ego, la carne, está en contra de la voluntad y el plan de Dios; esa es la esencia del pecado. La crucifixión de Jesús revela la realidad del pecado de la humanidad.

*Dios ha creado un plan eterno inimaginable para nosotros.* El plan de Dios es de lo que trata la Biblia y esta débil simulación del autor. El plan de Dios proporcionó al segundo Adán—el Mesías— quien expiaría el pecado del primer Adán y todos sus descendientes. La expiación de Dios incluye la creación de una nueva humanidad a partir de la antigua humanidad pecadora. Dios solo recrea a los humanos que se arrepienten, aman a Dios y se entregan a Dios y su voluntad eterna. La nueva humanidad es recreada a imagen de Jesús, el segundo Adán.

A través de la muerte y resurrección del Salvador (en nuestro lugar), Jesús conquistó el poder del pecado y la muerte. Por lo tanto, todos los que se arrepienten de su pecado, creen en el Salvador que Dios nos ha dado y obedecen a Dios (eligen la voluntad de Dios sobre su propia voluntad) serán recreados a imagen del segundo Adán y santificados para poder vivir con Dios para siempre.

Con esa introducción, visitemos el *"mundo bíblico"*, conocido como "el plan eterno de Dios para la humanidad tal como se revela en las Escrituras". Comencemos con breves afirmaciones sobre Dios.

Persona de Dios: Espíritu; infinito; personal; único; inmutable, eterno (siempre fue y siempre será); omnipotente (todo poderoso); omnipresente (en todas partes al mismo tiempo); omnisciente (todo lo sabe); etc.

*El carácter moral de Dios:* amor (ágape); justo; santo; misericordioso; lento para la ira; compasivo; perdonador; lleno de gracia; entregado; integridad moral; etc., así como en Sus nombres y Sus historias, sin embargo, también es capaz de castigar el pecado (Éxodo 34:5-8). *Dios creó a la humanidad (hombre y mujer) como personas personales así como la Deidad es personal.* Aunque Dios creó a la humanidad con un cuerpo, también nos dio un espíritu, porque Dios es Espíritu. No somos Dios ni un dios, y no podemos convertirnos en Dios ni en un dios. La humanidad es finita, no infinita como Dios. Por lo tanto, nuestro conocimiento, poder, presencia, etc., es finito, no infinito.

*Dios creó a la humanidad como un ser bueno,* así como Dios es un Ser *Bueno.* Fuimos creados con la capacidad de conocer y amar a Dios y a los demás. Los humanos fueron creados como un ser moral inocente. Dios tiene ciertas expectativas para la humanidad, pero no quería que fuéramos marionetas sin vida. El plan de Dios para nosotros comenzó antes de Su creación del cosmos, incluida la tierra y la humanidad. *Dios nos creó a Su imagen. Dios eligió no violar Su propio carácter.* Así, tiene libertad de elección dentro de Su propio carácter. La humanidad fue creada con libertad de elección pero *sin ningún límite.*

*Nuestro Creador omnisciente sabía que la humanidad rechazaría Su voluntad (nuestro ego/la carne). Así, la humanidad se convirtió en una humanidad caída. Sin embargo, Dios creó un plan eterno inimaginable para nosotros.*

*A lo largo de las historias de Dios,* hemos visto piezas del rompecabezas: en la creación, el diluvio, la revuelta de la torre de Babel, las promesas de Dios a Abraham, promesas a través de los profetas del Mesías que vendría, y especialmente en la vida, enseñanzas, muerte sacrificial y resurrección de Jesús nuestro Señor y Salvador. Los apóstoles también nos ayudan a añadir más piezas.

*El plan eterno de Dios proporcionó a Jesús, el Cordero de Dios, como un segundo Adán* (Romanos 5:12-21; 1 Corintios 15:45). Un Jesús sin pecado permitió voluntariamente que la humanidad lo matara. Lo hizo para hacer posible proporcionar expiación por los pecados de todos los descendientes del primer Adán. No todos lo aceptan como Señor y Salvador; muchos nunca lo harán. El rechazo de Jesús, su muerte, resurrección y ascensión al cielo con Dios, es la prueba definitiva del rechazo de la humanidad hacia Dios y Su gracia.

Rechazar la gracia de Dios lleva a los no creyentes a unirse a Satanás en el infierno. *Dios está en el proceso de crear una nueva humanidad,* una humanidad no como Adán y Eva y sus descendientes. Los humanos que siguen a Jesús y aman y obedecen a Dios están siendo recreados espiritualmente a la imagen del segundo Adán (el Jesús resucitado). El Espíritu de Dios está capacitando a los pecadores del primer Adán a arrepentirse de nuestra vida de pecado y ser recreados como la nueva humanidad. Cada ser humano que cree y obedece a Dios vivirá con Él y le servirá de acuerdo a Su voluntad para siempre. Ninguno de nosotros que todavía estamos vivos hemos llegado allí todavía. El Espíritu Santo también está preparando (santificación) a la nueva humanidad para poder habitar con Dios en una eternidad emocionante, satisfactoria y que honra a Dios junto a la deidad.

Hasta ahora, el autor solo ha mencionado la palabra *misterio* una vez en relación con nuestra resurrección (historia 30, 1 Corintios 15:51). No se utiliza en el Antiguo Testamento, pero se usa veinte veces en el Nuevo Testamento (una vez cada uno por Mateo, Marcos y Lucas; catorce veces por Pablo; y tres veces por Juan en el Apocalipsis. Se utilizará varias veces en la historia 31. Con esa breve introducción, visitemos la 'cosmovisión bíblica', conocida como 'el plan eterno de Dios para la humanidad' revelado en las Escrituras *(Mateo 13:11, Marcos 4:11 y Lucas 8:1).*

Los discípulos de Jesús se acercaron a Él y le preguntaron: "¿Por qué les hablas a la gente en parábolas *[historias cortas y simples con una lección espiritual]*?" Jesús respondió: "A vosotros se os ha concedido conocer *los misterios del reino de los cielos, pero a aquellos que rechazan a Dios y Su camino, no se les ha concedido.* A quien tiene se le dará más, y tendrá abundancia; pero a quien no tiene, le quitarán incluso lo que tiene y se le dará a otros. *[Jesús no está hablando de dinero].* Les hablo en parábolas porque aunque ven con sus ojos, se niegan a ver *[aceptar]* en sus corazones. Aunque oyen con sus oídos, se niegan a oír *[aceptar]* en sus corazones y mentes."

(Mateo 13:10-14, reescritura del autor)

La profecía de Isaías (Isaías 6:9-10) se estaba cumpliendo.
*Eso parece ser injusto y también parece ir en contra de 2* Pedro 3:9 NASB:

El Señor no tarda en cumplir su promesa, como algunos la consideran tardanza, sino que es paciente con ustedes, *no queriendo que ninguno perezca, sino que todos vengan al arrepentimiento.*

*Dios es justo; Él busca los corazones de todos. Jesús, el Salvador, vino y murió por el pecado de toda la humanidad, pero muchos aún rechazan la gracia de Dios hacia ellos y siguen su propio camino. Jesús hablaba de esas personas.*

*Al final, esas personas recibirán el terrible resultado de su propia elección, no el buen resultado de la gracia de nuestro Dios amoroso.* El autor piensa que Jesús incluía a todos los que se niegan a creer y obedecer, especialmente a los líderes religiosos judíos incrédulos de su época, que siguieron su religión en lugar de a su Dios. *También habla de todos hoy, sin importar quiénes sean: aquellos que se niegan a creer, automáticamente se convierten en enemigos de Dios. Nota: Historia 21, parábola 7, los Viñadores, una parábola muy importante que describe lo anterior.*

*Bendiciones a Dios, quien a través de Cristo resucitado ha bendecido a cada creyente con toda bendición espiritual* en el reino celestial. Todos los creyentes *ya* tienen todo lo que Dios ha planeado para nosotros. Ya disfrutamos de algunas de esas bendiciones espirituales. Solo necesitamos esperar el regreso de Jesús para disfrutar del resto de esas bendiciones eternas. (Efesios 1:3-14, reescritura del autor)

"Antes de crear el mundo, el Creador todopoderoso eligió a aquellos que sabía que se convertirían en creyentes y, por lo tanto, los predestinó a convertirse en Sus hijos *(e hijas)* en Jesús. El propósito de Dios es que esos hijos *(e hijas)* adoptados sean santos e irreprochables en Su presencia y elijan llevar a cabo Su buena voluntad y, por lo tanto, alabarlo y glorificarlo."

*El conocimiento de Dios sobre quién creerá y quién no creerá no significa predestinación.* La vida con Dios o la vida sin Dios es la elección que se les da a todos. La predestinación solo entra en juego después de que una persona elige seguir a Dios y Su voluntad (es decir, Romanos 8:28-30). Dios garantiza completar Su trabajo en todos los que confían en Él. El trabajo de Dios en todos los que creen es *recrearlos a imagen de Jesús resucitado y prepararlos para vivir con Él y Sus planes eternos para los creyentes.*

*A través de nuestra relación personal con Cristo, tenemos redención a través de Su sangre. La redención* es el perdón de nuestro pecado. El pecado es la negativa a honrar y obedecer a Dios y Su voluntad para nosotros. La voluntad de Dios es que lo reconozcamos como Creador y Señor y que disfrutemos de una relación vital con Él para siempre. *El perdón de Dios* se basa en Su generosa *gracia [favor inmerecido derramado sobre nosotros, que hemos muerto a nuestra voluntad egoísta y ahora vivimos bajo la voluntad de Dios aunque no aún perfectamente].* Eso es lo que significa *creer y obedecer (dos caras de la misma moneda). A través de Su perfecta sabiduría y conocimiento de nuestras necesidades, Dios nos ha revelado el misterio de Cristo.*

(Efesios 3:4-5)

Este misterio no fue revelado a generaciones anteriores. *Judíos y gentiles* [no hebreos] *creyentes son ahora herederos junto con Cristo.* Así, somos miembros del cuerpo de Cristo [la iglesia] y compartimos las promesas de Jesús a través del evangelio. Lo que solía ser un *misterio ahora es conocido.* La sabiduría ilimitada de Dios ahora se hace conocer. Su propósito para nosotros [así como lo fue para aquellos hace mucho tiempo] es una eternidad con Él [como se planeó en Cristo] para el clímax que se avecina del tiempo y la vida en esta tierra. Después, *el plan eterno de Dios para todos los que creen y obedecen* [cualquiera que sea su grupo étnico y cuandoquiera que hayan vivido] *será una eternidad atemporal. Dios creará un nuevo cielo y una nueva tierra,* para que podamos vivir eternamente en la presencia de Dios.

(Apocalipsis 21:1-3)

Entonces nuestras oraciones [que "venga tu reino y hágase tu voluntad en la tierra como en el cielo"] se cumplirán.

(Mateo 6:10)

*El cielo y la tierra estarán unidos a través de Cristo.* Dios termina todo lo que comienza y todas sus promesas se llevan a cabo. Incluso ahora todos los creyentes han recibido una herencia en Cristo. *El Espíritu Santo que habita en nosotros es el anticipo de Dios para nosotros [Si el Espíritu Santo no vive en nosotros, aún no estamos salvos]. Todo lo que Dios hace por nosotros y en nosotros es para la alabanza de su gloria.*

(Efesios 1:6, 12, 14)

*En este punto, será útil volver y revisar las declaraciones fundamentales del Nuevo Testamento ubicadas entre la historia 17 y 18.*

*Hablando a los creyentes gentiles* [que incluyen a la mayoría de los creyentes actuales], Pablo dijo: "Antes estaban alejados de Dios. Su mente era hostil hacia Él y se entregaban a obras malvadas [culto a ídolos, etc.]. Sin embargo, por Su gracia, Dios los ha reconciliado a través de la muerte de Jesús en la cruz, para presentarlos ante Él como santos, sin mancha y por encima de toda reproche. *Ese es el misterio que ha estado oculto desde las edades y generaciones pasadas,* pero que ahora ha sido revelado a Sus santos [todos los verdaderos creyentes]. A ellos, Dios les da a conocer cuáles son las riquezas de la gloria de este misterio entre los gentiles. *No es nada menos que Cristo en nosotros, la esperanza de gloria.*"

(Colosenses 1:21-27, reescritura del autor)

El Espíritu Santo es el anticipo de Dios para nuestra herencia en el sentido de que hemos sido sellados con el Espíritu Santo. Pablo oró para que Dios nos diera revelación de sabiduría y experiencia de la verdad de Dios, para que los ojos de nuestro corazón sean iluminados, iluminados para entender la esperanza del llamado de Dios y las riquezas de Su herencia en nosotros, los creyentes. *Cuando Dios termine de recrearnos, cada verdadero creyente será completo en Cristo, y Dios también se considerará a Sí mismo enriquecido en nosotros* (reescritura aproximada del autor, de Efesios 1:12-18). *Eso nos dejará asombrados.*

Quiero que tú y las personas de Laodicea, así como aquellos que ni siquiera me han conocido todavía, sepan mis luchas en su nombre. Mi objetivo es que todos ustedes sean alentados y unidos *en el amor en Cristo.* También quiero que tengan la seguridad en un conocimiento verdadero del misterio de Dios, que es el mismo Cristo. En Él se esconden todos los tesoros de sabiduría y conocimiento de los incrédulos, pero están disponibles para todos los creyentes.

(Colosenses 1:21-2:4, reescritura del autor)

Hay muchos falsos maestros, no quiero que sean engañados por sus argumentos malvados pero persuasivos. Me alegra su estabilidad de fe y su esfuerzo por seguir a Jesús en todas las cosas. Por lo tanto, vivan activamente en unión con Cristo. Que ustedes se vuelvan maduros en Cristo y estén completamente establecidos en su fe. Entonces no serán desviados por enseñanzas falsas, sino que permanecerán seguros en Cristo.

(2 Pedro 1, reescritura abreviada del autor)

*También oraremos por ustedes,* para que se comporten con sabiduría hacia los de afuera, aprovechando al máximo cada oportunidad para dar testimonio a ellos.

(Colosenses 4:5-6, reescritura del autor)

Aunque Jesús existía en la forma de Dios, Él voluntariamente *se vació a sí mismo,* tomando en cambio la forma de un esclavo y siendo *hecho a nuestra semejanza.* Él se sacrificó voluntariamente al hacerse obediente a la voluntad de Dios, llevando nuestros pecados y muriendo por nosotros para que pudiéramos ser salvos.

(Filipenses 2:6-11, reescritura del autor)

El pecado de Adán fue que buscó convertirse en su propio Dios, pero la salvación es que Jesús es Dios, pero también se hizo hombre, para morir por nuestra expiación del pecado.

(Dr. Howard Batson de FBC, Amarillo, Texas, el pastor del autor, usado con permiso)

Por esta razón, Dios exaltó en alto a Jesús y le dio un nombre sobre todos los nombres, para que *ante el nombre de Jesús, toda persona, ya sea en el cielo, aún en la tierra o bajo la tierra, se arrodille* (Isaías 45:23 y Romanos 14:11), *y todos confesarán que Jesucristo es Señor, para gloria de Dios Padre. Pero para muchos, será demasiado tarde. Hoy es el día de salvación, no después de que Jesús regrese (2 Corintios 6:2 KJV y reescritura del autor).*

*Los pasajes de las Escrituras anteriores revelan que la encarnación de Jesús (la unión de Dios y el hombre) era un misterio pero ahora se conoce. Es la clave del plan eterno de Dios para la humanidad.* El plan de Dios para nosotros le costó muy caro. Primero, Dios dio (no un préstamo) a Su Hijo, para que todos los que se arrepientan de su vida egocéntrica y se entreguen a Jesús como Señor nazcan de *nuevo espiritualmente y disfruten para siempre de la vida con Dios.*

*Nuestra salvación y el plan eterno de Dios requirieron el empobrecimiento eterno de la Deidad (clases del Dr. Nat Tracy en la Universidad Howard Payne, 1958). Imposible, dices, pero estamos hablando de El Shaddai (Dios Todopoderoso). Nada es imposible para Él. La Deidad tenía un plan para la creación de la humanidad y sabía que la humanidad le daría la espalda.* El plan eterno de Dios necesitaba un Salvador sin pecado que tomara nuestro pecado sobre sí mismo y muriera en nuestro lugar.

En el principio [antes de la creación y antes del tiempo y el espacio] ya existía el Verbo; el Verbo estaba con Dios; el Verbo era Dios. Él estaba en el principio con Dios.

(Juan 1:1-2)

*Antes de la creación de la tierra y de la humanidad, "la Palabra" se ofreció para convertirse en ese Salvador humano sin pecado. Después de la creación, encontramos por primera vez "la Palabra" como "Yahvé" (Señor) en Génesis 2:5.*

*En el Nuevo Testamento, encontramos "la Palabra" después de que Él se convirtió en hombre, también el Hijo de Dios. Lo conocemos por el nombre de Jesús (Yeshua). Como se mencionó anteriormente, "la Palabra" se ofreció para convertirse en el Salvador.* Como hombre, Jesús podía hacer lo que Dios no podía hacer. *Como hombre, Él podía llevar nuestro pecado y morir en nuestro lugar. Como hombre, Jesús tomó las mismas decisiones que había tomado antes de crear a la humanidad. Según Hebreos 12:1-2 (reescritura del autor):*

Debemos correr la carrera de la vida con perseverancia, fijando *nuestros ojos en Jesús, el autor y consumador de la verdadera fe. Él incluso lo consideró un gozo, haber soportado la cruz, para que pudiéramos ser salvos. Ahora se sienta a la derecha del trono de Dios, esperando el Día del Señor, cuando regresará por nosotros.*

*Segunda de Corintios 8:9* (reescritura del autor) revela que debido a la gracia del Señor Jesús hacia nosotros, Él se hizo pobre por nuestra causa para que nosotros podamos ser ricos *(sin referirse al dinero). Cuarenta días después de que fue resucitado a la vida, Jesús ascendió corporalmente al cielo, no como "la Palabra" sino como "el hombre Cristo Jesús."*

Primera de Timoteo 2:3-5 (reescritura del autor) revela que Dios nuestro Salvador desea que toda la humanidad sea salvada y que llegue a la verdad. Esa verdad es que *hay un solo Dios y uno que es mediador entre Dios y los hombres. Así, el hombre Jesús, el Cristo, es ese mediador.*

*Esos versículos revelan ejemplos del empobrecimiento de la Deidad (un término que a menudo usa en clase el Dr. Nat Tracy de la Universidad Howard Payne. El Dr. Tracy ha estado con el Señor durante muchos años). El empobrecimiento de la Deidad (Padre, Verbo y Espíritu Santo) fue la iniciativa de la Deidad para que la humanidad pudiera ser salvada. Esa es la evidencia de la profundidad del amor de Dios por la humanidad que creó y de los extremos a los que Dios irá para redimirnos.*

*¿Dios obtiene algo de Su plan eterno? Efesios 1:18* (reescritura del autor) revela que Pablo oró para que los ojos de nuestro corazón se iluminaran—iluminados para que podamos entender la esperanza del llamamiento de Dios y cuáles son las riquezas (no dinero) de la

gloria de Su herencia en todos los creyentes. *Así, Dios se considerará enriquecido (sin hablar de dinero o de lo que el dinero puede comprar) por la nueva humanidad. La nueva humanidad en Cristo glorificará a Dios sobre todas las cosas, y Dios glorificará a la nueva humanidad en Cristo.*

Eso es lo que Dios ha hecho, pero ¿cuál es el propósito de Dios en todo esto? *Romanos 8:28-29 (reescritura del autor) nos presenta el plan de Dios para los humanos en la tierra. Versículo 28:*

*Sabemos tanto por la palabra de Dios como por nuestra propia experiencia que* Dios hace que todas las cosas cooperen para bien de los que aman a Dios, los que son llamados y responden a Dios conforme a Su propósito.

*Esto no dice que Dios causa todo, sino que Dios usa todas las cosas para trabajar juntas para el bien.*

Sin embargo, ese bien específico está limitado a aquellos que aman a Dios *(las personas que son llamadas y responden a esa llamada para el propósito de Dios).* Para repetir, *nuestro bien no significa que seremos ricos, saludables y que las cosas serán fáciles. El bien específico del creyente es ser conformado a la imagen de Jesús resucitado para llegar a ser como Jesús a través del Espíritu Santo que habita en nosotros.* Versículo 29:

Porque a los que antes conoció, también los predestinó para que fuesen hechos conforme a la imagen de su Hijo, *para que Él [Jesús] sea el primogénito entre muchos hermanos/hermanas. Dios es omnisciente y conoce a aquellos que lo seguirán.* Después de que uno cree [no antes], se convierte en predestinado a ser conformado a la imagen de Jesús resucitado, el Hijo de Dios (la promesa de Dios a todos los verdaderos creyentes).

*Es asombroso que la Palabra también se haya hecho hombre. Jesús, el segundo Adán sin pecado, proporcionó nuestra salvación, y ahora Dios promete recrear a los creyentes obedientes a imagen de Jesús, que es sin pecado, crucificado, resucitado y ascendido al cielo. Nosotros, los creyentes, nos convertimos en los hijos espirituales de Dios y en hermanos/hermanas de Jesús. Sin embargo, eso no significa que nos convertiremos en deidades; nunca seremos dioses ni siquiera ángeles, como algunos afirman. Significa que nos convertiremos en una nueva humanidad: una humanidad con una nueva naturaleza, una naturaleza como la de Jesús. Dios se enorgullece de Su iglesia, la novia de Cristo (no como nuestros matrimonios en la tierra) sino, más bien, la extensión de la vida de la encarnación de Jesús a la humanidad incrédula en la tierra.*

La verdadera iglesia no es ni una institución, ni una organización, ni un edificio. La verdadera iglesia es el cuerpo de Cristo. Cristo es la cabeza de Su cuerpo vivo y de la comunión. *La verdadera iglesia está compuesta por personas que responden al llamado de Dios "a salir" del "mundo del ego" y convertirse en el cuerpo de Cristo (una nueva humanidad, como la encarnación de Cristo en el mundo). La iglesia es el cuerpo de Cristo con Cristo como cabeza. El cuerpo y la cabeza son una sola unidad.*

*La iglesia, como el cuerpo de Cristo, tiene muchas funciones aquí y ahora.*

1. La función más básica es amar, obedecer, adorar y glorificar a Dios.

2. La oración, una comunicación y compañerismo bidireccional con Dios.

3. Vive una vida al estilo de Dios entre las personas. Ama como Dios a través de un servicio centrado en los demás, elegido por uno mismo, como Jesús.

4. Sé discípulos en crecimiento de Jesús y haz discípulos.

5. Compañerismo (koinonía) con miembros de la congregación, amarse unos a otros, compartir la misma mente en Cristo, ser responsables unos con otros, y velar por el bienestar de los demás. *No creamos ese compañerismo entre una congregación diversa; solo Dios puede crear ese compañerismo entre nosotros.*

6. Alcanzar a los de afuera y dar testimonio a ellos.

7. Evangelismo, misiones, etc.

8. Así, el verdadero cuerpo de Cristo se convierte en una iglesia servidora de miembros servidores, que demuestran el amor, la moralidad y las verdades espirituales de Dios a los incrédulos.

*Dios ha confiado mucho a los creyentes. Cristo vive en cada creyente a través de la presencia del Espíritu Santo. Así, los creyentes están equipados personal y colectivamente para hacer Su voluntad. Por ejemplo,* Efesios 3:9-12 (reescritura del autor) revela *"el misterio escondido por generaciones en Dios,* quien creó todas las cosas." *Ahora, gran parte de la parte terrenal del plan de Dios para la eternidad se confía al cuerpo de Cristo* "para que la multiforme sabiduría de Dios sea hecha conocer ahora a aquellos gobernadores y autoridades en los lugares celestiales a través de 'la Iglesia' (iglesia universal), a los gobernadores y autoridades en los lugares celestiales." *Esos gobernadores y autoridades en los lugares celestiales son ángeles. (Algunos piensan que a los ángeles malignos también se les mostró lo que Dios está haciendo, en y a través de la iglesia, para mostrarles que su derrota es cierta.)* Esto estaba en línea con el propósito eterno de Dios, que Él lleva a cabo en Cristo Jesús nuestro Señor. En Cristo, tenemos valentía y acceso seguro a través de la fe en Él.

*El autor imagina a los gobernantes y autoridades en los lugares celestiales mirando hacia la tierra con bocas abiertas, cabezas moviéndose con asombro y asombro escrito en sus rostros. "¿Cómo?", preguntan. "¿Cómo está haciendo Dios esto? Él creó todo, incluida la humanidad. Todo era perfecto, luego la humanidad le dio la espalda, y todo se fue al sur. Ahora Dios está apostando todo por esos pecadores que ahora siguen a Jesús. ¡Mira lo que Dios está haciendo en y a través de los pecadores arrepentidos!* ¡Dios es incluso más grande de lo que pensamos. ¡A Dios sea la gloria eterna!

*Otras pasajes también revelan que los ángeles tienen interés en la salvación eterna de la humanidad:* 1 Pedro 1:12, Lucas 15:10, 1 Timoteo 3:16 y Apocalipsis 5:11-14.

*Hasta ahora, la mayor parte del plan eterno de Dios se lleva a cabo en la tierra.* Además de nuestra justificación, el comienzo instantáneo de nuestra salvación (nuestro arrepentimiento del pecado y nuestra fe-obediencia a Dios) es posible gracias a la gracia de perdón de Dios y Su recreación en nosotros a imagen de Cristo.

También examinamos la *santificación* (después de la salvación, se convierte en una progresión de toda la vida) como la continuación de nuestra salvación, por la cual el Espíritu habitante de Dios trabaja en cada creyente. Él está transformando a los creyentes a la imagen del Cristo resucitado. Nos capacita para elegir progresivamente toda la voluntad de Dios y rechazar toda nuestra propia voluntad (rechazando nuestra voluntad egoísta y adoptando plenamente el plan de Dios para nosotros). *Esto implica un enorme crecimiento espiritual para los creyentes individuales. Ese* crecimiento es el resultado de nuestra *sumisión al Espíritu de Dios que trabaja en nosotros. El proceso de santificación continúa hasta nuestro último aliento en la tierra. Es la obra del Espíritu de Dios en nosotros y nuestra sumisión y obediencia a Él.*

La promesa de salvación de Dios se cumplirá plenamente cuando el creyente justificado y santificado *entre en glorificación,* la etapa eterna/para siempre/sin fin de nuestra salvación. Esa etapa ya no será en esta tierra sino en la presencia de Dios, en un nuevo cielo y una nueva tierra eternos.

*En el tiempo propio de Dios, llegará el día del Señor. Dios sonará la campana y soplará el silbato.* La vida en la tierra tal como la conocemos llegará a su fin.

El Día del Señor vendrá como ladrón en la noche, *cuando menos lo esperemos.*

(1 Tesalonicenses 5:2)

Durante al menos dos mil años, las personas han especulado cuándo será ese día. Cada nuevo día significa que estamos más cerca, pero recuerda las palabras de Jesús. Cuando los apóstoles le preguntaron directamente: "¿Es ahora el momento?" *Jesús dijo: "No necesitas saber las cosas que el Padre ha determinado"* (Hechos 1:6-7). Jesús continuó: "En lugar de ese evento futuro, debes ocuparte de lo que está en la agenda de Dios ahora. Así que, no te estoy diciendo cuándo vendrá el reino, sino que te estoy diciendo cómo vendrá el reino" (traducción libre del autor).

*Cuando el Espíritu Santo de Dios venga sobre ustedes [verdaderos creyentes, en plural],* serán mis testigos en toda Jerusalén, Judea, Samaria y en todo el mundo, incluso a todas las personas en lugares remotos.

(Hechos 1:8)

Jesús continuó,

No intentes dar testimonio con tus propias habilidades, eso no te llevará a ninguna parte. *Toda autoridad me ha sido dada a mí [Jesús] por mi Padre.* Por lo tanto, estoy enviando al *Espíritu Santo* a todos los que me siguen y me obedecen, y el Padre les permitirá dar testimonio sobre mí. *Solo Él [el Espíritu Santo] puede convencer a las personas de su pecado y de la necesidad de un Salvador; no pueden confiar en sus propias buenas obras* porque solo uno [Jesús] es justo; y que serán juzgados. El Espíritu Santo también les guiará a toda verdad… y Él me glorificará.

(Mateo 28:18; Juan 16:5-15)

Jesús continuó: "Ahora que he revelado sucintamente Mi propósito para todos los que Me siguen, revelaré brevemente cómo lograrán la misión que les he encomendado (traducción del autor)."

*Primero: "A medida que vayas por la vida, haz discípulos. Ya sea que vayas o apoyes a quienes van a discipular a los pueblos de todas las naciones." Eso es tan sucinto como se puede expresar, pero ¿qué significa? La versión más larga es ser testigos mientras vives tu vida diaria y en encargos especiales que te envío (cuéntale a todos, incrédulos y creyentes, sobre Jesús y cómo Él ha cambiado y enriquecido [no en dinero] tu vida). Contarles a todos sobre Jesús requerirá que hagamos muchos nuevos amigos de personas como nosotros. Necesitaremos hacer aún más nuevos amigos de personas que son diferentes a nosotros. Eso significa que debemos, ya sea individualmente o como personas de apoyo, participar en llevar las buenas nuevas de Jesús a cada grupo de personas/grupo de idiomas/ grupo cultural, etc. en cada nación de la tierra, incluida la nuestra.*

*Eso es exactamente lo que Jesús quiso decir en Mateo 28:19a:*

> Por tanto, id y haced discípulos [seguidores/ aprendices/hacedores] de todas las naciones. *Jesús quiso decir: "Los creyentes son testigos, y el Espíritu Santo hace la conversión."*

*Segundo:* Jesús dijo: *"Después de discipular a las personas, bápitzalas en el nombre de Dios—Padre, Hijo y Espíritu Santo"* (Mateo 28:19). El bautismo no otorga la salvación, sino que es, en cambio, el reconocimiento o testimonio del nuevo creyente de que Jesús lo salvó y que Jesús es ahora el Señor de su nueva vida en Cristo. Después del bautismo, todos necesitan mucho más discipulado; es un proceso de toda la vida.

Tercero: Jesús dijo: *"Enséñenles* (a todos los creyentes) *a observar todo lo que les he mandado"* (Mateo 28:20a). Testificar con nuestra boca no es suficiente. Nuestra vida diaria debe demostrar todo lo que Jesús mandó. *Eso es breve y conciso, pero no debemos pasar por alto los mandamientos o implicaciones de lo que Jesús dijo.*

Alguien le dijo al autor que un verdadero maestro enseña a las personas, no las lecciones. También se le enseñó que una buena enseñanza provoca un cambio. Podríamos seguir, pero ¿qué está diciendo Jesús aquí? Se ordena a los creyentes permitir que las enseñanzas de Jesús cambien nuestras vidas. Entonces, el Espíritu Santo capacitará a los creyentes para enseñar y demostrar las enseñanzas de Jesús a los nuevos creyentes hasta que su vida comience a cambiar.

Si nuestra vida no ha sido cambiada por las enseñanzas de Jesús y su presencia en nuestra vida, entonces no podemos decir, como Pablo, "Haz lo que yo hago, porque yo hago lo que Jesús hizo" (1 Corintios 11:1). *Los verdaderos discípulos siguen y copian las actitudes y prácticas de su maestro.*

Paul también dijo,

Las enseñanzas que oíste de mí en presencia de otros, debes enseñar/encargar a otros creyentes fieles que vivirán de esas enseñanzas y estarán preparados para enseñar a otros, etc., etc.

(2 Timoteo 2:2)

*Los discípulos de Jesús no solo aprenden las enseñanzas de Jesús; ponen esas enseñanzas en práctica diariamente.* Esa es una de las maneras en que Jesús cambia nuestras vidas. Los discípulos de Jesús también enseñan a otros discípulos a aprender y hacer, y, de ese modo, ven a Jesús traer cambios a sus vidas también. Dios trae cambio a través de los ejemplos de Jesús, las Escrituras, a través de la obra del Espíritu Santo en nuestro corazón y vida, y mediante la oración (comunicación bidireccional) entre Dios y un creyente.

Varios páginas antes, mencionamos brevemente la glorificación de los creyentes en la presencia de Dios y el venidero día del Señor (1 Tesalonicenses 5:2). *El día del Señor y la segunda venida de Jesús es el puente* entre la vida *finita* en la tierra y la vida *infinita* en el nuevo cielo y la nueva tierra. Ahora estamos listos para comenzar a explorar lo que esa vida implica. Hay muchas profecías e ideas sobre el tiempo que conduce al día del Señor. Algunas profecías incluyen escritos difíciles de entender (es decir, el libro de Daniel y el Apocalipsis). Este libro no intentará explicar esas difíciles profecías en la Escritura. Debido a eso, algunos lectores pueden sentirse decepcionados mientras que otros se sentirán aliviados.

*Adán y Eva* fueron creados sin pecado, pero con la capacidad de rechazar la voluntad de Dios, ya que fueron creados con libertad de elección. *Ellos eligieron pecar, y toda la humanidad se corrompió.*

*No solo la humanidad, sino toda la creación de Dios fue corrompida por el pecado del hombre.* Después del pecado de la humanidad, comenzaron a crecer malas hierbas y espinas. Las tormentas y las inundaciones entraron en escena. Enfermedades, dolor y muerte llegaron a toda la humanidad.

Permítanos entrar aquí para *revelar el último misterio que Dios reveló a Pablo en 2 Tesalonicenses 2:7* (sin embargo, el autor no ha utilizado todos los misterios mencionados por Pablo). En 2 Tesalonicenses, vemos que *"el misterio de la iniquidad"* ya está en acción. Dios está restringiendo al inicuo *(Satanás), y él será removido de la escena en la segunda venida de Cristo.*

Dios prometió un Salvador para la humanidad, y el Salvador ha venido, pero la humanidad todavía tiene libertad de elección.

La ansiosa espera de la *creación aguarda la manifestación de los hijos de Dios.* Porque la creación fue sometida a la futilidad y la corrupción en comparación con el propósito original de Dios para la creación. Eso fue debido al pecado de Adán y el resto de nosotros. La creación misma será liberada de esa esclavitud hacia la gloriosa libertad que vendrá de los hijos de Dios. Porque sabemos que toda la

creación gime en dolor, angustia y sufrimiento junto
hasta ahora.

(Romanos 8:22 RVR)

Muchos temen que el estilo de vida de la humanidad destruya nuestro planeta, y buscan prevenir eso. Lo que no entienden es que *la tierra ya está condenada—no por el cambio climático, sino por el pecado de la humanidad contra Dios.* Estamos imitando a las personas de antaño que intentaron construir una torre hacia el cielo. Eso no funcionó, ni funcionarán las muchas cosas que hacemos para salvar al planeta de nosotros mismos. Dios, no el hombre, sigue estando en control. Jesús dijo: "El cielo y la tierra pasarán" (Marcos 13:31-33 KJV).

Los incrédulos no saben o se niegan a reconocer la promesa de Dios de crear una nueva humanidad y un nuevo cielo y una nueva tierra. La nueva humanidad se basa en la voluntad de Dios de recrear a los creyentes a imagen de Jesús. Dios también creará una nueva tierra sin pecado, dolor, muerte, etc., como morada para los creyentes y Dios para estar juntos por la eternidad (Apocalipsis 21:1-8; también ver Romanos 8:28-30 y Apocalipsis 22:1-5). *Esas cosas sucederán después del día del Señor (el regreso de Jesús), pero hay más.*

*Algunos preguntan: "¿Cómo resucitan los muertos y qué tipo de cuerpo tendrán?"* Cristo ha resucitado de la muerte y se convirtió en la primicia de los creyentes que han muerto. Por un hombre, Adán, vino la muerte para todos. Por Cristo viene la resurrección de los muertos y la vida eterna para todos los verdaderos creyentes.

*Hablando sobre la muerte de un creyente,* un cuerpo perecedero es enterrado, un cuerpo imperecedero es resucitado; un cuerpo pecador fue enterrado, un cuerpo glorificado es resucitado; un cuerpo enterrado en debilidad, es resucitado en poder; un cuerpo natural es enterrado, un cuerpo espiritual es resucitado. Si hay un cuerpo natural, también hay un cuerpo espiritual

(1 Corintios 15:35-44, reescritura del autor)

Jesús tenía un cuerpo espiritual cuando fue resucitado de la muerte.

Está escrito que

*el primer hombre, Adán, fue hecho un alma viviente; el último Adán [Jesús] fue hecho un Espíritu que da vida.* El primer hombre es de la tierra, el segundo hombre es el Señor del cielo.

(1 Corintios 15:45-47 KJV)

Los creyentes son salvos por gracia. La salvación no se logra por nuestras buenas obras; es un regalo de Dios, por lo tanto, nadie puede jactarse. *No somos salvos por nuestras buenas obras. Sin embargo, Dios nos recrea en Cristo Jesús para hacer buenas obras.* Dios mismo preparó buenas obras para que los creyentes las hagan, y Él espera que las hagamos.

(Efesios 2:8-10: reescrito por el autor)

Dos cosas importantes para los creyentes: (1) *Una relación diaria con Dios* al morir a la propia voluntad y vivir para la gloria de Dios. (2*) Someterse al liderazgo del Espíritu Santo* y permitir que Él (a) *nos recree* a la imagen de Cristo a través de la santificación y (b) nos prepare para vivir con Dios en el cielo.

*Debido a todo lo que Dios ha hecho por nosotros, se nos exhorta a presentar nuestros cuerpos como sacrificios vivos y santos [apartados para Dios] que agradan a Dios, lo cual se convierte en nuestro servicio espiritual de adoración [para Su gloria]. Debemos negarnos a conformarnos a estos mundos del ego, sino más bien se nos exhorta a permitir que Dios nos transforme mediante la renovación de nuestra mente, voluntad y corazón.* Cuando elegimos la voluntad de Dios, nos volvemos agradables a Dios, a nosotros mismos y a las personas que nos rodean. (Romanos 12:1-2, reescritura del autor)

# HISTORIA 32

## Epílogo: Mirada Al Futuro De La Eternidad

¿Algunas cosas que sabemos de las Escrituras?

Una palabra bíblica para *relación es conocer.* Jesús dijo: *"La vida eterna es conocer al Padre celestial, al único Dios verdadero, y a Jesús el Cristo, a quien Dios envió a la tierra."*

La vida eterna comienza en la tierra cuando "se establece una verdadera y estrecha relación personal con Dios." Esa relación cercana terrenal entre la humanidad y Dios se extiende a lo largo de la eternidad

(Juan 17:3, reescritura del autor).

Jesús dijo: "A Su regreso, todas las personas serán resucitadas y juzgadas; los justos entrarán *en la vida eterna con Dios.* Sin embargo, los injustos irán al castigo eterno. El infierno es un lugar eterno de castigo. No hay segundas oportunidades, el infierno no es remedial."

(Mateo 25:31-46, abreviado por el autor)

*El día del Señor vendrá inesperadamente,* como un ladrón en la noche. Muchos estarán desprevenidos cuando llegue el día del Señor, *así como muchos no estaban listos para el diluvio en los días de Noé.* Cuando llegue el día del Señor, los cielos y la tierra serán destruidos por fuego. Dios ha prometido nuevos cielos y una nueva tierra [Isaías 65:17, 66:22 y Apocalipsis 21:1]. Solo habrá justicia [sin pecado] en los nuevos cielos y la nueva tierra. Dado que la palabra de Dios nos dice estas cosas de antemano, ¿qué tipo de persona deberíamos llegar a ser? Sé diligente para ser encontrado como alguien que ya no vive en pecado, sino como uno que se ha arrepentido y ha recibido el perdón de Dios. El perdón se ofrece hoy, pero no hay garantía de un mañana. Testificar a la familia, amigos y a otros es importante. Será demasiado tarde después de la muerte o el regreso del Señor.

(2 Pedro 3:10-18, reescritura del autor)

Dios dijo: "Crearé nuevos cielos y una nueva tierra. Las cosas anteriores ya no serán recordadas." El mundo y los cielos actuales serán destruidos por el Creador. Los nuevos cielos y la nueva tierra serán sobre la justicia, la gloria eterna de Dios y una eternidad de semejanza a Cristo para la nueva humanidad sin pecado. El viejo mundo y los cielos nunca serán replicados.

(Isaías 65:17, reescritura del autor)

Dios mostró a Juan un nuevo cielo y una nueva tierra, sin mar. El primer cielo y la primera tierra fueron destruidos. El mar había representado el mal, por lo tanto, sin mar, sin mal.

(Apocalipsis 21:1, reescritura del autor)

Los sufrimientos del tiempo presente no son dignos de compararse con la gloria que ha de revelarse en nosotros *cuando venga el Día del Señor.* Por ahora, aunque los creyentes ya están salvados, los salvados anhelan la revelación de los hijos de *Dios [cuando Jesús regrese].* A causa del pecado de Adán y Eva y sus descendientes, toda la humanidad y la tierra misma están rotas y se han convertido en esclavas del pecado. Dios está recreando a los humanos creyentes y recreará el cielo y la tierra cuando Jesús regrese. Aunque nosotros los creyentes tenemos las primicias del Espíritu de Dios, nosotros, al igual que la creación, gemimos en nuestro interior, mientras aguardamos nuestra adopción como hijos *[los hijos de Dios]* y la redención de nuestro cuerpo, así como la creación espera su recreación.

(Romanos 8:18-21, reescritura del autor)

*En cuanto a la creación de los nuevos cielos y una nueva tierra, así como a la destrucción del cielo y la tierra originales, hay al menos dos interpretaciones diferentes:*

*La primera* y posiblemente la interpretación más seguida es simplemente aceptar las palabras cortas y claras de la Biblia; lo viejo será destruido por Dios, y Dios creará lo nuevo. *2 Pedro 3:10-13 parece decir que Dios destruirá el viejo cielo y la tierra y creará un nuevo cielo y una nueva tierra aparte del cielo y la tierra destruidos.*

*La segunda* interpretación es que Dios recreará el cielo y la tierra, lo nuevo a partir de lo viejo. Romanos 8:18-23 parece implicar esa interpretación (es decir, el versículo 19), "la anhelante expectativa de la creación aguarda con ansias la revelación de los hijos de Dios," *en la segunda venida de Jesús.*

Sabemos que no hay contradicción en las Escrituras. Entonces, *¿cómo explicamos lo que parece ser una contradicción entre las explicaciones de Pedro y Pablo sobre el cielo y la tierra viejos y nuevos?*

Pablo escribió sobre una visión o revelación que tuvo un cierto hombre:

Un hombre en Cristo que catorce años antes—si en el cuerpo no lo sé, o fuera del cuerpo no lo sé, Dios lo sabe—fue llevado al tercer cielo [los judíos creían que había tres niveles de cielo]. Y sé cómo un hombre así—si en el cuerpo o aparte del cuerpo no lo sé, Dios lo sabe—fue llevado al Paraíso y oyó palabras inefables, que a un hombre no le está permitido hablar [decir].

(2 Corintios 12:2-4 NASB)

En Apocalipsis 21:1-2, Juan el apóstol no solo vio un 'nuevo cielo y una nueva tierra', sino que vio la ciudad santa, nueva Jerusalén, descendiendo del cielo de parte de Dios. Juan pudo describir fácilmente la ciudad de Nueva Jerusalén (es decir, Nueva Jerusalén tenía calles de oro puro, muros de jaspe, los cimientos eran de piedras preciosas; había doce puertas en la ciudad, cada una era de una única perla; conocía la longitud, anchura y altura de la ciudad, etc.)

*En 2 Corintios 12:1-6, Pablo no pudo expresar lo que vio en el cielo y también se le prohibió incluso intentar hacerlo. Sin embargo, Juan el Apóstol pudo describir claramente la Nueva Jerusalén dentro del nuevo cielo y la nueva tierra. ¿Por qué Pablo no pudo hacer lo mismo? Una posibilidad es que Pablo vio el cielo tal como es y no tuvo palabras para describirlo (además, no se le permitió describirlo).*

*Por otro lado, quizás a Pedro y Juan se les dio una visión que podía ser explicada con palabras que conocían porque ninguno de nosotros podría comprender la gloria del nuevo cielo y la nueva tierra. Su visión podría ser la misma que la de Pablo, pero con diferentes explicaciones de lo antiguo y lo nuevo por parte de Pablo.*

Romanos 8:18-23 parece implicar otros ejemplos en la Biblia para interpretar lo nuevo como una recreación de lo viejo. *Primer ejemplo:* La humanidad fue creada sin pecado pero con la capacidad de pecar. El hombre pecó, y ahora Dios está recreando una nueva humanidad sin pecado a partir de la humanidad pecadora actual. La humanidad pecadora era como el pecador Adán y Eva. La nueva humanidad sin pecado será como el segundo Adán sin pecado, el Jesús resucitado (Romanos 8:29). *Segundo ejemplo:* "Inundación Global y un Nuevo Comienzo" (historia 4). La inundación trajo una destrucción masiva sobre la tierra; también trajo un cambio masivo en la tierra. Antes de la inundación, la tierra tenía una sola masa de tierra seca rodeada de océano, pero fuerzas masivas durante la inundación rompieron esa única masa de tierra seca en varias masas separadas de tierras secas (continentes) rodeadas de océano. Fue un nuevo comienzo, no una nueva tierra. *Tercer ejemplo:* Los antiguos y masivos números de la humanidad se redujeron a la familia de Noé. Fue un nuevo comienzo para la humanidad, no una nueva humanidad.

Así, algunos creen que Dios recreará el cielo y la tierra actuales en el nuevo cielo y la nueva tierra. Aquellos que siguen esa persuasión también incluyen Romanos 8:18-21 en sus pensamientos. El autor se inclina hacia los pensamientos de Pablo, pero cree que *podemos esperar* hasta que Jesús regrese para descubrir la respuesta a esta pregunta.

*La eterna Deidad estará en el nuevo cielo y la nueva tierra.* Juan el Apóstol informó en Apocalipsis 21:3 que el tabernáculo de Dios está entre Su pueblo.

*Dios mismo habitará entre Su pueblo diariamente,* como estaba con Adán y Eva en el jardín, antes de su pecado.

(Génesis 3:8)

*Dios enjuagará toda lágrima de sus ojos.* Ya no habrá más muerte; ya no habrá más luto, ni llanto, ni dolor; las cosas anteriores han pasado. Y el que está en el trono dijo: "Estoy haciendo nuevas todas las cosas."

(Apocalipsis 21:4-5)

*Los creyentes no se convertirán en ángeles en el cielo.* Si los creyentes se convirtieran en ángeles, eso sería una degradación, no una mejora. Los creyentes son adoptados como hijos de Dios. Los ángeles son siervos de Dios; los hijos e hijas están por encima de los siervos.

> *Jesús respondió a las preguntas de los saduceos sobre el matrimonio.* Les dijo que estaban equivocados y que no entendían ni las Escrituras ni el poder de Dios. En la resurrección, las personas no estarán casadas. Jesús no dijo que seremos ángeles; dijo que seremos como ángeles. Los ángeles fueron creados sin género. *Jesús parecía decir que nuestro cuerpo resucitado podría estar sin género, por lo tanto, el matrimonio podría no ser parte del cielo.*
>
> (Mateo 22:29-30)

Hay mucho que aún no entendemos. Algunos preguntan, ¿habrá animales en el cielo? Se dice que Billy Graham *respondió* que sí. Fred Beck ama a los animales, pero no lo sabe.

Basado en todo lo que Dios está haciendo: recreando a la humanidad y especialmente el gran costo de nuestra salvación, el autor asume que Dios tiene mucho que hacer por Su gloria a lo largo de la eternidad. No estaremos sentados en mecedoras o volando con alas.

*El cielo es un lugar.* El propósito eterno de Dios para los creyentes incluye el crecimiento espiritual continuo en piedad y la continua comunión y adoración de la Divinidad. La suposición del autor se basa en parte en el carácter de Dios, así como en todos los problemas que Dios está enfrentando al crear una nueva humanidad a partir de antiguos pecadores. Una cosa es segura,

Como está escrito: 'Ningún ojo ha visto, ni oído ha oído, ni ha entrado en el corazón del hombre, las cosas que Dios ha preparado para los que le aman.'

(1 Corintios 2:9, versión KJV basada en Isaías 64:4 y 65:17)

Apocalipsis 4:1-11 *nos dice que habrá mucho culto en el cielo.*

Santo, Santo, Santo es el Señor Dios Todopoderoso, el que era, el que es y el que ha de venir... Tú eres digno, oh Señor, de recibir gloria, honra y poder: porque Tú has creado todas las cosas, y por Tu placer existen y fueron creadas. (KJV)

*Los creyentes pasarán la eternidad asombrados por la Trinidad y glorificándolo.* Durante nuestra adoración a Dios en el cielo, nuestras mentes no se alejarán de la presencia y la gloria de la Trinidad. También suponemos que *Dios tendrá mucho que hacernos.* Lo que eso consiste está más allá de nuestra imaginación; pero ciertamente será grandioso y glorificará a Dios y satisfará más que la nueva humanidad.

*Otra cosa maravillosa que glorifica a Dios será la evidencia de que la promesa de Dios a Abraham se habrá cumplido.*

En ti serán benditas todas las familias de la tierra. (Génesis 12:3b)

Juan vio una gran multitud, que no podía ser contada. La gente era de todas las naciones e incluía a cada tribu de personas y personas de todos los idiomas, *e incluso algunas personas de los Estados Unidos.* Todas las personas en el cielo estarán de pie ante el trono y ante el Cordero vestidas con túnicas blancas y con ramas de palma en sus manos como en el Domingo de Ramos. Todos gritarán con voces fuertes: "Salvación a nuestro Dios que está sentado en el trono, y al Cordero"

(Apocalipsis 7:9-10)

Él también es el León de Judá (Génesis 49:8-10 y Apocalipsis 5:5) y Rey de reyes, y Señor de señores (Apocalipsis 19:16).

Antes de que llegara el Mesías de Dios (el Cristo), solo era por fe en el Mesías prometido de Dios que alguien podía ser salvado. Después de que llegó el Mesías prometido de Dios (el Cristo), solo es por fe en el Mesías de Dios (Cristo Jesús) que alguien puede ser salvado. *Las religiones y las iglesias no salvan a las personas. Cuando Jesús regrese, los seguidores de Cristo entre los judíos, musulmanes y gentiles estarán unidos y se convertirán en uno en Cristo y, por lo tanto, se convertirán en verdaderos descendientes de Abraham.*

No hay judío ni griego [gentil], no hay esclavo ni libre, no hay hombre ni mujer; porque todos ustedes son uno en Cristo Jesús. Y si ustedes pertenecen a Cristo, entonces son descendientes de Abraham, herederos según la promesa de Dios.

(Gálatas 3:28-29 NASB)

"Maranatha." ¡Así sea, ven, Señor Jesús! Amén.

# ACERCA DEL AUTOR

Fred Beck se graduó de la Ball High School en Galveston, Texas. Allí conoció a Linda Rountree. Se casaron el 6 de junio de 1959. Se graduó de la Universidad Howard Payne con un título de licenciatura en Biblia e historia en enero de 1962. Se graduó del Seminario Teológico Bautista Golden Gate (GGBTS) con una maestría en divinidad en junio de 1967. Había pastoreado dos iglesias a tiempo parcial (en la universidad y el seminario). Después de graduarse de GGBTS, se convirtió en el pastor de la Primera Iglesia Bautista en Folsom, California.

En mayo de 1969, Fred y Linda fueron nombrados misioneros en Indonesia a través de la Junta de Misiones Internacionales, SBC. Sirvieron en Indonesia durante veintiún años. Después de un año de aprendizaje del idioma en Indonesia, los Beck sirvieron en tres estados diferentes de Indonesia como evangelistas, plantadores de iglesias y desarrollando líderes locales.

En junio de 1990, los Becks se trasladaron al sur de Asia (India y naciones circundantes). Sirvieron como evangelistas y desarrolladores de liderazgo local itinerantes en todo el sur de Asia. Fue una asignación difícil, pero esos doce años fueron los favoritos y más gratificantes de los Becks.

Los Becks se retiraron en Amarillo, Texas, para realizar ministerios de voluntariado a través de su iglesia. Tienen cinco hijos adultos, once bisnietos y catorce bisnietos y contando. El primer libro de Fred, Cuando Dios Trabaja Incógnito (autobiografía), se vende en Amazon Books. Tiene 159 páginas de lectura rápida y está calificado con 5 estrellas.

9 781970 309058